美国民事诉讼法的制度、案例与材料

The Law of Civil Procedure：
Explanations，Cases and Materials

李 响 著

中国政法大学出版社

For Vivian Cheng,
my discovery, my motion,
my joinder & my settlement

序　言

呈现在读者面前的这本《美国民事诉讼法》是李响赴美留学以来的第四本著作，在短短的几年中能够完成这些研究，并且成书出版体现出作者的勤奋和努力。

笔者的专业并非民事诉讼法，为此很难从专业角度对此书做出评价，只能就学习民事诉讼法谈些感想。留学日本期间，我经常感到苦恼的是这门专业非常枯燥乏味。在上第一堂课时，日本教授开门见山的第一句话，民事诉讼法是法学部课程中理解最为困难的科目之一，例如民法中，合同、所有等都可以有自身的体验，唯独诉讼的经历并非是那么简单地可以有所体验。为此，要构成裁判的想象也非是容易之事，至于裁判程序具体如何进行？要形成所以为然的头绪则是更加困难。另外，裁判中有其特殊的术语，这或许也是难以对民事诉讼法感到亲近的原因吧。但是，此书的作者为了能够让读者对美国民事诉讼法的构造理解容易，付出了很大的努力。

首先，从解决纠纷的法律体系中民事诉讼法的地位入手，在论述美国民事诉讼法具备什么特色的基础上，沿着诉讼的流程，从诉讼的管辖，诉的提起，诉讼的审理，直至判决的确定，对程序的展开做了周到具体地分析，同时附之以判例，展现在读者面前的是一个个活生生的美国民事裁判场景。并且，作者尝试着将枯燥无味的程序法通过其平易、简洁的写作手法，使得读者有身临其境的感受。

历来就有"见树不见林，见林不见树"的格言，而此书在分析诉讼具体程序一棵棵树的同时，又紧紧扣住整个诉讼的体系，试图给读者一个全体民事诉讼森林的容易理解的印象。因此，可以说本书将给予初学美国民事诉讼法的人提供了一个基本的知识，就此意义而言，本书为中国读者提供了一本了解深奥、难解的美国民事诉讼法的入门书。

自己作为一个民法学者，对美国民事诉讼法除了从美国判例阅读中有些一知半解外算是一个门外汉，为美国民事诉讼法一书写序实在是功力不足。承蒙作者好意要为此书作序，倒是得到一个学习的机会，为此不敢乱加评论只能以上述感想代为序言。

段匡 于复旦大学

2006/4/2

Preface

I am twice honored. I have had the honor to have taught Li Xiang at the University of Minnesota Law School. Li Xiang was a student in my "American Civil Procedure" course. I am now honored, once again, to have been asked to write a preface to his book on the topic.

The American civil litigation system – a system for the resolving of disputes between individuals and groups of a non – criminal nature – is unique in many ways. It follows in the English tradition of being "adversarial." Each side presents its competing case, to be decided by a judge or a jury. The role of the attorney is central. The format at times appears to be a form of "battle." At its best, the system seeks to arrive at truthful and fair resolutions of conflicts by having each side develop the evidence as best it can and present it as persuasively as possible. At its worst, the system degenerates into long, drawn – out contests between parties and their attorneys, devoted less to truth than to winning the battle. The result is complexity, cost, and delay.

The American civil litigation system can be used for good purposes or bad purposes. Thus, it is important for attorneys who come into contact with it to have an understanding of how it works – so that they can use it for pursuing justice, so that they can be prepared to defend against its improper use by their adversaries, and so that they can counsel their clients in the problems that this system has.

Li Xiang has endeavored to make this peculiar American way of resolving disputes known to your people. I am greatly honored that my former student has become the author of this book, and I hope that it will be of great benefit to its readers.

Michael Stokes Paulsen

McKnight Presidential Professor of

Law & Public Policy

Associate Dean for Research and Scholarship

University of Minnesota Law School

Minneapolis, Minnesota

United States of America

November 1, 2005

/目录/

TABLE OF CONTENTS

TABLE OF CONTENTS

第一章　引　言

尽管美国因其历史短浅而难免招致怀有没落贵族心态的法国不时投来一撇轻蔑的目光，但就美国的法律制度与法律文化这个层面而言，倘若真正要寻根访祖的探究起身世血统来，其历史渊源竟丝毫也不逊色于法国。如果有人觉得将公元5世纪中期的盎格鲁－撒克逊等日耳曼部落入侵英国并给岛上带来日耳曼习惯法作为讲述美国法的起点有些失之牵强的话，那此后1066年诺曼人在威廉公爵的率领下征服英国这一事件却是如今每本美国法律发达史教科书所奉朔的正统源头。诺曼王朝不仅在英国造就了强有力的中央集权统治，而且其为贯彻国王意志所建立的王室法院更是直接催生出了普通法的形成发展。可是，随着时间的推移，当进化到一定形态的普通法在追求稳定性和灵活性的两难处境中日渐变得僵硬刻板时，许多无法将纠纷诉诸于普通法院的当事人纷纷向国王的枢密大臣提出求助，长此以往，一种新的法律形式即衡平法便随即应运而生了，并逐渐衍生出自己的一套与普通法并行不悖的体系规则，直到今天我们仍然能够在某些美国法中依稀看到这种自14世纪英国流传下来的普通法与衡平法相互对立的特点。伟大的航海家哥伦布于1492年发现新大陆是人类历史上一件怎么评价其意义也不为过的大事，这使得第一批英国定居者在1607年漂洋过海抵达弗吉尼亚的詹姆斯顿成为可能，新移民们除了给广袤的大陆带来了先进的科学技术，更是在这片肥沃的文化处女地上播下了法制文明的种子。屈指算来，转眼间已有差不多400年的光阴消逝在了历史的雾霭流岚中，在经历了殖民地时期的融合培养、独立战争期间的继承借鉴、19世纪中叶的规范改进，以及罗斯福新政以来的泉涌喷薄后，从英国法中吸取了丰厚营养却又体现出与之截然不同特征的美国法终于在今天以一览众山小的雄奇姿态卓然而立于世人面前。

作为一个信仰"法律至上"精神的国度，美国现在究竟有多少效力良好的法律法规恐怕是没有人能够回答的问题。的确，在以分散的法律体系和庞杂的法律文献为主要特征的美国法律制度面前，任何想要扣开这座人类法制文明的阿里巴巴宝藏大门的人都难免会为之望而却步，不仅对我们这些冀望于对美国法中的一两个环节做点浅尝辄止研究的外国学子来说是如此，即使是对那些得到了ABA认证即将在美国法学院中接受三年正规法学教育的本土学生而言也是个极其艰难的挑战。事实上，经过了百余年来的探索尝试，目前美国的法学院无不采取第一年固定课程加后两年自选学分的教学模式，而在所有美国法学院推出的第一年课程当中铁打不动的则又是宪法和民事诉讼法这两科，至于辅以的合同法、财产法、刑法、侵权法等等则因校而异。这样的安排当然是意味深长的，如果把宪法比作美国所有其他法律的灵魂，那民事诉讼法就当之无愧的可以被称得上是美国法律制度的心脏。法律没有了灵魂即丧失了辨别善恶的方向，没有了心脏，美国的整个法律体系便会立即停止运转，在本书中我就要和大家一起来仔细地探看美国法律制度中的这颗心脏。

既然这本书主要是讲美国的民事诉讼法，按照孔老夫子的话来说"名不正则言不顺"，那我们就先在开场白里说说什么是民事诉讼法。所谓民事诉讼法一语，顾名思义便是由民事和诉讼法这两个术语组合而成的概念，就是说我们这本书讲的既不会是任何刑事方面的法律，也不会是属于实体性质的法律，而只是关于处理民事纠纷时所应采用的一些事关程序问题的规则。那么读者们顺理成章地要问的下一个问题便肯定是民事和刑事以及实体和程序这两组对立概念的界限又到底在哪里呢？想必只要有些许法律知识的读者都能对这个问题产生感性的认识，况且任何的法学辞典里也都少不了这些具体的条目，因此，我在这里也用不着作引经据典的长篇大论了，就举两个小例子来略为解释一下吧。

民事（Civil）这个词通常都是作为刑事（Criminal）一词的对立面出现的，前者主要指的是发生于私人之间的、以取得经济补偿为目的的法律行为，也可以被理解为社会为解决私人之间的矛盾纠纷而提供的一种自行驱动的机制；而后者则主要是指国家政府为惩治实践了某些事先已被明确定义的犯罪行为的人所主导发起的法律行为，其目的是以罚金或入狱为手段来对被告实施处罚。当然，如果要确切地说起来，政府也可以是民事诉讼中的一方当事人，民事审判中也可以出现禁止令一类的救济方式，只不过两者在民事司法与刑事司法中的性质截然不同罢了。有时候一个人的行为可能会同时引发民事和刑事两种后果，比如 D 不告而取走了 P 的笔记本电脑，这时既可能由政府出面以盗窃罪对 D 提起公诉，要求法院判其一定时间的监禁，也可能由 P 自己出面以非法侵占为名将 D 起诉至法院，要求对方返还笔记本电脑或是给付同等价值的金钱作为补偿。一般说来，民事法律和刑事法律不仅在实体性问题的规定上差异悬殊，而且在程序步骤上往往也大不相同，有机会的话我们将在后文中对此再详加比较。

程序性（procedural）和实体性（substantive）同样是一组相互对应的说法，简而言之，前者说的是为解决一个具体的法律问题或实现一个具体的法律权益而应该采取的步骤和过程，而后者则是指这个法律问题或法律权益本身。由此可见，前者的主要功能和作用即是为了保障后者的顺利实施。比方说，诸如"律师提交给法院的起诉状应该以 12 磅字黑色墨水打印"这类的规定就属于程序性的，而"违反国家法律的合同自始无效"等的法律则应该是实体性的。再比方说，D 在驾驶汽车横穿马路时不慎撞倒了 P，如果 P

想到法院以过失为由起诉 D，那么他就应该考虑两方面的问题，一是 D 的行为究竟能否构成过失，这涉及对责任、违反责任、因果关系等等要件的衡量，便是属于实体性问题；另一方面则是：自己应该向哪个法院起诉以及起诉时应该准备哪些材料方能使得法院同意受理，这就属于程序性问题。然而，应该提醒大家一下的是，程序性问题和实体性问题的区分并非总是如同上面我们举的这个例子一样清晰可辨，现在不少的法律问题都反映出了程序性和实体性交织的特点，比如有关诉讼时效（Statute of Limitations）的规定似乎应该算作纯粹程序性的问题，但其对当事人实体法律权益的剥夺却又明显地体现了实体性的痕迹。总之，当事人的行为是否符合法律规定的要件从而引发了法律规定的后果不是我们这本书关心的问题，我们主要探讨的是怎样把一个民事案件顺利起诉至恰当的法院，以及如何促使它按法定流程一步步地进行下去，并在最后得到一个能够执行的结果。

良好的司法程序对于公正审判结果的保障作用和意义我在这里并不打算过多的涉足，因为在一本讲述民事诉讼法的教科书中大谈程序正义与实质正义的因果关系似乎不是美国法学院进行教学的风格，如果有读者对这个问题感兴趣的话，可以去从法理学、法哲学甚至法历史学的著作典籍中寻找答案，而我将在本书中教给大家的则是在美国想要成为一名诉讼律师所无论如何都必须烂熟于心的基本功，包括从如何书写诉答状开始，一直到如何在既判力原则的阴影下提出上诉。故此，这门课程本身的特点以及我的讲述方法都可能并不适合那些喜欢高谈阔论什么"法的伦理价值与终极关怀"的先生大人们，要想真正地理解、掌握并能够在实际工作中熟练使用美国民事诉讼法的原则规定，你就一定要卷起袖子拿起笔来踏踏实实地对照书中的范例起草几份诉答状。尽管我们无法做到像美国法学院那样用整整两年的时间来训练学生民事诉讼文书的写作技巧，但可以肯定的是：如果你自己始终不下水尝试而只是捧着书本冷眼旁观，你所知道到的那些个关于美国民事诉讼法的知识其实只不过是不堪一击的花架子罢了。不过，错误的另一端未必就是正确，在这里我也应该提前纠正另一个美国民事诉讼法的初学者所极易产生的误解，即认为和侵权法、财产法或刑法这些包含有缜密逻辑、具体要件与实质争议的实体性法律不同，民事诉讼法只不过是依靠背诵一些机械、刚性且相互之间并无联系的条文就能掌握的罢了。由于我们尚未对书中的案例展开讨论，而且我也不想在这里用空洞的说教来告诉大家这是一门多么需要思辨的课程，一切还是等抱有这种想法的读者在和美国民事诉讼法的案例有了些亲密接触以后再自行考虑是否有必要放弃先入为主的念头吧。不过，应该让大家在一开始就有点心理准备的是，我们在这本书中对程序问题的研究决不会仅限于技术层面上的具体操作问题，而是会把我们的讨论一往无前地深入到法律条文背后的政策考虑中去。其实，对于现实生活中相当多的案件而言，影响左右案件最终结果的关键转折点往往是程序问题而并非实体法律，相信大家很快就能从本书收录的案例当中得出同样的论断。最后，也是最重要的一点提醒是，大家在阅读本书的过程中应该时刻铭记，美国民事诉讼法中所有的原则规定都是基于宪法第 5 修正案的正当程序条款（Due Process Clause）和第 14 修正案的平等保护条款（Equal Protection Clause）的理念制定出来的，故此，对我们书中每一论点的理解运用务求与此精神相一致，切记、切记。

我们已经谈论了半天的美国民事诉讼法，但似乎到目前为止还并未给我们谈论的对象下个确切的定义，这倒不是我的一时疏忽，实是因为美国民事诉讼法存在广义和狭义两种不同的概念外延，前面我们一直在说的都还只是最宽泛意义上的、笼统的美国民事诉讼法，即包含有联邦民事诉讼规则、各州民事诉讼规则以及各地区法院自行制定的民事诉讼规则在内的广义美国民事诉讼法的概念，所以也并不算是什么差错。不过，我们这本书接下来所着重探讨和依据的却是狭义的美国民事诉讼法的概念，也即特指由美国联邦最高法院经国会授权制定颁布于 1938 年的《联邦民事诉讼规则》（Federal Rules of Civil Procedure）这部成文法规。之所以作出这种安排，除了是由于受到篇幅及时间的限制，我们没有可能将全美 50 个州各自的民事诉讼法律逐一拿出来进行介绍，更重要的原因是也确实没有这样做的必要。因为《联邦民事诉讼规则》自 1938 年 9 月 1 日生效以来已经体现出了无与伦比的影响力，不仅所有的联邦法院全部采纳了这一规则，而且各州也纷纷以此为蓝本修缮了自己的民事诉讼规则，甚至一些州就几乎原封不动地将其作为了本州的规则，故此仅向读者们介绍《联邦民事诉讼规则》就足以囊括美国民事诉讼法的全貌了。

为什么《联邦民事诉讼规则》会甫一推出就罕见地受到了各州如此热烈的追捧？这样一部制定于 30 年代的法律究竟是依靠什么样的一种内在力量在经历了将近 70 年沧海桑田的社会变迁后只依靠几次局部的修补便依然能经久不衰呢？作为生活在另一种迥然相异的社会制度和法律环境下的我们来说，花费大量的时间来理解钻研英美法国家以强调当事人对抗为基调的民事诉讼法又有怎样的意义呢？第一个问题的答案我不妨现在就告诉大家，在 1938 年以前，各州的民事诉讼规则普遍是以 1848 年的《纽约州民事诉讼法典》即我们通常俗称的《菲尔德法典》为基础模仿制定的，而《联邦民事诉讼规则》的出台仿佛是针对《菲尔德法典》推出了一个更加优化的升级换代版本，它在内容上借鉴了《菲尔德法典》诸多优秀因素的同时，又对其在实践过程中暴露出来的种种不足进行了修正，尤其是在完善发现程序及简化诉讼形式这两点上深得人心，从而使得各州在吸收《联邦民事诉讼规则》时不仅在技术上毫无障碍，并且还表现出了相当积极踊跃的态度。第二个问题所直指的其实便是本书的深层次主题，《联邦民事诉讼规则》究竟是什么以及在现代美国的司法实践中意味着什么？对于这个问题我将用随后的整本书来进行回答。至于上述的第三个问题，我希望读者们在合上本书的最后一页时能告诉我你的答案，你觉得这本书告诉了你些什么？你认为这值得你去花时间阅读吗？你是否感到了对你的思绪有所触动？相信或臧或否每个人都会有自己的回答的，因为很难说讲述一个其它国家的诉讼制度究竟向读者们传递的是一种技巧、一种思路还甚至是一种态度。

请原谅我利用作者的身份在前文中发了些小小的感慨，因为，尽管这早已不是我第一次为大家讲述美国民事诉讼法的课程，但每每开讲伊始却仍让我感到要想在一本书的篇幅内就能使读者们对美国民事诉讼法有较为周至全面的了解，不仅对我而言是个富有极大挑战性的工作，而且对读者来说也恐怕要投入相当的气力，这除了是因为民事诉讼法并非像合同法或刑法那样总能轻易占据报纸头条的显学，即便是连普通的美国民众都对其知之甚少，更何况是对Forum Non Conveniens、Res Judicata、Collateral Estoppel这些术语在之前几乎都闻所未闻的中国学生呢；更是因为美国民事诉讼法本身的特点决定了它是一个非常重视整体性的法律部门，用我们常说的话来形容也就是张"无缝之网"（seamless web）。这就好比律师在为一个案件进行筹划时必须在开始阶段便要能通盘考虑到所有潜在的程序问题，从最初审判地的选择到最后上诉可能的评估既像是串在一条项链上的珠子，又如同紧密排列在一起的多米诺骨牌，它们的相互影响、相互作用让你从打出手上的第一张牌开始就不得不全神贯注。故此，在介绍美国民事诉讼方法时采用只顾一点不及其余的办法肯定是行不通的，我们非得在初始阶段就在头脑里具有全局性的印象，明白自己或对手的这一招棋究竟会带动什么样的后续手段。

开场白唠叨了半天，感想也抒发完毕了；该提醒交代的也都已经讲清楚了，接下来再光说不练也许就要被大家看作是假把式了，那为了让读者在一开始就能对美国民事诉讼流程产生一个牢固的整体性观念，我们不妨就从一起虚拟的民事诉讼案件的简要始末为起点来展开全书讨论部分的内容吧。

　　你是美国明尼苏达州明尼阿波利斯市（Minneapolis，MN）Edwards & Kerry 律师事务所的一名青年律师，尽管美国中西部冬天所特有的漫天大雪仍在窗外不知疲倦地呼啸飞舞，但你的心情却似乎并未受这寒冷天气的影响，反而觉得周身充满了血液循环加速带来的暖意，因为你正在办公室里等待一位新客户的拜访，并且这是合伙人第一次让你独立受理当事人的委托。正当你等的有些心不在焉的时候，敲门声适时地响了起来，在得到你的肯定答复后，一位左手臂上缠着绷带的中年人随即走进了办公室。一番例行的客套寒暄后，这位中年人便开始讲述起了自己的故事："我叫 George，是个家住在明尼阿波利斯市的商人，我经常要在全国飞来飞去地参加各地的展销会。这不，我手臂上的伤就是上个月去威斯康辛州麦迪逊市（Madison，WI）开会时落下的。那天好像也是在下着大雪，我一下飞机就去机场附属 Hurts 公司的柜台租了辆崭新的德国进口 Bens 高级轿车，你知道去谈生意就得开辆气派点的车嘛。谁知道倒霉的事在我把汽车开出机场不久就发生了，当时我正在一个十字路口等红灯，一辆似乎是前往机场仓库卸货的巨型载重货车正在朝我这边左转弯，可就在这辆货车就要进入我旁边的车道时，它的前轮明显是在结满厚冰的路面上打滑了，歪歪扭扭地冲我的车撞过来。刹那间我只觉得一个庞然大物的阴影迅速压了下来，接着砰的一声后我就什么也不知道了。当我重新恢复意识已经是躺在医院病床上的时候了，听说他们为我的背部做了手术，而且为我做笔录的警察告诉我那辆货车的司机也伤的不轻，他是为伊利诺依州芝加哥市（Chicago，IL）的 Quick 运输公司工作的。整件事情就是这样。对了，我前两天刚收到一张医院寄来的 10 万美元的账单。"

　　客户讲完了他的故事，法学院民事诉讼法课堂上所学到的那些概念似乎正自动地一个个在你的头脑中蹦出来，于是你便信心百倍地开始为客户筹划起了一场典型的民事诉讼官司：

（1）*Presuit Investigation and Counseling* 民事诉讼案件通常起始于律师和客户的首次会晤，尽管客户往往都希望能够形成正式的委托关系并迅速提起诉讼，但作为代理律师，你所要做的第一件事却并非是急着开始为客户草拟起诉文书，而是应该迅速根据客户版本的证词在心里评估至少三方面的问题。首先，客户所遭受的伤害是否为法律救济的对象，要知道并不是人们在生活中遇到的所有不快都可以用法律来解决。很显然，本案提出的是一个典型过失伤害的问题，应该可以获得法律救济。那么接下来需要考虑的就是你是否有把握为客户赢得这场官司。你觉得巨型载重货车在容易打滑路面上行驶时不给轮胎绑上防滑链是个明显的过失行为，而且警方那里也已经为此案收集了足够的证据，你有信心打赢这场官司。最后，你应该想到的问题便是：即使这场官司最终可以打赢，但客户可能得到的赔偿与他将要付出的时间、精力及各种费用比起来是否值得？向法院提起诉讼是否为最佳的解决问题方案？需否尝试和解、仲裁、租用法官等较为简洁的途径？当然，所有上述这一切的前提都是你相信或能够确定客户所提供的全部为事件的真实情况，如果你觉得光凭客户的一面之词无法对此表示肯定的话，那你就必须在诉讼时效许可的期限内进行适当的调查，联邦和各州的民事诉讼规则及律师职业道德条例都会对律师轻率诉讼的行为予以一定的制裁。

（2）*Retainer* 如果在思考之后，你仍然认为诉讼是最为可行的办法，并且你也合理地相信这个案件中包含有真实可诉的争议，那现在你就应该和客户就代理的费用问题进行磋商。美国对于律师费用的规定和包括英国在内的世界上多数国家都有所不同。在美国一般是由当事人来承担己方律师的费用，而在英国胜诉方的律师费用将由败诉方来承担。另外，你可以建议客户采用胜诉收费制，这是在美国民事诉讼中非常普遍的一种计酬方式，即要是案件最终败诉则律师不收取任何酬金，可要是案件胜诉则律师将收取客户获赔金额的一定比例，通常会达到1/3以上。另外，你应该说明的是，即使采用胜诉收费制，那些办案经费比如律师前去调查取证的差旅费及聘用打字员等等的开销也都要由客户自行支付。

（3）*Selecting A Proper Court – Subject Matter Jurisdiction* 相信客户会同意你的费用安排，那接下来就要进入案件的实质性筹划阶段了，这时，你会察觉到自己面临的第一个问题便是应该将此案拿到哪一个法院起诉。如果再来回顾一下案情，你便可以发现此案的原告 George 是明尼苏达州居民，而潜在的被告则有三个，Quick 是家伊利诺依州公司（未绑防滑链的过失责任）、Bens 是由一家德国公司生产的（气囊未及时打开的产品责任）、Hurts 则是一家威斯康辛州的公司（提供有缺陷车辆的过失或产品责任），因此可供你选择的起诉地点有很多。你是不是感到有点手忙脚乱了，那不妨先来确定是在联邦法院还是州法院系统内进行诉讼好了。美国是个实行司法双轨制的国家，除了在全国有一套自上而下的联邦法院系统外，每个州都还有自己的一套州法院系统，其中联邦法院只具备有限的主题事物管辖权，即只能受理符合某些条件的案件，而州法院则享有普遍的主题事物管辖权，即可以受理几乎所有类型的案件。尽管你发现本案因为当事人完全异籍且争议金额高于7.5万美元的标准而恰好落入了联邦法院的主题事物管辖权之中，但你更倾向于让一个州法院来审理此案，这不仅是因为州法院收取的诉讼费用要远远少于联邦法院，而且你可能觉得自己也更加熟悉州法院的法官和诉讼规则，此外，州法院能够提供更加本地化一些的陪审员是另一个值得考虑的因素。既然你已决定在州法院系统进行起诉，那你还需要决定究竟是在 MN、IL 还是 WI 的州法院起诉，当然你肯定不会考虑去德国起诉。你觉得首先可以排除去 IL 法院起诉，因为你对 IL 的法律并不了解，而且 IL 和整个事件也没有多少联系。剩下的 MN 是受害人的居所和你平时的办公地点，从方便起诉的角度来看当然选择 MN 最为有利，而 WI 是事故的发生地点，很多调查取证的工作都必须在 WI 进行，故此两个地方应该说是各有利弊。你最后下决心还是在更熟悉一些的明尼苏达州的地方法院提起诉讼。

（4）*Selecting A Proper Court – Venue and Change of Venue* 虽然你已经下定决心就在明尼苏达州打这个官司，但还是有一个具体审判地点的问题，因为明尼苏达州的地方法院也有内部分工，这时你应该参考明尼苏达州有关的成文法规对具体审判地点的选择有哪些规定，往往只有一个适当的基层法院可供你起诉。然而，你需要提醒客户注意的是，即便你已将本案起诉到一个适当的明尼苏达州地方法院，被告也可以以不适合的审判地为借口要求将案件移送到别的州法院审理，比如 Hurts 公司便可以提出由威斯康辛州的法院来审理此案将更为恰当，因为整个案件都发生在威斯康辛州的麦迪逊市，在那里审理会使得法官及陪审员能够更加容易地进行实地勘察工作，并且也能找到更多的目击证人来出庭作证。故此，明尼苏达州的地方法院完全有可能因此拒审或移送此案，转由威斯康辛州的地方法院或联邦法院予以受理，进而可能会给此案带来不同的结果，这是由于明尼苏达州侵权法与威斯康辛州侵权法无论是在交通安全的归责上，还是在惩罚性赔偿的数额上均存在相当的差异。

（5）*Selecting A Proper Court – Personal Jurisdiction* 除了主题事物管辖权以外，属人管辖权是你需要关心的又一个问题，这指的是被告是否与一个州有足够的联系以使得其在这个州内接受审判是公平合理的。当然，我们也可以通俗的将其理解为一个州是否有力量将自己的司法权威扩展到某个被告身上，要是被告为该州的居民，那这种力量的存在是显而易见的，但在本案这种被告俱为外州甚至外国居民的情况下，问题就变得稍微复杂了一些。然而，你发现明尼苏达州的长臂法案中规定凡是对本州居民加以侵害或使得本州居民的人身财产遭受损失的被告都可在本州接受审判，这就意味着明尼苏达州的地方法院对三名被告都具有适当的属人管辖权。当然，被告为了避免在一个不熟悉的法院接受审判，也肯定会对明尼苏达州对自己的属人管辖权提出异议，最常见的理由便是自己与明尼苏达州素无联系，因而这违反了宪法规定的公平正义原则。

（6）*Commencing the Action – Serving Process and Filing the Complaint* 到目前为止，你已经选定了明尼苏达州的地方法院作为审判地，那就赶快开始着手准备起诉工作吧，明尼苏达州的民事诉讼规则几乎就是《联邦民事诉讼规则》的翻版。为了正式启动一场诉讼，你首先必须向明尼苏达州的明尼阿波利斯市地方法院递交一份由律师签名的起诉状，其中应当简明扼要的记述法院管辖权及其法律依据、起诉人的请求以及所希望获得的救济。此外，你还必须及时地将起诉状的副本连同一份传唤书借助于某种法律许可的方式送达给被告，用以通知被告针对他的诉讼已经开始，这可以由当地司法官直接交到被告手中也可以留置在他的居所内。

（7）*Pleadings* 在收到了送达来的起诉状副本后，被告必须在一定期限内作出回应，否则就将被视为不应诉而受到缺席审判的处罚。被告的回应形式可以是多种多样的，它可以提出缺乏管辖权或缺乏实质性争议的动议，要求法院立刻驳回原告的起诉；也可以向法院提交一份答辩状，在其中逐条承认或否认原告起诉状中的指控，以及任何积极抗辩的理由；它还可以对原告展开反诉或者对同案中的其它被告展开交叉诉讼。在某些州里，原告也必须对被告递交的答辩状作出回答，但是在大部分以《联邦民事诉讼规则》为蓝本制定民事诉讼法的州里，原告是否作出回答是属于可选择性的。另外，你若是发现在原先的起诉状中遗漏了一些指控的内容，可向法院要求对起诉状进行修正。

（8）*Joinder of Claims and Parties* 明尼苏达州民事诉讼法中的合并规则可以允许你一次性地对所有三名被告提起诉讼，而这三名被告也可以对你的客户、你没有提到的第三方以及相互直接提起诉讼，所有这些诉讼和当事人都将在一个案件里合并审理。

（9）*Pretrial Discovery* 以当事人对抗制为主基调的美国民事诉讼法对律师在审前的调查取证工作给予了极大的帮助与支持，这除了旨在调动当事人参与诉讼的积极性以外，还包含有使得双方都能很快看清对方的底牌，从而尽快实现和解结案的目的。律师在调查取证过程中通常采用的手段有 5 种，分别是口头笔录、书面质询、要求承认、要求提供文件及要求进行身体或精神检查。看来你很有必要前去威斯康辛一趟亲自询问证人以便对事件发生的细节做进一步的了解，还应该要求 Quick 公司提供给你车辆保险的有关书面材料。

（10）*Disposition without Trail – Summary Judgment and Settlement* 经过艰苦的调查取证工作以后，你对自己胜诉更有信心了，因为你手头上掌握的材料足以证明三位被告或多或少应当对原告的受伤承担一定的法律责任。果然，主要的责任方 Quick 公司的代理律师主动向你伸出了橄榄枝，要求以一次性支付给你的客户 10 万美元为条件达成和解。你在内心深处小小的挣扎了一下便毅然建议客户拒绝了和解的提议，你觉得自己胜诉的机会很大，而且在法庭上你能得到的更多。其余的两位被告倒是向法院提出了进行即席裁决的动议，如果这一动议得到了法院的支持，那么这两家公司就将提前从这场官司中全身而退，可惜出现这种结局的可能性太渺茫了。

（11）*Trail* 事情果不出你所料，法院拒绝了进行即席裁决的动议，于是本案就随之进入到了正式开庭审理阶段。通常在首次开庭之前，法官都会召集双方律师开一个审前会议，要求双方尽量的简化争议及缩减证人数量，意在使庭审能够进行的更加简洁顺利一些。你可以要求本案由陪审团审理，这是你的宪法权利。不过，假使你没有主动及时的提出这个要求的话就会被视为自动放弃，案件便将由法官来主审。挑选陪审员是个凭经验的活，你总是要换掉几个让你看不顺眼的，这就叫做无因回避。一切准备工作就绪以后，开庭的日子就来到了，律师就像是演员一样在法庭上轮流表演。先是原被告律师分别作开场陈词，然后再是原告出示证据、直接询问、交叉询问直到原告举证完结。此时，如果被告相信原告举出的证据无法证明起诉状中的指控时，有权向法院提出进行直接裁决的动议，所幸今天被告的律师没有这样做。接着，便是由被告方出示证据，原告也将被给予反驳机会。最后，双方律师轮流做总结辩论，这是劣势一方打动陪审团的唯一机会了。接着陪审团就将退席、讨论并将支持哪一方的结论交给法官。由于你在证据上的优势明显，陪审团一致决定支持你获胜。

（12）*Post-Trail Motions* 当陪审团作出裁决以后，失利的一方仍然有翻盘的机会。比如，他们可以向法院提出重新审理的动议、改动或修正裁决的动议以及将裁决置之不理的动议。然而，被告律师也已经意识到这样做成功的希望渺茫，他们放弃了提出动议的机会。

（13）*The Judgment and Its Enforcement* 既然被告律师没有提出可能改变陪审团裁决结果的动议，那你胜诉的事实就将以法院官方决定的形式成为有法律约束力的判决。然而，法院判决通常不会直截了当地命令被告必须做些什么，而只是简单地声明原告有权从被告那里获得多少数目的金钱。如果被告能够自愿地向原告支付这笔金钱当然是你最乐于看到的事情，但即使被告对判决采取了不合作的消极抵制态度的话，原告也可以借助于扣押并拍卖被告财产等法律手段来使得判决得到强制执行。

（14）*Appeal* 本案中败诉的被告方有权在一定期限内向更高一级的法院提起上诉，理由可以是初审法官采信了不适当且可能改变结果的证据，或者法官在对陪审团的指示中犯有重大的错误等等。

（15）*Finality* 本案的原告获得了胜诉的终局判决，并且被告也没有进一步提起上诉，那就意味着整起事件从法律的角度上看算是到此为止了，任何一方将不被允许就同样的事由来骚扰对方，这在美国民事诉讼法当中被称为既判力原则或是排除争议原则。至此，你可以心安理得地接受合伙人的祝贺及享用胜利的香槟了。

以上列举的这些步骤都是一起典型的美国民事案件要走完整个法定诉讼程序的必经之路，也正好为我们这本美国民事诉讼法教科书随后章节的具体讨论提供了较为系统的骨干框架。我建议大家在学习完每一章内容后都不妨再翻到这里来重新把自己代入"你"的角色，并且思考一下这时你是否对案件的处理有了更加周密的筹划。尽管上面描述的只是一起情节最占优势的美国民事案件一厢情愿的进展过程，但洋洋洒洒的 15 个步骤也着实让人有点望而生畏了。不过在现实生活中这样的事情其实是很少发生的，由于诉讼费用的居高不下以及诉讼前景缺乏明朗，绝大多数的民事案件在起诉前或进行到审前取证这一步时就已经和解结案了，真正能像上述案件这样一步步走完全部程序的只占 5% 还不到。

在本书的每章每节中，我除了会尽我所能为大家详尽地解析美国民事诉讼法的一个枝节片断外，还将提供给大家与该知识点相关的真实案例作为帮助加深理解的阅读材料，这不仅是为了单纯模仿美国法学院传统的案例教学模式，使学生们能够对抽象法律条文如何在现实情况中运作产生感性的认识，更是因为在继承了普通法系法官造法及遵从先例传统的美国，判例本身就可以说是效力良好的法律，其中阐述的很多原则同《联邦民事诉讼规则》一样都会对我们的民事诉讼行为具有约束力，所以，大家千万要记住案例在本书中扮演的不是配角。对于应当如何阅读本书中的案例，我还想提醒读者们注意以下几个问题：

首先，应当学会正确地解读案例的索引标识，从中可以获得很多关于这个案例在程序上的信息。这里可以举一个简单的例子，比如 United States v. MacDonald，531 F. 2d 196，（4th Cir. 1976），其中 United States v. MacDonald 是本案的双方当事人名称，531 是在美国案例汇编中本案的卷标号，F. 2d 是表示这个案子是出自联邦案例汇编系列二的缩写，196 是本案在这本案例汇编中从哪一页开始，4th Cir. 代表本案是由美国联邦第 4 巡回法院作出判决的，1976 表示的是作出判决的日期。当然这还只是比较简单的一种形式，美国法学院的学生要用一年的时间学习法律和案例检索。

其次，本书在编译案例时，并没有舍弃一些附在案例正文后的少数法官意见，读者在阅读时也不应该认为其只是少数看法就置之不理。因为，美国法院在审理案件时一般采取少数服从多数的原则，故此往往多数意见和少数意见存在着一种相互转化的关系，很可能因为某个法官观念的动摇或是人员的变动，过去的少数意见会成为一个时期内的主导思想，这样的例子在美国的历史上屡见不鲜。而且，通过比较性地阅读多数意见和少数意见，很容易感受不同思想间的相互碰撞而产生的智慧火花，撰写少数意见的法官同样鼎鼎大名、学识渊博，其看法中也充满创见，可能只是因为理解问题的角度不同或是太有前瞻性而曲高和寡，如果忽视了这些精彩的论述，无疑将会是极其令人惋惜的。

最后，读者在阅读案例时，应当充分考虑到案例作出判决的年代、法院以及当时所处的历史背景。因为，任何法官在对案件进行审理时都不可能超越时代的局限性，而且某些案例的判决也存在着对公众接受能力的考虑。读者们需要警惕上一级法院或是后来的法院对这些判决整体或局部的修正。大家从案例中学到的不应该仅仅是一个个现成的法律问题的答案，更重要的是这些法官抽丝拔茧般分析问题的思路与技巧。

闲话少说，下面就让我带您走进美国民事诉讼法那瑰丽多姿的广阔天地。

第二章　管辖权：选择适当的法院

第一节　概　论

来美国系统的学习英美法律以后，我时常惊异于人类的思维方式竟是如此的相似，即使是在无法互通讯息的古代也不例外。比如就拿对法律的描述来说，中国自古以来就有"法网恢恢，疏而不漏"的成语，而西方人其实也常常将法律形容为一张"无边之网"（seamless web）。很难想像在古代究竟是一种什么样的触动使得不分中外的人们不约而同地想到了用网来给法律作比方，但是在现代社会中各种法律制度尤其是民事诉讼程序法律体系却真真切切的给社会生活里的人们编织了一张无边无际、无穷无尽、无处不在、无所不至的网，虽然平时你并不感觉到这张网的存在，可一旦有事你便会发现司法管辖权的触角竟如影随形一般地牢牢将自己束缚，有时我想这种"宛在网中央"的效果便是一国的民事诉讼程序法律制度所追求的至高境界吧。

民事诉讼程序之网无影无踪、无迹可寻，直让人觉得漫长的一部美国民诉法如此紧密的环环相扣竟不知到底应该从何说起，仿佛无论怎样人为地将这张连绵不绝的法网割裂开来研究便都会彻底失去这种法律作为网的意味，所谓"见树不见林"的尴尬大概就指的是这种境况吧。然而，法律的学问先得言传方能意会，不得已之下我们也就只好从俗以法院对民事案件的管辖权为始来讲述美国民诉法了，这也许不是最好的但也足以称得上是最不坏的一个开端了，因为从实务操作的角度看，对管辖权问题的考虑是任何一起民事诉讼所必经的起点。

　　特定的历史背景造就了特殊的法制理念，美国的民事诉讼法律制度从初始阶段便走上了一条独立特行的发展道路，这一点尤其在管辖权问题上体现得淋漓尽致。现在，不妨让我们把目光投向218年前的美国，奠基合众国的先贤们在宪法中规划他们心目中这个崭新国度的时候发现他们所面对的不是一张可以尽情挥洒的白纸，而是一个个久沐普通法精神熏陶且已经建立有成熟完善法院系统、政府部门及立法机构的前殖民州。要抛弃这一切另起炉灶既不可能更不经济，于是先贤们便明智的为美国这片新大陆选择了一条联邦与州两套管理体系并存的现实途径，具体到司法层面即是为我们在今天所熟知的"双轨制"（dual system）。然而，在当时，这凭空多出来的一套联邦法院系统的生存空间在哪里却并非是个轻而易举可以解决的问题——如果联邦法院的管辖权过小，那将其设立的举动无异于多此一举；如果过大，无形中便会对州法院的权利造成侵蚀。故此，联邦法院与州法院之间对于管辖权的分享与冲突便成为了美国民事诉讼法律制度永恒的主旋律，既要避免过分触动各州法院的奶酪，又要使联邦法院保持足够的威信和影响力，可是在此方寸之地真的有能让大象翩翩起舞的空间吗？事实证明不仅有，而且是"广阔天地，大有可为"。据统计，联邦地区法院在2004年的受案量已经达到了惊人的326 957件，[1] 这一数字不仅使人们当初对于联邦法院无案可审的担心化为乌有，也显示出美国当前所采取的这种两元管辖权分配结构基本上是成功合理的。至少在美国民事诉讼法这个领域内，空谈理论而轻视实务决不是作者欣赏的态度，如果您打算看到对管辖权问题在纯理论层面上的探讨，非常遗憾，本书并不能对您的胃口，相反，如果您希望了解的是美国民诉法对管辖

---

[1] http：//www. uscourts. gov/caseload2004/front/judbus 03. pdf

权问题具体是如何规定以及这些规定又是如何被适用的，也许本章的内容能为您提供满意的回答。

首先，我们在本章里要了解的是主题事物管辖权的概念，这说的是一个法院只能对某些特定类型的案件行使管辖权的情况。与州法院通常都具有普遍主题事物管辖权（general jurisdiction）因而可以审理所有未被法律明文禁止类型的案件不同，联邦法院只具有有限主题事物管辖权（limited jurisdiction），因而只能审理法律明文授权类型的案件。故此，什么样的案件可交由联邦法院审理？怎样使得一个案件能够获得联邦法院的管辖？联邦法院在与州法院发生管辖权冲突时又该如何处置是我们在前几个小节中需要细致讨论的问题。

接下来，我们要用几节的篇幅来熟悉掌握美国民事诉讼法中所特有的属人管辖权的概念。正如一家英国法院无法在德国境内行使管辖权一样，一家纽约州的法院也没有权力无缘无故的对一处位于加州境内的财产或当地居民实施管辖，除非这家纽约州的法院能够适当地取得对该财产或该人的属人管辖权。然而，随着20世纪以降州际经济的高速发展以及人员交流的日益频繁，跨州诉讼在美国变得越来越平常。因此，一州法院对他州居民或财产取得属人管辖权的途径也愈发的多样化和普及化，其中以长臂法案为代表的各州属人管辖权规则无不酝酿着一场彻底颠覆传统州界对司法管辖权限制的狂飙，而联邦最高法院所极力倡导的最小联系原则似乎也屡试不爽。总之，请在阅读有关属人管辖权的这几节时千万要牢记我在这里赠给您的金玉良言——"运用之妙，存乎一心"。

最后，尽管扮演的是在本章末尾压阵的角色，但我们无论如何不应该忽视适格的审判地原则在解决管辖权问题时所承担的重要作用，主题事物管辖权及属人管辖权原则所带给我们的充其量只是一个相对清晰的轮廓，而只有适格的审判地原则才能比较确切地向我们透露管辖权的具体归属，所以，这在任何美国民事诉讼法教科书中都会是不可或缺的一课。

还等什么呢？美国民事诉讼法律制度这座阿里巴巴的宝藏已经向您敞开了大门，让我们赶快去认识收获里面数不清的知识财富吧。

第二节　主题事物管辖权——异籍管辖权

究竟应该是人性本善还是本恶在中国至今还是一个停留在打嘴仗程度上的问题，可是缺少了我们这五千年文化底蕴的美国人头脑简单一根筋到底地认为，只要是胳膊肘就一定是朝里拐的。所以一个州的法院在审理案件时必然会存在着优待本州居民而对外州居民加以歧视的可能性，故此应当在这种情况下给予当事人一个将案件交送到联邦法院受审的选择机会，于是异籍管辖权的制度便顺理成章地诞生了。

所谓异籍管辖权，顾名思义大致指的就是美国宪法第 3 条第 2 款中所称的联邦法院的司法权利应当被扩展至不同州居民之间的争议。不过，国会在美国法典第 28 章 1332 条（28 U. S. C. §1332）中又对宪法所包含的这一原则进行了细化，其给想要满足异籍管辖权的案件设立了两个主要条件：①双方所有当事人间的完全异籍（complete diversity）；②双方的争议数额（amount in controversy）必须大于 7. 5 万美元。接下来，就让我们来仔细研究一下究竟怎样才可以满足这两个条件。

I　当事人间的完全异籍

问题一：怎么样才能算作是完全异籍的？

完全异籍，简单地说就是这起案件中的任何一个原告和任何一个被告都不能是同一个州的居民，哪怕只有一个原告和被告中的一个人具有相同的州籍，那这起案件当事人间的异籍性也已经遭到了破坏，不过数名原告之间或被告之间则是可以同籍的。举几个例子来说吧，在一个原告诉一个被告的情况下，如果原告是华盛顿州的居民而被告是纽约州的居民，那他们之间毫无疑问是完全异籍的。在两个原告诉两个被告的情况下，如果原告 A 和 B 都是华盛顿州的居民而被告 C 和 D 都是纽约州的居民，他们之间也被看作是完全异籍的。在三个原告诉三个被告的情况下，如果原告 A 和 B 都是华盛顿州的居民，但原告 C 是犹他州的居民，而被告 D 和 E 都是纽约州的居民，但被告 F 是犹他州的居民，则他们之间就没有完全的异籍，因为原告 C 和被告 F 是相同州的居民。在现实社会生活中，几十个原告起诉几十个被告的案件并非鲜见，不过哪怕原被告的人数再多，考察他们间异籍性的方法也都是一样的。

问题二：怎么样去判断一个人的籍贯（ *state citizenship* ）？

首先要澄清的是，这里说的籍贯并不像在中国填写各种表格所要求的那样具体到某省某市某县，而只要求确切到州这个层次上就可以了。其次要注意的是，不仅自然人有籍贯，公司协会之类的团体结构也有自己的籍贯，这里的人包含了法律拟制出来的人。最后要提醒大家的是，我们在这里对籍贯问题的探讨都是以确定联邦异籍管辖权为目的的，在解决其它法律争议时是不是也用同样的方法来判断一个人籍贯我不敢打包票。

中国学生对于籍贯这个术语应该并不陌生，一个人的籍贯指的就是他所定居的地方并且他有意识要在这个地方定居不确定长的时间，所以我们通常用两个标准来考察一个人的籍贯：①这个州是他的定居地（domicile）而不仅仅是居住地（residence）。比如一个人定居在华盛顿州，公司把他派驻到纽约的分部去工作一年，那么，在这一年时间内此人的居所连同籍贯仍然是华盛顿州；②他自己的意识（intention）。比如一个人在加州和内华达州各有一幢房子，而且他一年当中在两个地方生活的时间几乎一样长，那么这个人的籍贯究竟在哪里就要根据他自己的主观意识来决定了。当然，在真实的诉讼过程中，法院还是可以通过此人平时的言行举止等证据来推测他内心深处的想法的。

就像一个人可以自由的搬家一样，他的籍贯也是可以变动或者说自我选择的。不过，这就产生了一个新的问题——应该以什么时候为准来判断一个人的籍贯？对此，法院给出的回答是应该以诉讼开始（commencement of the action）时此人的籍贯为准。比方说，A 在 2004 年以前的籍贯都是加州，由于工作的关系，2004 年的 1 月他举家迁居到了德克萨斯州并重新把德州作为自己的籍贯，假如在 2004 年的 5 月他卷入到一场官司当中，这时他的籍贯应该是德州，虽然他只在这生活了很短的时间。再比方说，原告 A 是加州人，他正在和身为德州人的被告 B 打官司。不料官司打了 6 个月之后，原告 A 迁居到了德州并且改换为了德州的籍贯，这时原告 A 和被告 B 之间的异籍性仍然存在。另外值得一提的是，一个人的籍贯甚至可以是专门为了迎合异籍管辖权的要求而特地发生改变的。比如有人可以通过搬迁到邻州定居而故意制造出异籍性，只是这种改变必须要发生在诉讼开始之前。

上面所说的都是自然人的籍贯问题，那么公司的籍贯又当如何确定呢？国会在美国法典第 28 章 1332 条 C 款（28 U.S.C. §1332c）中专门作出了解答："公司应当被视为其所设立州的居民。"然而，法院对这句条款的理解要更加苛刻一点，通常将其解释为一个公司在诉讼中的对手不能是其所设立州的居民或该公司主营业地（principal place of business）所在州的居民。举个例子来说吧，目前美国有很多公司都是注册在内华达州的，而其主营业地却在加州，这时该公司如果要凭借异籍管辖权在联邦法院提起诉讼，那么这个被告既不能是加州居民也不能是内华达州的居民。此外，不同的法院对一个公司主营业地的判断标准也不一样，有些法院采用的是视其行政总部为至营业地的做法，而另一些法院则认为公司主要开展业务的地方才是它的主营业地。我们还必须意识到，在这个世界上除了公司以外，还有着许多形形色色的非公司形态的机构组织，比如各种协会、工会以及体育联盟等等，它们的籍贯判断方法有着和公司截然不同的特点。就拿一个普通的钓鱼爱好者协会来说吧，这个协会的籍贯就是其所有会员的籍贯，假使这个协会的会员统统集中在加州和佛罗里达两个州，那么该协会就具有了加州和佛罗里达州的籍贯。再假使这个协会是全国性的，其会员遍布在全美的任何一个州，那么这个协会就具有了全美所有州的籍贯。

问题三：外国人的籍贯怎么算？

首先我们要看两种比较特殊的情况：一种是有美国永久居民身份（permanent resident status）的外国人，美国法典第 28 章 1332 条 A 款将他们视同为其所定居州的居民，比如一个中国人移民美国并定居在加州就在判断异籍管辖权时被视为具有加州籍贯了；另一种是定居在外国的美国人，因为此时他已经不是任何一个州的居民了，所以他无法提起异籍管辖权之诉。比如一个美国人和英国人结婚并在婚后前往英国定居，几年后的一天当其返回美国短暂度假的过程中卷入到一场官司当中，那么他既不能以异籍管辖权为理由在联邦法院起诉别人，也不能被在联邦法院起诉，因为他没有美国任何一个州的籍贯。

现在，让我们再来看看一个美国人和一个外国人打官司时的情形，这时总是有异籍管辖权存在的，我们也把这种情况称为外籍管辖权（alienage jurisdiction）。那如果是两个外国人在美国打官司呢？如果没有其它可引起联邦管辖权的因素存在的话，恐怕他们只能去州法院进行诉讼了，因为不可能有异籍性存在于两个外国人之间。我们不妨把问题设想得更复杂一点，假如是一个法国人和一个加州籍贯的美国人作为原告方，而另一个法国人和一个德州籍贯的美国人作为被告方，他们之间具有完全的异籍性吗？答案是肯定的，至于是因为什么道理嘛，只能说美国法典第 28 章 1332 条 A3 款就是这么规定的。

问题四：其他的几个小问题？

关于当事人间的完全异籍主要就是上面的这些内容，不过还有几个小问题也不能不谈，因为这些都是在审判实践中经常会碰到的。比如说我可不可以为了创造出异籍管辖权而让别人代我起诉或是故意不起诉某些关键的当事人？假使原告 A 是纽约州居民，他想在联邦法院起诉同为纽约州居民的被告 B，但他自己和被告 B 之间不存在异籍，于是他便想到了让自己具有加州籍贯的弟弟 C 来代替自己起诉，这能够为法律所允许吗？简要地讲，国会不赞成这样的做法，其在美国法典第 28 章 1359 条中明确禁止了不适当的追加当事人或是转移诉权的行为。另外一个小问题便是诉讼代表人和管理人的籍贯问题，他们自己的籍贯并不被纳入到考虑的范围之内，而是被视为具有着其所代表的人的籍贯。最后希望能引起大家注意的一点是，有些时候即便异籍管辖权在表面上已经完全成立，但联邦法院仍然可以拒绝受理，这类案件主要集中在亲属关系纠纷及遗嘱继承纠纷案件中。

Ⅱ 争议数额必须大于 7.5 万美元

满足了异籍性的要求只是迈出了获得联邦异籍管辖权的第一条腿，要想两条腿都跨进联邦地区法院的大门，那还必须要证明这个案件的争议数额是大于 7.5 万美元的。想必很多人会问的第一个问题便是为什么要有这样一个要求？似乎并没有什么特殊的意义，这只是国会为了把一些轻微的案件挡在联邦法院门外而筑起的一道门槛吧。最初的门槛是 1789 年的 500 美元，后来在 50 年代末涨到了1 万美元，再后来变成了 5 万美元，最后在 1997 年改成了现在的7.5 万美元，总之是随着人民生活水平的提高和美元的贬值一起上升的。

既然其中并没有什么了不起的玄虚，那大家关心的自然就是这7.5 万美元是怎么算出来的了。首先，必须提醒大家注意的是，这里所说的一直都是争议数额，而不是原告实际遭受的损失或者是最终法院判决下来的损害赔偿金额，也就是说法院允许这里面有水分，因为不到审判结束谁也无法知道原告到底能从被告那里拿走多少钱，所以即便审判的结果证实了原告的损失并没有达到7.5万美元这么多，那也不会使原先已经建立了的联邦异籍管辖权遭到剥夺。还是举个例子来说吧，原告A以合同违约为由在联邦地区法院起诉被告B并要求后者赔付10万美元，法院认为这个案子符合了异籍管辖权的条件就收审了此案，但审理之后的结果表明被告B实际上没有违约，于是原告A连一分钱都没有拿到。这样的判决结果并不意味着原先法院认为异籍管辖权存在于此案的结论是错误的，因为该案的争议数额当初是在7.5万美元以上。其次，法院在对争议数额的确定问题上采取的是一种相当宽松的立场。既然在诉讼的开始阶段谁都无法预测案件的最终结果，于是法院便选择了相信原告在起诉状中所列举的数字，不过原告必须是基于善意提出他所要求的损害赔偿金额的。有很多法学教科书上都把这种做法称为"法律上的肯定性"的测试标准（legal certainty test），意思是说除非法官从法律的角度上非常肯定的确信此案的争议数额达不到法定的最低标准，他就应该相信原告所提出的争议数额超过7.5万美元的说法，只要原告没有表露出明显的恶意。这里所说的恶意指的是原告明知或应当知道自己不可能获得7.5万美元以上的损害赔偿，但为了达到标准以获得异籍管辖权而故意谎称争议数额在法定限额以上的做法。另外大家要留心的时，任何的利息及庭审费用都是不包括在这7.5万美元之内的。最后，让我们来考虑一些实际操作层面的技术性问题。第一种情况是原告A在联邦法院起诉被告B，他的第一项诉讼请求是要求被告B因其殴打行为而赔付10万美元，第二项是精神损失费5万美元。此时虽然原告A的第二项请求没有超过7.5万美元的限额，但是因为第一项请求10万美元的存在，所以法院可以同时受理他的两项请求。第二种情况是原告A要求被告 B 因其殴打行为而赔付 5 万美元，同时还有赔付精神损失费 5 万美元。尽管此时两项诉讼请求都没有超过 7.5 万美元，但是把它们相加在一起却足足有 10 万美元，而法院允许原告把所有针对同一个被告的诉讼请求相加来满足法定限额，所以法院可以受理此案。第三种情况是原告 A 以殴打为由要求被告 B 赔偿 10 万美元，同时要求另一被告 C 赔偿给其 5 万美元，此时联邦地区法院只能受理原告 A 和被告 B 之间的纠纷，而原告 A 和被告 C 之间的纠纷因为没有达到 7.5 万美元的争议数额使得联邦法院无权审理。第四种情况是由于同样的合同纠纷，原告 A、B、C 分别向被告 D 索赔 10 万美元、5 万美元和 3 万美元，此时只有原告 A 的诉讼请求超过了 7.5 万美元，故此只有原告 A 和被告 D 之间的官司符合异籍管辖权的要求，因为此时必须每一个原告都单独的满足法律的要求。不过由于引申管辖权（supplemental jurisdiction）的存在，很可能这 3 个原告的案子能被合并在一起由联邦法院审理，这是我们在后面几节里要学习的内容。第五种情况是由于不动产纠纷，原告 A、B、C 分别向被告 D 索赔 5 万美元、3 万美元和 1 万美元，此时没有一个原告能够符合条件，而且他们各自的索赔数额也不能相加，所以他们都不能获得异籍管辖权。然而，一个明显存在的例外是当几个原告是为了维护他们共有的密不可分的利益而起诉同一个被告时，这几个原告可以把他们各自的索赔数额累计在一起以满足 7.5 万美元的要求。第六种情况是原告 A 在联邦法院起诉被告 B 并要求他因为合同违约而赔付 5 万美元，而被告 B 则对原告 A 提出了反诉并索赔 3 万美元。那么此时能不能把原告 A 要求的 5 万美元与被告 B 要求的 3 万美元相加来超过法定限额呢？很遗憾，对于这个问题联邦法院尚未给出一个明确的回答。

接下来大家即将看到的这三个案例都是经过作者精心挑选的并且它们的侧重点各有不同，第一个案例涉及的是涉外婚姻对籍贯的影响，第二个案例则讲的是非公司形态组织机构的籍贯确定问题，而第三个案例是在争议数额的认可方面堪称经典的一个判决。大家在阅读这些案例的时候不妨先根据事实部分的陈述默想一下自己的看法，然后再看看是否与法官的判决有不谋而合之处。

Mas v. Perry
United States Court of Appeals，Fifth Circuit，1974.
489 F. 2d 1396.

AINSWORTH，Circuit Judge.

本案的被上诉人 Jean Paul Mas 与 Judy Mas 都是路易丝安娜州立大学（LSU）的研究生，他们在校园里共同学习工作了将近一年以后，前往女方的老家密西西比州的杰克逊市举行了婚礼。婚礼过后不久，夫妇二人便双双回到了 LSU 继续自己的学业，直到又过了两年多以后，他们方才迁居到了伊利诺依州。据悉在本案进行审理的期间当中，他们夫妇打算还是把家搬回到路易丝安娜州，以便于 Mas 先生修完哲学博士的课程。至于这之后定居在哪里，Mas 先生和太太还没有拿定主意。

本案的故事发生在新婚燕尔的 Mas 夫妇从密西西比州回到 LSU以后，他们从上诉人 Oliver H. Perry 处租得了一套公寓，这位房东是位路易丝安娜州的居民。然而在搬进这套公寓差不多 3 个月以后，Mas 夫妇发现房东在公寓的卧室和浴室里安装的都是双面玻璃，这使得夫妇二人在卧室和浴室里的一切举动都能被房东尽收眼底。感到隐私权受到了侵犯的 Mas 夫妇将房东告上了法院，经过一番审理之后，初审的陪审团分别判决给 Mas 先生 5 000 美元及Mas 太太 1.5 万美元的损害赔偿。

在该案初审的尾声阶段，上诉人提出了一个口头的动议，要求法官以缺乏管辖权为由撤销对此案的审理，这一动议在当时遭到了地区法院的拒绝。而在本院面前，上诉人仍旧是以缺乏管辖权为唯一的理由来挑战初审判决的有效性，他声称被上诉人未能证明在本案的当事人中间存在异籍，以及 Mas 先生所能获得的损害赔偿未能达到法律所规定的数额。本法院认为上诉人所提出的这些理由都是没有根据的，因此我们决定维持初审法院的判决。按照我们对美国法典1332（a）（2）条款的理解，作为一个法国公民的 Mas 先生完全可以在联邦法院对作为美国路易丝安娜州居民的上诉人进行起诉。此外，出于进行本次审判的目的，我们认为 Mas 太太应该被看作是其老家密西西比州的居民，因此联邦地区法院也理所当然的可以依据美国法典1332（a）（1）条款对其提出的指控享有适当的管辖权。

作为一项已经得到了长期广泛认可的法理原则，联邦异籍管辖权的存在必须以案件当事人的彻底异籍为前提条件，这也就是说案件一方的任何当事人不能与另一方的任何当事人是同一州的居民。不过值得强调的是，在决定某一当事人究竟属于何州居民的时候，法院必须以联邦法律作为判断的依据，而不是任何州的法律。另外，和很多其它领域内的联邦管辖权判断标准一样，当事人彻底异籍的状态必须出现于原告递交起诉状的时候，至于这之后双方当事人居住地的变化便不再影响异籍管辖权的成立了。向法院提出异籍管辖权的存在是起诉方的责任，假使这种异籍管辖权受到了对方的质疑，也应该由起诉方承担进行辩驳的举证责任。

要想被认为是美国法典1332条意义下的某一州的居民，一个自然人必须首先是美国公民，其次还必须在该州拥有居所。就异籍的法律目的而言，居民权意味的是居住，一个人仅仅在该州内生活是不够的。

我们在 *Stine v. Moore*，213 F. 2d 446，448（5th Cir. 1954）一案中曾经阐述过，一个人的居所指的是"他真正的、固定的、永久的家及主要的生活场所，并且在他身处异地的情况下无论何时，他都希望能够返回这个地方"。当然，一个人的居所也是可以变化的，但是这种变化必须要同时满足两个条件才能生效：①事实上在另外一个地方居住且生活；②心理上希望长期停留在这个地方。

在本案中非常清楚的一个事实是，Mas 太太在结婚的时候是密西西比州的居民。尽管通常的情况下结婚之后妻子的居所连同她的居民身份都会因为依附于丈夫的居所而发生改变，可是在本案里我们却无法遵循这一普遍的情形，因为 Mas 先生是个生活在美国的外国公民。事实上，如果我们要生搬硬套上述普遍情形的话，便将会导致某些极其荒谬的结果产生。举个例子来说，假使我们把 Mas 先生认定为法国居民，那么根据妻子随从丈夫的一般原则，Mas 太太也就变成了法国居民，于是她也就丧失了美国任何一州的居民身份，因此她不能以任何理由在联邦法院系统内提起任何诉讼。然而更有意思的是，Mas 太太同样不能够以外籍人的身份在联邦法院起诉，因为她实际上根本就不是个外国人。从另一个角度来说，如果 Mas 太太的居所是在路易丝安娜州，那就异籍管辖权的目的而言她自然应该被当作是路易丝安娜州的居民，可是如此一来她便不能通过异籍管辖权的途径同她的丈夫一起对上诉人提起诉讼了，因为上诉人同样也是路易丝安娜州的居民。这些推理出来的结果无疑是非常可笑的。

根据美国法典第 8 章第 1489 条（8 U. S. C. § 1489），一个美国妇女不会单纯因为和一个外国人结婚而丧失她的美国公民身份。与此类似的是，我们认为在考察异籍管辖权时，一个妇女同样不会单纯因为和一个外国人结婚而使得她原先的居所或州居民身份有所改变。

在本案当中，Mas 太太密西西比州居民的身份既没有因为她婚前在路易丝安娜州求学的这段经历而发生变化，也没有因为她婚后和丈夫一起在 LSU 继续学业而有所不同，这是由于无论是在婚前还是婚后她都只是在 LSU 作为一名研究生及研究助手。

虽然 Mas 太太在作证时曾声称她在结婚以后没有返回密西西比老家和父母一起居住的打算，但是 Mas 太太并未能够有效地变更自己的住所，因为她和 Mas 先生仅仅是以学生身份住在路易丝安娜州的，而且他们也没有长期定居在这里的想法。因此除非 Mas 太太能够得到一个新的住所，否则她就依然是密西西比州的居民。

至此，我们相信，联邦地区法院在本案中受理被上诉人的诉讼请求的适当性是建立在两个不同方面的异籍管辖权之上的：一个是外国公民起诉美国公民的诉讼请求，而另一个则是两个异州居民之间诉讼请求。然而，我们注意到了本案的法理还可以从其它的角度加以阐述，即当联邦地区法院已经对夫妻中的一方提起的诉讼拥有了管辖权时，假使夫妻中的另一方依据同样的事由针对相同的被告也提起了诉讼，那联邦地区法院是有权利将这对夫妻的案件合并在一起审理的。就拿 Mas 夫妇的这件案子来说吧，现在的这种合并审理的结果无疑是最理想的。Mas 先生和太太完全是因为同一件事而起诉上诉人的，他们各种案件的诉讼请求、争议焦点及所需证据几乎也都是完全一样的，因此在联邦地区法院已经毫无争议的对 Mas 先生的起诉拥有管辖权的时候，其对 Mas 太太的起诉也应该自然而然的享有联邦管辖权，尤其是从司法效率的角度来看。

本法院决定维持初审法院的判决。

Carden v. Arkoma Associates

Supreme Court of the United States，1990.

494 U. S. 185.

JUSTICE SCALIA delivered the opinion of the Court.

本案向我们提出的问题是，在一起由有限合伙组织发起的诉讼中，该组织中有限责任合伙人的居民身份是否需要被法院考虑进来以决定异籍管辖权的成立与否。

被上诉人 Arkoma Associates（Arkoma）是一家按照亚里桑那州法律设立的有限合伙组织，因为合同纠纷而在路易丝安娜州联邦东区法院对 C. Tom Carden 和 Leonard L. Limes 提起了诉讼，两位被告都是路易丝安娜州居民。本案的原告要求联邦地区法院根据异籍管辖权原则受理此案，而两位被告则提出了请求法院驳回起诉的动议，因为他们认为 Arkoma 中一位合伙人路易丝安娜州居民的身份破坏了当事人间的异籍性。联邦地区法院拒绝了被告的请求，但是允许被告就此问题提起上诉，然而联邦第 5 巡回法院也没有认同被告的看法。随后，Magee Drilling 公司（Magee）试图以被告的身份加入到了诉讼之中，该公司会同原先的两位被告一起依据德克萨斯法律对 Arkoma 提起了反诉。经过审理，联邦地区法院判令被告赔付给 Arkoma 一定数量的经济补偿、相应的利息以及律师费用，并且驳回了被告提出的反诉以及 Magee 要求加入诉讼的申请。于是 Carden、Limes 和 Magee 便向第 5 巡回法院提起了上诉，结果第 5 巡回法院作出了维持初审判决的决定。针对被告就管辖权问题提出的异议，第 5 巡回法院认为本案的当事人间存在彻底的异籍性，并且 Arkoma 的籍贯应该以该组织普通合伙人的居民身份为准，而不应该去追究该组织中有限合伙人的居所在哪里。

本法院经常遇到类似的案件，要求我们去决定那些依据州法组织起来的具有拟制人格的团体机构在联邦异籍管辖权的判断中到底应该处于何种地位，其实这类问题的实质在于这些团体机构是否可以被看作是其依法设立州的"居民"。在所有这些具有拟制人格的团体机构中，公司的籍贯居所无疑是最常被法院所考虑的，但即便如此，不同时期的法院也经常会作出不同的判断。在相当早期的 *Bank of United States v. Deveaux*，5 Cranch 61，86，91 - 92（1809）一案中，本法院曾表示一家公司显然不可能被当作是一个居民，因此在决定异籍管辖权成立与否的时候，法院必须着眼于筹备设立公司的人的籍贯。但在 35 年后的 *Louisville C & C. R. Co. v. Letson*，2 How. 497，558（1844）一案否决了先前 Deveaux 案的结论，本法院转而认为一家公司是可以被看作其创设州的居民的，就如同那些自然人一样。又过了 10 年以后，本法院在 *Marshall v. Baltimore & Ohio R. Co.* ，16 How. 314，329（1854）一案中以略有不同的理论重新肯定了 Letson 案的结论，该案的主旨在于那些利用公司名义及资源进行商业活动的人应当被假设性的当成是公司创设州的居民。

当把公司当作普通居民一样对待这个做法被牢固树立下来的同时，我们也在不断地抵制将此种做法同样扩展到其它类型的团体机构的可能性。例如，在 *Chapman v. Barney* ，129 U. S. 677，682（1889）一案中，我们认为联邦法院对涉案的一家非公司形态的联合股份企业是不具有管辖权的，因为"通过检视本案的证据材料，我们觉得原告的居民身份并没有能够得到很好的展现。修改后的上诉状声称 United States Express Company 是一家依据纽约州法律组织设立的联合股份企业，所以该企业就一定是纽约州的居民。但是按照我们对相关管辖权法律条文的理解，这家企业不可能是纽约州的居民，除非它是一个公司。尽管上诉状的说法是该企业的组织设立是以纽约州的法律为依据的，但我们不认为这是证明该企业是个公司的有效证据。事实上，我们相信上诉状所称的该企业不是一个公司，而仅仅是一家联合股份企业，也就是一个合伙组织罢了。"

与此结论相类似的是，在 *Great Southern Fire Proof Hotel Co. v. Jones* ，177 U. S. 449，456 – 457（1900）一案中，本法院表示尽管有限合伙组织具备了一些公司的特征，并且在某些方面也确实可以被当作居民对待，但仍然不能通过适用那些专门为解决公司异籍管辖权问题而制定出来的法律规则获得居民身份，因为这些法律规则是不能进行扩张解释的。后来在 1965 年的 *Steelworkers v. R. H. Bouligny, Inc.* ，382 U. S. 145，151（1965）一案中，本法院还郑重地重申过："*Chapman v. Barney* 案所筑起的政策高墙绝对不能被打破。"

但不得不提的是本法院的确也作出过一次例外的选择，我们曾

经在 *Puerto Rico v. Russell & Co.* ，288 U. S. 476，482（1933）一案中认为可以把一家按照波多黎各民法创设的名为 *sociedad en comandita* 的机构看作是波多黎各居民，以解决其面临的联邦管辖权问题。本法院写道"该机构的法律人格在波多黎各法律体系中是如此的健全，我们实在没有充分的理由来否认在联邦管辖权问题上这家机构的地位与那些依法设立的公司有什么不同之处。"在本案当中，Arkoma 巧妙的争辩说此案的语言和结果都表明最高法院是愿意抛弃公司或非公司的简单区分，而着重于考察机构的内部组织体系、州法规定、管理架构、诉讼能力等要素来决定当事方的异籍性。可是这种看法的问题并不在于它的逻辑性，而在于事实上这条思路早在 *Bouligny* 一案中就已经被提出和否决了，我们对 Russell 案之所以会出现例外结果的解释是，这是试图将民法体系的创造物融合在整个联邦法体系之内的一次创新，而本法院维护 *Chapman v. Barney* 案筑起的政策高墙的决心从来没有动摇过。另外，在 *Bouligny* 案后本法院觉得不容置疑并且愿意重申的一点是，普通法的创造物仍然应该遵循普通法的传统来处理，那即是只有公司才能被认为具有法律人格，而其它任何的组织形态都只能依合伙制的方式对待。

在本案中，Arkoma 还称发现了本法院自 *Chapman* 案以来的对传统原则的另一次例外处置，那即是 *Navarro Savings Assn. v. Lee*，446 U. S. 458（1980）一案。然而，那个案子并没有涉及一个非公司的拟制实体是否可以被看作是某个州居民的问题，而解决的是几个毫无争议具有某个州居民身份的自然人是否为案件的真正当事人的争议。*Navarro* 案的原告是一家马萨诸塞州商业信托机构的 8 位受托人，他们以自己的名义向法院提起诉讼。而被告 Navarro Savings Association 则质疑在该案中有否彻底的异籍存在，其认为信托的受益人而非受托人才是此案的真正当事人，因此也应该是依据前者的籍贯来判断异籍管辖权的存在与否。在否定被告这种看法的过程中，我们的确讨论了这家马萨诸塞州的商业信托机构的组织特性，但这与判断管辖权或居民身份完全无关，而只是为了强调这 8 位受托人的确是在实质性的控制着相关的信托资产。总而言之，本法院希望在此澄清的一点是，*Navarro* 案的争议与 *Chapman* 案的问题毫无关联可言。

作为发现本案当事人间完全异籍的另一种途径，Arkoma 声称第 5 巡回法院正确的依照其组织中普通合伙人的居民身份来决定该组织的籍贯，而完全置有限合伙人的居民身份于不顾。此外，Arkoma 还强调了在其组织中只有普通合伙人才可以管理资产、掌握诉讼、承担有限合伙的债务风险并且在更广义上享有操控组织运营的权力。我们发现这种以拟制团体中某些成员的居民身份作为整个团体籍贯的做法在以往的判例中并不常见，甚至要远远少于以团体的创设地来决定其籍贯的模式。本法院几乎从来就没有判决过一个拟制团体可以凭借其中某些而非全部成员的居民身份来取得联邦异籍管辖权，无论该团体以自己的名义是处于被诉还是起诉的位置上。毫无疑问，*Chapman* 案中联合股份企业的某些股东、*Bouligny* 中工会的某些领导或是 *Great Southern* 案中有限合伙组织的某些合伙人都要比团体中的其他成员能够对本团体施加更大的影响力，但是本法院在对这些案件作出判决的时候从未把这个因素纳入到考虑的范围之中。

为了支持自己的说法，Arkoma 再次提出了 *Navarro* 案作为依据，认为既然本法院在该案当中通过考察受托人来决定商业信托机构的籍贯，那么也自然应该在本案中以实际拥有管理权力的普通合伙人的居所来决定整个有限合伙组织的居民身份。然而，我们在前面已经详细地解释过了，*Navarro* 案与商业信托机构的籍贯问题毫无牵连，因为这个案子是受托人以自己的名义起诉的。

Arkoma 相当正确地指出了有限合伙组织在功能运作上与那些可以享有联邦异籍管辖权的其它形态的机构团体非常类似，并且其所称的基于公平原则有限合伙组织理当和这些机构团体享受同等的待遇也不是全无道理。事实上，类似的言论在 *Bouligny* 案中就已经出现过，并且审理过该案的联邦地区法院也曾经谈到过似乎没有什么过硬的理由非要将公司与非公司形式的劳工组织在异籍管辖权问题上区别对待。然而，我们在 *Bouligny* 案的判决意见中早就说过并且现在仍然要说的是，是否给予非公司形式的组织在管辖权问题上与公司相同的待遇是一件应该由立法机构来考虑的事情，法院不能越俎代庖。换句话说，我们法院的态度看法早在 *Letson* 一案中就已经表露无遗了，剩下的就是国会在觉得必要的时候发挥自己的立法调节作用了。故此，我们决定在此案中恪守本法院一直以来所坚持的立场。

本法院决定推翻第 5 巡回法院的判决意见，并将此案发还重审。

Coventry Sewage Associate v. Dworkin Realty Co.

United States Court of Appeals，First Circuit，1995.

71 F. 3d 1.

STHAL，Circuit Judge.

上诉人 Coventry Sewage Associate（Coventry）和 Woodland Manor Improvement Association（Woodland）以异籍管辖权为依据在联邦地区法院起诉被上诉人 Dworkin Realty Co.（Dworkin）和 The Stop & Shop Supermarket Company（Stop & Shop）。然而，罗德岛地区法院以争议数额未能满足美国法典第 28 章 1332（a）的规定为由认定联邦法院对此案不具有管辖权，并据此驳回了上诉人的起诉。出于以下阐述的原因，以及本案不同寻常的事实情况，本法院决定推翻地区法院的判决。

Coventry 和 woodland（以下统称 Coventry）共同拥有并运营着一条污水处理管线及相应的泵站，而由 Stop & Shop 公司经营的一家超市正好是这套污水处理设备的使用者之一，该超市坐落于 Dworkin 公司所有的地块之上，有证据显示 Dworkin 是 Stop & Shop 的全资子公司。在 1992 年的 6 月份，Coventry 与 Stop & Shop 达成了一份协议，其中 Stop & Shop 同意就使用前者的污水处理设备而向前者支付一定的费用，该费用主要是依据实际的污水处理量来计算的。至于污水处理量的最终确认，双方一致同意将以 Kent County Water Authority（KCWA）所开的发票为准。在具体操作层面，KCWA 会将发票直接寄给 Stop & Shop，再由后者转交至 Coventry 处。

到了 1994 年初的时候，Coventry 和 Stop & Shop 就污水处理费用涨价的合理性产生了争议，Coventry 坚持认为涨价是合同所允许的，而 Stop & Shop 则以拒付 Coventry 的任何账单相要挟。时至 1994 年的 10 月份，Coventry 向法院提起了本次诉讼，要求 Stop & Shop 支付其所拖欠的总共 74 953 美元的污水处理费用，这个数字是 Coventry 根据 KCWA 发票上显示的用水量乘以涨价后的费率计算出来的。此外，Coventry 还要求 Stop & Shop 支付相关的律师费用。透过以上事实，我们觉得无可争议的一点是，在 Coventry 开始此次诉讼的时候，其所提出的争议数额明显超过了法定的取得管辖权的要求，而并不是单纯为了获得联邦管辖权所采取的一种诉讼技巧。

在起诉状被递交到法院不久，Stop & Shop 为了答辩，就 Coventry 计算拖欠费用时所使用的发票问题和 KCWA 取得了联系，后者通过派人前往 Stop & Shop 的超市实地考察后发现 KCWA 对该超市的用水量进行了错误的记录，而且几乎多算了 10 倍的用水量。于是，在后来的一封日期标明为 1994 年 11 月 18 日的信里，KCWA 通知 Stop & Shop 错误已经得到了纠正，并且相关发票上的数字也都改了过来。

根据改正以后的发票，Coventry 把自己的索赔数额降低到了 18

667.88 美元，不过依据的费率还是涨价以后的。随后，Stop & Shop 向 Coventry 支付了其中没有争议的部分 10 182.48 美元，而对剩下的 8 485.4 美元则留待法院判决。又过了一段时间，Stop & Shop 终于向 Coventry 支付了剩下的 8 千多美元的余额，但仍旧等待着法院对后者单方面涨价的合理性作出判决，并且声明保留要求后者返还的权利。另一方面，Stop & Shop 对本案中异籍管辖权的存在也持怀疑态度，要求 Coventry 主动从联邦法院撤诉，此要求遭到了 Coventry 的拒绝，这一决定明显与 Coventry 希望己方的律师费由对方来给付有关。

Stop & Shop 根据《联邦民事诉讼规则》的第 12 条 B1 款以缺乏主题事物管辖权为由要求联邦地区法院撤销此案。地区法院批准了这一请求，其认为"本案的争议数额没有达到美国法典第 28 章 1332（a）所规定的 5 万美元的标的额"。Coventry 对此决定表示不满并将此案上诉到了本院，在先前举行的法庭辩论中，Coventry 一方的律师表示其之所以希望本案在联邦法院获得审理，是因为这将比在州法院审理更快捷一些。

Coventry 声称当初在提起诉讼的时候，其善意提出的损害赔偿超过了 5 万美元的额度，因此后来争议数额的实际削减并不使得联邦地区法院丧失管辖权。此外，Coventry 还认为 KCWA 发现用水量计数错误以及修改发票都是在其起诉以后发生的，故此既不能影响其起诉时的善意，也不应该动摇联邦管辖权的确立。Stop & Shop 则针锋相对地指出，KCWA 的错误及修正只是一种迟到的发现，而真正的争议数额其实自始至终都在 5 万美元以下，所以地区法院由于缺乏主题事物管辖权而驳回起诉的判决是正确的。

这个案件很好地向我们展示了法院在对争议数额进行判断时所经常面对的两种互相冲突的法律政策。从一方面来讲，联邦法院应该严格地执行国会为联邦异籍管辖权的产生所设定的争议额度。可是从另一方面来讲，在最初的管辖权决定以后，法院就不应该无限地拖延或是不公正地剥夺当事人要求对实体性争议进行判决的的权利。作为一项公认的政策，某个案件应该由那个法院进行审理的问题应该从速决定，从而使得当事人间的实体争议也能够得到及时解决。

在 *Thesleff v. Harvard Trust Co.*，154 F. 2d 732，732 n. 1（1st Cir. 1946）一案中，本法院曾经写道，为了达到建立异籍管辖权的目的，争议数额应该通过考察起诉状被递交之时的情势状况来加以判定。另外，Horton v. Liberty Mut. Ins. Co.，367 U. S. 348，353（1961）一案也曾谈道，作为一项长期普遍的原则，法院总是根据起诉状所陈述的事实来决定争议数额，除非法院能够察觉原告在提出争议数额时缺乏应有的善意。最高法院还在 *St. Paul Mercury Indem. Co. v. Red Cab Co.*，303 U. S. 283，289（1938）一案中阐述道："国会希望在当事人异籍案件当中限制联邦管辖权的意图被各级联邦法院严格遵从。在决定是否因为管辖权问题而驳回一项在联邦法院提起的诉讼时，总的法律原则在于法院倾向于相信原告提出的争议数额，如果这一数额能够被认为是原告善意提出的话。除非法院非常确切的知道事实上某个案件的争议数额低于国会所设立的最低限度，否则法院就不应该驳回原告的起诉。即使最终审理的结果表明原告无法获得足够的赔偿金额，那这也不足以证明他当初提出一个过高的争议数额是出于恶意的，或是证明当初行使联邦管辖权是不恰当的。只有当法院从诉答状上可以很明显地发现原告根本不可能获得这么多损害赔偿，或是有证据显示原告没有权利要求这么多赔偿时，法院才应该驳回原告的起诉。至于在案件成立以后发生的事件，即便在事实上将争议数额降低到了国会设立的额度以下，那也不会导致联邦管辖权被剥夺。"

总而言之，这些案件中所谈及的法律原则可以被归纳为以下几点：首先，联邦法院必须严肃认真地执行建立及限制联邦管辖权的法律条文。其次，如果原告的行为符合善意原则的话，除非法律有相反的规定，原告在起诉状中所提出的损害赔偿金额在决定是否达到了建立联邦管辖权所要求的争议数额时是起决定性作用的。反之，假使起诉状一目了然地揭示出此案绝对不可能涉及这么大的金额，那么联邦法院对该案就是没有管辖权的。另外，要是后来的证据确切无疑地显示出此案的损害赔偿在很大程度上是因原告为了获得联邦管辖权而杜撰捏造出来的，而且其金额无论如何都无法达到法定的最低要求，法院也应该驳回原告的起诉。最后，如果诉讼开始以后的事件把争议数额降低到了法定要求以下，联邦法院则不需要放弃管辖权。

仔细审读 *St. Paul* 一案的判决结果就可以察觉最高法院主要的着眼点在于原告是不是基于善意提出争议数额的。假如能够发现原告的善意，那下一步法院要考察的便是是否有其它显而易见的因素可以显示出实际争议数额是在法定要求以下的。在本案当中，原被告双方对于应该如何理解"善意"一词分别提出了自己的观点。Stop & Shop 认为客观情况总是一样的，比如其超市所消耗的水量比原先在 KCWA 发票上显示的要少许多；另外，尽管原告提起诉讼时的争议数额要超过了 5 万美元，但真实情况却是原告所可能获得的损害赔偿要远远少于 5 万美元。另一方的 Coventry 却声称不光自己在递交起诉状时完全是怀着主观上的善意的，并且在计算争议数额时也是基于客观的善意，后来仅仅是由于独立第三方所犯下的错误才使情况发生了改变，而 Coventry 没有任何可能在此前了解到真实的数字究竟应该是多少。

本法院一直都认为决定争议数额情况下所需要的善意应该是一种客观的善意。在 *Jimenez Puig v. Avis Rent - A - Car Sys.* ，574 F. 2d 37，40（1st Cir. 1978）一案中，本法院曾指出，尽管原告没有利用刻意的恶意行为来争取精神损害赔偿，但真正关键的问题在于是否任何一个熟悉此方面法律的人都客观的认为原告目前的状况足以为他赢得超过法定限额的损害赔偿。我们认为在本案当中，善意的存在是毋庸置疑的，无论是从主观还是客观上看。在诉讼的开始阶段，Coventry 无疑是真诚的相信由 Stop & Shop 转交来的发票是真实可信的，因此才将其作为了计算损害赔偿金额的依据，没有丝毫迹象可以促使 Coventry 察觉到 KCWA 所开的发票有不准确的可能存在，对于这一论断就连 Stop & Shop 也并无异议。由此，我们确信从客观的角度来看，在刚刚提起诉讼的时候，Coventry 提出的诉讼请求是超过法定最低限额的。

更进一步地看，本案恰好符合了那种管辖权一旦建立就不会因为后来发生的事件而遭到剥夺的情况。在本案当中，Coventry 之所以向法院提起了诉讼，正是因为 Stop & Shop 拒付的污水处理费用已经达到 74 953 美元。这一起诉争议数额是超过了法定额度的，而后来披露出的 Stop & Shop 用水量的真实情况在此刻尚根本无从知晓，直到 Stop & Shop 获悉自己被告上了法庭并要求 KCWA 派人实地检查以后，真实的数字才为大家所知。假使这一发票上的错误自始至终都没有被人察觉的话，那这场诉讼恐怕现在还是在按照 Coventry 当初提出的 74 953 美元的损害赔偿要求进行着吧。像这样完全由于独立第三方的错误而造成的争议数额大于法定额度的事实情况并不会顺理成章的导致该第三方在原告起诉之后改正错误的结果出现，更不会导致原先已建立的管辖权遭到剥夺。

Stop & Shop 坚持认为在本案中我们应该对"随后的事件"和"随后的揭露"这一对概念作出明显的区分。Stop & Shop 表示，随后揭露出的争议金额从未满足过法定限额，与随后的事件使得原先满足条件的争议金额降低到了法定限额以下在本质上是不一样的，前者会使得联邦法院丧失先前具有的管辖权，不论当事人在提起诉讼的时候是否知道或应该知道事情的真相。在本法院举行口头辩论的时候，Stop & Shop 的律师就曾明确谈及，即便 KCWA 的错误直到审判展开以后才得以发现，联邦法院在那时也是没有管辖权的。

为了支持自己的这种论断，Stop & Shop 列举了三个在事实经过上和本案有明显区别的案例，并且这三个案例的结果对本法院没有任何强制意义。第一个案例是 *American Mutual Liab. Ins. v. Campbell Lumber Mfg. Corp.* ，329 F. Supp. 1283，1284（N. D. Ga. 1971），在该案中，原告因为保险合同违约问题而向法院提起了诉讼，然而原告必须自己来估计损害赔偿金额的多少，因为被告的一些资料记录是不对外公开的。可是诉答程序后的调查取证活动揭示出该案的实际争议数额要小于法定的最低限额，而且法院认为即使按照原告的理论估计出的最高值也不可能超过最低限额，以及原告在起诉时就应该可以相对准确的估计出本案的实际争议数额。故此，法院最终驳回了原告的起诉，其理由在于原告后来意识到自己先前估计的错误并不能被看作是 *St. Paul* 一案中的那种导致后来损害赔偿金额降低的事件。

Stop & Shop 列举的第二个案例是 *Jones v. Knox Exploration Corp.* ，2 F. 3d 181，182（6th Cir. 1993），该案的原告在上诉状中写道"直到上诉，我们才发现本案的争议数额实际上要小于 5 万美元。"法院首先肯定了诸如修改起诉状这种随后发生的减少了争议数额的事件并不足以导致管辖权的丧失，然后分析说："然而，我们必须对减少了争议金额的随后事件与确认了某些金额本来就不存在争议的随后发现进行区分。"接着，法院认定在该案中只存在随后发现而没有随后事件，事实上，有些金额在诉讼的开始阶段就根本不存在争议，法院因此以缺乏主题事物管辖权为由拒绝听审此案。

Stop & Shop 列举的第三个案例是 *Tongkook America, Inc. v. Shipton Sportswear Co.* ，14 F. 3d 781，782 – 83（2d. Cir. 1994），负责审理该案的法院认为当事人在调查取证过程中发现原告未能适当记载发生在起诉一年以前的借贷活动不是一种随后事件，而应该被看作是起诉以前的客观改变了争议数额的事件，故此法院驳回了原告的起诉。

在本案当中，Coventry 并没有将其提出的损害赔偿金额建立在错误计算的基础上，例如像 *American Mutual* 一案中的那种需要在调查取证过程进行重新计算的错误；Coventry 对争议金额的计算完全是基于由独立第三方提供的让人深信不疑的数据，没有人会设想到这些数据居然也会有错。本案也不同于 *Jones* 案展示的那种某些金额根本不存在争议的简单发现的情形，在本案中，作为第三方的 KCWA 首先积极主动地进行现场检查及修正发票以后，原先的争议数额才得以减少。此外，在 *Tongkook* 一案中，当事人自己犯有严重的错误，否则其在诉讼开始时是可以知道争议数额不超过法定限额的，而在本案中，独立第三方犯下的一个非常不明显的错误造成了情况的变化，Coventry 根本就无从预计出现错误的可能，并且这一错误直到诉讼启动以后才得到了纠正。正是由于这些特殊情形的存在，我们相信在本案中初审法院的管辖权不应当受到后来争议数额减少的影响。

基于以上谈及的理由，本法院决定撤销初审法院的判决，并且责成其依据本意见对此案进行重审。双方当事人各自承担己方的诉讼费用。

补充知识：

● 既然今天是情人节，那么我们不妨就在这里聊聊和情人节有关的法律话题吧。据我所知，有很多人都想当然地觉得法律是一门严肃的学科，故此法学院肯定就是天底下最不浪漫的地方，此种想法可谓大谬矣。这不，有两位耶鲁大学法学院的哥们就起草了一份《爱情重述》（Restatement of Love），而且还堂而皇之地刊登在了《耶鲁法学杂志》（Yale Law Journal）上。

这份《重述》在序言阶段即开宗明义的表示"自开天辟地以来，男女之情事多遵循习俗惯例而从无法律之约束，我辈平素枉称法律为无边之网，竟千百年来对此等疏漏熟视无睹，岂不羞哉愧哉？是故，我二人特制《爱情重述》一篇献于诸位同好，以消此千古憾事。"接下来的正文部分更是让人招架不住：第一章《定义条款》首先对爱情、关系、分手等专业术语给出了法律意义上的解释；随后的第二章《求爱》描述了与陌生人约会（blind date）等三种求爱模式所可能引发的不同法律后果；而第三章《在相爱的过程中》则进一步深入地探讨了陷入热恋之中的男女在侵权法、财产法及包括管辖权在内的司法程序领域内所可能面临的问题；在最后压轴的第四章《分手》中，作者终于触及了男女关系的底线，相当冷静地分析了提出分手动议等一系列技术性问题。

总之，这份《爱情重述》立意幽邃、结构严谨、笔力老辣、气贯长虹，虽不乏让人忍俊不禁之处，但绝非寻常等闲的游戏文章。苦于篇幅所限及版权的关系，我无法将这篇趣文译成中文以飨读者，不过告诉大家能在哪里找到全文却是不妨事的。大家先进入Westlaw网站，然后在"Find"一栏里输入"104 Yale L. J. 707"进行搜索即可，当然在 JLR Database 里直接搜索"Restatement of Love"的标题也是一样的。

第三节　主题事物管辖权——联邦问题管辖权

电影《辛德勒的名单》里有一段我很喜欢的台词——"权力是什么？一个人犯了罪，法官判处他死刑，这不是权力，这是正义。一个人犯了同样的罪，国王可以判他死刑也可以不判他死刑，结果是将他释放，这才是权力。"当然，现在的美国只有法官而没有国王，但我的问题是：如果一个法院明明可以凭借着法律的授权而攫取更广泛的管辖权但却没有，这应该叫做什么？本分、克制、谦逊、大度、识相还是清高？在本节里，我们就来研究一下这不知道叫什么好的联邦问题管辖权。

和同为联邦主题事物管辖权产生方式之一的异籍管辖权一样，联邦问题管辖权从根本上也是来源于合众国宪法的第 3 条第 2 款，并且也都是通过国会后来的进一步立法才得以延伸至基层的。但与异籍管辖权所不同的是，联邦问题管辖权在美国法典第 28 章里的座次要靠前了一位（28 U. S. C. §1331），其规定联邦地区法院的原始管辖权应当被扩展到"所有起因于（arising under）合众国宪法、法律或条约的民事案件中"。于是，奇怪的事情就出现了，这些个联邦法官们不牢牢地抓住这个条款中"所有民事案件"几个字不放，反而个顶个地和"起因于"这个词较真闹别扭，结果把自己的管辖权限制得死死的，一方面眼看着好多的诉讼费收不上来，另一方面也伤害了美国人民有诉讼找联邦的热情，这又是何苦来哉呢？闲话少说，就让我们来认识认识这"起因于"几个字到底是怎么回事。

其实在早先的时候，联邦最高法院对宪法所授予其的联邦问题管辖权一直都持比较宽泛的看法，例如在 *Osborn v. Bank of the United States*，22 U. S. 738（1824）一案中，最高法院就认为联邦法院对任何 Bank of the State[1] 为当事人的案件都有管辖权，因为这时联邦法律问题不管重不重要都会是诉讼的一部分，而接下来的逻辑便是，只要存在联邦法律问题就有联邦问题管辖权。不过，这个判决即使是在当时也遭到了许多评论家的抨击，他们认为这使得许多原本联邦法律争议无足轻重的案件也能浑水摸鱼地进入联邦法院受审了，从而造成联邦法院管辖权无节制膨胀的局面。

也许是因为接受了社会舆论的监督，自从 1875 年国会创制美国法典第 28 章 1331 条开始，联邦法院便开始自缚手脚地越来越倾向于从狭隘的角度来解释这一条款，其中的焦点即是"起因于"这三个字究竟如何解释为好。是沾了一点联邦法律边的诉讼都叫"起因于"，还是只存在联邦法律争议的诉讼才叫"起因于"？抑或是不管原告被告，只要有一方提出了联邦法律争议就能叫"起因

---

〔1〕 此银行为国会设立，所以在诉讼中总会牵涉到其能否合法享有诉权的法律争议。

于"？联邦法院这100多年来痛苦而又漫长的摸索过程我们这里就按下不表了，要不然真是三天三夜也说不完，还是直接告诉大家目前的最新成果吧。

现在最高法院认为，只有两种情况的案件才能说是起因于联邦法律的，第一种也即最常见的就是原告所提出的一个主要诉讼请求是直接建立在（founded directly upon）联邦法律之上的。或者通俗一点说也就是，某项具体的联邦法律直接产生创造出了原告的一个主要诉讼请求。举个例子来看，一家企业由于经营困难而需要通过裁员来压缩成本，于是董事长宣布：自即日起所有55岁以上的员工一律放假休息。遭到解雇的员工们自然不肯善罢甘休，于是便以企业违反《禁止雇佣相关的年龄歧视法案》（Age Discrimination in Employment Act，常简称ADEA）为由将企业告上了联邦法院。那么联邦法院有权受理此案吗？当然可以，因为原告指控被告的诉由是工作场所中的年龄歧视，而这一诉由正是直接来源于（source of the cause of action）作为联邦法律的ADEA的。不过，举这个例子只是为了让大家能比较一目了然地理解联邦法律直接创造出诉由的情况，现实生活中的案件远比这个例子要复杂许多，不信的话现在就可以跳过后面的内容先去看看本节收录的第一个案例，顺便也可以提前领略一下卡多佐法官的风采。第二种能够说是起因于联邦法律的案件指的是原告获得救济的权利必须依赖于一个实体性联邦法律问题的解决的情况。这种情况又远比我们上面所说的第一种类型的案件要复杂许多，因为这时原告所提出的多半都是一个州法创造出来的诉讼请求，但是对这个诉讼请求的处理又必须借助于对某项联邦法律的解释才能进行，从而掺杂进了联邦法律争议的因素，使得整个案子能否取得联邦问题管辖权处于模棱两可之间。遗憾的是，最高法院并没有告诉我们一两个切实可行的判断标准，相反几乎每次最高法院判决此类案件的时候都会出现持多数意见的法官一票险胜的景象。还是举个例子来说吧，A公司向B公司订制了一批瓷器，在交货时，A 公司以 B 公司印在瓷器上的图案侵犯版权的为由拒绝收货，并以违反纽约州合同法的诉由将后者告上了法院。法院在审理该案时所主要需要解决的即是那些图案是否侵犯了他人版权的问题，而这又是一个地地道道的联邦法律争议，我觉得此时联邦法院有很大的可能性是对此案具有管辖权的。还有一种在现实中非常常见的现象不能不提，假如原告对被告提出了多项指控，其中有些是根据州法产生的，而另一些则是由联邦法律法律创造出来的，那么原告非得去向州法院提出这些州法诉由吗？法院虽然不是人情世故，但在人情世故上显得过于不合理的东西通常未必能合乎法律，此处也不例外。为了避免这种强迫原告将一个案子分成两次起诉的情况出现，联邦法院会在认可了原告有一项诉讼请求符合联邦问题管辖权的时候一并审理原告所有的诉讼请求，哪怕这项唯一符合条件的诉由在后来的案件审理过程中被法院驳回。不过，这里所依据的法理就是我们要在下一节中讲的引申管辖权了。

看到这里，有些喜欢动脑筋的同志就想到了既然引申管辖权这么好用，那我为了取得联邦问题管辖权就在几个州法诉由中故意安插进一个牵强附会的联邦法律诉由装装样子不就可以了吗。可惜事与愿违，在 *Bell v. Hood*，327 U. S. 678（1946）一案中最高法院已经表态纯粹为了取得联邦问题管辖权而伪装出来的诉由不算数。另一种同病相怜的情况是被告而非原告在答辩状而非起诉状中提出了一个联邦法律问题作为抗辩理由，*Louisville & Nashville R. R. v. Mottley*，211 U. S. 149（1908）一案的判决结果否定了这种时候可以建立联邦问题管辖权，即使被告提出联邦法律问题作为抗辩是原告所能预见的。

最后需要稍微提一下便是所谓的"经过良好诉答的起诉状"（well-pleaded complaint）原则了，这大概指的是原告提出的联邦法律问题必须被体现在经过良好诉答的起诉状上，而不能是口头或通过动议提出的。这与我们在前面一节所说的法院凭借原告的起诉状来确定争议数额有异曲同工之处，其想法无非是希望能尽量在诉讼的开始阶段把案件的管辖权问题确定下来，以避免在随后的过程中干扰审判。

Gully v. First National Bank

Supreme Court of the United States，1936.

299 U. S. 109.

MR. JUSTICE CARDOZO delivered the opinion of the Court.

本法院所面对的惟一争议便是联邦法院能不能将此案看作是起因于联邦宪法和法律并因此而对其拥有管辖权。

上诉人也即本案的原告在密西西比州的一家地方法院起诉，要求被上诉人赔偿自己所遭受的经济损失。上诉人的起诉状向我们披露了如下的事实情况：在 1931 年 6 月，由于经营不善，First National Bank of Meridian（Old Bank）的资产连同全部的债权债务关系都被本案的被上诉人 First National Bank in Meridian（New Bank）所接收。在被上诉人以合同的形式同意代为承担的这些债务关系中，有一部分是原先 Old Bank 拖欠上诉人州税征收官（Collector of Taxes）的税款。根据相关的法律规定，此时债权债务的继承者 New Bank 有义务去替已经破产了的 Old Bank 来偿还这笔拖欠的税款。然而，被上诉人却未能做到这一点，迟迟没有如数补交欠税，于是上诉人在州地方法院对被上诉人提起了诉讼。

被上诉人相信这起案件是起因于联邦宪法和法律的，因此向州法院提出了移送的请求并获得了批准。上诉人对此提出了异议，但遭到了联邦地区法院的拒绝，此后上诉人在本案实体性争议的审判中也只落得了一个败诉的结论。在此后第 5 巡回法院进行的上诉审理中，法官维持了地区法院的原判，并且还驳回了上诉人提出的管辖权抗辩，因为上诉法院的法官同样认为要求全国性银行根据股份纳税是一项联邦法律（R. S. §5219，12 U. S. C. §548）作出的规定，而上诉人正是依赖于这项法律的存在才获得诉权的。

在何时以及怎么样的情况下一个案子才能被认为是起因于联邦宪法和法律的在法律界是一个炙手可热的问题，有不少种检验方法曾经被很热烈的探讨过。比如，有些人认为当且仅当一项由联邦宪法或法律创造出的权利或豁免权是原告提出的诉由中不可或缺的关键部分时，此诉由才能被看作是起因于联邦法律的。这种观点换句话说也就是，当一项权利或豁免权只有通过解释宪法或联邦法律才能得以实现的时候，就能够引申出联邦管辖权。还有些人认为，除了前面所说的这个条件外，联邦法律争议还必须是真实可信而非虚幻假想的，并且要能在起诉状中反映出来，而不是借助于答辩状或移送申请书透露的。实际上，如果起诉状超越了如实反映原告诉讼请求的功用或是变成了对臆想中被告答辩的回复书，那即便是起诉状本身也不足以作为确定管辖权的基础了。

通过把本案放在整个确定联邦问题管辖权原则的历史背景下看，我们发现本案并不符合取得联邦管辖权的条件。

首先，本案是建立在一份合同之上的，而该合同中的法律义务又可以在密西西比州的法律里找到它的源头。即使完全不去参考任何的联邦法律条文，被上诉人按照合同的要求去补交税款的义务仍然是有效存在且能够执行的。就原告起诉状中反映出来的信息看，被上诉人未能及时补交税款的原因在于缺乏资金，或是认为不应该把钱交给与自己平时素无瓜葛的上诉人，又或是其它种种非源于联邦法律的不同看法。我们没有什么必要硬是把这样一个可以根据内容条款来强制执行的合同和那些纯粹是联邦法律造就的终端纠纷联系在一起。

其次，既然我们已经明确了合同义务的创设者是州法，那接下来的问题就是原告有没有依赖于一项联邦权利来支持自己的诉讼请求。本案中被告所未能履行的法律义务是没有及时的给付有效债务，欠税称不上是有效债务除非这笔税收是合法的。被告也正是基于此点认为本案存在联邦法律争议，因为除非得到联邦法律的批准，一个州擅自向全国性的银行及其股东征税的举动是无效的。

并不是在任何的情况下只要有联邦法律问题在某个诉讼中出现，那便可以作为该诉讼的基础是联邦法律的证据。本案中存在争议的这笔税收如果合法有效的话，那也是依据密西西比州某项法律的权威征收的。从来就没有哪项联邦法律要求征收过这笔税款，或是给了原告起诉欠税者的权利。当然，尽管纯粹是一个州政府的行为，这笔税款的征收也必须和给出相关授权的联邦法律相一致，并服从它的限制条件。而与宪法的精神不相违背则是州政府在征收税款时所不得不遵守的另一种规范。如果没有联邦法律允许对全国性银行按股份征税的话，一起针对该征税行为的诉讼将不会是起因于联邦宪法和法律的，即便银行方面在起诉时可以求助于宪法的有关条款。然而，有联邦法律允许该类征税行为的事实也不会改变这起诉讼的基础，因为这类征税行为只可能是依据州法授权的，联邦法律的存在仅仅是作为相关州法有效的证据而已。

被上诉人提出的一个抗辩理由是，既然联邦法律和州法律都是使得该类征税行为合法的前提条件，那我们何妨将它们看作是一体的。我们认为这种说法是根本站不住脚的。假设现在有一条新的宪法修正案允许各州自由的针对来源于联邦证券的个人所得征税，或是允许各州对进出口货物收取关税，任何攻击此类宪法授权但由州法具体实施的税收的诉讼都不能说是起因于联邦宪法的，即使这类税收是依赖于新宪法修正案而存在的。我们愿意在此重申 *Puerto Rico v. Russell & Co.* ，288 U. S. 476（1933）一案的原则："被建立权利的联邦法律本质是决定性的，而不是建立权利的法律来源。"在本案当中，原告的权利是根据州法而建立起来的，至于联邦法律的授权是该州法的权利来源根本就是无关紧要的。

本法院决定推翻联邦巡回法院的判决。

Merrell Dow Inc. v. Thompson
Supreme Court of the United States，1986.
478 U. S. 804.

JUSTICE STEVENS delivered the opinion of the Court.

本案的被上诉人分别是加拿大和苏格兰居民，他们以差不多相同内容的起诉状分别将一种名为 Bendectin 的药品生产及经销商告上了俄亥俄州汉密尔顿郡的地方法院。这两份起诉状所陈述的事实内容都是有妇女因为在怀孕期间注射了这种名为 Bendectin 的药物而产下了畸形婴儿。在被上诉人提出的总共 6 项指控中有 5 项都是以普通法诉由为基础的，分别是过失责任、违反担保责任、严格责任、欺诈以及加重过失。而在除此以外的总共 6 项指控的第 4 项中，被上诉人提出了上诉人由于违反了《联邦食品、药品及化妆品管理法案》（FDCA）而必须承担误导的责任，因为上诉人在对该药物进行标注的时候没有对其可能引起的严重不良反应提供足够的警告。此外，被上诉人还在起诉状的第 26 段中写道：以违反 FDCA 的方式推广发售药物的行为本身构成了上诉人犯有过失的有力证据。而被上诉人在接下来的第 27 段中又表示上诉人违反法律的行为是造成初生婴儿受到伤害的直接法律原因。

上诉人在规定的时效内提出了将此案从州法院移送到联邦地区法院的请求，其所宣称的理由是被上诉人提出的诉由有部分是起因于联邦法律的。在移送成功后，加拿大人和苏格兰人的案子被合并为一案处理。然而，上诉人以联邦法院缺乏主题事务管辖权为由要求重新将此案发还给州法院审理，不过这一要求遭到了联邦地区法院的拒绝，因为其认为被上诉人提出的第 4 项诉由的确是起因于联邦法律问题的。

后来此案被上诉到了第 6 巡回法院那里，该法院推翻了地区法院的判决，并解释称："除非原告获得救济的权利必需性的建立在联邦法律中的一个实体性问题上，否则就不存在联邦问题管辖权。本案中的原告之所以提及 FDCA 仅仅是将其作为被告犯有过失的一个证据。因为陪审团完全可以在认定被告没有违反 FDCA 的同时裁决被告的过失责任成立，所有原告的诉由并非是必需性的建立在联邦法律之上的。故此，我们相信原告的诉讼请求不是起因于联邦法律，此案被移送给联邦法院审理也是不恰当的。"

再后来本法院向此案发出了调卷令，现在我们决定维持巡回法院的判决。

合众国宪法的第 3 条给予了联邦法院听审所有起因于联邦法律的案件的管辖权。这一授权行为并不是能够自动予以执行的，而是直到 1875 年国会制定了《司法制度法案》（Judiciary Act of 1875）以后才正式授予了联邦法院广泛的联邦问题管辖权。虽然宪法中"起因于"（arising under）一词的含义可以扩展至任何联邦法律问题占据了一席之地的诉讼，但本法院一直以来都倾向于对这一授权进行狭义的解释。

在 *American Well Works Co. v. Layne & Bowler Co.*，241 U. S. 257，260（1916）一案中，大法官 Holmes 把绝大多数具备了建立联邦问题管辖权的案件的特征精确地归纳为了"起因于联邦法律且由此产生了诉由"。因此在绝大多数情况下，一个案子要想取得联邦问题管辖权，则其必须具有由联邦法律创造出来的诉由。

然而在 *Franchise Tax Board v. Construction Laborers Vacation Trust*，463 U. S. 1，9（1983）一案中，我们也发现了假如一个州法下诉讼权利的实现必须有赖于对联邦法律的理解和适用，那么这个案件也可以被看作是起因于联邦法律的。不过本法院需要在此加以提醒的是，人们在解读 *Franchise Tax Board* 一案的判决结果时一定要保持十分审慎的态度，尽管该案的核心争议在于对《雇员退休金保障法案》这一联邦法律的解释，但本法院仍然认为联邦问题管辖权在该案中是不存在的。

让我们把视线转回到本案中来，这个案子显然并不具有绝大多数可以产生联邦问题管辖权案件的特征，因为被上诉人从未表示过他们所提诉由中的任何一项是由联邦法律创造出来的，本案属于大法官 Frankfurter 曾 经 在 *Textile Workers v. Lincoln Mills*，353 U. S. 448，470（1957）一案的反对意见中描述的"诉讼引发问题"的情形，也就是说有时在处理由州法创造的诉由时会连带涉及联邦法律争议。

在本案当中，当事人双方都认可巡回法院所说的本案里没有因为违反 FDCA 而产生出来的联邦法律诉由。通常在考察联邦法律诉由是否存在于一个案子的时候，我们需要对下列的因素加以考察：①原告是否为该联邦法律所保护的特殊利益群体；②国会是否有意通过该联邦法律提供一种独立的诉由；③联邦法律诉由的存在是否有助于促进国会立法意图的实现；④原告提出的诉由是否在传统上一直都被归于州法的范畴。总之，国会并不总是认为其所制定的每一部法律都是一种独立联邦法律诉由的源泉。不过我们也不应该过分地去渲染这种缺乏独立联邦法律诉讼假设的重要性，因为有时即便真是如此，联邦法院也完全可以对违反联邦法律的行为实施管辖并提供救济，只要我们把这种对联邦法律的违反看作是州法下的一个先入为主的假设或是最近的因果关系，而不是联邦法律下的一次联邦诉讼行为。

本案的上诉人相信，即便实际上国会没有为违反 FDCA 的行为预留一个独立的联邦法律诉由，联邦问题管辖权仍然可能凭借这种违反联邦法律的事实是组成州法诉由的一个要件的逻辑而存在。为此，上诉人还专门提出了三点理由来支持自己的这个观点。首先，上诉人认为本案可以直接适用 *Franchise Tax Board* 案的论断，即联邦问题管辖权可以存在于那些需要通过解决大量联邦法律争议来处理的州法诉由当中。然而，我们觉得 *Franchise Tax Board* 案的这一论断与本法院所长期坚持的仅仅在州法诉由中出现了联邦法律争议并不足以支持建立起联邦问题管辖权的看法是不矛盾的。事实上，*Franchise Tax Board* 案中的这一论断远远称不上是一个可以放之四海而皆准的检验标准，而只不过是在诚实地表述当需要将联邦问题管辖权扩展到未知领域的时候有必要付出加倍的细致。考虑到国会没有为联邦法律单独设置独立的联邦司法救济的打算，在像本案这种联邦法律争议仅仅是情节极其轻微的出现在了州法诉由的案件中，建立联邦问题管辖权起不到任何帮助国会实现立法意图和促进联邦法律体系完善的作用。其次，上诉人声称在本案中存在着一个巨大的联邦利益，即联邦法律应该被以统一的方式加以解释，因此让联邦法院来进行审查是保证司法解释一致性的最好办法。我们不能同意上诉人对联邦利益的这种归纳，也不赞成将其引申开来作为联邦问题管辖权存在的依据。至于上诉人所说的州法院对 FDCA 的解释和适用将会造成对整个 FDCA 体系秩序及稳定性的威胁这一点，上诉人不应该认为联邦法院会因此而以联邦问题管辖权为借口将所有针对 FDCA 的州法诉讼都收归联邦法院审理，而更应该去想想 FDCA 是否会对州法院在有争议问题上的管辖权形成优占（preemption）。另外，上诉人不需要去为司法解释的一致性担心，即使没有联邦地区法院能对这些案件拥有原始管辖权，本法院也总有权去审查州法院对联邦法律究竟是如何进行解释的。最后，上诉人争辩道：无论普遍原则是怎样的，本案存在的一些特殊情形使得联邦问题管辖权的建立是完全合理的。为此，上诉人强调说 FDCA 是否可以适用于发生在加拿大或苏格兰的药品销售行为仍然是个悬而未决的法律议争，故此应该由一个联邦法院来对 FDCA 的域外效力问题给出一个确切的回答。我们认为这种看法没有什么道理，因为我们并不觉得判断一个诉讼请求是否起因于联邦法律取决于该联邦法律争议的新颖程度。尽管毋庸置疑的是联邦问题管辖权不能建立在肤浅轻率的或无实际意义的所谓联邦法律问题上，但允许联邦地区法院采取逐案审查联邦法律问题新颖性的方法来决定联邦问题管辖权的存在与否将会严重伤害联邦及州的权威和联邦司法管理体系之间的互动关系。FDCA争议的新颖性并不足以使其摇身一变成为一个联邦法律诉由，更不足以帮助上诉人取得联邦问题管辖权。

综上所述，我们认为像本案这样将违反联邦法律的事实作为整个州法诉由的一个组成部分的案件不是美国法典第28章1331条所说的起因于美国宪法、法律及条约的案件。因此，本法院决定为此联邦巡回法院的判决意见。

如是判决。

JUSTICE BRENNAN, with whom JUSTICE WHITE, JUSTICE MARSHALL, and JUSTICE BLACKMUN join, dissenting.

合众国宪法第3条第2款（Article III，§2）宣布联邦司法权利应当被扩展到所有起因于宪法、合众国的其它法律以及条约的案件当中，而无论案件是属于普通法还是衡平法性质的。本法院长久以来一直都认可这是联邦法院取得案件管辖权的一个广泛途径，并且多次在判例中明确表示过：但凡联邦法律问题是诉讼产生的内在原因，甚至当一个诉讼包含着潜在的联邦法律问题时，联邦法院就理所当然地对这起诉讼拥有管辖权。美国法典第28章1331条以和宪法条文相似的用语进一步澄清了联邦地区法院对所有起因于美国宪法、法律及条约的案件具有原始管辖权。虽然这一条款从字面上看是对国会决心给予联邦法院在涉及联邦法律问题的案件中至为广泛的管辖权的重述，但实际上法院对该条款的解释要比对宪法第3条第2款的解释狭隘许多。尽管如此，考虑到国会在起草这一条款时的遣词造句以及其与宪法条文的紧密关系，任何对该条款所赋予的联邦问题管辖权的限制都必须采取极其审慎的态度作出。我认为本法院今天对联邦问题管辖权的限制即是与第1331条的精神不相符的，是故我谨在此提出反对意见。

虽然绝大多数第1331条所涵盖的案件都可以用大法官Holmes

的名言"起因于联邦法律且由此产生了诉由"来概括，但确切无疑的是，有些即使原告所具有的权利连同所寻求的救济都是来源于州法的案件也同样可以受到联邦问题管辖权的约束。例如在 *Smith v. Kansas City Title & Trust Co.* ，255 U. S. 180，41 S. Ct. 243，65 L. Ed. 577（1921）一案中，被告公司的一位股东要求联邦法院发出禁止令以制止被告使用公司的资金投资根据《联邦农业借贷法案》发行债券的行为。原告声称密苏里州的法律强制性的赋予了公司只能投资合法债券的信托义务，而《联邦农业借贷法案》本身即是违宪的法律，所以以其作为依据发行的债券也是非法的。尽管这个案子的诉由是完全起源于州法的，但本法院仍然认为联邦法院对此案是具有管辖权的，因为"当原告的诉状显示他获得救济的权利是建立在对宪法或联邦法律的解释和适用上的，并且他的联邦诉讼请求不仅仅是一种伪装掩饰，而是存在着真实合理的法律基础的时候，联邦地区法院就应该对此案拥有联邦问题管辖权。"在以后的岁月里，*Smith* 一案的原则在无数的场合里被本法院及下级联邦法院所援引肯定，甚至有许多的专家学者也已经将其收录到了各种法学著作中，因此该原则的旺盛生命力是无可置疑的。

就我的看法而言，根据 *Smith* 一案所确定的法律原则，联邦法院对本案被上诉人提出的第 4 项诉由毫无疑问的拥有联邦问题管辖权。被上诉人声称上诉人对其药品 Bendectin 的标注方法违反了《联邦食品、药品及化妆品管理法案》（FDCA）的第 201 条、第 502（f）（2）条和第 502（j）条并因此构成了误导，而这种错误的标注方法正是造成被上诉人受到伤害的直接法律原因。被上诉人还曾在起诉状中表示标注错误证明了上诉人的本身过失（negligence per se）责任，这是被上诉人试图说服法院相信上诉人犯有过失的唯一理由。随后开始的诉答程序更是体现出，被上诉人就如同我们在 *Smith* 一案里所说的一样，把自己"获得救济的权利建立在了对宪法或联邦法律的解释和适用上"了。此外，尽管上诉人否认了自己有违反 FDCA 的行为，但也承认被上诉人对自己的这一指控并非只是无理取闹。正如被上诉人在起诉状里所说的那样，当一种药物的标签或广告没有披露使用该药物可能引起的严重不良反应时，这在 FDCA 下就是一种错误的具有误导性的标注方法。显而易见，孕妇在接受过 Bendectin 注射以后可能产下畸形婴儿理应被看作是相当严重的不良反应。上诉人所持的主要抗辩理由在于 FD-CA 并不能管制那些在国外出售的药物的标注方法。这一抗辩理由的成立与否就不是那么一目了然的了，因此法院必须详细地考察 FDCA 的语言意旨才能进一步确定它的适用范围，所以，我相信被上诉人提出的这第 4 项诉由属于第 1331 条所说的起因于联邦法律的情况。

代表本案多数意见的法官肯定不会不同意我上述分析的，当然，最终的结论除外。按照多数法官的看法，如果我们假设国会并没有觉得联邦问题管辖权案件中应当存在根据某项具体的联邦法规提出的独立联邦法律诉由的话，那我们也必须假设国会同样没有打算让联邦问题管辖权存在于需要通过考察联邦法律来决定的州法诉由中。故此，多数法官认为联邦法院不能以联邦问题管辖权为由收审本案被上诉人的起诉，因为被上诉人没有可能根据 FDCA 提出任何独立联邦法律诉由。

多数法官并没有在其判决意见中解释他们作出上述结论的依据究竟是什么，而且这实际上也是很难自圆其说的。即使国会从未打算过创造出独立的联邦司法救济，那这一事实又怎么能用来证明国会从未希望将联邦管辖权施加于那些由于违反了联邦法律而引发的州法诉讼中呢？其实显而易见的是，不打算创造出独立的联邦司法救济和确立联邦管辖权之间不存在任何直接的联系，除非多数法官能够证明国会之所以这么做是和限制联邦管辖权基于同样的原因。故此，我们有必要在此判决意见当中详细的分析国会不打算创造出独立的联邦司法救济的真实原因是什么，以及其与限制联邦管辖权到底有无任何逻辑上的关联，而多数法官却有意无意忽略了这一环节……

补充知识：

●应该说，能到美国法学院里读书的中国学子们，在众多的同龄人当中可以称得上是佼佼者了。因为是用非母语来钻研探究另外一个国家的法律制度，再加上美国法学院里的成绩压力很大，所以三年的学习生活的确是相当艰苦。更何况还有更重的一层压力或者说负担是来自经济上的，高昂的学费及生活费用使得不少法学院学生在毕业时已经变得负债累累了，大家都迫切的需要一离开学校就能找到一份回报较为丰厚的工作，如此一来经济上的压力就又被转嫁到了平时的学习上。坦率地说，没有良好的身体基础以及过硬的心理素质是很难咬牙挺过美国法学院的三年的。既然学习这么辛苦，而代价又是如此巨大，不把美国法学院的资源享尽、能量榨干、优势用足岂不可惜。下面，我就结合自己在美国法学院里学习生活这些年的经验体会来简单谈谈如何更好的使得美国法学院各方面都不错的条件能够为己所用。当然，我要说的并不是使用学生证买电影票可以打对折，或是保持学生身份可以买到便宜的公共交通乘车证这类生活琐事，而是和美国法学院的学习就业方面有关的。

法学院图书馆里的图书管理员可能是很多人都会忽视的人物，大家也许都依据国内的经验觉得他们不过是些只负责图书收发工作的普通家庭妇女而已，但这种想法其实是大错特错的。在美国法学院的图书馆里当了几十年图书管理员的家庭妇女在某些法律领域内的学问可一点都不比学生差，甚至完全可以当学生的老师，我自己就有这方面的亲身体验。当时，我正准备动笔撰写一篇关于美国集团诉讼制度的论文，想在图书馆里找些资料看看。然而，选择太多往往也并非是件好事，图书馆里几大书架的相关资料让我踌躇不已，只好到柜台前向一位管理员进行咨询。没想到这位管理员在听完我对论文内容的介绍后，便像医生开药方一样随手拿过一张纸来刷刷地写下十几本书名，并逐一向我解释每本书分别是针对论文里的哪个小点的，以及它们的作者又都是什么来历，甚至连每本书在书架上前后左右的位置都说的分毫不差，顿时我就产生了一种心服口服的感觉。这以后，只要在读书的过程中发现了什么不懂的概念或是术语，我就找图书管理员给我做名词解释的工作，远比自己查字典资料要方便细致多了，这等于是在课堂之外又多了一位老师。

为了吸引法学院的学生也就是未来的律师们使用本公司的产品，Westlaw 和 LexisNexis 这两家相互竞争的法律检索服务提供商都会在法学院里派设自己的常驻代表，经常办一些法律检索培训讲座什么的。不要以为这些代表是只会用免费比萨来吸引你参加午间讲座的推销员，他们自己其实就是法律检索的高手，在平时的推广过程中掌握了许多相当实用的检索技巧，而且他们随时都欢迎学生带着问题前来请教。因此，你若是在完成法律写作课作业的过程中不能用最简洁的步骤检索到自己需要的案例，千万不要试图用浪费时间的笨办法把你手头上所有的案例都通读一遍，而是直接去请教常驻代表们吧，我相信他们的解答和服务一定能让你满意。

说实话，法学院里大家的经历都差不多，但每个人的简历拿出来却是千差万别的，而一份高质量的简历对于法学院学生找工作来说真是太重要了。如果你正在为如何起草自己的简历以最大限度地体现自身特点发愁的话，那就去到法学院的就业办公室里找人帮帮忙，那里面的工作人员可都是天天和简历打交道的，为你量身定制一份有个性的简历简直是太轻而易举了。当然，要是你正犹豫着怎样来向将来的雇主解释成绩单上的一些不好看的分数的话，就业办公室里具有丰富经验的工作人员也是会为你准备好恰当理由的。

美国法学院里可供同学们利用的资源其实还有很多，比如这儿的教授通常都不会拒绝为学生们出具推荐信等等，但限于篇幅的关系恐怕无法为大家一一介绍了。相信每个人到美国法学院来读书以后，都能获得自己的一番心得体会的。

第四节　主题事物管辖权——引申管辖权

引申管辖权是我们在本书中要讲的第三种也是最后一种联邦主题事物管辖权的产生方式，不过就冲它被安排在美国法典第 28 章 1367 条的位置上，也就可以知道其历史要比前面已经提到过的异籍管辖权和联邦问题管辖权短得太多了。其实，您要是多读两本关于美国民事诉讼法掌故方面的书，就能发现本节的主角和前面这两位不光历史比不了，就连出身那也是有天壤之别的。如果把前面这两位比作是黄埔军校毕业的话，那本节的主角就一定是接受整编过来的杂牌军了。为什么这么说呢，请大家听我从头慢慢道来。

所谓引申管辖权一说，在美国法的历史上本来是没有的，一直到了 1990 年的时候，国会为了整合联邦法院在实践中为取得案件的管辖权而自创的各种办法，才在美国法典的第 28 章中给当时已存在了百年之久的异籍管辖权和联邦问题管辖权新设了一个小兄弟，把这些实战中打造出来的独门兵刃统统收归在了第 1367 条这一个条目之下，之所以冠名为引申管辖权大概取的是"只要联邦地区法院对当事人提出的一个诉由取得了原始管辖权，那么也就对所有与其相关的出自于相同事实或争议的其它诉由具备了管辖权"之意。正是由于里面有这么一段典故，方才有了我上面所说的异籍管辖权和联邦问题管辖权是国会亲手缔造，而引申管辖权是后来从联邦法院那里改编过来的说法。不过话又说回来，前面发得都是些没出息的论资排辈的议论，要真正按本事和用处排起座次交椅来，引申管辖权如今的适用范围之广未必就在两位老大哥之下。别的虾兵蟹将我们不提，要说就说说引申管辖权下辖的两柄利器——待决管辖权原则（pendent jurisdiction）和附属管辖权原则（ancillary jurisdiction）吧。

如前所述，待决管辖权原则是联邦法院在日常审判实践活动中自发总结出来的一种管辖权建立理论，大意指的是当原告对同名被告提出了一项联邦法律诉由和一项州法诉由时，如果联邦法院能够对其中的联邦法律诉由行使管辖权，那么也就能对另外一项州法诉由实施管辖，哪怕这在该项州法诉由单独存在的时候是不可行的。举个例子来说，加州居民原告 A 在联邦地区法院对加州居民被告 B 提出了两项指控，一项是根据州法提出的过失侵权，而第二项则是被告 B 违反了联邦食品卫生法。按照待决管辖权的原则，既然联邦法院能够以联邦问题管辖权为由对原告 A 提出的第二项诉由具有适当的管辖权，那也就同样能够听审第一项过失侵权的诉由，从而把整件案子都收归到联邦法院的管辖之下。然而，大家需要注意的是这里有一个限制条件，原告 A 对被告 B 提出的这两项指控必须是来源于相同的事实内核，或者通俗一点说就是要由同一件事情或交易引发，本节后半部分的第一个案例就专门讲这个问题。还有一种情况也能适用待决管辖权原则，那便是在一个联邦管辖案件中出现了追加当事人的时候。比方说吧，原告 A 在联邦法院以侵犯版权为由起诉被告 B，后来又因为同一件事情将被告 C 追加进来并指控他犯有不正当竞争，这时联邦法院不仅理所当然的对原告 A 和被告 B 之间的诉讼具有管辖权，而且也可以在某些时候同时管辖原告 A 对被告 C 提出的指控。不过在适用待决管辖权原则时，联邦法院对这种多个当事人的案件要比多项诉由的案件管束的更加严格一些。因为，显而易见，前者更容易引起和州法院管辖权的冲突以及对成文法精神的违背。本节的第二个案例会对此问题有比较详细的讨论。更加复杂一点的情形出现在以异籍管辖权为基础的集团诉讼案件（class actions）中，虽然在判断有否完全异籍时可以用几个具名原告（named plaintiffs）的籍贯来代表整个诉讼集团的籍贯，但是在争议数额的条件面前法院却规定每个原告都必须单独地满足法律的要求。限于篇幅的关系，我们没有办法就这个问题展开更加详尽的讨论，可是有志于对此做一番深究的读者不妨读一读

Zahn v. International Paper Co.，414 U. S. 291（1973）这个案例。

如果把待决管辖权原则称为 1990 年以前联邦法院的"左膀"，附属管辖权原则无疑就是它的"右臂"了，只有左膀右臂合在一起才能使得联邦法院在管辖权问题上立于左右逢源、游刃有余的不败之地。尽管有时与待决管辖权的区别并非十分明显，但从理论上讲，附属管辖权的适用场合与前者相比还是有相当大的，其通常被用在原告以外的当事人提出了一个和原始诉由密切相关但无法独立取得主题事物管辖权的诉讼请求的时候。这种情形很容易就可以通过举例展示出来，比如，加州居民原告 A 以合同违约为由起诉纽约州居民被告 B 并向后者索赔 10 万美元，这是一个很典型的异籍管辖权案件，可是如果被告 B 同样以合同违约为由对原告 A 提出了价值 7 万美元的反诉（counterclaim）呢？这项指控因为没有达到异籍管辖权对最低争议数额的要求而无法满足取得联邦管辖权的条件，但联邦法院此时便可以借助于附属管辖权原则对被告的反诉进行管辖。我们再来看看交叉诉讼（cross‑claim）的情况，假设原告 A 同时起诉了被告 B 和被告 C，而被告 B 又根据同样的事实对被告 C 提出了指控，这时只要联邦法院对原始诉讼是具有管辖权的，那也就因为附属管辖权而对两被告之间的交叉诉讼取得了管辖权。我们不妨再来看看有第三方加入的情况，这种第三方既可能是根据《联邦民事诉讼规则》第 14 条由被告强行追加的第三方被告，也可以是根据《规则》第 24 条自愿加入为原告或被告的相关利益人，但无论是属于哪种情况的，其所涉及的各种诉讼请求都在附属管辖权原则的庇护之下。不过值得注意的是，联邦法院长期以来都认为附属管辖权原则的属性应该是防御性的，故此基本上都只允许被告享受附属管辖权带来的优惠，而原告行使附属管辖权的情形极为罕见。

自从 1990 年国会将待决管辖权原则和附属管辖权原则从联邦法院手里接收过来并合编为第 1367 条以后，一个新名词"引申管辖权"便开始频繁地出现在各级联邦法院的判决意见中了。不过就其本质而论，说的好听一点可以叫做双剑合璧，难听一点就只能是新瓶装旧酒了，总之是没有太多让人感到惊喜的新意。接下去，让我们就来分门别类地切磋切磋这引申管辖权原则的内容与特点。

I 引申管辖权与联邦问题管辖权的搭配使用

引申管辖权在与联邦问题管辖权搭配使用的时候适用范围最为宽广，甚至要超过了原先的待决管辖权。还记得我们刚刚说过的待决管辖权在适用于那种存在多个当事人的案件中时会受到联邦法院的严格管束吗？然而如今在同样的情况下适用引申管辖权却不会遇到任何的问题。还是用个例子来说明吧，原告 A 以违反了联邦食品卫生法为由起诉了被告 B，后来又基于州侵权法将被告 C 和被告 D 追加为共同被告，原告 A 和后两个被告之间没有异籍关系。如果按照过去的待决管辖权原则，联邦法院能否对原告 A 和被告 C、D 之间的诉讼进行管辖是很成问题的，因为此时联邦法院还必须具体分析联邦食品卫生法中是否有条款允许这种管辖的存在。可是根据现在的引申管辖权原则，联邦法院可以理所当然地对原告 A 和后两个被告间的纠纷具有管辖权。故此，在联邦问题管辖权案件中适用引申管辖权实在是不需要怎么动脑子的一件事。

II 引申管辖权与异籍管辖权的搭配使用

第 1367 条的第 2 款明确列举了引申管辖权在联邦异籍管辖权案件中进行适用的 4 种例外情形，它们分别是：①原告与第三方被告之间，比如原告 A 起诉被告 B，而被告 B 根据《联邦民事诉讼规则》第 14 条又起诉被告 C，此时如果原告 A 和被告 C 之间没有异籍关系，则原告 A 不能在联邦法院直接起诉被告 C，不过被告 C 不用受此限制；②强行被加入方的起诉与被诉，比如原告 A 起诉被告 B，而被告 B 根据《规则》第 19 条强制 C 作为共同被告加入诉讼，如果原告 A 和共同被告 C 之间不存在异籍关系，则 C 无法被加入到诉讼中来，联邦法院也可能会将整个案子撤销，即便 C 是作为共同原告也会造成相同的后果；③允许被加入方的起诉与被诉，比如原告 A 起诉被告 B 并且还根据《规则》第 20 条将 C 作为共同被告，如果原告 A 和被告 C 之间没有异籍关系，则被告 C 无法被加入进来，但如果是把 C 作为共同原告却是可以加入的，即便原告 C 和被告 B 之间没有异籍关系；④根据有利原则加入的原告，比如原告 A 起诉被告 B，有 C 根据《规则》第 24 条要求法院将其加入作为原告，此时如果原告 C 和被告 B 之间没有异籍关系，则联邦法院是没有管辖权的。

除了上述的这四种情形之外，联邦法院都可以凭借引申管辖权原则在异籍管辖权案件中寻找建立起适当的联邦管辖权，这总共又可以分为 6 种情形，如《规则》第 13 条 A 款的强制性反诉及 13 条 G 款的交叉诉讼等等，在这里就恕不一一详述了，免得给某些读者拿本书来练习绕口令的机会。

Ⅲ 联邦法院拒绝行使的情形

第 1367 条的第 3 款列举了四种联邦法院可以拒绝行使引申管辖权的情形，它们分别为：①有诉由涉及了新颖或复杂的州法争议；②有诉由压倒性的超过或优于联邦法院拥有原始管辖权的那个或那些诉由；③联邦法院已经驳回了所有可能产生原始联邦管辖权的诉由；④联邦法院认为适当的其它情形。

需要提醒大家的是，引申管辖权并没有消除联邦法院对属人管辖权的要求，的确，要一下子记住那么多理论教条是个令人头疼的问题，这对美国法学院的学生来说也是很困难的。不过根据我的体会，当我们开始学习《联邦民事诉讼规则》中的具体条款以后情况便会好很多，因为直到那时学生们才能逐渐具备对美国民事诉讼法进行鸟瞰的眼光，另外，我们在本书以后的案例中也常常有机会来对包括引申管辖权在内的基本原则加以温习。

United Mine Workers of America v. Gibbs

Supreme Court of the United States, 1966.

383 U. S. 715.

MR. JUSTICE BRENNAN delivered the opinion of the Court.

本案的被上诉人 Paul Gibbs 在与上诉人美国矿工联合会（UMW）的诉讼中获得了胜利，初审法院判决上诉人因违反了《劳动管理关系法案》的第 303 条（Labor Management Relations Act, 1947, 61 Stat. 158）和田纳西州的一些普通法规定而必须支付给被上诉人一定数量的经济补偿及惩罚性赔偿。实际上，这场官司起源于 UMW 和南方工会就谁能代表南阿拉巴契亚煤矿工人的问题而引发的对峙，但直接导火索却是没有参加此次诉讼的田纳西煤矿总公司在 1960 年的春天由于关闭了田纳西州南部的一口矿井而解雇了 UMW 下属 5 881 分会的 100 名煤矿工人。后来，在当年夏天的时候，田纳西煤矿总公司麾下的一家全资子公司 Grundy 公司雇佣了被上诉人作为监工带领着南方工会的一帮工人去试开掘一口新矿井。作为整个项目计划的一部分，Grundy 公司还在相关的合同中指示被上诉人将挖出来的煤炭直接运到最近的铁路装卸站。

然而在 1960 年 8 月 15 日和 16 日两天，连续有全副武装的 5881 分会会员强行阻止被上诉人开掘新矿并对其施以人身威胁，在此过程中还有一名南方工会的现场工作人员遭到了殴打。这些 5881 分会会员声称当初田纳西煤矿总公司已经许诺过要把这里的活给他们干，因此谁要是想抢他们的饭碗的话，就休怪他们不客气了。由于这些干扰的存在，新矿井被迫停工长达 9 个月之久。

此后，被上诉人被免除了监工的职务，并且当初与 Grundy 公司订立的煤炭运输合同也终于无法执行。被上诉人还称可能是因为在这件事上和 UMW 有了过节，他原先与当地企业所订立的一些运输合同和开采合约也纷纷告吹。出于对这种显然经过策划的、步调一致的联合封杀行为的愤慨，被上诉人没有将诉讼的对象指向5 881分会，而是直接将它的上级领导机构 UMW 以违反第303条为由告上了田纳西州联邦东区法院，同时还要求联邦地区法院基于待决管辖权（pendent jurisdiction）的原则对其提出的共谋及非法抵制等普通法诉讼请求进行一并审理。

初审法官拒绝将被上诉人所提出的 UMW 施加压力迫使 Grundy 公司以外的企业不敢和他做生意的指控送交给陪审团裁决，因为该法官认为根本就没有证据来支持被上诉人的这个说法。然而，陪审团最终还是裁决 UMW 违反了第303条及相关的州法，为此需要支付给被上诉人6万美元的雇佣合同损失款、1.45万美元的运输合同损失款和10万美元的惩罚性赔偿。根据上诉人提出的动议，初审法官以损失无法证实为由否决了其中的运输合同损失款。此外，该法官还表示，有关 UMW 对 Grundy 公司实施了威胁压迫的指控和第303条缺乏联系，因而只能作为一项州法指控被提出。第6巡回法院随后支持了初审法院的判决意见。现在，此案又被上诉到本法院这里，我们在深思熟虑之后得出了和联邦地区法院及巡回法院相反的结论。

在本案中，我们首先需要解决的问题是联邦地区法院是否对那些基于田纳西州法律提出的诉由享有适当的管辖权。

在 *Hurn v. Oursler*，289 U. S. 238（1933）一案中，本法院曾确认过如果原告同时还单独提出一个基于联邦法律的主要诉由的话，州法诉由作为一条帮助原告获得救济的额外途径是可以获得联邦法院管辖权的。在该案的判决意见里面，本法院特意区分了可容许及不可容许对州法诉由实施联邦司法管辖的情况，即有些时候一个案子包含了两个独立的法律依据来支持同一个诉由，其中一个依据是基于联邦法律的；而另外一些时候则会出现一个案子包含两个互不关联的诉由的情况，其中的一个具有联邦法律争议的特征。对于前一种类型的案件，只要该案所涉及的联邦法律问题不是个纯粹的幌子，联邦法院就有适当的管辖权来同时处置该案的另一个普通法律依据，哪怕支持同一诉由的联邦法律依据最后遭到了否决；而对于这后一种类型的案件，联邦法院无论如何都对那个基于普通法的诉由是没有管辖权的。故此，我们在本案中所要决断的问题实际上就被简化成其究竟是属于哪一种类型的案子。

Hurn 一案被判决于 1933 年，也即是在《联邦民事诉讼规则》将普通法和衡平法合二为一之前，那时"诉由"（cause of action）一词的确切含义从来都是人们争论不休的话题，本法院也曾相信这个词大概指的是只为了实现一个目的的一个事由而与其它的事由有别。而在 Hurn 一案中，本法院又重新考虑了诉由一词的含义，不过这次的考虑是与既判力原则（res Judicata）的适用范围联系在一起的，我们认为，最高法院判例的总体趋向是要求原告把他所有的诉由放在一起一次审理。如果本法院由于管辖权的缘故不能审理 Hurn 一案中的州法诉由，那可以预计的就是既判力原则也将无法适用于任何接下来的州法诉讼了，但本法院确信既判力原则所蕴含的司法经济和公平的政策性因素使得让联邦法院能够有权同时处置联邦法律及州法诉由是完全合乎情理的。

随着《联邦民事诉讼规则》的出台和诉讼形式的统一，关于"诉由"一词含义的争论越来越少了。然而，这个术语的含义仍然是 Hurn 案判决的关键支点，并且也成了一些混乱想法的根源。根据推出《联邦民事诉讼规则》的目的，在顾及公平的前提下尽量广泛地接受原告提出的诉讼是其被制定时一个基本出发点。因此，诉请、当事人及救济的合并在《规则》中都是得到强烈鼓励的。可能因为 Hurn 案中涉及了管辖权及方便管辖的因素，有些联邦法院在对其进行援引适用时往往局限在那些州法诉讼请求与联邦法诉讼请求充其量只不过是同一个问题的两面的案件当中。

这种有限制的适用其实根本没有必要。作为司法权利的一种表现，待决管辖权存在于所有宪法第 3 条第 2 款所称的起因于合众国宪法、法律和条约的诉由里，而且该诉由与其它州法诉由的关系使得整件案子都被升格为了一个宪法性的案件，不过这一联邦法律诉由必须是言之有物的以便于允许联邦法院从中发现主题事物管辖权。另外，联邦法律诉由还必须与其它州法诉由来源于同一事实内核。然而，假使我们不去考虑诉由的联邦或州法属性的话，如果原告所提出的诉由是他通常希望能够在同一次司法程序过程中得到审理，而且联邦法律争议的实体性有足够保证的话，联邦法院就应该有权来审理整个的案子。

联邦法院所拥有的这一权利并不需要在每一个它能够行使的案件中行使。长久以来，待决管辖权就被认为属于法官自由裁量的范围，而不是原告理所当然应该享有的权利，因为这种管辖权存在的合理性在于对司法救济、方便管辖及公平正义等法律政策的考虑，要是这些因素不存在的话，联邦法院也就不应该去对州法诉由行使管辖权。联邦法院应当极力避免任何不必要的针对州法的判决，这除了出于团结礼让的考量外，也是为了让最适合的法院来对其进行解读以促进正义的实现。当然，如果唯一的联邦法律诉讼请求在正式审理开始之前就已经被驳回了，那即便它从管辖权的角度上看绝对是言之有理的，联邦法院也应该同时驳回其余的州法诉讼请求。与此类似的是，如果州法诉讼请求无论从证据、争议范围还是救济的角度上看都在一个案件中是占有压倒性优势的，那联邦法院就应该无歧视地将此州法诉讼请求予以驳回以使其留待州法院作出判决。另外，还有一种我们无法忽视的情况即是州法诉由是如此紧密的与联邦法律问题相联系，以至于允许联邦法院行使待决管辖权的呼声特别的高。就拿本案为例来说吧，此案中的州法诉由牵扯着联邦法律的优占（preemption）原则，尽管这种联系并没有当然的创造出联邦问题管辖权，但其完全有可能被联邦法官通过自由裁量创造出来。最后，有一些与管辖权无关的原因我们也必须考虑进来，比如陪审团会不会在面对如此不相干的寻求救济的法律理论时觉得头昏眼花，这在客观上就迫使我们不得不把联邦及州法的诉讼请求分开审理了，从而也间接地造成了联邦管辖权无法实现。

普通管辖权的建立通常是依赖于诉答程序来加以解决的，但是一个案件中是否存在适当的待决管辖权的问题却会在整个诉讼进程中一直对各方产生困扰。审前程序或是审判过程本身都有可能揭示出州法诉由的主导地位或引起陪审团混乱的征兆，而这些都是仅依靠诉答程序所无法做到的。尽管我们可以随着诉讼的进展不断总结待决管辖权存在的合理性，但也许随后的事件会证明驳回州法诉由是更为恰当的选择。例如，原告发现他提出的证据的实质及诉讼请求的同等重要性，或是意识到联邦法院对辅助性州法问题的广泛管辖权并不代表联邦法院就一定会容忍当事人把一个彻头彻尾的州法律争议案件搬到联邦法院来审理的做法。总之，一旦联邦法院察觉出州法诉由才是案件的主体构成部分，而联邦法律诉讼只不过是作为个附庸，该州法诉由就应当被适当的予以驳回。

我们并不准备说在本案当中联邦地区法院对州法诉讼请求作出判决的行为是超越了自己自由裁量权的。假设地区法院正确地指出了 UMW 对 Grundy 公司实施了威胁迫使其中止了与被上诉人的雇佣合同的指控和第 303 条无关，那即便真是如此的话，被上诉人基于 UMW 胁迫 Grundy 公司中止了运输合同的事实而提出的第 303 条诉由也应该被认为是言之有物的。这其实是一种很明显的联邦和州法诉由是根据同一事实内核提出的情形，并且反映了互相可替代的救济请求的情况。事实上，本案中陪审团只被要求给予被上诉人一种损害赔偿，所以被上诉人获得的救济不可能是分别根据联邦法及州法诉讼请求同时作出的。

我们看到了被上诉人提出的第 303 条诉由实际上是失败的，他完全是依据州法诉由才获得救济的。然而，我们仍无法确定无疑的说本案的联邦法律争议是如此的虚无而且作用很小，因此，本案其实只有州法诉由部分得到了有效的审理。尽管地区法院以无法证实为由驳回了被上诉人基于上诉人胁迫 Grundy 公司以外的煤炭企业不许和自己做生意的事实而提出的第 303 条诉由，但法院却将牵涉到 Grundy 公司的第 303 条诉由交给了陪审团裁决。而陪审团也的确裁决上诉人在这些第 303 条指控中败诉，只是由于后来上诉人向法院提出了直接判决及将陪审团的裁决置之不理（a judgment n. o. v.）的动议，这些关于第 303 条的裁决才被束之高阁。地区法院的法官考虑了有关运输合同的指控，并以缺乏被上诉人存在经济损失为由否决了被上诉人的指控。虽然在这里州法诉由和联邦法律诉由交相混杂的情况确实很有可能引起陪审团的混乱，但这种混乱在很大程度上是可以通过使用特殊的裁决清单表（verdict form）来减轻的，实际上，联邦地区法院在本案中也已经这么做了。此外，优占原则是否对州法诉由的可容许范围产生了限制的问题可以作为联邦法院行使待决管辖权的一个特别依据，因为联邦法院正是适用优占原则的恰当主体。故此，本法院认为尽管联邦地区法院凭借其自由裁量权可以选择驳回本案中的州法指控，但事实上它没有这样做也绝对称不上是一种错误的处置办法。

　　[在认可了待决管辖权存在之后，最高法院又接下去讨论了联邦法律优占和《Norris – LaGuardia 法案》的适用性问题，并判决没有充分的证据可以证明 UMW 卷入到了其下属会员的不法行为中。]

　　本法院决定推翻上诉法院的判决意见。

Owen Equipment and Erection Co. v. Kroger

Supreme Court of the United States，1978.

437 U. S. 365.

MR. JUSTICE STEWART delivered the opinion of the Court.

在 1978 年的 1 月 18 日，当 James Kroger 走在一条高压电线旁边的时候，附近一台钢铁起重机的力臂正好落在了电线上，由此而泄漏的高压电流当场将他电死。于是他的遗孀兼遗产管理人同时也是本案被上诉人 Geraldine Kroger 便以错误死亡（wrongful death）为由在内勃拉斯加州联邦地区法院对 Omaha Public Power District（OPPD）提起了诉讼。该遗孀在起诉状中声称正是由于 OPPD 对高压电线的不当修建、维护和运作才导致了她丈夫的意外死亡。联邦地区法院对此案的管辖权是建立在当事人异籍的基础上的，因为被上诉人是位爱荷华州的居民，而 OPPD 则是一家内勃拉斯加州公司。

OPPD 随后根据《联邦民事诉讼规则》第 14 条 A 款的规定向法院提交了一份第三方起诉状，声称那台肇事的起重机是属于本案的上诉人 Owen Equipment and Erection Co.（Owen）的，而它对这台起重机的不当管理才是造成 James Kroger 死亡的法律原因。此外，OPPD 还提出动议请求法院根据被上诉人的起诉状作出即席判决。就在法院考虑这一动议之前，被上诉人要求修改起诉状以便把 Owen 作为补充被告加入到本次诉讼中来的申请得到了批准。这之后，法院在一份未公布的判决意见中同样批准了 OPPD 请求进行即席判决的动议，由此本案在正式开庭审理的时候就演变为了被上诉人和 Owen 之间的诉讼。

被上诉人修改之后的起诉状声称 Owen 是一家内勃拉斯加州公司并且其主营业地就设在内勃拉斯加州之内。Owen 在答辩状中承认了这一点，表示自己是根据内勃拉斯加州法律组织存在的，但却否认了被上诉人所有其它的指控。然而在庭审进行到第三天的时候，有证据披露出上诉人的主营业地其实是在爱荷华州而非是内勃拉斯加州，这也就意味着上诉人和被上诉人双方同为爱荷华州的居民。此时，上诉人趁机以缺乏管辖权为由向法院提出了驳回起诉的动议。因为事发突然，地区法院采取了先保留管辖权争议的做法，结果陪审团裁决被上诉人胜诉。在庭审结束之后不久，地区法院驳回了上诉人提出的管辖权异议的动议。

地区法院的这一初审判决在上诉中得到了维持。联邦巡回法院认为根据最高法院在 *Mine Workers v. Gibbs* 一案中的判决意见，地区法院通过行使自由裁量权完全可以对此案进行管辖，因为被上诉人的诉讼请求是来源于同被上诉人指控 OPPD 及 OPPD 指控 Owen 一样的事实内核的。巡回法院还表示地区法院在准许 OPPD 的动议以后仍继续进行审理的决定也是正确的，因为上诉人曾在被上诉人的面前故意隐瞒自己的爱荷华州居民身份。

　　在本案中毫无争议的一点是，联邦法院对被上诉人提起的州法性质的侵权之诉是没有单独的联邦管辖权基础的，这是由于本案的双方都是爱荷华州的居民。此外，尽管《联邦民事诉讼规则》第 14 条 A 款允许原告对一个第三方被告提出指控，它并没有说明这种指控是否需要一个单独的联邦管辖权基础。事实上，它也是不可能说明这一点的，这就好像联邦管辖权根本不是由《规则》创造或消灭的一样。

　　在肯定地区法院判决意见的时候，联邦巡回法院依据的是所谓的附属管辖权（ancillary jurisdiction）原则，据说这一原则被规定在 *Mine Workers v. Gibbs* 一案中。然而，*Gibbs* 案与本案存在着相当大的区别，因为其涉及的是待决管辖权的问题，所以，我们当时更为关注在一个案件中原告提出的联邦及州法诉由都是针对同一被告的情况。与之相反，在本案中，原告并没有提出任何基于联邦法律的诉讼请求，而是分别对两个被告提出了州法性质的指控。不过，巡回法院指出的本案与 *Gibbs* 案实质上是相同问题的两个方面的说法还是有一定道理的，这个问题便是在怎样的情形下联邦法院有权审理相同州居民间的州法诉由？另外我们确信，巡回法院其实没能正确的理解 *Gibbs* 案所确立原则的适用范围。

　　Gibbs 案很明显地勾勒出了联邦管辖权所具有的宪法性限制。但是即便我们能够认为地区法院在本案中具有宪法性质的权利去听审被上诉人与上诉人之间的诉讼，恐怕也很难进一步推出巡回法院的判决是正确的结论。宪法性质的权利其实只是联邦法院对某一个

具体争议取得管辖权所必须克服的第一道障碍，因为联邦管辖权不单单是受到宪法第 3 条的限制，而且还要受到国会立法的制约。

成文法与宪法一样可以限制联邦法院对非联邦法律问题诉由管辖权的事实在本院最近判决的两个案子中都得到了淋漓尽致的体现，它们分别是 *Aldinger v. Howard*，427 U.S. 1（1976）和 *Zahn v. International Paper Co.*，414 U.S. 291（1973）。在 *Aldinger* 一案中，本法院判决联邦地区法院对一项针对某郡政府的州法指控是缺乏管辖权的，尽管原告声称该项指控待决于另一项以美国法典第 42 章 1983 条为基础的针对郡政府官员的指控。而在 *Zahn* 一案中，本法院认为，在这样一起根据《联邦民事诉讼规则》第 23 条 B 款提出的异籍集团诉讼里，集团中的每一个成员都必须分别满足美国法典第 28 章 1332 条 A 款对于争议数额的要求，并且拒绝了联邦管辖权存在于那些满足条件的诉讼请求中，而其余的都可以被视作是附属于适格诉讼请求的观点。其实在这两个案子里面，联邦和非联邦法律诉由都是来源于同一事实内核的，但是本法院依然认为授予了联邦法院对联邦法律诉由管辖权的成文法并没有允许联邦法院对那些非联邦法律诉由实施管辖。

Aldinger 案和 *Zahn* 案的判决结果表明，发现一个案件中联邦和非联邦法律诉由来源于同一事实内核并不是问题的终止，我们还必须探究其它的一些因素才能断定联邦法院有无权利去听审那些非联邦法律诉由。这也就是说，在宪法规定的最低限度要求之外，联邦法院仍然需要检验非联邦法律诉由的提出方法和授予了对联邦法律诉由管辖权的特定成文法条款，以便于查明国会是否在该条款中明示或默示的否定了联邦法院可以对非联邦法律诉由享有管辖权。

本案中涉及的成文法条款是美国法典第 28 章 1332 条 A1 款，该条款规定联邦法院对不同州居民之间的争议数额超过 1 万美元以上的诉讼拥有管辖权。这一法条连同它先前的雏形都一贯被解释为需要双方当事人间完全彻底的异籍，即原告方面的所有当事人与被告方面的任何当事人不能是同一州的居民。其实，在过去的很多年里，国会都在不断的对提供异籍管辖权的法律条文进行修正或重定，但对于彻底异籍这一个要求却从未试图改动过。不管当初国会在制定异籍管辖权时的原始目的是什么样的，此后的一系列立法历史清楚的表明：当原告方面有一个人与任何一个被告为相同州居民时，异籍管辖权是不可能存的。

故此，我们可以很容易地总结出被上诉人在一开始的时候是不能在联邦法院把 Owen 和 OPPD 作为共同被告起诉的，因为被上诉人和 Owen 同为爱荷华州的居民。即使在本案中实际上出现了被上诉人曾经修改过起诉状的情节，这一结果仍然是不会改变的，无论何时，Owen 一旦加入到本次诉讼中来，当事人间的完全异籍就被摧毁了，因为此时怎么也不可能出现成文法条款中所说的"不同州居民之间的争议"的情况了。

我们有必要时刻牢记，联邦法院是一个只具有有限管辖权的法院。对联邦管辖权的限制，无论是来自于宪法还是国会的，都必须得到同等的尊重。可是按照巡回法院对本案看法的逻辑，一个原告便可以很轻松地通过只起诉那些异籍的被告后等待它们把另一些非异籍的被告牵扯进来的办法摆脱法定的彻底异籍的要求规定。如果来源于相同的事实内核是在一起异籍案件中建立附属管辖权的唯一条件的话，那就没有理由来解释为什么被上诉人不可以在原始起诉状中把自己对 Owen 的指控附属于对 OPPD 的指控了，而此时国会对于彻底异籍的要求也已经被侵蚀殆尽了。

的确如巡回法院所注意到的那样，对非联邦法律诉由行使附属管辖权的做法常常在有增加诉讼当事人、交叉诉讼或反诉这类情形出现的诉讼中得到支持。但是在决定对非联邦法律诉由的管辖权是否适当的时候，非联邦法律诉由被提出的场合是非常关键的。我们觉得，本案中非联邦法律诉由出现的场合与那些行使附属管辖权被认为是适当的案件有着明显的区别。

　　首先，本案中的非联邦法律诉由根本就不是附属于联邦法律诉由的，和我们通常所看到一个被告作为第三方加入成为共同被告的情况截然不同。一份第三方起诉状至少要在部分上取决于主要法律争议的解决结果，因此，其与原始起诉状的关系不仅仅是事实性的相似，还是逻辑上的依赖。然而在本案当中，被上诉人对上诉人的指控是与她一开始对 OPPD 的起诉毫无联系的，因为上诉人是否需要对被上诉人承担赔偿义务与 OPPD 有无法律责任的问题一点都不相干。故此，我们觉得被上诉人的两次起诉与其说是相互附属的，不如说是独立分离的。其次，本案中的非联邦法律诉由是由原告提出的，可见她是自愿选择这样一个州法诉由在联邦法院进行起诉的。与此相反的是，附属管辖权一般都会涉及被违背意愿强制拖入诉讼的被告方面提出的指控，或是除非加入到正在联邦法院进行的一起诉讼中否则合法权利便得不到伸张的当事人提出的诉由。一名原告是不能抱怨附属管辖权没有包括进他提出的所有诉讼请求的，因为是他自己选择了联邦法院而非州法院进行起诉，所以他就应该坦然的接受联邦法院在管辖权方面所受到的限制。其实，很多时候原告所孜孜以求的高效在州法院内倒是能毫无妨碍的实现。

　　作为一种并非全然不合理的设想，国会在普遍性的提出完全异籍要求的同时，并没有想把联邦法院的管辖权限制得如此死板，以至于在很多情况下都无法去保护当事人的合法权益或是高效的审理一些个在逻辑上相互纠缠在一起的案件，而这些实践中的需求正是附属管辖权原则产生的土壤。但无论是方便诉讼的想法还是司法经济的考量都无法构成把附属管辖权原则扩展到原告起诉同州居民的异籍案件当中的充分理由。国会已经在美国法典第 28 章 1332 条十分明确的规定了联邦异籍管辖权只有在当事人完全异籍的时候才有可能存在，我们无法做到对这一成文法的要求视而不见。

　　综上所述，本法院决定推翻联邦巡回法院的判决。

补充知识：

● 不论是从事任何行业的任何人，衣食住行都是其每天要面临的四种选择，我们这些在法学院里一心只读圣贤书的学子们当然也不能例外，因此，在这里我就给大家简单介绍一下美国法学院里平时的衣食住行是怎么样的吧。

说实话，当初在为去美国法学院读书准备行装的时候，我还吃不太准应该穿什么样的衣服去上课。印象里美国的律师都是瘦高个、鹰钩鼻、眼睛深陷再加上一套永不离身的黑西装，我心里嘀咕，是不是在作为培养律师的法学院里也要整日穿着这身行头呢？结果到了正式上课的时候一看才放下心来，当时正值盛夏季节，满教室里男男女女的大都身着汗衫短裤，而且不少人甚至就光脚套凉鞋，只有正前方的教授一个人仍然打着笔挺的领带。转眼这么长时间就过去了，我也早已习惯了在最后一分钟随便抓件外套去上课的生活，想想当年心中由于穿衣而引起的忐忑真是觉得好笑。不过应该提醒大家的是，美国法学院的各种活动很多，所以在衣橱里准备一套随时能穿的西装还是很有必要的。

说到食，可能是中国学生在海外留学遇到的最大问题，谁叫我们国家的饮食文化领先美国太多了呢。尽管法学院里面都会设有出售三明治的小店或是自动贩卖机；尽管一般学校周围都会有那么几家卖薯条或墨西哥肉卷的快餐厅；尽管有相当多的美国学生都只用一个苹果或一袋蔬菜沙拉作为午饭，但绝大多数的中国学生还是会选择用饭盒带饭的方式来解决中午这顿饭，于是正午时分的微波炉旁往往就成为了中国老乡们的聚会攀谈之处。另外，在美国法学院里经历过漫长的考试周之后，我才真正体会到了忙得没空做饭究竟形容的是怎样的一种情形，这时真是会不由自主的怀念起复旦的食堂来。

应该住什么样的房子是个仁者见仁的问题，因为美国的法学院一般都不可能有自己的宿舍楼，而整个大学的公寓不排个一两年队基本上也是住不进去的，所以法学院的学生们通常都住的比较分散，大家除了上课的时候见见面以外课后的私交并不很深，无怪乎经常听到有人说要想在法学院里交到朋友很难。

交通在美国本不是个大问题，每天自己开车上学是很平常的事，而且公交车和校车的班次既多又便宜，有些城市还会有地铁轻轨，因此经常会有人在这个城市上学却住在另外一个城市。然而，在美国比较好玩的一件事便是不时会碰到各种各样的罢工发生，比如我所在的明尼阿波利斯市（Minneapolis）的公交车司机大罢工已经持续了好几个月了，往日里在大街上穿梭往返的公交车居然就真的一辆也看不到了，如此一来可是苦了那些平时把公交车作为主要出行工具的学生们，于是有些人就索性在图书馆里学习到深夜，再打电话让校警开车送自己回家。

第五节 移 送

会下围棋的朋友都知道在围棋里有猜先贴目的规则，高手对弈时还往往会不惜弃子来抢得先手，这都是因为占得先机所带来的优势实在太大了。这个先下手为强的道理在诉讼中也是一样的，除了要受民事诉讼规则在管辖权等方面的限制外，原告可以任意的选择提出诉讼的理由、时机、地点甚至法院系统，而被告由于要在法律规定的时限内作出答辩难免显得有些被动。围棋里先手要贴目的规则是为了追求公平，作为平等民事主体之间对抗的民事诉讼更是不容许有偏袒的情况出现，所以，在诉讼中抢得了先手的原告也需要在制度上受到一些相应的制衡，其中的制衡之一便是我们在本节中将要探讨的移送规则。

简单地说，所谓移送规则指的是美国相关的民事诉讼法律允许被告在原告已经先行选择了在州法院进行起诉的情况下，把某些符合条件的案子从州法院转移给联邦法院审理的原则规定。这个定义透露出了两点非常重要的信息，第一就是移送只能由被告提出，原告并不拥有这个权利；第二只有案子从州法院转移到联邦法院才能称得上是移送，反过来从联邦法院到州法院那就应该叫做发还了。

知其然必要知其所以然，我们不妨先来看看法律中为什么要有移送规则。通过前面几节的学习，我们都知道了联邦管辖权存在的根本意义在于给当事人提供州法院系统以外的另一个选择，这个选择不仅对原告来说是自由公开的，对那些担心在州法院中受到歧视性对待的被告来说也是如此。比如，一个加州的原告在当地法院起诉了一个纽约州的被告，出于对加州地方法院会偏袒本州居民的担心，被告此时完全可以通过要求将此案移送至适当的联邦地区法院来保护自己的利益。当然能够成功移送的案件也必须要先满足一定的法律要求，并非所有的案件都可以被移送到联邦法院审理，因为移送规则绝对不是扩大联邦管辖权的一种方式，而仅仅是使得被告能够行使原先已存在的联邦管辖权，要是被告本来就无权获得在联邦法院受审的权利的话，那移送规则自然也就无能为力了。假设一个马里兰州居民以合同违约为由在州法院起诉了一个华盛顿州的居民并向后者索赔 6 万美元，此时，那个作为被告的华盛顿州居民是没有资格要求将此案移送至联邦法院受审的，因为联邦法院本来就无法在该案中建立起异籍管辖权来。故此，我们在本节中就将把主要的注意力转向于研究究竟哪些案件是可以移送的。

美国民事诉讼法中的移送规则主要见于美国法典第 28 章的 1441 条，其第一款开宗明义的表示"除受联邦成文法另行规定外，任何联邦地区法院具有原始管辖权的案件都可以由被告从州法院移送至该案件待审地所在的联邦地区法院。"显而易见，这一条款从大处着眼粗线条地勾勒出了在移送案件时必须遵循的普遍原则，这里存在的限制主要有两条：第一条是联邦法律的另行规定，集中见于第 1441 条下面的几小款；第二条是联邦法院要对移送来的案子具有原始管辖权，也就是说无论是异籍管辖权也好，还是联邦问题管辖权或引申管辖权也罢，总要有一种主题事物管辖权在案件当中是可以建立起来的，考察管辖权存在与否的标准自然也就是我们在前几节里着重讲的那些。不过为了能够研究得更加细致一些，我们还是在下面分门别类地再展开讲一讲吧。

I 联邦问题管辖权案件

第 1441 条 B 款的第一句话即是在说，联邦问题管辖权案件可以被移送给联邦地区法院审理，而无需顾及当事人的籍贯居所。还记得我们在前面讲过的"经过良好诉答的起诉状"（well - pleaded complaint）原则吗，这条原则在决定移送是否恰当时也是适用的，联邦地区法院同样会依据原告递交给州法院的起诉状来判断有无真正的联邦法律问题争议存在于此案当中，而被告基于联邦法律提出的任何反诉或抗辩理由都不足以支持成功的移送。

II 异籍管辖权案件

异籍管辖权的案件在处理时常常比联邦问题管辖权案件要复杂一些，在这里也不例外。第 1441 条 B 款的第二句话便提出了对于移送的一个主要限制，即在以异籍管辖权为移送理由的案件当中，如果被告是原告提起诉讼的法院所在州的居民，则被告不得要求移送。打个比方来说吧，如果原告 A 在加州法院起诉被告 B，假如这个被告 B 正是加州居民的话，那么即便此案在彻底异籍和争议数额等方面均符合法律的要求，被告 B 也不能将此案移送到联邦法院。至于这条规定背后的理由嘛，我想主要是因为异籍管辖权的主要目的是为了防止一州法院对外州居民进行歧视，所以被告 B 无论如何是没有道理担心自己在本乡本土的法院受审会遭到歧视的。

在异籍管辖权案件中，还有一种更为复杂的情况值得我们考虑。假设加州居民 A 以合同违约的名义在加州地方法院起诉纽约州居民 B 并索赔 10 万美元，此后原告 A 又增加了一项过失侵权的指控，还将另一位加州居民 C 与 B 一起列为共同被告。这时被告 B

和被告 C 可不可以要求移送呢？答案是不可以的，即便被告 B 和原告 A 之间具有完全的异籍性和超过 7.5 万美元的争议数额。这个例子实际上描述的就是第 1441 条 C 款所说的情形——如果有一项单独且分立的指控或诉由在独自被提出的时候是可移送的，那么当其被加入到其它不可移送的指控或诉由中时，整件诉讼都可以移送给联邦法院审理。可惜的是，这第 1441 条 C 款被特意注明不能适用于异籍管辖权的案件当中。

Ⅲ 引申管辖权的案件

细心的读者可能已经发现了，引申管辖权原则其实至少有一部分是与第 1441 条 C 款互相重合的。例如在一个联邦问题管辖权案件里，原告 A 向州法院起诉被告 B 违反了一项联邦反数字化盗版法律，后来又加入了 C 作为共同被告并起诉被告 B 和 C 犯有不正当竞争。此时被告 B 和被告 C 只需根据第 1441 条的 A 款和 B 款就足以成功移送此案了，而根本不用借助于第 1441 条的 C 款，因为联邦法院完全可以依赖引申管辖权原则取得对整个案件的原始管辖权。

但是第 1441 条 C 款中也包含了引申管辖权原则覆盖不到的领域。我们还是用上面所举的这个例子，如果联邦法院的法官认为原告 A 提出的第一项反盗版指控与第二项不正当竞争指控间的关系是单独且分立的或者说干脆是毫无关系的，那显然就没有引申管辖权可能出现于本案了，被告 B 和被告 C 只能凭借第 1441 条 C 款的规定提出移送的要求。不过，即使如此，很让人挠头的是联邦法院能否一并审理此案中的州和联邦法律争议，有些法院坚持认为这里存在着宪法性质的障碍，所以必须把整个案子一分为二的分别交由州和联邦法院进行审理。大家将有机会在本节的第 2 个案例中欣赏到这种比较极端的看法。

那么要是没有联邦管辖权呢，当然也就不能移送喽。可是联邦法院即便对一个案子有原始管辖权，这个案子也不见得就肯定能移送成功，因为被告遵循适当的程序提出移送申请也很重要。美国法典第 28 章的 1446 至 1450 条详细规定了移送的程序法要求。这里尤其需要重视的有三点：①时间上的要求，即被告必须在收到起诉状后的 30 天之内提出移送的动议；②地点上的要求，即被告只能向管辖原告起诉地的联邦地区法院申请移送；③形式上的要求，即必须由全体被告共同提出移送申请或是表示出对于移送申请的一致同意，名义上的及形式上的被告可以不算在内。另外，在适用第 1441 条 C 款时没有收到送达的诉状及不是可移送指控所针对的被告也可以被排除在外。

还有一些相对来说比较特殊的情况不妨在这里稍微提一下。其中之一就是原告起诉的州法院没有管辖权的情况，也就是说，原告一开始就选择了错误的法院提起诉讼，第 1441 条的 E 款规定这并不妨碍被告提出移送的请求。另外一种情况是有些案件在初始阶段是不符合移送条件的，后来随着原告修改起诉状等行为逐渐变的可以移送了，这时一旦让被告移送成功的话，原告就不能再故意采取手段来影响联邦管辖权的建立了。最后一种情况非常罕见，国会有时会在立法时指明有几种案件无论如何都不能移送，比如所有依据《联邦雇主责任法案》（Federal Employers' liability Act）提出的案件。

要是在经过审查以后认定被告提出的移送请求不能得到法律支持的话，那联邦法院接下来唯一能做的事就是把案件再原封不动地发还给当初移交出来的州法院了，并且这一发还回去的决定原则上是不可上诉的。

McCurtain County Production Corp. v. Cowett

United States District Court，Eastern District of Oklahoma，1978.

482 F. Supp. 809.

DAUGHERTY，Chief Judge. 原告因为一张本票（promissory

note）的缘故而在俄克拉荷马州 McCurtain 郡的地方法院对被告提起了诉讼。由于被告 John Deere 公司（John Deere）提出联邦地区法院可以凭借异籍管辖权原则对本案行使管辖，所以此案便被移送到了本法院这里。

在向州法院递交的起诉状中，原告声称被告 R. B. Cowett 和 Shelba Cowett 对自己开具了一张价值 15 215.59 美元的本票，并用其在 McCurtain 郡拥有的 130 英亩大豆未来收益的 2/3 及一台 John Deere 购买于 1972 年的联合收割机作为担保。然而让原告始料未及的是，Cowetts 后来竟未能如期付款，尽管他们因向被告 Clarksville Grain & Elevator 有限公司（Clarksville Grain）出售那 130 英亩的大豆而获得了 10 948.27 美元的收益。原告又称被告 Clarksville Grain 总共开具了三张支票作为购买大豆的款项，其中一张是开给 Lester Boden 的，他拥有这些大豆 1/3 的权益，而另外两张总价值为 7 298.84 美元的支票则是直接开给被告 R. B. Cowett 的。支票拿到手之后没过多久，Cowett 就通过背书的方式把其中一张价值为 4 394.90 的支票转让给了 B & B Automotive，另外又支付给了 John Deere 总共 2 903.94 美元作为报酬。原告请求法院判令 Cowetts 赔付给自己 15 215.59 美元的本票面值，并要求 Clarksville Grain 将 7 298.84 美元也即 2/3 的购买大豆款项转付给自己。作为一种替代的救济方式，原告也能接受分别由 John Deere 和 B & B Automotive 赔付给自己 2 903.94 美元及 4 394.90 美元。

在原告提出的反对移送的动议中，他表示将此案移送到联邦法院受审是很不恰当的，因为没有其他被告赞同 John Deere 提出的移送要求，而且他和 John Deere 之间纠纷的争议数额要少于 1 万美元的法定建立联邦异籍管辖权的最低标准。

作为对原告反对移送动议的回复，John Deere 认为本法院对此案中所有除 John Deere 以外的被告都缺乏管辖权，而正是由于这种管辖权的普遍缺失，所以唯一拥有管辖权的 John Deere 无需征得其他被告的同意便可要求移送。此外，John Deere 还提出尽管其他被告也都已被送达过了，但州法院是否对这些被告具有管辖权的问题仍然没有经过检验，故此其他被告都明显不愿意因为附和 John Deere 的移送要求而使得自己丧失今后在管辖权问题上展开抗辩的权利。至于原告所说的争议数额没有达到法定最低限度，John Deere 觉得应该把 Clarksville Grain 收购大豆付出的全部金额作为计算争议数额的依据，而这笔钱是超过了 1 万美元的取得联邦异籍管辖权的条件的。

将一件案子从州法院移送到联邦法院的权利完全是国会制定的成文法典所授予的，而没有任何宪法上的根据。考虑到移送实际上是经过国会授权许可的联邦法院对传统州法院行使管辖权领域的侵蚀，我们必须以非常严格的方式来解释相关的授权条款，并一丝不苟地遵循其所规定的程序。在一个联邦管辖权的基础存在疑问的案件里，法院应当以倾向于送还州法院的态度来解决疑问。鉴于 John Deere 在遵循移送程序时做的不够规范，以及此案确实无法满足实施移送所要求的条件，本法院决定将此案送还给州法院审理。

美国法典第 28 章 1446 条 A 款规定：在有多个被告出现的案件里，必须由全体被告在收到起诉状送达后的 30 日内联名提出移送动议，或者是一致同意将案件进行移送。此外，以往无数的判例也都证实了在提出移送动议的时候，所有被告被看作是一个整体，并且所有有权提出移送要求的被告都必须及时提出。

当然，我们也发现了上述原则的例外情况。当一项根据第 1441 条 C 款可移送的单独且分立（separate and independent）的诉由被加入到其它不可移送的诉由中时，只有该单独且分立诉由所针对的被告才需提出移送的动议。名义上的或形式上的当事人在考虑移送问题时通常都是被忽略的，而一个不适当加入的当事人及没有被送达的非当地居民的被告也都不需要附和移送的动议。

在本案当中，所有的被告都未能在法律规定时效内附和 John

Deere 的移送动议或是作出一致同意移送的表示，这使得移送在本案中是十分不恰当的了。通过检验本案的证据材料，我们没有发现前述的例外情况可以适用于本案中，因为这里不存在一个针对 John Deere 的单独且分立的诉由，并且所有其他未附和移送动议的被告都不是名义上的或形式上的当事人，也并非是被不适当的加入到本案中来的。正如 John Deere 在提出移送动议时所提到的那样，本案的所有其它被告都已经被送达过了，所以法律要求他们必须附和移送的动议。在现代的诉答程序下，一般出庭（general appearance）和特别出庭（special appearance）的技术区别越来越淡漠了，被告不会因为要求移送而丧失任何权利，而且甚至可以在案件移送后以缺乏属人管辖权为由要求法院驳回起诉。同样，一名被告提出过移送动议的事实也并不代表着他承认了法院对自己的管辖权。因此，在本案当中，所有其他的被告其实都可以放心地附和 John Deere 提出的移送动议，倒是他们都没有附和的举动反而构成了移送程序上的重大缺陷，从而使我们不得不将此案送还给原先移送出来的州法院。

此外，本案达到成文法律规定的建立联邦异籍管辖权在争议数额方面所需要满足的最低限度，所以本法院实际上是对此案没有管辖权的，这也构成了另一个此案必须送还给州法院的理由。

基于对原告起诉状的考虑，我们认为尽管原告与 Cowetts 之间的争议数额超过了法定最低限度，但本法院仍然对原告与其他被告之间的纠纷是没有管辖权的，因为这些纠纷涉及的争议数额都不超过 1 万美元，而且法律也不允许在此案中将不同被告所具有的争议数额相加以满足在移送时证明管辖权存在的要求。Cowetts 所可能承担的法律责任与其余被告的有着相当明显的区别。

综上所述，本法院相信自己对此案是不具有管辖权的，将此案移送给本法院的做法并不妥当，所以此案应当被根据美国法典第 28 章 1447 条 C 款的规定送还给当初进行移交的州法院。

Fullin v. Martin

United States District Court, Eastern District of Wisconsin, 1999.

34 F. Supp. 2d 726.

RANDA, District Judge. 本案来源于三位心脏病学专家之间的纠纷。Carroll M. Martin 医生（Martin）于 1985 年的时候开了自己的诊所并取名为 Kenosha Cardiology Associates（KCA）。Kevin Fullin 医生（Fullin）在 1986 年以雇员身份加入到该诊所当中，不过仅仅两年以后他就变成了和 Martin 持有一样多股份的诊所股东。到了 1992 年，Ramanuja Manda 医生（Manda）也加盟进入了 KCA，并且分得了和 Martin 与 Fullin 同样多的股份。KCA 的三位医生兼合伙人 Manda、Martin 和 Fullin 都是威斯康辛州的居民。除了这三位医生以外，KCA 还雇佣了一名全职的选择管理人员 Lisa Jardas（Jardas）和一位外部会计 James Splitek（Splitek），他们也全部是威斯康辛州的居民。

本案的纠纷起因于 Fullin 和 Manda 在 1995 年末接到了 Martin 和 Splitek 的通知，说是 KCA 必须依靠借钱才能支付给他们应得的股息分红。Fullin 和 Manda 认为 KCA 的亏损在很大程度上要归咎于 Martin 总是用诊所的钱来给他自己的个人花销买单，并且 Martin 经常指使 Jardas 和 Splitek 将这些私人开支在账目上列为诊所的公关费用。Fullin 和 Manda 还声称 Martin 曾经数次在 Splitek 知情的情况下要求 Jardas 从 KCA 的账目上为自己兑现支票，而 Martin 确是在用这些钱满足自己的消费需求。通过上述的种种手段，Martin 有意操纵 KCA 的财务制度使得自己获得的报酬远远超过了 Fullin 和 Manda，但其实三个人之间的协议规定是平分利润。最终，这一纠纷的结果导致了 Martin 在得到了一笔经济补偿以后便辞职离开了 KCA。尽管 Martin 的抽身而去暂时平息了三位医生间的争执，可 KCA 的账目纠纷却一直都在继续，直到整件事情被告到了法院。

Fullin 和 Manda 以自己的名义在州法院对 Martin、Jardas 和 Splitek 提出了起诉，并总共提出了 6 项州法诉由，分别为：①违反合同及信托义务；②侵占财产；③破坏公司财务制度；④故意的误述；⑤违反威斯康辛州法律 §948.82 和 948.83；⑥做假账。对此，Martin 也毫不示弱地提出了违反合同、侵犯名誉权及破坏未来合同的反诉。到此时为止，在该案中既不存在当事人异籍，也没有任何联邦法律问题出现在原告的起诉状里，所以整件案子都停留在州法院等候审理。

然而，Fullin 和 Manda 后来对起诉状进行了修改，增加了专门针对 Martin 一人的第 7 项指控，该指控是依据联邦《退休雇员收入保障法案》（ERISA，29 U.S.C. §1132）提出的，因为 Martin 具有 KCA 退休金及 401k 保障计划受托人的身份而正好落在了该法案的管辖范围之中。在修改后的起诉状中，Fullin 和 Manda 笼统的表示 KCA 拖欠了他们许多应得的退休保障利益，因此他们要求法院确认他们的这些权利是受到法律保护的。直到最近的时候，Fullin 和 Manda 才进一步澄清了支持他们提出此项诉由的事实因素，即 Martin 在没有得到其他股东同意或授权的情况下，擅自动用诊所的资金购买了退休保障计划从而给诊所带来了经济损失。

基于这唯一一项联邦法律诉由，Martin 要求将此案移送至联邦地区法院进行审理。在发出的告知声明中，Martin 表示，原告修改后的起诉状提出了"一项新的、单独的和分立的诉由，试图根据 ERISA 获得赔偿及救济"，并且由于这项新的 ERISA 指控是完全和其它州法指控不相关联的。Martin 主要是凭借第 1441 条 C 款作为提出移送要求的法律基础的，该条款规定，无论何时只要有一项单独且分立的联邦法律诉由被加入到了其它另行不可移送的诉由中间，整个诉讼便都可以被移送至联邦法院进行审理。因为依据的是第 1441 条 C 款，Martin 声称他不需要就此事征得其他共同被告的同意。此外，作为一个备选的理由，Martin 在提出移送要求时也援引了第1441条的A款和B款但没有作出详细的说明，不过他表示，此时他询问过并获得了共同被告的支持。在这件事情当中，Fullin 和 Manda 自始至终没有对移送表示过反对。

再接下来的时候，被告提出了要求法院进行即席判决的动议。由于不是 ERISA 指控的当事人，Jardas 和 Splitek 的动议只涉及了原告提出的那些州法指控，而 Martin 的动议则请求法院将原告提出的全部7项指控均予驳回。可是本法院认为联邦地区法院仅对本案中的 ERISA 指控具有主题事物管辖权，因此也就只有权针对这一项指控作出即席判决的决定，其余的州法指控连同与它们相关的动议都只能送还给州法院进行审理。

本案的管辖权问题从根本上源自于宪法第3条对联邦法院在联邦问题管辖权上的限制，说得具体一点也就是：联邦法院审理那些和一项联邦法律诉由一同被提出的州法诉由的权利是受到宪法限制的，即便联邦法院对该联邦法律诉由是具有原始管辖权的。联邦最高法院在对宪法第3条的限制进行解释时认为，任何此类的州法诉由都必须和该联邦法律诉由保持某种逻辑上及事实上的联系，而如果缺乏这种联系的话，此类的州法诉由便不在联邦法院的主题事物管辖权的范围之内。这一原先被称为待决管辖权的基本原则现今已经被国会法典化并改名为引申管辖权原则了，该原则禁止将单独且分立的州法诉由移送给联邦法院审理。

美国法典第28章的1441条C款经常被人以"古怪的"加以形容，因为其明显是在暗示一项州法诉由与联邦法律诉由的关联关系越弱，其就越有可能被成功地移送到联邦法院受审。联系到我们上面所说的，这一条款似乎与我们长久以来所理解的联邦法院对州法诉由只具有极其有限的联邦问题管辖权的原则是相互矛盾的。

从立法历史上看，第1441条C款连同其前身通常都是被适用在联邦异籍管辖权案件当中的。事实上，自1866至1948年间，它只是被适用于异籍管辖权案件中。这一情形在最初的时候当然可以被解释为联邦法院的联邦问题管辖权直到 1875 年才被创设出来的。然而，即便是在联邦问题管辖权被创造出来以后，向联邦法院移送那些可分离争议（separable controversy）的权利仍然被成文法律限制在那些纯粹是不同州居民之间发生的诉讼当中。要知道所谓可分离争议的概念与独立争议（separate controversy）的概念是有明显区别的，一项可分离争议指的是其在逻辑上与整个案件密切相关且是组成案件不可或缺的一部分，与那种后来加入到案件中的可被随时剥离出来单独受审的争议形成了鲜明对比。而一项独立争议指的是其完全与案件中的其它争议没有任何的联系，甚至都可以是由不同的事实情况引发的，其与其它争议的共同点仅限于相同的原被告以及在相同的诉状中被提出。当一项可分离的争议在州法院中出现于两个异籍的诉讼当事人之间时，第 1441 条 C 款的前身允许此时将整个诉讼移送到联邦法院受审，包括那些涉及非异籍当事人间的指控。可是当异籍当事人间存在的是一项独立争议的时候，只有该项独立争议可以被移送到联邦法院受审，而其余的非异籍当事人间的指控仍然需要留在州法院里面。

　　国会在 1948 年重新修订了有关司法程序的法律，在此过程中用第 1441 条 C 款取代了旧法典中的第 71 条。这一新的第 1441 条 C 款允许"如果有一项单独且分立的指控或诉由在独自被提出的时候是可移送的，那么当其被加入到其它不可移送的指控或诉由中时，全部的诉讼就都是可移送的了。"该法条中所用的语言不同于被取代了的第 71 条，没有明确将第 1441 条 C 款的适用范围限制在异籍诉讼当中，因此也就等于是将此原则扩展到了以联邦问题管辖权为基础的案件上面。这种发展被很多人认为是不同寻常的，因为国会意图实现的目的是缩小而非扩大可分离争议的移送权，但事实证明了国会此举反倒大大增加了将整个联邦问题管辖权案件成功移送到联邦法院受审的可能性。

　　波斯纳法官曾在 *Thomas v. Shelton*，740 F. 2d 478，483（7th

Cir. 1984）一案中写道："不同于旧第 71 条的是，尽管第 1441 条 C 款没有明确将自己的适用范围限制在异籍管辖权案件当中，其实际上主要或也许是唯一的适用场合就只能是这类案件。"随后，波斯纳法官还对这看起来自相矛盾的说法作出了进一步的解释：在异籍管辖权案件里面，如果不考虑第 1441 条 C 款的因素，将一个非异籍被告加入到一个异籍被告中间的做法会排除进行移送的可能性。但是在联邦问题管辖权案件里面，无论第 1441 条 C 款是否存在，将一个州法诉由加入到一个联邦法律诉由中间的做法不会对移送有什么影响。要是该州法诉由和联邦法律诉由联系足够密切的话，整个案子都能够根据第 1441 条 A 款和 B 款规定的正常程序进行移送，并且联邦法院可以凭借待决管辖权对该州法诉由予以审理。假如该州法诉由和联邦法院诉由没有什么联系的话，则一个案子就变成了两起诉讼，其中的联邦法律诉讼可以被移送到联邦法院受审。故此，波斯纳法官建议将第 1441 条 C 款在联邦问题管辖权案件中的适用限制在一个极小的范围之内："也许第 1441 条 C 款在联邦问题管辖权案件中适用的唯一目的就是允许移送一项联邦法律诉由和一项无关的州法诉由——如果起诉状中的一个单独且分立的诉由处于联邦法院的原始管辖权之下的话，这两个诉由组合在一起构成的整个案件也就是可移送的了。"

　　然而，这样适用第 1441 条 C 款存在着宪法性的约束。为了理解这个问题，一个人必须首先考虑联邦问题管辖权的范围问题，此种范围是由宪法的第 3 条来设置划定的。联邦问题管辖权产生的起始点在于一个起因于合众国宪法、法律或条约的"案件"被创造出来。在那些同时牵涉到联邦及州法律争议的案件当中，如果该联邦和州法律争议是源自于相同的事实内核且原告通常都会希望在同一诉讼程序中得到审理，那一个"案件"的要求就获得了满足。但如果联邦和州法律争议没有什么太多的关联，那它们实际上就分别构成了两个相互独立的"案件"，只有其中的一个落入了联邦法院的联邦问题管辖权之内。这便是著名的 *United Mine Workers of America v. Gibbs*，383 U. S. 715（1966）一案针对待决管辖权原则提出的衡量标准。

现在让我们来对比一下什么是一个联邦问题管辖权"案件"，而什么又是第 1441 条 C 款中所说的"单独且分立的指控"，第 1441 条 C 款用这种说法替换了原先第 71 条中所用的"可分离的争议"一词。根据最高法院的理解，国会之所以要进行这种替换是为了对将案件从州法院移送出来的做法予以限制。换句话说就是，可分离的争议一词在概念上要比单独且分立的指控更加广泛一些。如果说法律从前要求的是可分离的争议与同案其它争议间尚存某种联系的话，那现在的第 1441 条 C 款则要求一种更加彻底的脱钩了。过去的法律允许以一项可分离的争议而非独立争议为基础移送整个案件，而现在的第 1441 条 C 款却允许以一项独立争议而非可分离的争议为基础移送整个案件了。

这里仍然存在一个宪法性的问题。*Gibbs* 案的结果支持对联邦问题管辖权设立一个宪法性的限制，其实际上说的是：除非一个州法争议充分的和一个联邦法律争议相关联，比如两者源自于同一事实内核且习惯上总是被同时审理的，否则联邦法院就不能依据联邦问题管辖权原则对该州法争议事实管辖。然而，第 1441 条 C 款超越了这种限制，其规定的是除非一个州法争议不与一个联邦法律争议充分联系，否则该州法争议便不能被移送给联邦法院管辖。我们完全可以预见一项联邦法律诉由是不可能既符合第 1441 条 C 款所说的单独且分立，又满足引申管辖权里所讲的源自于同一事实内核的，所以这两种说法看起来是在互相排斥的。故此，我们觉得第 1441 条 C 款是根本违宪的，因为其居然允许移送那些按照 *Gibbs* 案的原则属于联邦问题管辖权之外的州法指控。

基于以上阐述的原因，本法院相信：就第 1441 条 C 款允许将那些在事实上与一个单独且分立的联邦法律诉由无关的州法诉由移

送至联邦法院审理这一点来讲，此法律条款是违反宪法的，所以
Martin 依据该条款提出的移送请求不能成立。

现在，本法院仍需决定原告提出的州法诉由是否落入了联邦法
院的引申管辖权之中，这是因为尽管 Martin 提出移送的主要依据
在于第 1441 条 C 款，但他也把第 1441 条 A 款和 B 款列为了次要
理由。如上所述，Martin 当然不可能同时以这两种方式达到移送成
功的目的。如果那些州法诉由和 ERISA 诉由有充分的联系，它们
就不会如第 1441 条 C 款所说的那样是单独且分立的了。反之亦然，
假使那些州法诉由是单独且分立于 ERISA 诉由的，那么它们也就
不可能充分联系起来了。

在此案当中，我们认为这些州法诉由是属于本法院引申管辖权
之外的，而那个 ERISA 诉由也的确是单独且分立于其它州法诉由
的。泛泛地讲，该 ERISA 诉由和其它州法诉由是建立在不同的事
实基础之上的，并且它们各自所寻求的救济也有不同。首先，原告
提出的州法诉由是针对 Martin、Jardas 和 Splitek 三人的，因为这三
个人共同对整个诊所的财务会计制度负有信托责任，而 ERISA 诉
由只是针对 Martin 一个人提出的，因为他是诊所负责退休及养老
金计划的受托人，这部分支出与整个诊所的其它资产也是截然分开
的。其次，所有州法诉由的质疑对象都是诊所不正常的财务会计制
度，要求的损害赔偿和惩罚性赔偿都是基于 Martin 在 Jardas 和
Splitek 的帮助下擅自支取诊所财产作为私用的事实情况。而 ERISA
诉由并没有提出要求获得经济上的补偿，而只是希望获得一个确认
之诉，以肯定原告仍然有获得养老退休金的权利。最后，所有州法
诉由都指控 Martin 滥从诊所的帐户上取钱来满足私欲，而 ERISA
诉由指控的是 Martin 对诊所养老退休金帐户的管理不善。上述的
这些区别使得本法院认为此案中实际上是存在着两套互不相干的事
实体系，一套引发了州法诉由，另一套则促使产生了联邦法律诉
由，而它们之间唯一的联系便是都发生在原被告所工作的诊所当

中，这种松散的联系是不足以保证引申管辖权的建立的。

下一个需要由本法院来决定的问题即是交还给州法院审理的指控范围。显而易见，所有针对 Martin、Jardas 和 Splitek 的州法指控以及 Jardas 提出的反诉都因为缺乏主题事物管辖权而必须交还给州法院进行审理。然而，那个针对 Martin 的 ERISA 指控却可以依据第 1441 条 A 款作为一个单独的"案件"而由本法院作出决定。不过这就引出了另一个问题，即 Martin 提出的以州法为基础的反诉是否也可以留在联邦法院内。我们的回答是不行。根据有关的成文法规，只有强制性的反诉（compulsory counterclaim）才处在联邦法院的引申管辖权范围之中，而可允许的反诉（permissive counterclaim）则需要具有自身的管辖权基础。按照《联邦民事诉讼规则》第 13 条 A 款的规定，产生于对方当事人所请求的诉讼主题或交易，且对其进行审理不需要法院无法取得管辖权的第三方当事人出庭的反诉便是强制性反诉。这一判断标准的实质在于各种指控所依据的关键事实是否在逻辑上有紧密联系，以至于出于司法经济和公平正义的考虑需要把所有的争议合并在一次审判当中予以决定。

使用上述的判断标准，我们可以很轻易地发现 Martin 的反诉并没有落在本法院的引申管辖权之内。Martin 在对原告提出的反诉中声称 Fullin 和 Manda 没有按协议支付给自己足额的遣散费，以及两位原告对自己侵占诊所财产的指控构成了名誉损害并且影响了他在当地的医院里重新寻找工作。这些内容与原告提出的 ERISA 诉由其实并没有多少逻辑上的联系，而且在本案中司法经济和公平正义只有将 Martin 的反诉发还给州法院审理才能实现，因为这项反诉倒是与那些州法指控密切相关的。故此，本法院决定将 Martin 提出的反诉也一并交还给威斯康辛州法院。

补充知识：

● 能够提供丰富的课程是美国法学院吸引国际学生的一个重要因素，在美国像明尼苏达大学法学院（University of Minnesota Law

School）这样规模的学校一个学期就可以推出近百门课程供学生们选择，而且课程的形式十分的多样，甚至连各种的社会实践课以及专题讨论课也应有尽有。然而，一个学生在一个学期里最多只能同时承受 5 门课的负担，也就是说每个学生在 3 年的法学院生涯中其实也就总共上了不过 30 门课左右，因此如何选课就成了一个学问。下面我就和大家聊聊有关在美国法学院里选课的话题。

　　总的来说，美国法学院里的选课政策是非常自由的，学生们除了必须完成一年级的必修课、一门律师职业道德课程以及某些法律写作课的学分以外，其它的课程则是可以任意选择的，并不需要给自己确定一个狭窄的学术方向，只要在 3 年内完成足够的学分就能毕业了。然而，通过在美国法学院里几年的亲身观察体会，我发现同学们在选课方面还是相当有讲究。首先，教授给分很紧的课能不选则不选。在美国法学院里，整个考试的过程包括出卷子给分都是任课教授一个人说了算。同样是一门宪法课，如果一个学期有 3 个教授教，那么 3 个班的学生在期末的时候考的就是 3 份难度不同的试卷，教授给分的松紧程度也肯定会不同，有些教授总是用足给 A 的比例，而另一些教授则对学生的分数很吝啬。于是，在选课之前相互打听任课教授的脾气如何就逐渐成了大家的一门必修课。其次，选什么课与以后从事什么工作息息相关。虽然法学院并没有在选课的时候给学生们加上任何条条框框，但大家心里都清楚现在自己选学的课程也就基本上将来所从事的领域。美国律师业对律师从业范围划分的十分细致，大多数律师终其一生就只是在一个相对狭小的领域内执业，因此你在应聘工作的时候必须表现出对这个领域的足够兴趣。试想假如你应聘的是一个主要从事公司法相关工作的职位，但你从来就没修过一门和公司法有关的课程，怎么能让雇主相信你的诚意呢。故此，法学院里大多数学生都会自觉的选修一些相互关联比较密切的课程，比如这个学期选了公司法以后，下个学期就会选破产法、税法之类的课程。最后，难学的课都放在最后一年上。这也是出于找工作的考虑而不得不使出的一个招数。按照历年来的规律，美国法学院学生找工作一般都是在二年级的暑假前，这时候成绩单上分数的好坏可是至关重要的，因此大家都会想方设法的把一二年级的成绩搞好，难学的课自然只好放到三年级找到工作以后再上了。另外，由于各门课程受欢迎的程度不同，有些教授的课炙手可热，而有些教授的课则门庭冷落。所以，美国法学院在选课时多采用电脑抽号（Lottery）的方法，即大家把自己中意的课按喜好顺序提交给电脑，然而再由电脑随机决定能否分配给你一个座位。有时，要选上一门自己喜欢的课得等上好几个学期。

第六节　属人管辖权——传统的认定方法

少时读《西游记》曾有三事百思而不得其解：其一是为什么妖精都不像日本人那样喜欢吃生食，结果让唐僧屡屡化险为夷；其二便是为什么孙悟空武功退化得这么厉害，当年大闹天宫的齐天大圣取经路上动辄便在妖精面前束手无策；其三则是为什么在搬救兵以前孙悟空总是要唤个土地老儿出来把妖精的出身来历先弄清楚，然后方能决定去找哪路神仙前来助阵？

这第一个问题我到现在也没弄明白；第二个问题在上大学时经高人指点勉强明白了，孙悟空并非打不过而是不能打这些妖精，你想"青牛怪是太上老君的驾驶员、老鼠精是托塔天王的私生女、大鹏是如来佛祖的娘舅"，[1] 哪一个是受招安后处在体制内的孙悟空能打得起的；第三个问题却是我来美国学了民事诉讼法这门课以后才豁然开朗的，这实际上体现的不就是美国法中属人管辖权的精神嘛。比如孙悟空遇到青牛怪时向如来求援，如来却只把他推给了太上老君，难道法力无边的如来会收拾不了区区一只青牛怪吗？当

---

〔1〕　http：//www.cchere.com/cbbs/Ps/RA2.asp？AID＝327414

然不是，窃以为是如来深谙属人管辖权之理，身为佛家的神仙尽量避免去趟这道家的浑水，故此只是指点悟空去到有适当属人管辖权的权力机构那里寻求救济。既然孟子有云"独乐乐，不如众乐乐"，那从本节开始我就来和大家分享这些年来研究属人管辖权所积累的心得和快乐。

属人管辖权又叫地域管辖权（territorial jurisdiction），大致指的是法院应当和当事人之间具有某种最低程度的密切联系，从而使得法院对该当事人的管辖是合理正当的。通俗一点说吧，如果主题事物管辖权制约的是法院究竟能对哪些事情实行管辖的话，那属人管辖权就是用来管束法院到底能对哪些人施加管辖的。显而易见，属人管辖权存在的前提条件在于法院对当事人的管辖是有限制的，可是为什么需要对法院在这方面的管辖权力加以限制呢？这的确是个不太容易用一两句话来回答的问题，这里面既包含了法理的考量，又与美国的政治文化及历史背景息息相关，不过，我们先不妨说这是美国宪法提出的要求：首先，美国宪法的第 4 条第 1 款（Full Faith and Credit Clause）规定："每个州对于他州的公共法律、案卷和司法程序都应给予充分的信任和尊重。"虽然这段话从表面上看起来并非是站在被告的立场上说的，而仅是在要求每一州均应保证他州的法院判决能在本州法域内执行，但大家从本节所含的案例中就可以清楚地发现，这一条款通常都被法院理解为那些由对被告缺乏管辖权的法院所作出的判决在他州是不可执行的。其次，美国宪法的第 14 修正案（Due Process Clause）规定："各州亦不得不经由法律正当程序，即剥夺任何人的生命、自由或财产，或在其管辖区域内对任何人拒绝提供法律的平等保护。"这一条款更是为挑战法院在对被告缺乏管辖权情况下作出的判决提供了直接的武器，尽管这时不具有管辖权的法院也能效仿其它法院在具体审判程序中做到毫无瑕疵，但缺乏管辖权这一点即是其违反宪法正当程序要求的决定性证据。

虽然《西游记》这本书反映出中国人早在明代就具备了属人管辖权的意识，但此原则在美国法律体系中的建立却是一个经历了百余年之久的进化过程。和在前几节里学习主题事物管辖权时不同的是，我建议大家先来读读本节选用的这个案例，因为这个由最高法院判决于1877年的案例本身就是一块可供我们考察属人管辖权原则演变的活化石，其所阐述的确定属人管辖权的几条定理如今仍在熠熠生辉，至于从中繁衍脱迹的现代规则更是数之不尽，无怪乎所有的美国民事诉讼法教科书都会谆谆告诫学生，学习属人管辖权原则惟有先从此案开始。因此，我们在本节中的唯一任务便是研究分析这个具有里程碑意义的案例，要知道，了解现在的法律是什么固然重要，可领悟法律精神的传承同样值得我们倾注精力，这大概就是孔子说的"学而不思则罔"的道理吧。

Pennoyer v. Neff 一案的事实情况并不复杂：1865年的时候，Mitchell 在俄勒冈州地方法院因为拖欠律师费问题对 Neff 提起了诉讼，并以 Neff 在俄勒冈州拥有财产为由对其采取了登报告知的送达办法，这直接导致了 Neff 未能及时出庭应诉，结果法院以缺席审判的方式判决了 Mitchell 胜诉。大约一个月以后，Neff 获得了俄勒冈州境内一块土地的所有权，而 Mitchell 则通过当地警长执行的强制变卖程序把这块土地占为己有，并随后转卖给了 Pennoyer。又过了许多年之后，Neff 在联邦法院起诉 Pennoyer，声称当初的土地交易是无效的，因为俄勒冈州对自己没有属人管辖权。于是在联邦最高法院看来，此案的核心争议即在于州法院的判决是否合法有效。

相信大家在读完这个案例以后多少都会形成自己的看法，不过依我看来我们应该主要从三个方面来解析最高法院当时对属人管辖权原则的构建，那即是三种形态、二点例外和一个要求：

I 三种形态的属人管辖权

在由 Field 大法官主笔的判决意见中，最高法院提出了一种以权力为基础的理论（Power Theory）来解释州法院的属人管辖权之所以应该受到限制的理由，即一个州的司法权威是以其政治独立为根源和地理疆域为界限的。更具体一点说，所谓以政治独立为根源其实就是指每个州都对其境内的人和财产拥有专属管辖权，而以地理疆域为界限则是在说任何州都无权对境外的人和财产直接行使管辖权。因此，接下来顺理成章的推论即是，倘若有一个州的法院试图对地理疆域外的人或财产直接行使管辖权，那便构成了对他州政治独立的侵蚀危害了。于是根据"己所不欲，勿施于人"的道理，一方面每个州都承认对方具有至高无上的司法权威来管辖自己境内的人和财产，另一方面每个州都从主观上尽量避免把自己的司法权威扩展至境外的人和财产，大家只要"互不干涉内政"便能相安无事。这种用政治边界来厘定管辖权边界的教条主义做法虽然在今天看来颇失之于简单僵硬，其不仅忽视了一州对自己境内的人或财产行使管辖权所可能对境外的人或财产带来的间接影响，而且将公法理论中国与国之间的关系套用至州与州的关系，其所造成的绝缘主义并不利于宪法第 4 条第 1 款所追求的美国内部统一司法权威的形成。

　　不过，历史是不容我们假设的，Field 大法官在判决意见中指出的以权力理论为内核构造并划分的三种形态属人管辖权理论，直到今天依然是我们讨论一切属人管辖权问题的起点和终点。因为，法院当且仅当能够发现这三种形态的属人管辖权中的任何一种存在的时候才有权去对当事人行使管辖权，否则其判决的有效性就无法经受宪法第 14 修正案的检验，并且判决的执行力也便落入了宪法第 4 条第 1 款的反面。这三种形态的属人管辖权分别为：①对人诉讼的管辖权（in personam jurisdiction）指的是法院可以作出对被告具有人身约束力的判决，或者是命令他去做什么不做什么，或者是允许原告从他那里获得一定数量的损害赔偿，这种损害赔偿的范围甚至可以扩至被告拥有的全部财产；②对物诉讼的管辖权（in rem jurisdiction）指的是法院可以作出判决以澄清或变更所有请求人对一样特定财产或在一件特定事情中所各自具有的权益；③准对物诉讼的管辖权（quasi in rem jurisdiction）又可被分为两种情况，一种是指法院可以管辖受到法院控制的财产所引发的争议，而另一种则是指法院在对被告本人无直接管辖权但对被告的财产具有管辖权时，可以通过查封扣押被告的财产以满足原告的诉讼请求来取得案件的管辖权，但所作出的判决也仅以影响被查扣的财产为限。准对物诉讼管辖权虽然同对物诉讼管辖权一样都是以法院对境内财产的管辖权为依托的，但两者之间的差异也相当明显，例如，对物诉讼的判决效力是具有普遍性的，甚至可以约束非诉讼当事人，而准对物诉讼的判决只有在特定的当事人间才有效力。

　　虽然 Field 大法官在判决意见中没有特别谈到，但应该在这里提醒大家一下，在对人诉讼和准对物诉讼的案件当中，法院也只是在被告和法院所在州间具有最小联系（minimum contacts）的情况下才可以对被告行使适当的属人管辖权，而这里所称的最小联系往往被理解为被告故意针对法院所在州实施的行为。比如说在这个州内购置过房产或是从事过贸易买卖等等。此外，即便被告和法院所在州间的确存在最小联系，法院也有可能会出于公平合理等因素的考虑而拒绝对被告的管辖。实际上，这些都是我们在以后几节里所要着重讨论的内容，既然能在 *Pennoyer v. Neff* 一案里隐约地发现它们的影子，那也不妨先在这里简要的一笔带过。

II　两点例外

　　在 *Pennoyer v. Neff* 一案判决意见的倒数第三、第四段中，Field 大法官突然笔锋一转以防止误读为由提出了两点例外：①民事身份与地位的例外（status）。最高法院指出尽管可能存在种种送达的缺陷，但一个州的法院总有权去管辖本州居民与外州居民间有关民事身份与地位的纠纷，这其中最典型的当然就是涉及婚姻关系的案件了。显然，这种例外是对物诉讼管辖权的延伸，因为法院是把婚姻关系当作一样东西或一间事情来看待的，因此夫妻间任何一人所定居州的法院都有权来受理这类案件。不过最高法院可能没想到的是这个例外居然会创造出所谓"去内华达离婚"（Nevada Divorce）的模式。美国西部戈壁深处的内华达州素来以赌博和结婚离婚方便而著称于世，有丈夫或妻子想离婚而在本州难以顺利离掉的便纷纷迁徙到内华达州定居，并且一旦取得内华达州居民身份即向该州法院申请离婚，渐渐的成了美国法律文化的一大奇景。②同意管辖的例外（consent）。最高法院认为，州有权以强制的方式把同意管辖作为外州居民在本州开展某些活动的前提条件，当然，这种强制必须以州对这些活动的管辖能力为基础。和主题事物管辖权是一种法律强制的权利不同，属人管辖权是法律提供给被告的一种可选择的权利，也就是说被告完全可以在法院缺乏对自己的属人管辖权的情况下，通过自愿出庭应诉（voluntary appearance）的方式来表示自己同意接受该法院的管辖从而主动放弃了这种权利。但如果被告没有明确作出同意的表态，那法院能否从他的行为中发现同意，或者是在诉讼开始前即迫使他同意呢？当然是可以的，并且美国法把这两种情况统称为默示同意（implied consent），意思是指被告针对本州所作出的行为本身即代表着他对本州司法管辖权的认同，而被告在诉讼开始时内心深处的真实想法反倒是其次的了。这种默示同意的原则现在被大量的用在被告为具有外州居民身份的公司的案件当中，我们在后面会专设一节讨论与此相关的问题。

Ⅲ 一个要求

最高法院在 *Pennoyer v. Neff* 一案的判决意见中花了不少的笔墨来探讨登报告知的方法能否构成对当面送达（personal service）的有效替代，换而言之即是 Neff 当时是否被给予了充分的告知（adequate notice），其得出的结论主要有二：①在审判开始前查封扣押被告的财产便可以被看作是对被告的告知；②单纯告知过身在加州的 Neff 有人在俄勒冈州对他提起了诉讼不会对俄勒冈州法院判决的有效性产生任何帮助。尽管最高法院没有明说，但这里面实际上蕴含的是宪法第 14 修正案所提出的程序性正当权利（procedural due process）的要求，大致指的是法院必须给予被告充分的告知和应诉的机会（opportunity to be heard）。最高法院显然认为虽然州法院从某种意义上讲履行了告知的义务，但 Neff 却在事实上并未被给予机会出庭应诉，甚至他当时是否真正及时了解到有一个针对他的诉讼正在千里之外进行都是非常值得怀疑的。故此，第 14 修正案提出的程序性正当权利的要求没能得到满足。最高法院之所以在这里用了曲笔，是因为考虑到第 14 修正案是生效在 Mitchell 将土地专卖给 Pennoyer 之后，所以本案其实并不涉及第 14 修正案，不过这却没有影响最高法院在判决意见中对第 14 修正案提出讨论。我们在本章结尾的时候将专设关于程序性正当权利的一节，这里只是先开个头罢了。

　　Pennoyer v. Neff 一案涉及的管辖权问题包罗万象，本节实在是难以一一尽述，但是我最后还想提一个相对边缘化且大多数教科书所不太注意的话题，那就是提起管辖权异议的时机和方式。正如我们在该案中所看到的一样，由于被告有意或无意的没有出庭应诉，法院因此作出了对被告不利的缺席判决。一般来讲，被告此时可以通过两种方式进行反击，其一是在原告执行胜诉判决的司法程序中提出管辖权异议，其二是像 Neff 这样另行在其它法院提出要求收回被原告侵占财产的诉讼。可是采取这种先缺席再另行起诉无疑是冒有很大风险的，因为这不仅要求被告彻底的缺席（complete default）前一次诉讼，而且对于缺席被告来说，在第二次诉讼中他所能提出的唯一诉由便是管辖权异议，也就是说法院不会去考虑前一次审判中的实体性争议。当然，各州的民事诉讼法律中都提供给了被告不需那么冒险的做法，那就是允许被告出庭提出管辖权异议而不将其视为同意管辖权的举动，这在有些州中被称为特别出庭（special appearance），而在其它一些州中则可以用动议或答辩状的

形式提出。

Pennoyer v. Neff

Supreme Court of the United States，1877.

95 U. S. 714.

MR. JUSTICE FIELD delivered the opinion of the Court.

本案涉及的是一块位于俄勒冈州且据称价值达 1. 5 万美元土地的所有权归属问题。原告认为这块土地属于自己的理由在于他持有着一张美国政府根据国会制定于 1850 年 9 月 27 日的《俄勒冈州捐赠法案》。在 1866 年的 3 月间颁发给他的土地产权证书，而被告则声称自己是通过州法院的强制执行程序从原告手里取得这块土地所有权的，并且当地的警长也依照州法院的判决向他签发了土地转让证书。故此，本案的核心争议即是州法院的判决是否合法有效。

从我们所掌握的资料记录来看，该引发争议的判决是在 1866 年的 2 月份作出的，胜诉方是提出起诉的 J. H. Mitchell，他要求被告也就是本次诉讼中的原告支付给自己大约 300 美元的律师服务费用，但当时的被告由于不是俄勒冈州居民而没有亲自收到诉讼文书的送达并因此未能到庭受审，所以，这一判决实际上是法院在被告没有及时对起诉状进行答辩的情况下作出的缺席判决，实际上该判决是以登报告知构成的推定送达程序（constructive service by publication）的适当性为基础的。

《俄勒冈州法典》规定，法院可以对一个在俄勒冈州境内拥有财产的非本州居民使用推定送达程序，并且规定：当诉讼是关于经济或人身损害赔偿时，法院有权通过查封扣押非本州居民财产的方式来使胜诉的受害人得到补偿。此外，该法典还表示本州法院对一个自然人不具有管辖权，除非"他自愿应诉，或是在诉讼开始时身处俄勒冈州境内，或是居住在本州，或是在俄勒冈州拥有财产从而使得管辖权能够附着于其上。"我们对这条规定最后一段话的理解是，在一个原告要求获得经济或人身损害赔偿的诉讼中，如果被告没有自愿应诉，也没有身处俄勒冈州境内，更没有在这个州居住下来，但是却有财产在俄勒冈州的话，那么俄勒冈州法院的管辖权就只能扩及于该被告的财产之上了。即便不能说是放之四海而皆有，这恐怕也称得上是一条在各州都相当普遍的法律原则了。从理论上讲，每一个法院的权威都应该受到其所处地域的限制，任何试图超越这种限制行使司法权力的举动均会被其它法院视为一种带有僭越性质的越权行为。在本案原告被作为被告起诉的那个案件中，那块后来遭到强制执行的土地既没有被先行查封扣押，也没有被以任何的方式暴露在俄勒冈州法院的管辖权面前。故此在我们看来，引发了本案争议的这块土地与该案的唯一联系就是后来无缘无故地遭到了强制性的变卖，况且这也不是基于法院的裁定而采取的措施，而只是为了执行一个和这块土地完全无关的拖欠律师费的判决所实施的，更不用说作为非俄勒冈州居民的该案被告因为没有收到文书送达而根本就没有出现在法庭上。联邦巡回法院在对此案的复核过程中没有意识到对这块土地有无查封扣押是判断州法院管辖权是否存在以及后来的强制变卖是否有效的关键因素，而只是由于该案原告向州法院提出以登报告知的方法来进行推定送达的申请书及最终得到法院批准刊登在报纸上的推定送达启事中存在缺陷才作出该判决无效决定的。

对于如何处置巡回法院所察觉到的这些缺陷，本法院的法官之间出现了不同的意见。多数法官认为既然法律要求为取得法院同意登报告知，当事人必须在送达启事中详细陈述相关起诉的事实并以达到法官的满意为限，那在此送达启事中发现的缺陷就只能被当作判决有误的证据用在该案的直接上诉审理或与该案直接相关的其它审理程序中，而不能用来作为在另外一些连带案件中攻击该案判决有效性的口实。本法院的多数法官还认为：当最终刊登在报纸上的送达启事是由该报编辑制作完成的时候，有关法律条款所提出的登报告知的内容必须由报纸的出版人、负责人或主要工作人员制成的要求就可以被视为得到了满足。

出于上述的原因，假如我们把目光局限在巡回法院在送达启事所发现的这些缺陷，那恐怕本法院就无法支持其作出的决定了。然而，本案的原告在巡回法院的审理中就指出了并且在本法院这里也坚持认为，俄勒冈州法院判决自己败诉的判决是因为缺乏适当的送达程序而使自己无法出庭应诉才无效的，并且这块土地也不能用于支付自己对一个俄勒冈州居民所欠下的债务，因为这不是一次专门对物的诉讼（in rem）。要是原告的这些说法是正确的话，联邦巡回法院所作出的俄勒冈州法院判决无效的决定就应该得到本法院的支持了，尽管我们和巡回法院所依据的理由不尽相同。幸运的是，我们的确认为这些说法是正确的，因为其可以从两条久经考验的关于一个独立的州所具有的对人和对物管辖权的公法原则中找到依据。事实上，我们这个合众国里的各州并非在所有方面都有独立的地位，因为很多原先属于这些州的权利现在属于合众国宪法所创设出的联邦政府所有了。但除非是明确受到宪法的限制，这些州仍然享有着一个独立州所具有的其它一切权利，刚才我们所提到的那两条法律原则自然也均适用于它们。这两条法律原则之一即是每个州都对其境内的人和财产拥有专属的管辖权和主权，故此每个州都有权去自行决定本州居民的民事权利及地位，去规定人们可以通过合同来约定的标的物、合同生效所需的形式与实质要件、合同给缔约人所带来的权利和义务、判断合同有效性依据对其进行强制执行的模式，当然还可以去决定动产与不动产的取得、享有及转移的方式和条件。除此之外的另一条公法原则是任何州都无权对自己境外的人和财产直接行使管辖权和其它的法律权威。合众国里的每个州都有平等的尊严和权利，它们各自独立的地位即是在暗示没有州能把自己的权威凌驾于别州之上，同样也没有一个州的法律可以在其境外运作，除非是得到的合众国成员同意；更加不可能出现有一个州的法院把自己的诉讼程序拓展至境外使得外州的人或财产受其判决约束的现象。

　　然而，就如同在一个州内缔结的合同可能仅在另一个州内是可执行的，或是非居民（指非本州居民，下同）可以在本州境内拥有财产的情况一样，每个州对自己境内的人或财产行使适当的管辖权总有可能会影响到境外的人或物。可是对于这种因为一个州的法院合理的行使自己所具有的管辖权而对境外的人或物造成的影响，没有人可以提出任何的抱怨。这和一个州的法院对境外的人或物刻意去直接的行使司法权威，以期让本州的法律产生域外效力，或使法院的判决能够在域外执行的情况截然不同，后面这种情况是对别州独立性赤裸裸的侵犯，而且也是应该受到各州坚决抵制的。

　　因此，一个州完全可以通过自己的法院来强迫定居在本州法域之内的居民去依照本州法律对合同成立及财产转移要件的规定来签署执行相关的契约以处置位于本州之外的财产，只要这些要件是作为强制性的法律要求被提出的话。总之，这种行使管辖权的方式丝毫没有影响到财产所在州对该财产至高无上的管辖权利。

　　此外，一个州还可以通过自己的法院将位于本州境内的非本州居民所拥有的财产用于支付其对本州居民欠下的债务，这种行使管辖权的方式同样也丝毫没有影响到该财产拥有者所定居州的主权。每一个州都有义务去对自己的居民实施保护，所以当本州居民的权益受到了来自外州居民的侵害之时，用这些外州居民的财产来补偿本州居民遭受的经济损失的做法是完全合理合法的。这种举措实际上便是一州对在其法域之内为外州居民所拥有的财产具有适当管辖权的体现，并且一州的法院也理所当然的有权去调查外州居民对本州居民所应该承担的法律义务，只不过这种调查只能以可以做到合理的控制处置外州居民在本州的财产为限。而要是外州居民在本州境内没有财产的话，该州法院的管辖权也就无处着落了。

　　如果在没有当面送达的情况下，仅仅依赖于事实上根本为相关当事人无法看到的登报告知的送达程序而在对非居民或缺席当事人的单方面诉讼中所获得的对人判决（ *in personam* ）也可以得到支持与执行，那些判决将必然会经常性的沦为实施欺诈和压迫的工具。只要对方当事人无法到庭应诉并提供给法院相关交易的证据，任何有关合同及侵权的诉由都可以通过上述手段来获取胜诉的判决从而达到侵吞他人财产的目的，而无论该指控是真实还是虚假的。

用登报告知或其它得到过法律认可的方式来代替当面送达，在某些情况下可以被视为对诉讼当事人的有效告知方法，特别是当其财产已经被法院通过查封或其它类似的手段置于法院控制之下的时候。法律总是假设财产一直是处在其所有者的控制占有之下，或者是亲自或是是借助于代理人实施的，因此对于财产的查封处理措施必然能为其所有者知晓察觉，这不仅包括了该财产现在正在法院的控制之下的事实，而且也包括了任何后来的司法程序所引起的充公或拍卖的后果。除此之外，当诉讼的目的是为了以执行合同或留置权的方式、以在不同所有者间进行分配的方式、或是以补偿公共利益的方式、来处置本州境内的财产或该财产所产生的利益时，那些替代性的送达手段也可以被认为是合法有效的。换句话说也就是，替代性的送达手段能够适当地被适用于主要成分是对物的诉讼当中。然而，当整个诉讼的目的是为了确定被告的个人权利及义务，也即整个诉讼是一场对人诉讼的时候，对一个非居民的当事人采用推定送达的方式从任何角度来讲都是不充分不恰当的。一州法院的司法程序不能直接介入进另一州的法域之中，更不能直接传唤他州居民离开所属法域而跑到外州去回应针对自己的诉讼。故此，在一州法院所在地的报纸上刊登送达启事或告知并不会给外州居民造成任何必须出庭应诉的法律义务，而将诉讼文书通过跨州信函进行邮递的做法，与在本州境内登报告知的方式一样，都同样不可能作为给外州被告施加人身责任的依据。

一州法院想要对非居民被告行使管辖权的愿望，特别是当该非居民被告在其境内不拥有财产的时候，也并非就一定是无法实现的。本案中的州法院对此问题所持的立场是：如果非居民被告在本州境内拥有财产，该财产是否在第一时间内被通过扣押查封或其它类似手段置于了法院的控制之下，以及后来依据法院的判决将该财产用于抵偿拖欠原告的债务其实是无关紧要的；或者是原告希望以非居民被告在本州境内的财产来抵偿债务的打算当初是在一起对人诉讼中被提出的，并且该非居民被告的财产最终被查封拍卖的做法也未尝不可。但是我们对这种立场的回应已经在前文中有所表述了，那即是州法院对非居民被告法律责任进行调查判决的管辖权仅仅是依附于其对被告财产的管辖权而存在的，因此，州法院对被告财产的处置决不能依赖于审判过案件的实体争议并得出结论以后的情况再行决断。如果州法院的判决在先前就属于无效的话，那它也不可能在随后发现并处置过被告的财产以后就变得有效了。其实这也就是说，倘若判决在作出时无效，其就必然始终无效：一项判决不能把自己的有效性寄托于能否在后来发现被告在本州境内是否拥有财产，是就有效，否则无效。我们不妨来进一步地假设，某个非居民被告在诉讼开始之时的确在法院所在州境内是拥有财产的，这个事实仍旧使得州法院的司法程序及判决的有效性取决于一个疑问——在州法院依法采取扣押财产的措施之前，该被告有否对处置支配自己财产的行为。如果在依法扣押前该财产就应该被售出，那根据上述的立场，法院的判决便是没有约束力的了，由此可以这种立场给法院的司法程序增添了一个新的不确定因素，故而其根本不足为信。本法院相信法律的正确立场应该是：每个判决的有效性都取决于法院作出判决前是否对案件拥有良好的管辖权，而不是取决于判决作出之后又发生了什么。

在对非居民被告没有采取当面告知的办法，或者是他们没有自愿出庭应诉的时候，一州法院针对他们所作出的判决的有效性和强制力是会经常被联邦法院及其它州法院所推敲斟酌的。为了试图在判决作出州以外的地方执行这种判决，合众国宪法提出了"每个州对于他州的公共法律、案卷和司法程序都应给予充分的信任和尊重"的原则，并且国会也通过制定具体的法律规定了这类法律、案卷和司法程序应如何予以证明和执行，从而使得这类法律、案卷和司法程序能够在他州享有和在其来源州同等的信任和尊重。在一些早期的案件当中，国会的这项法令曾被理解为是想要给予一州作出的判决在其它所有州同样的法律效力。但这种观点后来被证明了是带有极大局限性的，因为，只有当作出判决的州法院对案件具有适当的属人管辖权及主题事物管辖权的时候，国会的这项法令才能够得以适用。总之，宪法和国会的立法都不能阻止联邦法院和其它州法院去质疑作出判决的州法院究竟有无适当的管辖权，或是该州到底能否对此人及此事实施法律权威。

随着第 14 修正案被引入到宪法当中，对于上述这类判决的有效性终于有了予以直接质疑的途径，并且其它州也可以理直气壮的抵制执行这类判决了，因为第 14 修正案规定了一州法院在没有管辖权的情况下对个人权利及义务作出判决是不符合法律的正当程序要求的（due process of law）。尽管要给第 14 修正案提到的这些术语进行定义是相当困难的一件事，因为这将决定到在多大的程度之内州法的权威可以渗透进个人权利当中，但它们在被适用到司法程序中时所具有的意义却是毫无疑问的，即这是一套已经深深植根于我们的法律理念中的意在保障个人权利的享有和实施的法律程序体系。为了使得任何的司法程序具有有效性，首先必须有一个符合宪法要求的法院，其次该法院要对待决事项具有主题事物管辖权；最后当案件仅仅涉及对被告的个人责任进行确定的时候，该被告还必须被以适当的送达程序传唤到法院的管辖地域范围之内，或是他自愿的出庭受审。

除非是牵连到原告个人身份的案件，或是那些送达方式已经得到事先同意的案件，用登报告知作为替代性的送达方式尽管是俄勒冈州及其它一些州的法律认可适合于用在针对非居民被告的诉讼中的，我们认为其有效性仅应该局限在非居民被告的财产在诉讼的开始阶段就被置于法院的控制之下，且对财产的处理是诉讼进行的主要目的的案件当中；或者是法院判决是被当作影响财产状况及其收益的手段方式的案件当中。我们也可以说的简单一点，这种替代性的送达方式只能被用在实质是对物的诉讼之中。

从严格意义上来讲，一起对物诉讼的确应该是直接针对财产提出的，并且是以对物处置为首要目的的，权利申请人的身份其实无关紧要。但如果从一个更广义更普遍的角度来看，对物诉讼往往也指发生在双方当事人间的以对他们所占有的财产或财产的收益进行处置为主要争议的案件，例如以查封扣押债务人的财产作为起点的案件、瓜分不动产的案件、取消抵押住房赎回权的案件或是执行抵押优先权的案件。它们在很大程度上应该可以被视为是对物诉讼，因为它们都会对一州境内的财产产生影响。

至此，我们完全能够顺理成章地根据上述观点得出最终的结论：俄勒冈州法院在一起本质为对人的诉讼中对本案原告这样一个非居民被告所作出的判决是根本无效的，并且该判决无法授权对本案原告的土地进行变卖。

为了防止有人对本判决意见出现误读的情况发生，我们有必要再次强调本法院并不是想指出一个州无权去决定本州居民和外州居民间的民事纠纷的司法解决程序，尽管可能会有对非居民当事人送达不周或告知不详的情况出现，但州法院的决定至少在该州境内还是有约束力的。事实上，每个州都拥有可决定其居民民事身份和地位的管辖权，这种管辖权当然包括了自行规定在其境内民事法律进程如何开始和执行的权力。打个比方说，一个州有专属独断的权力去规定本州居民间婚姻关系缔结的方式方法，以及依靠何种理由又可以取消。有时在婚姻中犯有足以使得婚姻关系依照本州法律结束的过错的一方会迁移到别州居住，而在别州中该过错却不成为可以结束婚姻关系的法定理由。因此，如果原告是在犯有过错者所居住州的法院系统内提出要求离婚的诉讼，那么原告肯定会得到一个败诉的结果。此外，要是原告无法在自己所居住州的法院系统内提出离婚的申请，并且此类诉讼是可以不对对方当事人进行当面送达或告知就可以开始的话，那受害者就将总归是无法获得救济的了。

我们也不是想说，一个州不可以强制要求一个参加了位于其法域内的协会或合伙组织或是缔结了可在其境内履行的合同的非本州居民，去任命委托一位州内的代理人或代表专门负责接收关于这些协会、合伙组织或是合同的诉讼的法律文书送达和告知，当然指定一个专门的地址也可以起到同样的作用。我们更不怀疑一个州有权在规定公司或其它类型的商业及慈善机构的成立办法时，设计一种可允许法院调查其商业运作、贯彻其法律义务或是废除其组织章程的模式方案，并且还规定法院在采取这些措施时不需要对其成员或职员实行当面送达的程序。

在本案当中，没有上述所说的任何一种情况出现，因此我们也无需进一步的去考虑用上述立法行为来实施执行一个非居民当事人的合同所可能引起的法律后果。本案的问题仅仅在于一项州法院作出的金钱给付判决的有效性，其不过特殊在是因为简单合同纠纷而针对一个外州居民提出的，并且又没有给予被告适当的送达，从而造成了被告未能到庭应诉的局面。

本法院决定维持联邦巡回法院的判决结果。

补充知识：

● 未到美国之前，一直都以为重视成绩只是中国学生的专利，国内的莘莘学子们十年寒窗苦读追求的不过是一个最终的分数罢了。后来等到进入了美国的法学院读书，才发现美国社会对于学生成绩的要求以及美国学生对待考试的重视程度也都是一点也不含糊的，这与我们平时头脑里美国年轻人普遍嘻嘻哈哈的形象真是大相径庭。

美国法学院对学生分数的看重最初会体现在录取过程中，申请人的本科学分积点和 LSAT 考试（Law School Admission Test）成绩是录取委员会作出决定的最主要依据。相信任何一个美国法学院都会在自己的招生手册里信誓旦旦地宣称分数并不是考察申请人的唯一标准，而是将会根据申请人的领导气质、团队精神、课外活动及天赋才能等诸多因素进行综合评价。不能说这不是事实，因为美国人的确很看重那些在课余有一技之长或突出表现的学生，但相比较根据考试分数择优录取而言，这仅仅属于例外情况而已。试问每年会有几个人能用煽情的个人陈述说服录取委员会把自己的成绩忘在脑后呢。细心的学生们只要看看 US NEWS 的法学院排名就会发现，学校名次从高到低的排列基本上也就是对学生分数要求的高低顺序。

那么是不是像中国一样，学生们一旦只要迈进了大学的门槛，就可以彻底告别整天和分数打交道的岁月呢，在美国法学院里绝对不是这样的。美国法学院的学生是我见到过的最刻苦严谨的一个学生群体，无论是凌晨还是深夜，你总是能发现有人还在图书馆内自修，无论是平时还是临考迟到早退总是极为罕见的现象，无论是手书还是录入所有人到期末都会攒起一大堆的笔记，法学院里的每个学生知道一二年级的考试成绩对将来自己找工作实在是太重要了。现在正好是传统上大型律师事务所到一些法学院进行现场招聘的时节，各种招聘的信息贴满了就业办公室（Career Office）的墙壁，但这对于那些成绩一般的学生来说却并没有什么意义，因为成绩在 25% 以上连同是法学刊物的编辑几乎是这些大所共同的要求。

既然成绩是那么的重要，美国法学院里对于学生分数的评定当然也是非常严格的。通常来讲，美国法学院里的课程可以分为上大课（General Course）和讨论课（Seminar）两种，前者的考核方式多为在学期结束的时候用一张试卷来定成绩，而后者则会根据在学期中完成的几份报告来综合评价，有不少学生都是依照自己对这两种考试方式的喜好与否来进行选课的。无论学生最后参加的是哪一种考试，都可以在成绩公布以后要求复印自己的试卷并就评分的问题对教授提出质疑，不过除了成绩在数字上的计算错误以外，其它任何的改动都要由该科教授申请并由学术委员会作出决定。可能更让大家觉得有点吃惊的是，美国法学院每年都要按照成绩给学生们排名次，不过也并非是要具体到个人，而是以总人数的 25% 划分出 4 个区间，让学生们了解自己大致在本年级中处在什么位置上。

第七节　属人管辖权——最小联系的认定方法

就如同以"互不干涉内政"为内核的和平共处五项原则正在世界范围内无可挽回地受到为美欧诸国所热衷的"人权高于主权"理论的侵蚀压制，美国最高法院在 *Pennoyer v. Neff*，95 U.S. 714（1877）一案中曾倡导的以"各家自扫门前雪"为宗旨、以地域疆界为主要依据的旧有属人管辖权哲学也在美国法律的进化发展过程中日益让位于以"合理性"（reasonableness）为标准、以当事人与法院所在州的联系为尺度的现代管辖权理论，细细想来，这两者的背后潜藏的是一种社会发展的必然趋势。我们不妨从以下两方面来加以理解：首先是权力作为内因的作用。虽然，从表面上看权力是受法律背后的人控制的，但权力本身从来都是有生命的，或者通俗一点说权力有着内在的扩张性。只要权力找到了丝毫适合自己蔓延发展的空间土壤，那权力便一定会把触角伸向那个角落，此种扩张的欲望是根植于人性之初和难以抑制的，任何试图将权力限定在一个固定框架内的举动古往今来莫不是以框架被权力撑破的结果而告终。故此，最高法院以疆界划定各州管辖权的思路无异于是在迫使各州自缚手脚划地为牢，这等强调围追堵截而非因势利导做法的结果可想而知。其次是经济发展作为外因的作用。众所周知，从 19世纪末到 20 世纪末是美国社会的又一个大发展时期，经济的高速发展给人们的生活方式和社会的结构层次都带来了剧烈的变化，不仅商业流通和产品交换的速度及广度都大为增加，人们的迁徙活动也越来越频繁，州与州之间的贸易往来和人员流动呈现出前所未有的密切和深入。更多的交往必然也伴生出更多的纠纷，可是，以往那种纯粹以财产和人的地域属性作为管辖依据的做法已经不能够适应频率加快的现代社会生活，发明一种更加灵活便捷的管辖权判断标准已是时代的呼声。

作出 *Pennoyer v. Neff* 案判决 68 年之后，联邦最高法院在 *International Shoe v. Washington*，326 U. S. 310（1945）一案中得到了重新审视属人管辖权认定方法问题的机会，向来与时俱进的联邦最高法院这次同样没有让大家失望，改弦易辙地提出了最小联系（minimum contacts）的判断标准。尽管也许还会有同意管辖或存在管辖等的标准可供法院参考，在绝大多数被告并非来自于法院所在州的民事案件里，法院对被告行使管辖权所能依赖信任的唯一理论依据只有最小联系原则，所以称其为现代美国民事诉讼法中最重要的属人管辖权认定方法一点也不为过。在本节中，我们主要研究一下这最小联系原则概念的与适用。

所谓最小联系原则指的并不是只要被告和法院所在州之间建立了哪几种类型的联系或者是建立了多少数量的联系，法院便可以对该被告行使管辖权。事实上最高法院从来没有也根本不可能有这样一张联系类型与数量的清单，因为在这里起决定性作用的应该是联系的质量和内涵（quality and nature），有时候单凭一个充分饱满的联系就足以提供给法院管辖被告的适当权力，而另外一些时候众多偶然孤立的联系加在一起也未见得能起什么作用，所以，在每个案件中具体分析被告与法院所在州之间所具有联系的强度是否能够满足宪法第 14 修正案的正当程序条款对属人管辖权提出的限制要求才是唯一可行办法。

那么接下来大家顺理成章会感兴趣的一个问题便是：究竟什么

样的联系才能构成法院行使管辖权的依据呢？最高法院在 *International Shoe* 这个案子里初步地回答了这个问题，即只有当被告在法院所在州内的活动是故意的去利用该州法律的保护和照顾时，该州的法院才能对由这些活动引发的争议进行管辖。换句话说也就是，既然构成最小联系的活动必须是被告有意为之的，那州对被告的管辖权也就应该局限于在本州与被告之间创造出了最小联系的活动中。如果被告在法院所在州的活动越单纯，他与这个州的联系就越专门，而该州法院对他的管辖权也就必须越有针对性；反之，如果被告在法院所在州的活动越广泛，他与这个州的联系就越深入，而该州法院对他的管辖权也就越有普遍性。举个例子来说吧，A 和 B 都是加州公司且也都在内华达州有生意，但是 A 公司在内华达州的业务仅限于每个月从内华达州进一批原料，除此以外就再无任何其它联系，而 B 公司不仅在内华达州境内开设了大量的连锁店，而且其经营活动遍及内华达州的各个角落，仿佛到处都能让人感觉到 B 公司的存在。此时，也许内华达州和 A、B 两公司间都具有最小联系，但内华达州法院对它们管辖权的范围却是截然不同的。对于 A 公司而言，仅当纠纷是由于每月一次的进货活动所直接引发的时候，内华达州法院才有可能对自己合法的行使管辖权。而对于 B 公司来说，内华达州法院几乎就可以把它等同于一家州内的公司了，故此也差不多总能发现对 B 公司的管辖权，即使是对于那些和 B 公司经营活动没有什么太多牵连的纠纷，因为 B 公司自觉自愿如此深入广泛地介入到内华达州的经济领域当中即是表明了它已经预见并接受将来在内华达州的法庭上面对一切未知的诉讼请求。在美国的法律教科书中，我们通常把这 A 公司代表的前一种情况称为特别管辖权（special jurisdiction），而把 B 公司代表的后一种情况称为普遍管辖权（general jurisdiction）。

美国著名民事诉讼法专家 Glannon 教授建议我们通过在脑海里设想出一个光谱的样子来理解特别管辖权与普遍管辖权的区分。假设在一个从左至右强度不断增加的光谱中，它的最左端也即强度最弱端是被告与法院所在州间没有任何联系，那该法院理所当然的不能对此被告行使管辖权了；稍微向右一些即强度稍微增加了一点的地方是被告与法院所在州间只有零星孤立的联系，此时因为这种联系不能归结于是被告有意创造出来的，所以法院仍然无法对被告实施管辖；再向右一点的地方是被告曾经的一个活动创造出了他与法院所在州之间唯一的联系，这时法院也仅仅能对由这一个活动引发的争议进行特别管辖；继续向右一点便是上个例子里讲的 A 公司的那种有规律却也有限度的联系，因此结果也就是法院在特别事项上拥有对 A 公司的管辖权；最后在这个光谱的右端点说的是被告像 B 公司那样在法院所在州内开展了大量实质性的活动，于是法院便像对待本州公司那样对被告具有了普遍管辖权。不过值得提醒大家一下的是，最高法院尚未有案例来清晰的界定特别管辖权和普遍管辖权的分界线具体是在这个光谱的那个点上。

最小联系原则甫一出台即受到了司法界的广泛好评，但下级法院在进行具体适用的过程中很快便发现 *International Shoe* 一案中对此原则一些细节的描述实在过于模糊，比如何谓联系的质量和内涵就让人觉得不知所云。鉴于在下级法院中产生的这些混乱，联邦最高法院对最小联系原则作出了进一步的澄清。例如，在 *Hanson v. Denckla*，357 U.S. 235（1958）一案中，最高法院指出了必须存在有某些活动来证明被告是有意选择了和法院所在州产生联系的才能支持法院对被告行使管辖权，这些活动可以包括被告特地利用该州法律的保护和照顾来为自己谋利。尽管这种需要揣摩被告心理想法的观点不断的受到评论家们的抨击，但是最高法院在随后的 *World – Wide Volkswagen v. Woodson*，444 U.S. 286（1980）和 *Keeton v. Hustler Magazine, Inc.*，465 U.S. 770（1984）这两个案子中继续坚持了此种强调被告在创造联系时的主观态度的判断方法，所以考察被告是否故意让自己受益于自己与法院所在州之间的联系往往是法院在决定管辖权归属的时候最需要恐怕也是最难以回答的问题了。而接下来的 *Asahi Metal Industry Co. v. Superior Court*，480 U. S. 102（1987）一案则把究竟在多大程度上需要被告的明知和故意的争论推向了顶点并在最高法院的法官中造成了分裂，以 O'Connor 大法官为首的多数派意见对最高法院原有的立场进行了少许修正，认为在被告的明知或故意之外还必须要有其它一些证据来展示被告行为的针对性，比如有些广告及产品设计活动是为了使自己的产品打入法院所在州市场而特意做的等等。尽管最高法院已经作出了种种努力，但平心而论最小联系原则在具体适用过程中仍有不少细节欠缺明朗，所以应该说这还是一个有待于我们进一步观察研究的问题。

归根结底，最小联系原则是宪法第 14 修正案正当程序条款对州法院属人管辖权限制下的产物，也就是说满足最小联系原则只是为了符合宪法对州管辖权提出的要求，但这却不能使得一个州的法院自动的取得了对某位具体被告实施管辖的权力，因为正当程序条款根本不是一个授权条款而只是提出了些禁止性的规定，所以州法院还需要从本州立法机构那里获得对案件管辖权的授权，这种各州关于属人管辖权的州法条款通常被我们形象的称为"长臂法案"（long‑arm statutes）。每个州的立法机构都有自行订立长臂法案也即规定本州法院属人管辖权范围的自由，但均以不超越正当程序条款所设的限制为度，所以一州法院在检验管辖权存在与否的时候实际上要遵循两个步骤：①本案是否属于州长臂法案所列举的可以实施属人管辖的情形。如果属于的话，那么；②对本案实施管辖是否会违反宪法的正当程序条款。只有这两个条件都得到了满足，州法院的属人管辖权才可以称得上是落到了实处。目前，美国每个州都有自己的长臂法案，其中绝大多数采取的都是用列举的方法提出了所有可被本州法院管辖的案件类型，不过也有部分州的长臂法案仅是简单的表示所有不违反宪法规定的案件都可由本州法院管辖。

International Shoe Co. v. State of Washington

Supreme Court of the United States，1945.

326 U. S. 310，66 S. Ct. 154，90 L. Ed. 95.

MR. CHIEF JUSTICE STONE delivered the opinion of the Court.

在本案中有待我们解决的问题是：①如果被放在宪法第 14 修正案提出的正当程序原则中加以考察，本案的上诉人也即一家特拉华州公司是否会因其在华盛顿州内进行的商业活动而使得华盛顿州的法院有权审理自己未按该州法律规定交纳失业保障基金所引发的诉讼；②华盛顿州强征失业保障基金的做法是否与宪法第 14 修正案相违背。

这些引起了争议的法律法规在华盛顿州内建立起了一套综合性的社会失业保障体系，其筹措资金的主要方式便是规定雇主必须向一个州失业保障基金交纳社保金，而对社保金的征收及整个基金的管理都是由被上诉人负责的。

在这个案件当中，知会上诉人交纳历年来拖欠社保金的通知单是由专人当面交给上诉人在华盛顿州雇佣的一个销售人员的，并且一份通知单的副本也以挂号信的方式寄给了上诉人在密苏里州圣路易斯市所设立的办事处。上诉人曾经派人亲自前往华盛顿州的失业保障办公室去解释自己不必交纳此项社保金的一些理由，这些理由有：将通知单交给一个销售人员不能构成对上诉人的适当送达；本公司不是一家华盛顿州公司也没有在该州境内开展业务；本公司在华盛顿州没有设立可代表公司接受送达的代理机构；本公司不是华盛顿州法律所称的雇主也没有实施任何的雇佣行为。

上诉人所提出的这些理由并没有得到相关职能机构的尊重，于是，此事很快就进入到了司法程序当中。在华盛顿州法院系统内进行的一系列审理中，尽管上诉人一直坚持称这类州法是与第 14 修正案的正当程序原则背道而驰的，并且也是违背宪法精神对州际贸易施加的不必要负担，但各级州法院均判决上诉人败诉并需要补交失业保障基金。现在，此案又根据《司法法案》（Judicial Code, 28 U. S. C. §344（a））第237条A款来到了本法院这里，上诉人提出的主要上诉理由仍然是华盛顿州的这些法律法规是对第14修正案正当程序原则及宪法州际贸易条款的侵犯。

上诉人在华盛顿州从没有设立办事处，也没有在该州缔结过任何买卖货物的合同，更没有商品库存在这个州境内，甚至连大宗的产品运输都从来没有经这个州路过。只是在1937年至1940年的这几年间，上诉人曾在华盛顿州雇佣过11到13个销售人员，他们直接受圣路易斯市办公室的销售经理指挥调遣。这些销售人员都居住在华盛顿州，他们日常推销活动也都被限制在该州境内进行，而他们的工资报酬是与各自的销售业绩相挂钩的，一般会总计达到每年3.1万美元的样子。上诉人还为每位销售人员都配备了一整套的样品，通常是每种样式的鞋子各一只，以便于他们向潜在的顾客展示。某些时候上诉人雇佣的销售人员们也会在百货大楼或宾馆里临时的或长期的租几个门面布置成产品陈列室用来进行促销，相关租赁费用是可以向上诉人要求报销的。

这些销售人员的权力仅限于展示样品及引诱潜在的买主下单定购，至于销售价格和条款都是由上诉人事先定好的。一旦有购买的意向初步达成，销售人员便会把订单传真给上诉人位于圣路易斯市的办公室并等待公司的批准或拒绝。如果上诉人同意接受订单的话，那相应的货物就将以f.o.b.的方式从华盛顿州外的某个仓库发给居住在州内的买家。总之，所有运进华盛顿州的货物都是在外州筹集的并且开的也都是发货地的发票，销售人员无权直接与客户签订合同或是去安排发货。

华盛顿州最高法院认为上诉人下属销售人员经常且系统性的在该州内吸引订单的行为导致了上诉人的产品源源不断地进入到华盛顿州内，此种事实足以构成上诉人一直在该州开展商业活动的证据并使得华盛顿州的法院有权对上诉人实施管辖。但是，华盛顿州最高法院也在判决意见中指出此案的管辖权同样能凭借另外一条常见的法律原则加以落实，那即是外州公司通过代理机构在本州境内吸引客户的行为同该公司的其它某些活动联系在一起便可构成本州法院要求该公司承担其行为造成的法律后果的管辖权基础。在本案当中，华盛顿州最高法院相信上诉人下属销售人员长期租用一些门面作为展示厅以及他们长年居住在华盛顿州内的事实都可以被视作上诉人的"其它活动"，而且这些活动保证了每年有相当数量的产品由上诉人络绎不绝地运送进华盛顿州。

上诉人对此表达了不同的看法，认为自己在华盛顿州内的活动并不足以构成在该州的"存在"（presence），而一个州的法院是不能对不存在于自己境内的当事人实施管辖的，故此华盛顿州法院强制自己在该州接受诉讼的做法是对正当程序原则的严重违背。此外，上诉人还声称因为自己并不存在于华盛顿州，所以要求自己缴纳该州州税及其它州属费用也都不符合正当程序的原则。

从历史发展的角度看，从前一个法院的对人诉讼管辖权是基于该法院对被告本人具有确实可靠（de facto）的权威的，因此被告亲身存在于该法院所统辖的法域内是这个法院能够对他本人作出有约束力判决的先决条件。但现在这种向被告发出拘捕提讯令（*capias ad respondendum*）的做法已经让位于当面送达传唤令状或其它类型的告知方式了，宪法正当程序原则只要求当被告不存在于一个法院所属的法域内时，如果该法院想要取得针对此被告的对人诉讼管辖权，就必须能够证明此被告和本法域具有某种程度的最小联系从而使得进行诉讼并不违反传统意义上的"公平公正和实质正义"的法律理念（traditional notions of fair play and substantial justice）。*Milliken v. Meryer*，311 U. S. 457，463. See Holmes，J.，in *McDonald v. Mabee*，243 U. S. 90，91.

公司人格是被人为拟制出来的，尽管作出这种拟制的目的就在于允许我们在某些时候将公司像自然人一样看待，但显而易见不同于一个自然人的是，我们只能依赖于考察那些被授权经营公司并以公司名义行事的人的活动来判断该公司是否存在于一州境内。然而，为了决定一个公司是否需要承担某州的纳税义务或应该受到某州法院的管辖，我们必须首先来确认此公司在该州存在的程度能否满足宪法正当程序的要求。不过"存在"的概念在这种场合里有着不同于平常的含义，其仅仅形容的是一个公司的代理人在某州内的活动达到了足以被认为是满足正当程序要求的。另外，无论是州法院还是联邦法院在宪法正当程序要求的地位都是平等的，如果一个公司与某州的联系使得它在该州境内的联邦法院受审是合理的，那州法院对它实施管辖也就并非是违反正当程序的了。当然，这种管辖是否会导致一个公司被迫去自己籍贯所在州或主营业地所在州以外的地方应诉，从而给它带来极大的不便是我们必须要估计考虑到的问题。

当一个公司在某州境内的活动是具有连续性和系统性的，并且还由于这些活动引发了当前的诉讼时，这个公司在该州的存在便是无可置疑的了，哪怕此公司从未同意过接受该州管辖或委任过任何的代理人来接收法律文书的送达。从相反的角度来说，我们通常也都承认在某州境内公司代理人的偶然存在或是其代表公司作出的单独孤立的行为均不足以使得该州法院在与这些活动无关的诉讼中取得对此公司的管辖权。要求公司这时候在远离自己籍贯所在州或自己平时主要经营活动发生州的地方接受审判并提出抗辩无疑对这个公司来说是一种巨大且不合理的负担，也是与宪法正当程序原则的精神不相符的。

上诉人提供并依赖的一些案例显示，某些类型的连续性活动并不足以支持州法院在与这些活动无关的诉讼中对一个公司进行管辖，但也有很多另外的案例揭示出一个公司在某州境内连续不断的经营活动被认为提供给了该州法院充分的理由来管辖那些并非产生于这些经营活动的诉讼。

最后，尽管一个公司的代理人在某州境内所为的一些单独孤立的活动能够给公司造成法律责任却并不见得也可以使得该州的法院有权去通过强制性的手段来促使这些责任实现，但是另外一些活动由于其本质、特性或发生场合的关系足以把这个公司送上该州的法院。诚然，有些案例认为法院对一个公司的管辖权可以建立在法律所虚拟的该公司对接受送达和诉讼的默示同意上，而这种默示的同意可以从该公司授权其代理人在某州境内活动从而使得该公司存在于此州的事实中发现端倪。但是，我们觉得更现实的看法应该说是代理人的这些活动本身奠定了上述虚拟默示同意的合法性基础。

显而易见，我们无法界定出一条机械量化的标准来区分那些可以使得一个公司的受审变为合理的活动与那些无法做到这一点的活动。判断正当程序原则是否得到了满足必须取决于活动的本质特性及其与那些为实现正当程序的目的而制定实施的法律之间的关系。不过，我们知道正当程序原则绝对不会容许一个州作出对某位被告本身有约束力的判决，而这个作为被告的自然人或公司却与该州没有接触、联系或牵连。

但当一个公司在某州境内从事商业活动的时候，它无疑是享受到了该州法律的保护及照顾，所以这种优惠待遇也应该带来某些法律责任，只是这些责任需要和该公司的商业活动存在联系罢了。在大多数情况下，一次要求被告回应以便于确定执行这些法律责任的诉讼很难被认为是不正当的。

如果将上述的标准原则适用到本案当中，以上诉人的名义在华盛顿州境内开展的这些活动决不是偶然或罕见的，而是系统连续的存在了好几年之久，并且还造成了大量的州际贸易出现。在这一系列的过程中，上诉人获得了华盛顿州法律的保护和照顾，这其中就包括了可以求助于该州的法院来帮助自己实现利益的权利，与此同时本案中上诉人被要求承担的法律责任也正是源自于它所开展的活动。故此，本法院相信上诉人开展的活动与华盛顿州间建立了充分的联系，根据传统意义上的公平公正和实质正义的法律理念，这种联系使得华盛顿州有权去通过诉讼的手段来强制要求上诉人履行由于自己在华盛顿州内的商业活动而招至的法律责任。

本法院决定对原审判决予以支持。

World – Wide Volkswagen Corp. v. Woodson

Supreme Court of the United States，1980.

444 U. S. 286，100 S. Ct. 559，62 L. Ed. 490.

MR. JUSTICE WHITE delivered the opinion of the Court.

本案向我们提出的争议是根据宪法第 14 修正案提出的正当程序原则，一家俄克拉荷马州法院是否有权在一起产品责任诉讼（products – liability action）中对一位非本州居民汽车零售商及其分销商行使对人管辖权，而被告与俄克拉荷马州唯一的联系就是一辆在纽约对纽约州居民售出的汽车后来在俄克拉荷马州卷入到了一场车祸当中。

被上诉人 Harry 和 Kay Robinson 于 1976 年在纽约从上诉人 Seaway Volkswagen 公司（Seaway）那里购买了一辆新奥迪轿车。这之后的第二年，原先定居在纽约的 Robinson 一家决定搬迁到亚利桑那州居住。可是当他们途经俄克拉荷马州的时候，另一辆小轿车从后方狠狠的撞上了他们的奥迪车，结果撞车引起的大火将 Kay Robinson 和她的两个孩子烧成重伤。

随后，Robinson 一家在俄克拉荷马州克里克郡的地方法院提起了一场产品责任诉讼，声称他们的受伤在很大程度上是由于奥迪车在油箱及燃油系统方面的不当设计和安排造成的。在这场诉讼中，奥迪汽车的制造商 Audi NSU Auto Union Aktiengesellschaft（Audi）、进口商 Volkswagen of America 公司（Volkswagen）、地区分销商也即本案的上诉人 World – Wide Volkswagen 公司（World – Wide）以及零售商暨本案另一上诉人 Seaway 都被列为了被告。其中 Seaway 和 World－Wide 进行了特别出庭，提出俄克拉荷马州法院对它们实施管辖将是对宪法第 14 修正案正当程序条款对州法院管辖权限制的违反。

俄克拉荷马州地方法院查明的事实显示，World－Wide 是家在纽约州设立的公司并且其主要营业地点同是在纽约州，该公司的主要业务是依靠与 Volkswagen 的合同关系面向纽约州、新泽西州和康涅狄格州从事整车、部件和零配件的批发销售活动。汽车零售商 Seaway 作为 World－Wide 的客户之一，也是一家成立于纽约并主要在纽约做生意的公司。根据现有的证据材料披露，Seaway 和 World－Wide 是两家相互独立的公司，它们与 Volkswagen 及 Audi 之间也均只存在合同关系。被上诉人没能举出丝毫证据来证明 World－Wide 或 Seaway 在俄克拉荷马州曾经开展过任何商业活动，或者运送或销售过任何产品至俄克拉荷马州、在俄克拉荷马州内任命过任何的代理人来接收传票、或是通过媒体发出过任何可传递到俄克拉荷马州的广告。事实正如被上诉人的律师在口头辩论时所承认的那样，除了这次在俄克拉荷马州境内遭遇车祸的奥迪轿车以外，没有哪怕一点证据能够显示还曾经有 World－Wide 或 Seaway 卖出的其它任何汽车踏上过俄克拉荷马州的土地。

不顾上诉人与俄克拉荷马州之间明显缺乏联系的事实，最初受理此案的地方法院驳回了两位上诉人的管辖权抗辩并且拒绝应上诉人的动议再次考虑这个问题。于是，上诉人便转向请求俄克拉荷马州最高法院发出禁止令状来制止地方法院受理此案，其理由在于自己和俄克拉荷马州并无最小联系，因此，地方法院对它们实施管辖的做法是违反宪法正当程序条款的要求的。

俄克拉荷马州法院拒绝发出禁止令状，并认为该州法院可根据俄克拉荷马州的长臂法案（long－arm statute）来对上诉人行使属人管辖权。尽管俄克拉荷马州最高法院在判决意见中提到了应分别从联邦宪法和州法的角度进行管辖权归属的判断，但在实际操作时却并没有作出这种区分，大概是由于此前已经验证过该州的长臂法案完全是遵循联邦宪法对管辖权问题提出的要求而制定的吧。

本法院对此案发出了调卷令，这是因为我们相信有必要通过这个案件来考虑一个十分重要的关于州法院管辖权的宪法问题，并且据此来协调俄克拉荷马州最高法院与至少其它四个州的最高法院在此问题上的不同立场。最终，本法院决定推翻俄克拉荷马州最高法院的判决意见。

宪法第 14 修正案即著名的正当程序条款限制了州法院对一个非居民（指非本州居民，下同）被告作出有效人身性判决的权利。一项违反正当程序原则作出的判决在法院所在州是无效的，并且在其它州也不能享受到同等的尊重和信任。正当程序条款还要求被告必须被给予关于诉讼的充分告知和在有适当属人管辖权的法院内接受审判。在本案当中，上诉人没有提出告知是否充分的问题，所以我们面对的唯一争议便是俄克拉荷马州的法院是否拥有对这些上诉人的属人管辖权。

正像长久以来所认为的那样，并且我们至今仍然相信一个州的法院只在有最小联系存在于非居民被告和法院所在州之间时才能对该非居民被告行使属人管辖权。而最小联系这个概念可以被看作是起到了两个既有联系又存区别的作用，它一方面保护了被告免于承担在一个遥远且不方便的法院受审的负担，另一方面也确保了州法院总能在法律所划定的界限里行事。

我们通常都以合理性（reasonableness）和公正性（fairness）的要求来描述为被告免于接受不方便诉讼而给予的保护。对于这一点，本法院曾经表示过：被告与法院所在州之间的接触必须达到使得审判的进行不至于违反传统意义上的公平公正和实质正义的法律理念的程度，这也就是说：被告与法院所在州之间的联系必须要以对被告提出到某个特定的法院去应诉的要求能够被认为是合理的为限。我们之所以要如此的强调合理性是因为：在一起案件当中，尽管被告所需承受的负担总是首要的考虑因素，但对其的审视也必须参考其它的诸多因素进行，比如法院所在州裁决争议的利益、原告取得方便高效救济的利益、州际司法系统在争议快速解决中获得的利益，以及某些州在推动基础性和实质性的社会政策的实施中所能分享的利益。

作为避免被告承担不便诉讼的保护神，正当程序条款对州管辖权所施加的限制在近些年当中已经被大大的放松了。正如我们在 *McGee v. International Life Ins. Co.* ，78 S. Ct. 199，201（1957）一案中所说的那样，这种变化主要应该归因于美国经济正在经历一个结构性的转变："今天的许多商业交易都会涉及两个甚至更多的州并且交易的参与者也可能相隔万里。随着这种全国化商业交易的增多，由跨州信函所操纵的商业交易的数量也在激增。同时，现代的交通和通讯手段使得一位当事人到自己从事过经济活动的州去出庭应诉变得越来越方便。"自从 *McGee* 案的判决作出以后，该案判决意见中所描述的种种现象一直都是在加速实现过程中的。

作为联邦主义者的忠实信徒，我们从未接受过也不可能去接受州与州的界限在判断管辖权的时候已经无关紧要这一说法。各州在经济上的独立性是合众国的奠基者们所能预见并乐于见到的，他们还在州际贸易条款当中表述过这个国家应该是一个共同市场或自由贸易联合体的理念，而各州在经济方面也绝不能采取任何与邻为壑的做法。此外，开国先驱们还设想到各州应保留一些基本的自治权，这其中就特别包括了在本州法院审理案件的权利。然而，每个州均有平等的自治权其实也就意味着这种权力应该以避免侵犯到他州的自治权为限，这一点在整个宪法特别是第 14 修正案中都有明显的体现。

虽然过去的那种每一个法院的权威都应以其所在州的代理疆域为界的说法已经为我们所抛弃了，但我们仍要强调对被告行使管辖

权的合理性必须结合我国的联邦体制加以衡量，并且正当程序条款
所保证的不仅是司法公正，更是法律的有序运作。本法院在
Hanson v. Denckla，357 U. S. 235，250 – 251（1958）一案中曾说
过："科技发展加快了州与州之间商业流通的速度，因此各州对非
居民被告实施管辖的需求也在经历着一个相似的增长。与此同时，
交通和通讯的进步使得被告到外州为自己辩护变得越来越便捷了。
作为对这些变化的回应，对非居民被告行使属人管辖权的要求条件
也正从 *Pennoyer v. Neff*，95 U. S. 714 一案代表的严格立场向
International Shoe Co. v. Washington，326 U. S. 310 一案代表的灵活
立场转变。但是，这种趋势绝对不意味着所有加诸于州法院上的对
属人管辖权的限制在今后会逐渐消失，因为这些限制不仅仅代表着
对于不便或遥远诉讼的制约，更是各州的自治权力止于边境的
象征。"

故此，正当程序条款"绝对不会容许一个州作出对某位被告
本身有约束力的判决，而这个作为被告的自然人或公司却与该州没
有接触、联系或牵连。"*International Shoe Co. v. Washington*，326
U. S. 310，319（1945）即便在外州接受诉讼对被告来说一点没有
或只有很少的不便；即便法院所在州有很强的利益冲动去将自己的
法律适用于争议之中；或是即便法院所在州客观上是进行诉讼最为
便利的地点，作为实现联邦主义重要一环的正当程序条款仍然有可
能会在某些时候剥夺一个州作出有效判决的权利。

将上诉的法律原则适用到本案当中，我们没有发现任何可以容
许一个州法院行使管辖权的情形存在。上诉人没有在俄克拉荷马州
开展过一点活动，特别是从未在该州境内从事过买卖或提供过服
务，也没有享受过该州法律所带来的丝毫保护及照顾，更没有在该
州雇佣过销售人员吸引订单或针对该州放送过商业广告。我们同意
没有发现上诉人经常性的将汽车通过批发或零售的方式销售给俄克
拉荷马州顾客或居民的记录，它们甚至就连利用中间商间接进入或

打算进入俄克拉荷马州市场的措施都没有尝试过。总之，被上诉人是在试图将管辖权建立在一起孤立的事故上以至于达到了牵强附会的程度：本案的故事其实就是一辆在纽约被卖给了纽约居民的奥迪车碰巧在路过俄克拉荷马州的时候发生了车祸而已。

　　然而，有人争辩说因为汽车被设计出来的原因和目的就在于它是会移动的，所以我们应该可以预见到 Robinson 家的奥迪车完全有可能会在俄克拉荷马州遭遇车祸。可是提出这种看法的人没有想过仅凭可预见性是根本就不足以在正当程序条款下建立起适当的属人管辖权。在 *Hanson v. Denckla* 一案中，那个特拉华州的财产托管人会搬迁到佛罗里达州并打算实施委任权的行为毫无疑问是可预见的，但本法院仍然判决了佛罗里达州法院依据宪法无权对该特拉华州的受托人实施管辖，因为此人与佛州再无其它联系。类似的是在 *Kulko v. California Superior Court*，436 U. S. 84，98 S. Ct. 1690（1978）一案中，一位母亲在离婚后将从加州搬回纽约居住而且她未成年的女儿会跟妈妈住在一起也都是可以被预见到的，不过本法院还是判决在一起儿童抚养权案件中加州法院对仍留在纽约居住的孩子的父亲没有管辖权。

　　此外，假设可预见性能够成为一个决定性标准的话，那么一个加州本地的轮胎经销商将有可能会被强迫到宾夕法尼亚州应诉，如果其出售的轮胎在该州境内发生了爆胎；一个威斯康辛州的商贩可能会由于售出了质量伪劣的汽车千斤顶而需要在新泽西州的法院出庭，只要这个千斤顶造成的损失是发生在那里；或者一个佛罗里达州的软饮料特许经营者不得不前往阿拉斯加为自己辩护，万一有任何的损害出现在阿拉斯加。这样一来，就等于是在说每个商品的经销者都把自己出售的商品任命为了可以代表自己接收传票的代理人，所以他售出的商品流通到哪里，哪里的法院就可以对他实施属人管辖权。在 *Shaffer v. Heitner*，433 U. S. 186，97 S. Ct. 2569，53 L. Ed. 2d 683（1977）一案中，我们废弃了已经明显过时的债权人的利益可以被所有曾对债务人有过短暂管辖权的州消灭或影响的规则，并且我们没有打算在本案中让这条规则或这它的变种复活过来。

当然，我们也不是在说可预见性的因素就起不到一丁点的作用，只不过其起作用的方式决不是允许管辖权可以附着在商品上在各州间到处流通，而是指被告的行为及其与法院所在州的联系应该是可以被合理预见到会引发该州法院管辖的那种。宪法正当程序条款通过保障法律的有序运作给予了潜在被告一定程度的预见性去了解预测自己的哪些行为将会在哪些州把自己牵连进官司当中。

当一个公司故意地去利用某州法律的特点在该州开展活动的时候，这个公司显然会意识到自己有可能将受到该州法院的管辖，并且它也可以借助于购买诉讼保险、转嫁诉讼费用到消费者头上甚至在情况紧急时切断和该州的联系来尽量减少诉讼带来的负担及损失。因此，假如 Audi 和 Volkswagen 这种产品制造商及经销商对产品的销售行为不是一个孤立的偶发事件，而是有意去开拓一个州的市场所作出的努力，那当其产品由于质量缺陷在该州对购买者或其他人造成了伤害时，它们就应该可以合理的预见到自己将受到该州法院的管辖。同样，如果一个州的法院对某个公司的属人管辖权是建立在该公司将自己的产品源源不断地运送进州内并期望被此州的消费者们所购买的基础之上，那这个州的法院对该公司实施管辖的做法便没有违反正当程序条款。

但是在本案中，俄克拉荷马州的法院并没有对 World – Wide 或 Seaway 拥有相同或类似的管辖权基础。Seaway 的销售行为是在纽约州作出的，而 World – Wide 的规模尽管要更大一些，但它的经销对象被合同限制在了纽约州、新泽西州和康涅迭格州这三个东北部的州内，并且也没有证据显示曾经有 World – Wide 批发的汽车被零售到了这三个州以外的客户手里。的确，从 World – Wide 及 Seaway 那里买到汽车的顾客后来会把车开到俄克拉荷马州的情况是可以预见的，可是这种受害人单方面行为所造成的被告与法院所在州的联系并不能构成正当程序条款所要求的那种联系程度。

在此前的审理过程中，有人曾经提出过本案的管辖权可以通过上诉人从这辆被在俄克拉荷马州使用的奥迪轿车身上赚取了很多利润的事实得到建立。俄克拉荷马州最高法院显然是认同这个理论的，并推理认为既然现在有一辆上诉人卖出的轿车在俄克拉荷马州出现，那也许上诉人卖出的很多车都已经被在俄克拉荷马州境内使用，只不过从前大家没有加以注意罢了。尽管俄克拉荷马州最高法院作出的这一推断根本没有任何坚实的事实依据作为支撑，但我们并不需要追究事实上的细节真相就可以指出此推断的荒谬之处。

俄克拉荷马州最高法院的这个推断的立足点在于要不是由于汽车具备远距离行驶至俄克拉荷马州的功能，当初未必就会发生被上诉人在纽约购买汽车的事情，上诉人在这辆奥迪轿车上的利润也就无从谈起了。此外，被上诉人也提到自己购买汽车的目的就是为了用来旅行，而之所以会选择上诉人所经销的奥迪轿车主要是看中了Volkswagen遍布全国的售后服务网点，就连在俄克拉荷马州境内都有好几家奥迪车的定点维修机构。然而，被告从法院所在州那里偶然连带获得的经济利益并不能起到支持管辖权建立的作用，除非这里面存在着某种为宪法所认可的联系。在我们看来，不论上诉人的多少边际利润是借助于汽车具备长途行驶至俄克拉荷马州的能力这个事实取得的，其作为一种与俄克拉荷马州之间的联系都实在太过于薄弱以至于无法使得俄克拉荷马州的法院获得对上诉人的属人管辖权。

因为上诉人与俄克拉荷马州之间并无法律所要求的接触、联系或牵连存在，本法院决定推翻俄克拉荷马州最高法院的判决意见。

Asahi Metal Ind. v. Superior Court of California

Supreme Court of the United States，1987.

480 U. S. 102，107 S. Ct. 1026，94 L. Ed. 2d 92.

JUSTICE O'CONNOR. 本案向我们提出的问题是，如果一个外国的被告能够意识到自己在美国境外生产、销售及输送的部件会被通过商业流通渠道辗转运到某州境内，那仅凭这种意识能否在被告与该州之间建立起最小联系，从而使得该州法院对被告行使管辖权并不违反传统意义上的公平、公正和实质正义的法律理念。

1978 年 9 月 23 日这一天，Gary Zurcher 驾驶自己的本田摩托车正在加州索拉诺郡附近的 80 号州际高速公路上行驶，突然其对车失去了控制与一辆拖车发生剧烈碰撞。Zurcher 本人身受重伤，而当时也在车上的他的妻子 Ruth Ann Moreno 则不治身亡。到了 1979 年的 9 月份，Zurcher 在加州高级法院提起了一场产品责任诉讼，声称去年的那次车祸是由于自己摩托车的后轮突然漏气爆胎引起的，并且事后检查发现这辆摩托车上的轮胎、内胎和密封剂都存在质量缺陷。在 Zurcher 提交的起诉状中，一家台湾的内胎制造商 Cheng Shin Rubber Industrial Co.，Ltd.（Cheng Shin）被列为了被告。然而，Cheng Shin 转过头来对同为被告也即本案上诉人的 Asahi Metal Industry Co.，Ltd.（Asahi）提出了第三方起诉，要求这家内胎阀门组合件的制造商来承担一切可能的经济赔偿。最终，Zurcher 对 Cheng Shin 及所有其他被告的诉讼都以和解的方式得到了圆满解决，唯一悬而未决的就只剩下 Cheng Shin 与 Asahi 之间的争议了。

加州的长臂法案授权法院在任何未与本州或联邦宪法相违背的前提条件下行使管辖权。Asahi 向加州高级法院提出了管辖权异议，认为该法院对自己行使管辖权不符合宪法第 14 修正案的正当程序原则。

为了解决这一争议，Asahi 和 Cheng Shin 向法院提供了如下的事实情况：Asahi 是一家日本公司，其在日本主要生产的就是轮胎阀门组合件，这类产品在被卖给 Cheng Shin 等几家轮胎制造商后广泛地被当作部件使用在各种内胎制成品上。Asahi 与 Cheng Shin 的买卖交易都是发生在台湾，然后才将货物从日本通过海运的方式运送至台湾。据统计数字显示，Cheng Shin 在 1978 年共购买装配了 15 万套 Asahi 的阀门组合件，而 1979 年和 1980 年的数量猛增至 50 万套，不过这在 1981 和 1982 两年却又迅速回落到了 10 万套。对于 Asahi 方面而言，其与 Cheng Shin 的交易在 1981 年占到了公司当年总收入的 1.24% 而在 1982 年就只占到 0.44%。此外，Cheng Shin 还从其它供货商那里购买阀门组合件，并将自己的产品行销至世界各地，据其自己称该公司在美国境内 20% 的销售份额都是在加州取得的。

在 1983 年的时候，一位代表 Cheng Shin 的律师通过索拉诺郡的一家汽配商店进行了一次对轮胎内胎阀门把的非正式调查，他宣称该店内大约存放有 115 个轮胎内胎，其中有 97 个是在日本或台湾制造生产的，而这 97 个里面又有 21 个阀门把上印有 Asahi 独特的 "A" 字商标。在这 21 个装配了 Asahi 公司出品的阀门把的轮胎内胎中，有 12 个是 Cheng Shin 加工生产出来的。这家店里还有另外 41 个 Cheng Shin 制造的内胎，它们使用的都是其它公司的阀门把。Cheng Shin 内部负责零部件采购的一位经理在作证时称："在与 Asahi 进行采购阀门把的商业谈判中，我们公司的产品主要是面向海外市场特别是美国出口的这一点曾被专门提出来讨论。因此，我本人十分确信 Asahi 是相当清楚其卖给我们公司的阀门把将非常有可能被运往美国特别是加州销售。"不过在另一方面，Asahi 的总经理却表示："Asahi 从未设想过自己在台湾卖给 Cheng Shin 的阀门把会在加州惹出官司来。"本案的证据材料中没有包括 Cheng Shin 和 Asahi 之间签定的合同文本。

主要是依据上述的信息，加州高级法院驳回了上诉人的管辖权抗辩，并认为 Asahi 明显是在国际化的范围内开展业务，所以让它在一个国际性的场合为自己的产品质量辩护并非是不合理的事。

然而，加州上诉法院发出了一道强制性的令状，命令高级法院放弃对此案的管辖，因为其相信仅凭 Asahi 的产品会被加工进其它产品中，并随之销售至包括加州在内的世界各地的事实是可预见的，且是最终实现了的就要求 Asahi 到加州来出庭应诉，不具备充分的合理性。后来，加州最高法院推翻了上诉法院的这一见解，而且还撤销了后者向高级法院发出的令状。该法院觉得尽管 Asahi 在加州境内没有办公室、财产或代理人，也没有直接开展业务或进行销售活动，更没有控制干预使得自己生产的阀门把能够进入加州市场的流通体系，但加州法院对 Asahi 行使管辖权仍然是为正当程序条款所允许的。这是因为 Asahi 明知自己卖给 Cheng Shin 的阀门把会被安装在轮胎内胎上并销往加州，而 Asahi 同时也间接地受益于这些内含自己零部件的产品能在加州市场上销售。故此，该法院认为 Asahi 有意识地开展国际化业务从而使得自己的产品加入到了国际商业流通体系当中，以及 Asahi 清楚地知道自己的一部分产品最终会出现在加州境内的事实，足以构成加州法院在正当程序条款限制下对 Asahi 实施管辖的基础。

本法院决定对此案发出调卷令，并打算推翻加州最高法院的判决结果。

宪法第 14 修正案提出的正当程序原则限制了州法院对非居民被告行使管辖权的权力。决定判断一法院能否根据正当程序条款对某特定被告实施管辖的关键在于该被告是否与法院所在州建立起了最小联系。最近我们又多次重申了本法院曾在 *Hanson v. Denckla*，357 U. S. 235, 253（1958）一案中表述过的原则，即最小联系"必须以某些被告在一州境内故意利用该州法律的保护和照顾实施的活动为基础"。此外，我们还曾在 *McGee v. International Life*

Ins. Co. , 78 S. Ct. 199，201（1957）一案中说过："建立合适管辖权所需要的联系必须要由被告本人意在与法院所在州间创造一种实质性的关联时直接引申出来的。"

通过适用上述最小联系必须建立在被告活动行为上的原则，我们在 *World － Wide Volkswagen Corp. v. Woodson* ，444 U. S. 286（1980）一案中拒绝了顾客单方面将被告的产品带入法院所在州的行为足以建立起法院对被告的属人管辖权的说法。在 *World － Wide Volkswagen* 案当中，有人提出因为汽车的经销商和批发商明知自己出售的产品是可以到处移动的，所以他们应当可以预见因为顾客把汽车开到了外州而使得自己需要到外州去接受审判的情况。本法院既驳斥了这种把预见性作为建立管辖权决定性标准的见解，但同样不认为可预见性在判断管辖权时是完全无关紧要的。而正确的观点应该是"如果一个州的法院对某个公司的属人管辖权是建立在该公司将自己的产品源源不断地运送进州内并期望被此州的消费者们所购买的基础之上，那这个州的法院对该公司实施管辖的做法便没有违反正当程序条款。"

在 *World － Wide Volkswagen* 案里，州法院的错误之处就在于试图将自己的管辖权建立在可预见的顾客的单方面行为而不是被告的任何举动上。自从该案的判决作出后，我们发现下级法院经常会遇到被告将自己的产品置于商业流通领域中后，其产品最终不受控制地流向了法院所在州，可是被告在此过程中并没有去故意利用该州法律的优待、照顾和保护来占领市场的案件。由于对 *World － Wide Volkswagen* 案判决意见及正当程序条款的不同理解，有些法院允许把属人管辖权建立在被告将自己的产品置于商业流通领域当中的行为上，而另一些法院则认为仅有这种行为是不够的，被告还需要有更加直接特意针对法院所在州的举动才可以允许管辖权的建立。

从其判决意见的逻辑推理中可以看出，加州最高法院采纳的是前一种对 *World － Wide Volkswagen* 案的理解方式。该法院认为：由于商业流通最终使得 Asahi 卖给 Cheng Shin 的阀门把出现在了加州境内，所以，单凭 Asahi 能够意识到自己的阀门把会被在加州出售的事实就足以使得加州法院能够在满足了正当程序条款要求的情况下对 Asahi 行使管辖权了。实际上，目前颇有一些法院持和加州最高法院相同的立场，它们都觉得如果被告的产品是通过正常的商业流通进入到法院所在州的话，那被告对这种结果出现的可预见性或可察觉性便构成了行使管辖权的合宪性标准。

然而，另一些法院对正当程序条款的理解却与此不同，这些法院认为还必须有比被告意识到自己的产品会通过商业流通进入到法院所在州更多一些的东西才能使得该州取得对被告的属人管辖权，加州上诉法院在本案中就持这种看法。另外，在 *Humble v. Toyota Motor Co., Ltd.*，727 F. 2d 709（8th Cir. 1984）一案中，一位在车祸中受伤的乘客起诉了 Arakawa Auto Body Company，这是一家专门为丰田车生产汽车座椅的日本公司。Arakawa 公司从来没有在美国开展过业务，也没有在美国拥有任何办公室、子公司、附属机构或是代理人，它所做的仅仅是在美国以外的地方生产汽车座椅并将产品送到丰田在日本的工厂里。联邦第 8 巡回法院在该案中完全认同了地区法院所用的分析方法，认为尽管 Arakawa 公司显然可以预料到自己的产品会被运往美国，但要求该公司在美国出庭应诉仍然是明显有失公允的。

本法院相信上述的后一种理解更加符合宪法正当程序条款的要求，也就是说被告的行为必须是有意直接针对法院所在州作出的才能构成发现最小联系所需的被告与州之间的实质性关联。仅仅是把自己的产品置于商业流通中而又缺乏任何其它的举动，不能被看作是有意直接针对法院所在州作出的行为，此时还必须要有一些额外的能体现出被告打算去开拓占领法院所在州市场的举动，例如专门为该州市场设计产品、在该州传播产品广告、建立为客户提供咨询的服务渠道、或者是在找一个分销商作为代理人来在该州市场上代销自己的产品。但是，被告意识到自己的产品会随着商业流通而进入到法院所在州境内的事实，并不足以将单纯把产品置于流通领域中的行为转换成有意直接针对法院所在州的行为。

假设在庭审的过程中，被上诉人已经证明了 Asahi 意识到一些自己卖给 Cheng Shin 的阀门把会被安装在轮胎内胎上并运到加州销售，但被上诉人一直都未能向法院展示的是 Asahi 还曾经采取过哪些行动去有意开拓占领加州市场。事实上，Asahi 在加州根本就没有开展业务，没有设立办公室、没有雇佣员工、没有取得财产、没有传播广告、没有吸引订单、更没有试图建立、控制或利用一个经销体系来让自己的产品打入加州市场。同样，我们也没有发现有证据证明 Asahi 有产品是为在加州市场上销售而专门设计的。根据这些无可动摇的事实，本法院相信加州高级法院对 Asahi 行使属人管辖权的做法超越了正当程序的边界。

正当程序条款禁止加州法院在会造成违反传统意义上公平公正和实质正义法律理念后果的情况下对 Asahi 实施属人管辖。我们先前已经解释过，对管辖权合理性的判断应当取决于一系列因素的检验结果，这就是说：法院必须考虑到被告的负担、法院所在州的利益、原告获得救济的权益、州际司法系统在争议快速解决中获得的利益，以及某些州在推动基础性和实质性的社会政策的实施中所能分享到的利益。

在本案当中，这一系列因素的检验结果清楚地揭示出加州法院对 Asahi 行使管辖权的不合理性。故此即使我们不从将产品置于商业流通领域这个角度来进行论证，本案的结果也不会发生变化。

被告在本案里所承受的负担显然是非常沉重的。加州最高法院的决定不仅迫使 Asahi 为了应诉必须经常往返于日本和加州之间，更造成了其不得不在一个自己所不熟悉的外国司法系统中接受审判。当一个法院决定将自己属人管辖的长臂伸出到国界以外时，由此可能给被告带来的需要在一个外国司法系统中进行辩护的特殊困难应当在法院衡量管辖权的合理性时被给予认真的考虑。

当最小联系被建立起来以后，即使外国被告会因为要在千里之外的陌生法院中受审而承受巨大的负担，原告和法院所在州的利益通常都会被认为是更应该得到维护的。然而在本案中，原告和加州法院迫使 Asahi 在加州接受审判所能获得的利益是极其微弱的，因为经过和解之后整件案子就只剩下 Asahi 和一家台湾公司 Cheng Shin 之间的争议了，而且这个争议所依据的交易发生在台湾。此外，Cheng Shin 未能清楚地向法院展示：为什么在加州而不是台湾或日本审理自己与 Asahi 之间的争议会更为方便？

因为原告并非加州居民，所以加州法院利用管辖此案来保护本州居民的合理利益期望大大地减少了。对此，加州最高法院表示："加州在此案中存在通过确保外国制造商遵守本州的产品安全标准来保护加州顾客的利益。"但是，我们觉得该法院对本州利益的定义实在过于宽泛了。本案中 Cheng Shin 与 Asahi 之间的争议主要是关于赔偿责任而非安全标准，而且到目前我们还不清楚加州的法律是否应该管辖由发生在台湾的交易引发的一家台湾公司和一家日本公司间的纠纷。允许加州法院对 Asahi 实施管辖无疑将对所有生产不安全产品的制造商们产生震慑性的效果，然而本法院认为这种效果同样可以通过使所有在制成品中使用了 Asahi 阀门把及把这些制成品送往加州销售的厂商们受制于加州侵权法来实现。

World - Wide Volkswagen 案还提示我们：必须去衡量除法院所在州以外的各州在争议快速解决及实体性法律政策加快实现中所具有的利益，具体到本案中来说，也就是要求我们去考察那些可能受到加州法院行使管辖权影响的其它州或国家的程序性及实体性法律政策，而在像本案这样涉及到外国被告的案件更使得我们一定要采取逐案审查的方法来判断被告所在国的利益会受到何种影响。此时，其它国家的法律政策利益以及联邦政府的外交关系利益是否能得到良好的照顾将根本上取决于行使管辖权的合理性，即外国被告

所承受的负担和原告与法院所在州的利益孰轻孰重。总之，在把美国的属人管辖权原则推广到国际性场合中实行的时候，法院必须采取慎之又慎的态度。

考虑到本案中存在的国际化背景、被告所需承受的巨大负担以及原告和法院所在州可能获得的微弱利益，我们相信允许加州法院对 Asahi 行使属人管辖权将是不合理且不公正的。

因为本案的事实没有建立起最小联系，从而不能保证对被告实施属人管辖权将不会违反公平公正和实质正义的法律理念，因此，本法院决定推翻加州最高法院的判决，并将此案发还重审。

如是判决。

补充知识：

● 在这里我们就先来讲讲怎么样在手头缺乏资料的情况下检索出联邦法院的民事程序规则。

通过前面章节的学习，我们都已经知道了现行的《联邦民事诉讼规则》是于 1938 年由国会授权联邦最高法院制定发布的，而该《规则》具体条文的起草工作却是一个叫"民事规则顾问委员会"（Advisory Committee on Civil Rules）的机构受最高法院的委托完成的。后来最高法院又多次主持了对《联邦民事诉讼规则》的修改工作，我们今天看到的这本《规则》实际上已经是经历了 1948 年、1961 年、1962 年、1966 年、1970 年、1980 年、1983 年、1991 年及 1993 年等数次重新编修以后的版本了。然而值得我们特别注意的是，民事规则顾问委员会无论是在当初起草《规则》，还是后来进行修改的时候，都为《规则》中的每一条款或修正案准备了一个解释其立意宗旨的简短说明，这些说明可以说是我们在研究《规则》时最有价值的辅助资料了，因为它提供给了我们解析法条的官方导引。目前绝大多数的出版物都会将《联邦民事诉讼规则》和这些简短说明印在一起，有些还把说明单独印为一册，对照起来看也相当方便。

如果你现在手头上还没有一本《联邦民事诉讼规则》的话，那可以获得的途径很多，比如《Federal Rules of Civil Procedure, with Forms》、《Federal Civil Judicial Procedure and Rules》及《United States Code 1994 ed.》想必是任何一家法律图书馆里都应该收藏的读物。另外，如果你想了解有关该《规则》的最新变动，诸如《United States Code Service》、《United States Code Congressional and Administrative News》或《United States Supreme Court Reports》之类的刊物则是最佳的选择。

当然，以上列举的这些出版物都是供你在需要快速检索某一条文时所用的，倘若你是想对《规则》做一番有深度的研究，因此希望在给出条文的同时能附有详尽的解释，那你应该看的书便是《Bender's Federal Practice Manual》、《Cyclopedia of Federal Procedure 3d ed.》、《Federal Practice and Procedure〔Wright & Miller〕》和《Moore's Federal Practice》了，这些都是久负盛名的解释联邦民事诉讼程序法的著作。

我们在前面的书中也早已讲过，联邦法院除了统一适用《联邦民事诉讼规则》以外，不少的联邦地区法院也会制定出一些本地规则（local procedural rules），当事人在该法院进行诉讼时同样必须遵守。那又应该通过什么途径去了解这些五花八门的本地规则呢？我要向大家推荐的是两本书《Federal Local Court Rules 2d ed.》与《Federal Procedure Rules Service》，以及一个几乎称得上是包罗万象的网址 http：//www. llrx. com/columns/litigat. htm#federallocal。有了这些，恐怕大家再也不用愁在美国民事诉讼法这个领域内"巧妇难为无米之炊"了。

第八节　属人管辖权——其他一些认定方法

俗话说"得遇良师，受益终生"。当我写下本节标题的时候不由自主地想起了当年教我民事诉讼法课的老师 Paulsen 教授有次突然跳上讲台振臂高呼，惊醒了一大片在下午第一节课上昏昏欲睡的同学们的情景，至今我还清楚地记得他当时吼叫的那句话是 "You can't avoid the long arm of the law"。的确，你无法逃脱长臂法案的管辖，这句话道出了属人管辖权原则的实质。如果把最小联系原则比作一根把你和法院所在州牢牢拴在一起的蜘蛛丝的话，那长臂法院就应该名副其实地被形容为整个一张的蜘蛛网了，任凭你跌爬滚打还不是照样被困在网中央。在本节当中，就让我们一起来领教领教这孙悟空飞不出如来佛手掌心的滋味吧。

I 存在（presence）

被告本人身处法院所在州境内当然是支持行使管辖权的极好理由，因为一州的司法管辖权在本州的疆域以内是至高无上的。在美国法早期的时候，被告在境内的存在甚至是法院行使属人管辖权的唯一基础，这种观点在前两节中的 *Pennoyer v. Neff*，95 U. S. 714（1877）一案中已经淋漓尽致地体现了。尽管随着最小联系原则的出现，存在已经退化为法院行使属人管辖权依据的一种，但现代法律却把存在的内涵发挥到了极致。不论你到这个州是来干什么的，不论你和这个州有怎样的联系，甚至不论你在这个州共待了多久，只要你在这个州境内接到了该州法院发出的传票，这个州的法院就对你具有合适的属人管辖权。在以存在为基础建立起属人管辖权的案件当中，被告身处法院所在州的时间并不重要，不要说住上一天两天，就是乘坐飞机在 3 万英尺的高空穿越法院所在州的那几个小时或几十分钟里你接到了传票，[1] 也得乖乖地再买张飞机票在规定的时间前往那个州的法院受审，由此看来吃官司也是美国人旅游的主要风险之一。不过此时你仍然有一线生机，那就是证明你到这

---

[1] Grace v. MacArthur, 170 F. Supp. 442 (E. D. Ark. 1959).

个州来并非是出自你的自愿，而是有人用武力逼迫你来或是用花言巧语欺骗你来的，因为只有自愿性质的存在才能符合宪法正当程序条款的要求。我在本节所选取的第一个判例可谓是最高法院在存在问题上的集大成者，相信大家所有的不解都能在这个案子的判决意见里找到答案。

除了被告本人存在于法院所在州的情况以外，如果被告有财产在法院所在州境内，那该州一般也是可以对此被告行使属人管辖权的，这无论是从由于财产所引起的被告与法院所在州之间的联系的角度，还是从被告在法院所在州购置财产的事实显示了他应该能合理的预见到有可能会受到该州管辖的角度来说都是具有充分合宪性的。这里值得大家细细推敲的倒是什么叫做财产存在于一个州境内，要是有形财产那很容易判断，可是无形财产又该怎么分辨呢？在财产为无形的情况下，法院通常都认为只要和财产相关的一些交易是发生在本州境内的，那本州的法院就是有管辖权的。不过，假如无形财产是以商业票据的形式存在的话，那票据所在的州也就是该无形财产的所在地。如果有读者对这个课题有兴趣，建议你读读 *Shaffer v. Heitner*，433 U. S. 186（1977）这个案例，其中对财产存在问题的讨论极为深刻。

Ⅱ 定居或居住（domicile / residence）

一州对自己境内居民实施管辖权实在是天经地义的事，因为这些居民在享受本州法律对自己人身及财产提供的保护照顾的同时也自然产生了接受本州法律管辖的义务，所以一旦你成为某个州的居民，那么该州的法院也就取得了对你的普遍管辖权，也就是说，只要是以你为被告的任何诉讼都可以由该州的法院管辖。由于我们在此前异籍管辖权的一节里已经详细了解过美国法中定居概念的认定标准，所以这里唯一困扰我们的问题便是定居与最小联系原则之间的关系，具体一点说也就是在被告是定居在法院所在州的居民时，是否需要证明被告与该州之间存在最小联系以符合宪法正当程序条款的要求。在这个问题上，最高法院提供给我们两个虽无直接冲突但却间接抵触的判例，*Milliken v. Meyer*，311 U. S. 457（1940）一案认为单是定居的事实就足以支持属人管辖权的建立了，哪怕后来被告长期的离开了他所定居的州，而 *Shaffer v. Heitner* 案的判决意见却暗示最小联系是一个永远都需要满足的宪法性要求，特别是当被告与法院所在州的关系长期疏远的情况下。故此，我们期待最高法院能在不久的将来为我们进一步澄清这个问题。

还有一些州对管辖权的尺度要更加宽松，它们允许法院对所有住在本州的非居民被告实施管辖。因为一个人可以在不同的地方有好几个住所而只能有一个居所，所以，这条规定所能起到的效果自然也远远超过了仅管辖本州居民的影响，遗憾的是最高法院还未对此发表过任何意见。

Ⅲ　同意（consent）

同意是美国属人管辖权原则的一个极其重要的组成部分，因为只要被告同意接受法院的管辖，那其它所有的问题就都走到了终点，哪怕被告和这个法院所在州之间素无瓜葛也不妨碍属人管辖权的建立。在前面的几节里我们就曾说过，被告对于管辖的同意既可以是明示的，也可以是默示的；既可以在审判开始以前作出，也可以在审判开始以后作出；既可以是笼统概括的，也可以是层次清楚的，总之，法律并没有给同意提出任何形式上的限制要求。

明示同意的问题一目了然没什么好讲的，倒是默示同意还值得提一下。在美国很多州的法律里，都存在非居民驾驶员法案（non‑resident motorist statute）的管辖权条款，意思指的是一州法院对在本州境内卷入车祸当中的非本州居民驾驶员具有管辖权。当然你不可能指望被告会自愿同意在人生地不熟的外州接受管辖，所以遇上这种情况干脆统统都认为你已经默示同意了，这么做的理论基础大概在于被告的合理预见性以及州保护自己居民人身财产安全的权利吧。默示同意过去还被大量用在被告为外州公司的案件当中，当时人们都认为既然一州有权自主的决定是否允许某家公司在本州境内营业，那么也自然有权为外州公司进入本州设立各种各样的门槛，这门槛之一便是外州公司须同意接受本州法院的管辖，所以，久而久之一州法院对在本州开展业务的外州公司实施管辖就是顺理成章的了。不过随着不断有人根据宪法中的州际贸易条款对州是否有权利无条件地拒绝外州公司进入提出质疑，现在大家越来越倾向于从存在或最小联系的角度来论证一州法院对外州公司的管辖权了。另外，我们在前面已经讲过但值得再提醒大家一下：被告可以通过特别出庭或其它一些手段向法院提出管辖权异议而不被视为同意该法院的管辖。

Ⅳ　在法院所在州内造成损失（causing an effect in the state）

限于篇幅的关系，我们不能逐一分析每一种可能导致属人管辖权建立起来的情形，这样的讨论和长臂法案的适用范围一样其实是无穷无尽的，所以，我们只挑几种具有代表性或是相对比较奇特的例子来加以解释。有一种情况是被告在一州之外的行为给州内的人或财产造成了损失，比如说那些侵犯名誉权案件或产品责任案件等等。此时，受害人所在州法院对被告实施管辖的正当性与合理性是显而易见的，所以，差不多每个州的长臂法案里都包含有授权法院管辖侵权行为或结果发生在本州境内案件的条款，并且此时几乎不可能找不到被告与法院所在州的最小联系。但是互联网的出现给这个问题带来了某些不确定性，一个人在网络上的行为，比如传播病毒等，如果给他州居民造成了损害又将如何处理呢？基于侵权行为造成的损害结果的存在，受害人所在州的长臂法案可以为本州法院提供行使管辖权的依据这一点是肯定的，但该法院接下来是否能找到被告与本州之间的最小联系就不那么肯定了，也许我们需要比损害结果更多一些的事实，本节的第二个案例就是讨论这个问题的。

我们不妨再来看看联邦法院的属人管辖权是如何确定。坦白的说，联邦法院属人管辖权的认定方法和州法院并没有什么太大的不同，这是因为联邦法院通常都是借用其所在州的长臂法案以及其它的州法条款来检验自己对被告的管辖权存在与否的，所以，联邦法院在这么做的同时也势必要和州法院一样遵守宪法正当程序条款提出的要求，这也就是说，被告必须和联邦法院所在州具有最小联系也能被该联邦法院管辖，或是当管辖权是依据被告在州内的存在而建立的话，被告必须在联邦法院所在州的地域范围以内被实施送达。故此，联邦法院的属人管辖权也并不是全国性的，除非在某项特定法律中得到了国会的明确授权，一般情况下联邦法院和其所在州的州法院的属人管辖权是差不太多的。

但是《联邦民事诉讼规则》（以下简称《规则》）的第 4 条也给联邦法院的管辖权提供了一些例外，这主要体现在三个方面：①送达范围。联邦法院除了可以在其所在州内或该州长臂法案允许的范围内对被告实施送达以外，《规则》的第 4 条 K1B 款还规定了一个 100 英里半径条款（100 - mile bugle provision），即当一个正在进行的案件出现追加方的时候，联邦法院有权在以法院为圆心 100 英里为半径的范围内进行送达；②送达方式。必须采取正确的送达方式才能使送达行为变得合法有效，《规则》的第 4 条规定了很多联邦法院在考虑送达问题时应该注意的方法和时限，比如，送达必须在原告起诉的 120 天之内完成等等；③紧密联系。联邦法院同意必须考虑到被告和法院所在州之间的联系，这在本质上和州法院在行使属人管辖权时必须符合宪法第 14 修正案的要求没什么区别，只不过联邦法院在宪法中有可能受到第 5 修正案的制约。

最后，我想引用一首北岛的诗来作为我们探讨美国民事诉讼法中属人管辖权问题的结语：《生活》—— 网。

Burnham v. Superior Court of California

Supreme Court of the United States, 1990.

495 U. S. 604, 110 S. Ct. 2105, 109 L. Ed. 2d 631.

JUSTICE SCALIA.

在本案中我们需要解决的问题是：根据宪法第 14 修正案提出的正当程序原则，加州法院可否趁一位非居民被告在加州境内短暂停留的机会对他进行当面送达并针对一起和他在加州境内活动完全无关的纠纷对这位被告行使管辖权？

上诉人 Dennis Burnham 于 1977 年在西弗吉尼亚州与 Francie Burnham 喜结连理。第 2 年，夫妻俩就搬到了新泽西州居住并在那生了两个孩子。到了 1987 年的 7 月，这对夫妇的婚姻便走到了尽头，他们经协商决定由 Burnham 太太迁居到加州去抚养一双儿女。就在 Burnham 太太动身奔赴加州前，她和上诉人谈妥将由她以"不可调和的差异"为借口向法院提出离婚的申请。

然而，在 1987 年 10 月份的时候，上诉人却单方面地以"长期分居"为由向新泽西州法院递上了请求离婚的诉状，但是他并没有获得一纸针对他妻子的传唤令，也没有试图去对她实施送达。Burnham 太太在要求上诉人遵守从前达成的用"不可调和的差异"作为离婚理由的协议未果后，也于 1988 年的 1 月初在加州法院提起了离婚诉讼。

在 1988 年的 1 月下旬，上诉人出差到了南加州，办完公务后又北返至旧金山湾区去探望自己的孩子，还把其中较大一点的带到旧金山市区度周末。可是当他于 1 月 24 日那天把孩子送回 Burnham 太太住处的时候，上诉人被当面送达了一张加州法院发出的传票以及他妻子的离婚起诉状副本。随后，上诉人便回到了新泽西州。

在 1988 年下半年的时候，上诉人曾前往加州高级法院参加了一次特别出庭，并向法院提出动议要求以缺乏属人管辖权为由撤销对他的送达，因为他与加州唯一的联系就是出于公务和探亲的目的来加州出过几趟差。加州高级法院驳回了上诉人的动议，而且这一决定后来也得到了加州上诉法院的支持，该法院同样没有支持上诉人提出的正当程序条款禁止加州法院在他与加州不具有最小联系的情况下对自己行使管辖权，因为其认为被告当时身在加州并且当面接受了送达的事实完全可以帮助加州法院建立起适当的对人诉讼管辖权。

为了判断一州法院行使管辖权是否符合正当程序条款，我们奉行的是长期以来为美国法院所遵从的一州权力必须受其疆域所限的传统法律原则。这一原则最早是在 *Pennoyer v. Neff*，95 U. S. 714（1877）一案中被勾勒出来的，该案的判决意见宣称"正当程序原则是一套已经深深植根于我们的法律理念中的、意在保障个人权利的享有和实施的法律程序体系"，并且该原则包括了"一个独立州对于人和财产的管辖权的公法规定"。而接下来在另一个堪称具有里程碑意义的判例 *International Shoe Co. v. Washington*，326 U. S. 310（1945）一案中，最高法院表示只要没有违反传统意义上的"公平公正和实质正义"的法律理念，一州法院行使属人管辖权的行为便可以被认为是满足了正当程序条款要求的。自从作出了 *International Shoe* 案的判决之后，最高法院被多次要求澄清这些传统法律理念是否允许州法院以不同于 19 世纪管辖权原则的方式来对非本州居民被告实施管辖。我们对此的回答是允许，但必须要是在州法院所管辖的纠纷来自于被告与法院所在州之间的联系上面。今天，我们在本案当中又遇到了一个类似的问题，即如果被告在接受当面送达的时候正好身处法院所在州境内的话，那正当程序条款是否仍然要求当前纠纷与被告与法院所在州的联系间必须具有某种程度的渊源以使得法院对被告行使管辖权是为宪法所允许的。

在众多业已得到长期确立的美国传统属人管辖权原则当中，有条著名的原则即是一州法院对身处其境内的非居民被告拥有管辖权。这条原则的起源一直可以追溯到合众国建立的早期，当时各个州都有权将任何能在其境内被发现的人送上本州的法庭，并且一旦通过对此人进行有效的送达程序来取得管辖权，州法院便在随后一直都可以对此人实施管辖，而无论当初他在本州境内停留的时间是多么的短暂。

许多州的法院在 19 世纪及 20 世纪早期的时候都曾作出过对一个身处本州境内的被告实施当面送达足以导致管辖权的建立，而不需要去计较被告只是短暂地在州内停留或是被起诉的事由与被告在州内的活动并无关联的判决。此外，许多州都制定有成文法条款或是普通法规则去免除那些被通过欺骗强迫手段拉入到法庭上或者是在完全不相干的诉讼中作为当事人或证人的被告接受送达的法律义务。这些例外显而易见是建立在送达可以提供管辖权的假设之上的。

这一美国属人管辖权原则虽然源远流长，但至今仍历久弥新，其不仅依旧被几乎所有的州在司法实践中所采用，而且联邦政府也一直都认可该原则的合宪性。本法院从未听说过有哪个州、哪条联邦法律或是哪件案子的判决否定了州内送达作为建立管辖权依据的合法有效性，相反的是最近还有不少的判例又再次重申了这一原则。

尽管面对着数不胜数的并不支持其立场的先例，上诉人仍然试图依据本法院在 *International Shoe* 案和随后几个案件中的判决意见来证明，在与法院所在州不存在连续性及系统性接触的情况下，一个非居民被告只有当诉讼起源于他本人与该州的联系时才会受到该州法院判决的制约。在此，我们不得不说这个观点是对本法院判例的彻底误读。

19 世纪时期，在绝大多数法院当中流行的看法是：一个法院不能对非居民被告行使对人管辖权，倘若该被告无法在本州境内接受当面送达的话。*Pennoyer v. Neff* 案虽然以其作出的宪法第 14 修正案禁止此类属人管辖的表示而闻名于世，但事实上却并没有用这个理论作为判决的依据，而依赖的是一些历史悠久的公法原则。这些被认为是包含在了正当程序条款当中的公法原则认为："当案件仅仅涉及对被告的个人责任进行确定时，该被告还必须被以适当的送达程序传唤到法院的管辖地域范围之内，或是他自愿出庭受审。"本法院在以后的案子里也曾多次引述了这条规则，或者是作为正当程序条款的具体要求，或者是作为基本的法学原理。

　　然而，*Pennoyer v. Neff* 案的影响力在后来的许多年中呈现出了持续衰落的状态。在 19 世纪晚期及 20 世纪早期的年代里，交通及通讯技术的发展和州际贸易活动的剧烈增长都使得法律在州法院对非居民自然人或公司管辖权方面的限制性规定大大松弛了。比如，州法可以要求非居民（即非本州居民，下同）公司必须设立一个本州的代理人来专门负责接受传票，并以此作为允许非居民公司在本州境内开展业务的先决条件。再如，州法也可以创造出"替代送达"（substituted service）的概念来管辖那些在本州境内造成交通事故但未等到接受当面送达便先离开了州境的非居民机动车驾驶员。本法院最初是根据 *Pennoyer v. Neff* 案提供的"同意"或"存在"的原则来肯定上述这些做法在正当程序条款下的合宪性的。可是正如后来许多人所察觉的那样，这种同意或存在根本就是法律虚构出来的。于是本法院在 *International Shoe* 一案中便抛弃了这些虚构的原则，而进一步澄清了上述情况下州法院行使属人管辖权的合理性基础实际上在于：正当程序条款并没有要求各州一定去恪守 *Pennoyer v. Neff* 案提倡的那种对州法院管辖权死板的地域性限制。对一个没有存在于法院所在州境内的非自愿出庭被告行使管辖权的合理性应当取决于，该被告在法院所在州境内活动的质量和特性能否使得对他实施管辖符合传统意义上的公平公正和实质正义的法律理念。本法院随后作出的一些判例又对 *International Shoe* 案提出的原则进行了不断的升华，并总结出了一州法院可以在纠纷是起源于被告在本州境内活动的情况下豁免对非居民被告实施州内当面送达的法律义务。

由此可见，无论是 *International Shoe* 案还是这以后的案件都没有给本案上诉人今天提出的观点提供任何的支持帮助。本案上诉人认为被告身处法院所在州的事实不仅对法院建立起一种非传统的新奇管辖权毫无帮助，而且本身也并不足以作为管辖权存在的证据依靠，这种观点严重违背了正当程序条款的基本逻辑和理论基础。支持新奇司法程序（novel procedures）所需的事实与支持传统司法程序所需的事实间存在着明显的区别，简而言之，建立于亲身存在的事实上的管辖权单独便能符合正当程序原则，因为这在我们的司法体系中属于实现公平公正和实质正义法律理念传统方法的一种。正当程序原则的具体标准是伴随着亲身存在等传统发展起来的，故此要以正当程序为借口来反对把亲身存在作为建立管辖权的有效途径就未免有些过于荒谬了。

尽管我们不敢苟同，但上诉人最有力的一个抗辩理由是根据本法院对 *Shaffer v. Heitner*，433 U. S. 186（1977）案的判决结果提出的。在那个案件当中，有股东对公司董事提起了衍生之诉，于是特拉华州法院便通过扣押没收外州被告在特拉华公司中的股票来取得准对物诉讼的管辖权。本法院认为特拉华州法院扣押没收股票的行为纯粹是为了迫使外州被告前往特拉华州接受对他本人权利及义务的审判，而根据 *International Shoe* 一案确立的法律原则进行检验，特拉华州法院的这种做法是不能为正当程序条款所接受的，因为被告与特拉华州之间的联系仅是在该州境内拥有财产罢了，这与原告起诉的内容毫不相干。

我们不认为 *Shaffer* 案的判决结果如上诉人所说的那样表明了，除非诉讼起源于被告在一州境内的活动，否则该州法院就一定对被告不具有管辖权。*Shaffer* 案和 *International Shoe* 案一样都牵涉到法院对没有自愿出庭的非居民被告的管辖权，但其想说的仅仅是：当作为亲身存在替代的最小联系由被告在法院所在州内拥有财产构成的时候，这一事实和其它类型的最小联系一样必须和法院所试图管辖的诉讼具有联系。在 *Shaffer* 案的判决意见中，上诉人单单提到了"任何州法院行使管辖权的举动都必须按照 *International Shoe* 及其后案所确定的原则加以衡量"这句话，其实，如果我们把这句话和它的前两句连在一起理解，本法院希望表达的意思将会被体现得更加明显："法院宣称对财产拥有管辖权的实际意义其实还是在于希望获得对财产所有者的管辖权，这一古老的虚构并不能得到多少现代法律的支持。继续坚持这个理论除了会对被告造成不公以外，其余全无作用可言。故此，我们相信任何州法院行使管辖权的举动都必须按照 *International Shoe* 及其后案所确定的原则加以衡量。"

换句话来说，本法院在 *Shaffer* 案中想要表达的看法是，并非所有对人诉讼管辖权的认定方法都一定要比照或遵从 *International Shoe* 一案所确立的最小联系原则来进行，而只要那些借准对物诉讼之名却行对人诉讼之实的管辖权认定方法才必须接受最小联系原则的检验。具体说来也就是：当法院的对人诉讼管辖权是建立在被告对州内财产的所有权之上且没有州内的当面送达发生时，州法院表面上所行使的准对物诉讼管辖权则必须满足 *International Shoe* 一案提出的联系与纠纷相关的法律要求。因为是把所有被告为非本州居民的案件都放在同一个宪法尺度上加以衡量而不去刻意区分其中的联系到底属于哪一种拉丁术语所说的情形，*Shaffer* 案判决意见的逻辑思想并不是要强制性的把亲身处于法院所在州境内的被告完全等同于那些非法院所在州境内的被告来一样处置。正如我们在前面已经长篇大论的阐述过的那样，我们美国法律的传统即是用截然不同的办法来处置这两类不同的被告，因此本法院在 *Shaffer* 案中作出的判决意见怎么可能会去擅自偏离这一传统呢？总而言之，我们

在 *International Shoe* 案中曾明确表示最小联系原则的要求只适用于那些被告没有身处法院所在州的情形下，而我们在 *Shaffer* 案中也丝毫没有去扩大最小联系原则上述的适用范围。

不过值得注意的是，虽然我们今天的决定与 *Shaffer* 案的结果并不违背，但两者为满足正当程序条款而采取的途径却不一样。在本案当中，我们没有对目前流行的州内送达规则的公正性或合理性提出单独的质疑，而是将其留给各州的立法机构来自行判断并决定取舍修改。因为在我们看来，此种规则的有效性取决于其所仰赖的渊源传承，同时这也是传统意义上的公平公正和实质正义的法律理念所孜孜以求的。然而，我们在 *Shaffer* 案中提出过这个质疑，并觉得传统公平公正和实质正义的法律理念会由于州法院适用那些陈旧的得不到现代法律支持的管辖权原则而受到冒犯。也许我们这一论断的正确性可以被现在只有一小部分的州法院还在坚持使用陈旧的管辖权原则的事实来证实吧。可是正如本案所显示的那样，如果一项管辖权原则既深深植根于我们的法律传统，又能为现代法律所支持和青睐，我们便没有任何理由去怀疑根据它所作出的判决的有效性。既然 *Shaffer* 案和其它由本法院作出判决的案件的有效性都是无可厚非的，那我们今天在本案中就将继续坚持这经受住时间考验的规则了。尽管正当程序条款所要求的对传统公平公正和实质正义法律理念的检验在判断管辖权存在与否的新程序方法中是不可或缺的一个重要步骤，但一项起源于第 14 修正案被加入到宪法以前且目前仍在普遍适用的属人管辖权规则理所当然是肯定符合正当程序条款的这个要求的。

Brennan 大法官在本案的附和意见中表示，最高法院应该适用当代的正当程序原则来判断加州法院行使管辖权的合宪性。我们认为今天的分析是符合 Brennan 大法官的这一说法的，如果所谓的当代正当程序原则就是上面这些案例所阐述的道理的话。不管怎样，我们认为可适用于属人管辖权问题的当代正当程序原则总归应该是传统公平公正和实质正义法律理念的一个自然延伸，并且只要一州法院严格遵守了美国法院普遍且一直都在适用的管辖权原则就不会违反这种法律理念。

但是 Brennan 大法官所说的当代正当程序原则的含义显然不只这些：他不仅要求用传统的管辖权原则及其在当代州法院的实践来衡量在本案中州法院行使管辖权的合宪性，而且还要求去逐一考察每个州法院大法官对于公平和正义等法律概念的主观判断标准。这种要求在以往任何属人管辖权案例中都是前所未见的，并且也不能被认为是传统的公平公正和实质正义法律理念所提出的要求，而仅仅是 Brennan 大法官自己的公平公正和实质正义法律理念的要求。

当 Brennan 大法官在附和意见中试图去解释为什么加州法院在本案中行使管辖权是符合美国一贯的法律传统及公平正义原则的时候，他所提出的判断方法的主观性和片面性得到了彻底的体现。由于 Burnham 先生出差到加州待过几天，Brennan 大法官便开列出了一长串他从加州获得的利益：加州的警察、消防和紧急医疗救助服务对他健康及安全的保障；他可以自由地在加州的公路或水路上旅行；以及他可能享受到的加州经济发展的成果等等。更使得我们万分震惊的是，Brennan 大法官的言下之意是 Burnham 先生住在加州的 3 天里所获得的这些利益竟然足以让加州法院有机会去通过判决剥夺他在过去 10 年的婚姻生活当中所积累的财富以及对子女的抚养权。我们敢说如果这种交换关系是以合同的形式来进行的，那我们百分之百地会用 UCC 中的显失公平原则来否定这份合同的有效性。Brennan 大法官还提到了另一些显然让我们觉得没有说服力的能在本案中体现出公平正义的因素。比如说我们被告知，如果 Burnham 先生被允许作为原告在加州法院起诉而不能被允许作为被告在加州法院应诉的话，这将会创造出一种不均衡的状态。再比如说现在旅行已经是一件极为轻松的事情了，而且现代的司法程序是如此的便捷，所以迫使 Burnham 先生在加州接受审判不会给他造成多大的麻烦。这些说法的毛病存在于它们其实论证的是加州法院对任何人行使管辖权都是合理的，而不用在乎这些人是否到过加州。故此，Brennan 大法官提出的唯一把 Burnham 先生和其它任何人区别对待的公平因素就只是他在加州停留的 3 天时间里所享受的那些好处，可是此种说法的打击面仍嫌太宽，因为这还是没有把 Burnham 先生和那些曾经去加州旅行过 3 天但幸运地没有在那里接收到传票因而也就不需要受制于加州法院的普遍管辖权的人区分开来。换句话说，即使一个人能够同意 Brennan 大法官的这些见解，但所付出的代价将会是无法自圆其说，既然加州法院能够对接受传票以后返回新泽西州的 Burnham 先生行使普遍管辖权，那么，如此说来加州法院对没有接受传票就返回新泽西州的 Burnham 先生不也同样具有普遍管辖权吗，而这后一种情况明显是为当代正当程序原则所不容许的。

　　然而，我们不得不承认 Brennan 大法官的另一个对于以州内送达为基础的属人管辖权认定方法问题的见解是相当有道理的，即当一名被告自愿地出现在某州境内时，他就应该具有可能会受到该州法院管辖的合理期待。通过把这种情形称为一种"合理期待"，Brennan 大法官似乎是将其视为一个验证合理性的因素。但是从现实的角度来，这个因素事实上却是由传统规则伪装的。要知道我们唯一对 Burnham 先生用合理期待的理由行使管辖权的原因便是：美国的州法院现在并且一直都是凭借对暂时停留在自己境内的被告实施当面送达的方法来行使对人管辖权的。通过对任何踏上加州土地的人都能意识到自己可能会被要求在加州法院受审这一命题的假设，此种连绵不绝的传统使得加州法院迫使自愿前来出差旅行的 Burnham 先生在加州了结自己的离婚官司是公平的，起码从 Burnham 先生因为是自愿的所以没有任何人可以抱怨这一点上来说是公平的。

　　由于 Brennan 大法官提出的唯一合宪性标准就是"公平"，那他所说的"作为一条规则"指的就应该是他在本案中讨论过的所有构成公平的一般因素了。但如果事实不是本案中这样呢？假如类似 Burnham 先生的被告没有享受到加州 3 天的好处，而是只享受到了 15 分钟的好处呢？或是假设 Burnham 先生去加州不是为了出差而是专门为了探视孩子的，所以有些好处如加州经济发展的成果是否就不存在的呢？再或是假设 Burnham 先生身无分文因而无法享受到 Brennan 大法官所指出的现代化交通及通信设施所带来的便利呢？最后假设加州的司法程序不像 Brennan 大法官说的那么便捷以至于可以为被告减少许多的负担呢？我们还可以不停地设想下去，不光是设想哪些 Brennan 大法官所说的公平性的因素有可能是不存在的，还可以去设想另外有些公平性的因素存在于本案，比如 Burnham 先生探视的是一个生病甚至濒死的孩子呢？由此可见，Brennan 大法官是把自己对本案中实施州内送达的赞成意见建立在所有他所列举以及他所遗忘的公平性的因素上的，所以每个不同的案件用他的这个方法势必都会产生出不同的可讼争议来。故此，尽管 Brennan 大法官使用了"作为一条规则"的说法，但他所提出的方法根本就不可能建立起一条法律规则，而仅仅是一种全景式的检验方法（totality of the circumstances test），不过其所引发的副作用却是传统属人管辖权原则所极力希望避免的：给在诉讼早期需要尽快解决的法院适格（competence）与否的问题带来了不确定性。

因为正当程序条款并不禁止加州法院依据完成了州内送达的事实对上诉人行使管辖权，所以本法院决定支持下级法院的判决意见。

Panavision International, L. P. v. Toeppen
United States Court of Appeals, Ninth Circuit, 1998.
141 F. 3d 1316.

DAVID R. THOMPSON, Circuit Judge.

因为窃用有价值的商标并用这些商标在互联网上注册成域名再出售给商标的正当持有者的行为，Toeppen 被 Panavision 指责为"网络海盗"（cyber pirate）并告上了法院。联邦地区法院认为基于"效果原则"（effects doctrine），Toeppen 属于加州的属人管辖权范围之内。

Toeppen 对此决定提出了上诉，他表示联邦地区法院错误地对他行使了管辖权，因为他本人和加州之间几乎没有什么重要的联系，即使有也纯粹是由于他在互联网上注册域名的活动造成的，而实际上所有这一切都是他在伊利诺依州实施的。

本法院决定支持初审法院的决定。在本案当中，联邦地区法院行使管辖权的行为不仅是完全适当的，而且与正当程序原则也并无抵触。Toeppen 的所作所为决不仅仅是在互联网上把 Panavision 的商标注册为自己的域名，这其实只是整个试图从 Panavision 那里获取钱财的计划中的一个步骤。根据 Toeppen 设计的方案，他随后便与 Panavision 取得了联系并要求后者拿出 1.3 万美元来赎回这个域名。由此可见，Toeppen 的行为是直接针对位于加州的 Panavision 而进行的，并且使得 Panavision 在加州受到了损害。

所谓互联网就是一个在全世界范围内由电脑组成的网络，它允许各种不同的人或机构通过这个网络来分享信息，而这个功能一般都是以计算机用户们参观访问成千上万的网站网页来实现的。更具体一点说，一个网页其实就是一个计算机数据文件，其中包含了名称、词组、消息、图片、声音以及指向其它信息的链接等等。

每一个网页都有自己的网站，也就是它在互联网上的地址，作用就好比一个电话号码或是门牌号码一样。基于同样的道理，每个互联网上的网站都会有一个我们通常称为"域名"的识别标志，而域名在大多数情况下都是由人的名字或是公司的名字或商标组成的。举个例子来说，百事可乐（Pepsi）公司就拥有一个以公司名字作为域名的网站 Pepsi. com。

事实上，互联网上的高级域名是被分为了很多门类的：. edu 是教育培训类的；. org 是组织机构类的；. gov 是政府部门类的；. net 是网络信息类的；而. com 则是商业经济类的，这种分类使得人们在浏览网络时能对某个网站内容的属性一目了然。

如果有人想要拥有一个以. com 作为结尾的域名，那么他必须首先在网络上向 Network Solutions 公司（NSI）提出注册申请，NSI 会遵循先到优先的原则在收取 100 美元服务费后按照申请人的意愿予以注册，但是 NSI 不会对申请人是否有权使用这个域名的问题作出检查认证。NSI 所要求的仅仅是申请人应该自觉遵守一些制度规章，这主要有：①申请人的陈述必须是真实的且必须具有使用特定域名的权利；②注册或使用某特定域名不会在任何法域内侵犯任何第三方在商标、服务标记、商业名称、公司名称或其它知识产权方面的合法权益；③申请人不得为任何非法的目的而需求获得使用某特定域名，比如为了不正当竞争的目的等等。

通过域名查询是在互联网上找到某个网站的最便捷途径。不过要是一个计算机用户不知道希望访问的域名，他可以利用网络上的搜索引擎来进行检索。在进行检索的时候，用户只需要键入相应的关键词，搜索引擎便会把所有包含了此关键词的网站都罗列出来。只是这样的搜索结果通常都会列举出成百上千的网站，所以为了使用户能更加容易地访问自己的网站，通常每个人或公司都更青睐拥有一个易于识别的域名。

Panavision 是商标"Panavision"和"Panaflex"的合法持有者，并且该公司一直都在电影、电视及其它媒体上利用广告来宣传推广自己的商标。

在 1995 年 12 月份的时候，Panavision 试图在互联网上注册以 Panavision. com 为域名的网站，但是这一尝试却因为 Toeppen 已经将 Panavision 的商标注册为自己的域名而告失败。Toeppen 在这个域名所指向的网站内展示了一些伊利诺依州巴拿市的照片。

到了 1995 年的 12 月 20 日，Panavision 的律师从加州寄了一封信给住在伊利诺依州的 Toeppen，并在信中通知了后者 Panavision 公司才是商标"Panavision"的合法持有者，因此他必须立即停止使用该商标及域名 Panavision. com。此后不久，Toeppen 便对 Panavision 作出了回复，他先是在信中表示自己有权在互联网上使用 Panavision. com 作为域名，随即又写到："如果你的律师向你提供了别的意见，那他一定是在敲你竹杠，想要多从你身上赚些律师费。既然你可以简简单单的从我手里买回 Panavision. com 的使用权，为什么要去花那么多的律师费来赞助你的律师买艘私人游艇呢？"最后，Toeppen 终于赤裸裸地提出：如果 Panavision 愿意付给他 1.3 万美元作为赎金的话，他就可以将 Panavision. com 的域名还给后者。此外，Toeppen 还在信中建议，只要 Panavision 同意了自己开出的条件，他将在以后不去故意抢注任何与 Panavision 相关的互联网域名。

就在 Panavision 拒绝了 Toeppen 提出的条件后不久，Toeppen 又向 NSI 提出申请用 Panavision 公司的另一商标注册为域名 Panaflex. com。Toeppen 在这个域名所指向的网站内只放置了"Hello"一个词。

据我们所知，Toeppen 是个惯于抢注域名的老手，他在此前已经抢注过包括 Delta Airline、Neiman Marcus、Eddie Bauer 及 Lufthansa 在内的 100 多个知名企业的商标作为域名，并且他还想方设法地要将这些抢注来的域名再卖还给商标的合法持有者，比如他就曾经开价 1 万美元想将 intermatic. com 卖给 Intermatic 公司，以及想以 1.5 万美元的价格把 americanstandard. com 卖给 American Standard 公司。

忍无可忍的 Panavision 最后还是选择了在联邦加州中区法院对 Toeppen 提出了起诉，其主要依据的法律是《1995 年联邦反商标弱化法案》（Federal Trademark Dilution Act of 1995）和加州商法第 14330 条的反商标弱化条款。Panavision 在起诉状中声称 Toeppen 在互联网上抢注他人商标作为域名后再出售给商标正当持有者的行为是一种恶意窃取他人商标为自己牟利的不法商业活动。联邦地区法院首先确认了自己对 Toeppen 是具有适当属人管辖权的，然后便以即席判决的方式宣布 Panavision 在联邦法律和州法两方面都获得了胜诉。

联邦地区法院所作出的自己可以适当行使属人管辖权的决定是一个法律问题，如果当事人对案件的基本事实情况没有什么争议的话，那上诉法院便应该用"重新复审"（de novo）的方式来检查地区法院判决的正确与否。除非地区法院在有关管辖权的事实发现中犯有明显的错误，否则上诉法院是不会推翻地区法院初审决定的。

因为没有任何的联邦成文法规可以适用到本案的管辖权争议当中，所以我们将使用本法院所在地加州的有关法律来解决本案中属人管辖权的问题。加州的长臂法案允许法院在一切为宪法正当程序条款所允许的范围里对被告行使属人管辖权。故此，本法院在此案中面临的问题实际上就变成了联邦地区法院对 Toeppen 行使管辖权的做法是否符合正当程序条款的要求。

在相关确定属人管辖权的认定方法中，故意利用（availment requirement）的标准保证了一个非居民被告不会因为与法院所在州随意的、偶然的或微弱的联系而被强行要求在该州法院内受审。可是如果被告的行为能够被认为是故意指向针对法院所在州的，那么即使他并不身处该州之内或是与该州有任何人身上的联系，他也会被要求出席该州法院的审理。

尽管将这些属人管辖权原则适用于网络空间还是一个比较新的尝试，但我们恰好最近刚刚审理过一个既涉及互联网又存在有属人管辖权争议的案件，那就是 *Cybersell, Inc. v. Cybersell, Inc .*，130 F. 3d 414（9th Cir. 1997）。

在 *Cybersell* 一案中，一家亚利桑那州企业 Cybersell 公司（Cybersell AZ）持有着注册过了的服务性标志 Cybersell，而另一家同名的佛罗里达企业 Cybersell 公司（Cybersell FL）则在互联网上创建了域名为 cybsell. com 的网站。点击进入这个网站就可以看见有一个大大的 Cybersell 字样出现在屏幕的顶端，并且旁边还有 "Welcome to Cybersell!" 的标语。于是，Cybersell AZ 便在亚利桑那州联邦地区法院对 Cybersell FL 提起了诉讼，声称后者侵犯了它的商标权。本法院在此案的上诉审理过程中指出亚利桑那州联邦地区法院对 Cybersell FL 不具有属人管辖权，因为该被告与亚利桑那州之间几乎没有什么值得称道的联系，除了那个任何人都可以点击进入的网站以外。

在作出 *Cybersell* 一案的判决以后，我们又仔细地考察了其它巡回法院是如何将属人管辖权原则适用于网络空间当中的，并得出了没有哪个法院会认为单凭一个互联网上的广告就足以使得一州的法院有权对外州被告实施管辖。在所有属人管辖权被恰当行使到外州被告身上的案件里，必定要有一些更多的事实来显示被告是故意针对法院所在州实施了大量的活动。正是因为 Cybersell FL 缺乏这样的活动，所以亚利桑那州联邦地区法院不能对它行使管辖权。

在本案当中，地区法院对 Toeppen 实施管辖的决定是基于上述故意利用的要求已经通过效果原则得到了满足的认定而作出的。本法院在 *Cybersell* 一案没有涉及效果原则的讨论。

在一个侵权案件里面，如果被告的行为是直接针对法院所在州或是在该州之内产生了效果的话，那该州的法院便可以建立起对被告的属人管辖权。另外，本法院也曾在 *Core - Vent Corp. v. Nobel*

Industries AB，11 F. 3d 1482，1486（1993）一案中讲过："属人管辖权可以基于三个条件被建立起来：①故意的行为；②明显针对法院所在州的；③在法院所在州内造成了损害，并且这种结果是很可能为被告所预见到的。"

正如联邦地区法院所说的那样，本案非常类似于一个侵权案件。Toeppen 是故意在互联网上使用 Panavision 的商标作为网站的域名进行注册的，意图在于将来能够迫使 Panavision 从他手里再把域名出钱赎回，所以这一行为产生的损害结果是 Panavision 是在加州所感受到的。同时，Toeppen 也完全可以预见到 Panavision 遭受的损害很可能出现在加州，因为 Panavision 虽然是一家在特拉华州注册的有限责任公司，但是它的主要营业地和全部的核心产业都位于加州。

Toeppen 争辩说他没有在加州实施任何直接针对 Panavision 的行为，因为他所做的只不过是在互联网上拿 Panavision 的商标注册了域名并把这些商标粘贴在了网站的内容里而已。如果这一做法会伤害到 Panavision 的话，那伤害的结果也只会发生在网络空间里。

我们同意单纯把他人的商标作为域名注册并粘贴在网站里的行为并不足以使得一州法院有权去管辖定居在他州的居民。就像我们在 *Cybersell* 案里所说的那样，还必须要有一些更多的事实来展示被告的行为是故意直接针对法院所在州的。然而，我们在本案中就找到了这样的事实。Toeppen 的所作所为实际上是一个完整的阴谋，他先通过抢注的手段把 Panavision 的商标在互联网上注册为域名占为己有，然后便对 Panavision 施展出勒索的手段来。Toeppen 理应知道自己的行为极有可能会在加州产生伤害 Panavision 的后果，因为加州是 Panavision 的主营业地与核心产业所在地。故此，在效果原则的帮助之下，法院实施特别属人管辖权所需考察的故意利用的标准就得到了满足。

本法院认为联邦地区法院对 Toeppen 行使属人管辖权的做法是

完全正当合理的。

补充知识：

• 多元化（diversity）是美国法学院的一大特色，如果你坐在美国法学院的课堂上向教室的前后左右看看，就能发现自己仿佛正置身于联合国安理会的会议大厅里，周围同学的肤色真可谓是百花齐放，白的、黄的、黑的、红的、棕的等颜色从深到浅、或明或暗，应该能称得上是应有尽有了。这还仅仅是偏于一隅的明尼苏达大学法学院的情况，要是到纽约这样的国际大都市里的法学院去看看，那更像一个小型的联合国了。这么多来自于世界不同角落、操着不同口音英语和具有不同文化背景的年轻人坐在同一个教室里对共同感兴趣的问题展开讨论真是一件非常有意思的事，思维的碰撞往往会激发出精彩的火花。让我至今仍记忆犹新的一个例子发生在一年级的财产法课上，那天老师正在讲授美国的不动产所有权转让的有关问题。为了给大家提供一个制度比较的范例，她提到了在很多社会主义国家里住房都是由国家统一分配的，并突然点名让来自社会主义中国的我谈一谈中国人住房的产权归属究竟是怎么样的。尽管我当时毫无思想准备，而且平时对此问题也素无研究，只能尽自己所知简单地讲了讲中国已经从过去等单位分房子发展到了现在都要靠自己买商品房的现象，但没想到还是让大家听得津津有味。就连老师都在随后的总结发言中表示，要不是有来自中国的同学亲身介绍，她也对中国正在进行的住房制度改革知之甚少。其实这种例子在美国法学院的课堂上几乎每天都会发生，仅是我现在记得的就有韩国同学分析该国的公务员体制、阿拉伯同学谈论伊斯兰国家的婚姻家庭法律以及非洲同学对自己国家残存的部落法的介绍等等，这无疑极大地拓展了同学们的视野，让大家实实在在地感觉到地球之大和世界之广。

然而，让我百思不得其解的一件事却是为什么在明大法学院里，韩国学生总是留学生团体里最大的一群人。无论是读 J. D. 还是 LL. M. ，每年韩国学生的人数都是独占鳌头，而且他们的来源也很多样化，既有大学毕业以后直接来读的，也有已经在大公司里工作了一些年头的，还有一些则是从高中起就在美国读书的。如果说因为是韩国人有钱的话，那日本人岂不是更有钱一些，可偏偏日本人来这儿读法学院的也就每年两三个人，这个道理就说不通了。我琢磨着可能还是由于目前"海归"在韩国就业比较吃香，而这对比美国人还有钱的日本人来说就没什么吸引力了。至于在美国读法学院的中国人，读 LL. M. 的人很多，而读 J. D. 的则还较少，并且绝大多数是来美国先读过一个其它学位以后半路出家的，看来这又是一个饶有意味的话题。欧洲学生在明大法学院里的数量不多，不过英语基础却都不错，因此如果不是有意了解的话，还真分不清他们是不是留学生。除了上面所说的这些以外，像非洲、大洋洲等地的留学生在美国的法学院里就是寥若晨星了。

第九节　送达程序

被林语堂先生认为性格上老成世故的中国人似乎普遍不怎么欣赏"知其不可为而为之"的人生态度，这从我们生活中常用的一些成语便可看出端倪，比如什么困兽犹斗、垂死挣扎、狗急跳墙、孤注一掷、鱼死网破等多少都带有些贬义在里面。可是美国人在打官司的时候却不是这样想的，只要有哪怕一点点能够在法律上勉强站得出脚的理由都会拿出来振振有辞地辩上一辩，而决不会轻易地就在对手面前认输投降。中国人退避三舍的作风与美国人负隅顽抗的精神究竟孰优孰劣是个见仁见智的问题，不过作为一本美国民事诉讼制度教科书的作者，我有义务把大家在将来工作中会遇到的每一种法律可能的变数告诉大家，因此，在讲到管辖权这一章的时候有关送达程序的问题是必不可少的。

细心的读者肯定还记得我们在刚刚开始讲属人管辖权的时候就

曾经打下一个伏笔，简要提到宪法第14修正案的正当程序条款实际上包含的是两个层面上的要求，一个是实体性正当权利（substantive due process）的要求，指法院必须要有权力去管辖；而另一个则是程序性正当权利（procedural due process）的要求，指的是被告必须要被给予充分的告知和应诉听审的机会。只要这两个层面中的一个权利存在缺失，正当程序条款就不允许法院对被告行使管辖，所以我们在顾及被告实体性正当权利的同时，也千万在送达告知这类细小的环节上不可掉以轻心。既然本章前面全部的内容都集中描述的是实体权利的问题，那又何妨专门辟出一节来讲讲程序权利的问题呢？

所谓送达程序指的是当法院确认自己有权审理某个案件的时候便必须保证被告能够得到关于此案即将开审的充分告知，从而使得他能够有机会按时出庭应诉并针对原告的指控提出抗辩意见，这种保证通常是通过一套经由法律预先规定的将法院的传票（summons）和原告的起诉状（complaint）送达给被告的程序实现的。如果未按照法律要求的方式方法实施送达，或是在执行法律规定的送达程序过程中出现了瑕疵，都可能导致被告获得的告知不充分以及出庭应诉的机会受损，此时被告受宪法保护的程序性正当权利便遭到了损害，法院原先以及得到确立的管辖权也会因此动摇。俗话说"千里长堤，溃于蚁穴"，尽管各州和联邦都有专门的法律条文清楚明了地规定了送达程序应当如何进行，况且严格遵照法律要求实施送达也并非难事，但轻视法律规定自以为是地对被告进行不规范的送达从而致使诉权丧失的事例在现实生活中还是屡有发生，这一点是我们在学习法律的阶段就必须时刻引以为戒的。

由于给予被告充分的告知和应诉的机会是个宪法性的要求，所以各法院在考虑送达程序问题时均有可以参照的成文法条款，一般州法院都会遵照本州的长臂法案及其它相关法条，而联邦法院则有《联邦民事诉讼规则》的第4条作为基本原则，当然所在州的法律规定对联邦法院也是有指导意义的。通常来讲，目前已经得到法律认可的送达程序可被大致分为三种：①当面送达，②替代送达，③推定送达，下面我们就逐一来看看这三种送达程序的特点。

当面送达（personal service）指当面将法律文书亲手交给被告本人（in‒hand delivery）的送达方式，这在过去曾经是唯一被法院所认可的程序，直到今天也是最安全可靠且最不容易引发争议的送达程序。当被告不是一个自然人而是公司或政府机构的时候，将法律文书当面交给其指定接收的代理人就可视为适当地履行了告知义务。公司里面负责接收法律文书的代理人往往是公司的总经理或高级职员，而政府机构的代理人则是部门首长。

替代送达（substituted service）是伴随着现代法律制度发展起来的一种替代性质的送达程序，指的是如果实施当面送达存在着不可克服的障碍，或是被告通过隐匿逃避等手段来故意避免当面送达的实施，法律或法院规则会授权采取某些其它的送达手段来达到给予被告充分告知的目的。常见的替代送达手段有留置送达、张贴送达及邮递送达这几种，因为在下面的两个案例中法官详细地解释了这几种送达方式的适用环境及注意事项，在这里就不用多费口舌了。

推定送达（constructive service）是专门针对那些无法确定身份的被告而发展起来的送达程序。试想，假如你不知道被告姓名和住址的话，如何能对他实施当面或替代送达呢，于是一种新的推定送达的方法便被创设了出来，现在你可以通过登报告知的方法来进行送达，法律推定被告是应该能够看到刊登在报纸上的这些信息的。当然，如果实际情况是你知道被告的姓名或住址，或是通过一定的能力便可以知道，那此时对被告实施推定送达将会被法院认为是不充分的。

除了上述的这三种送达程序以外，还有两种特殊的情况值得简单提一下。一种情况叫做送达豁免（immunity from service），说的是过去有些法域为了吸引外州当事人到本州来积极应诉便免除了他们承担送达的义务，不过这种现象随着各州长臂法案的逐渐完备已经越来越难得看见了。另一种情况是审前财产扣押（prejudgment seizures），指的是原告为了迫使被告出庭应诉或是确保被告有足够的财产支付赔偿而在被告被给予充分的告知之前就将已掌握的被告财产予以扣押的情形。为了不至于造成对宪法的违反，各州都制定了相应的成文法来规定可以实施审前财产扣押的具体条件，通常都需要被告有转移藏匿财产的行为存在，联邦层次的规定可见于《联邦民事诉讼规则》的第64条。

总而言之，美国民事诉讼法之所以这么重视送达程序的原因在于希望通过给予被告充分告知及应诉机会来贯彻宪法第14修正案的正当程序原则，但正当程序保障的只是被告在诉讼中所拥有的权利不受损害，而并非是权利的具体实现与否。故此，我们在理解送达程序的时候也应秉承这一精神主旨，着眼于在可能的前提下使用这种送达程序是否更加有助于被告获得告知的问题，而不用在乎被告是否真正获得了告知，送达程序的适当性与送达的结果之间并无什么必然联系。换句话说，只要在程序上不存在瑕疵，结果如何倒是无关紧要的了。

Greene v. Lindsey

Supreme Court of the United States，1982.

456 U. S. 444，102 S. Ct. 1874，72 L. Ed. 2d 249.

JUSTICE BRENNAN delivered the opinion of the Court.

一项肯塔基州的法律规定：在涉及强行进入或扣押（forcible entry or detainer）的案件里，送达程序有时可以通过把传票贴在住户房间的门上来完成。因此，我们在本案中的任务便是检验这项法律是否提供给了那些公共救济房中的住户关于他们所面临诉讼的足够告知，而这是宪法第14修正案的正当程序条款所提出的要求。

　　在本案中，上诉人所采用的送达手段是在每家住户的门上都张贴了一份强行进入及扣押的令状。然而，被上诉人却称他们从未看到过这些传票，故此他们直到后来上诉人开始执行法院在缺席审判中发出的占有令状时才获悉曾经有过这么一场针对他们的驱逐之诉，不过此时都已经过了上诉的有效期限了。

　　在 *Grannis v. Ordean*，234 U. S. 385，394，34 S. Ct. 779，783，58 L. Ed. 1363（1914）一案中，本法院曾表示："正当程序的最基本要求即是给予当事人参与诉讼的机会。"并且在 *Mullance v. Central Hanover Bank & Trust Co.*，339 U. S. 306，314，70 S. Ct. 652，657（1950）一案中，本法院也说过："除非被清楚明白地告知了即将开始的诉讼事由以及他可以自由选择是否出席审判及是否提出抗辩，否则当事人参与诉讼的权利便只是流于形式的空谈而已。"此外在 *McDonald v. Mabee*，243 U. S. 90，92，37 S. Ct. 343，344，61 L. Ed. 608（1917）一案中，本法院还提到了当面送达的方式足以确保当事人对即将开始诉讼获得充分的告知，所以它在传统上被认为是在对人诉讼中执行送达程序的理想模式和必要手段。不过，在我们以往的司法实践当中，一些不那么严格的告知方法也得到了广泛认可。考虑到这种历史经验及在每个案子当中都强制要求执行当面送达方式的不可行性，我们确实一直允许在某些情况下可以通过在严谨性和确定性方面都要次于当面送达方式的其它告知手段来作为诉讼开始的基础。只是正如我们在 *Mullance*，339 U. S. at 314，70 S. Ct. at 657 一案中所指出的那样，正当程序条款对此给出了一个宪法性的最低标准，那就是"正当程序原则在任何涉及终局性裁决的诉讼中都存在着的底线是，当事人必须被给予客观性的适当合理的告知以使他能够对即将开始诉讼中的相关利益方作出评估并且有机会提出自己的反对意见。"本法院认为上诉人在此案当中所实施的送达程序是违反这一最低标准的。

　　上诉人声称因为涉及强行进入或扣押的案件是典型的对物诉讼，所以用张贴传票的方式来进行送达在事实上是符合宪法要求的。而与此同时，被上诉人相信尽管张贴送达的作法在传统上被认为是适用于对物诉讼的，但如今的强行进入或扣押案件涉及了许多住户继续占有权以外的争议，故此也就应该采取类似对人诉讼中所要求的那些在确定性上更为加强的告知方法。上诉人对此提出的反驳是，如果某个强行进入或扣押案件是关于房东寻求收取逾期房租的，那肯塔基州的法律的确应该要求必须采取当面送达的方式，但这种情形在强行进入或扣押案件中只占了很小的一部分，并且在本案中房东所提出的诉讼请求也只不过是恢复占有权而已。

　　就像 *Mullance* 案一样，我们拒绝通过判断一起诉讼究竟是更接近于对人诉讼还是对物诉讼来决定这个宪法性的问题，但是我们这么做并不是想表示诉讼的性质对衡量送达程序的适当性就毫无作用。实际上，诉讼的性质反映出了法院打算运用自己司法权力的程度，因此也就大致上能体现出对要求获得更有效告知手段的诉讼一方所会遭受潜在不利影响的范围。然而，所有的诉讼程序就如同所有的权利那样在本质上都是对人的。在本案当中，被上诉人被剥夺了对他们来说极其重要的财产权益，那便是他们被驱逐出了自己的家园。考虑到这种剥夺的性质，我们无法认为由于这是一场对物诉讼，所以送达也只要及于物上就可以了。告知的充分性必须与当事人得知会影响他们切身利益的诉讼即将来临的能力联系在一起考量才能得出公允的结论，因此在对这一宪法性要求进行评估的时候，我们更看重的是本案所呈现出的实际情况。这也就是说，如果要对州法所建立的旨在对某种类型案件中的当事人予以告知的程序开展合宪性的审查，其效果必须透过当事人在通常情况下所会作出的实际反应来加以判断。

　　诚然，我们可以合理的推断出一个财产所有者会对自己的财产进行勤勉的维护监督，所以任何实质性的将干扰其对财产所有权的行为都会引起该财产所有者的注意警觉。我们之所以经常性的重申这条规则就是为了提醒财产所有者们意识到一个基本的事实即未能积极有效地照管自己的财产将有可能造成非常严重的法律后果，从而能够激发财产所有者们的勤勉程度并反过来使得这条规则得到全面的贯彻。由此可见，一个州是有理由规定在大多数案件里都可采用张贴送达的办法，因为这看起来已经提供给了财产所有者足够的警告去注意即将来临的关于其财产权益的诉讼了。

特别是当法院的传票是被张贴在一个人住处的大门上时，上述这种张贴送达可以被视为是对财产所有者充分告知的看法便获得了更加有力的支持。再联系到本案中的争议是影响到被上诉人对自己住所的继续占有权的，将张贴送达的方法运用到本案当中似乎并没有任何不妥之处：如果一个住户对于救济房具有继续使用或居住的占有利益，那我们就可以合理的相信他会经常性地停留在自己的住所当中；反之，如果他自己并没有实际居住在救济房当中，那该住户由于上诉人采用了张贴送达的方法而未能接到充分告知所引起的伤害就会减轻很多了。故此，放弃当面送达的手段转而采用把传票张贴在当事人家大门上的送达方法在相当多的情况下都不仅是合乎宪法要求的，而且也是唯一能对那些无法接受当面送达的当事人所采取的替代性措施。

无论张贴送达在其它案件里的有效性如何，但我们认为仅仅将传票张贴在被上诉人住所的大门上在本案当中是不足以满足正当程序条款所提出的最低标准的。据统计，在类似于本案的情形中，依赖于张贴送达的手段来对住户进行告知所导致的传票未送达的比例是相当高的，事实上本案的被上诉人们就声称他们根本就未曾见到自己的门上贴有传票，这些失踪的传票很有可能是被小孩子或邻居们随便撕去了。故此，我们相信在本案的情形中把传票张贴在大门上的做法不是一种向被上诉人传递诉讼即将开始这一信息的可靠手段。

当然，对告知合理性的判断必须考虑到有无其它可行的替代性告知手段存在的事实。在这个问题上面，我们并不同意上诉人所称的张贴告知是当时情况下唯一能够采用的告知手段的说法。肯塔基州的相关法律规定执行送达程序的官员必须亲自前往当事人的住所尝试将传票当面送达给当事人本人或他的亲属，但如果当时的确无人在家的话便可立即将传票张贴于当事人家的大门上。不仅相关的法律没有规定，而且官员在实际操当中也都不会在当事人更有可能在家的时间段内实施第二次的当面送达，尽管我们相信第一次的当面送达失败并不意味着当事人已经主动放弃了自己的权利，从而为形式主义送达手段的合宪性提供支持。

本法院曾在 *Mullance* 一案中论述过邮递送达可以被看作是一种有效且廉价的沟通手段，因为绝大多数人在平时生活当中也都是依赖于邮件获悉及处理重要事务的。由此，我们认为如果在本案里能够采用邮递送达的方法将更有助于确保能够按照宪法的要求提供给当事人诉讼即将开始的信息和当庭提出抗辩的机会。特别是当本案的主题事物恰好与当事人的邮递地址密切相关，并且当面诉讼没有取得效果的时候，我们可以合理的相信邮递送达的方法对于当事人获得真正的告知要更有帮助一些。既然存在着邮递送达这种可靠性更多且费用更加低廉的替代性送达手段，那肯塔基州一贯坚持使用不那么有效率的送达手段的做法便不能被认为是合理的了。

JUSTICE O'CONNOR, with whom THE CHIEF JUSTICE and JUSTICE REHNQUEST join, dissenting.

作为一条不可逾越的底线，宪法第 14 修正案要求"告知应该在任何情况下都能被合理地认为给予了需要当事人知的人评估即将开始的诉讼的能力。"*Mullance v. Central Hanover Bank & Trust Co.*，339 U. S. 306，314（1950）. 所以，本法院在此案中所面临的问题便是肯塔基州法律所规定的告知方法是否能够符合这一最低限度的标准。在回答这个问题的时候，我们必须首先考虑的是

"在任何情况下"这一要求，也即需要告知的诉讼的性质和目的。

肯塔基州的强行进入或扣押诉讼是一种简易审理程序，一般用以快捷的处理房东是否有权立即重新占有出租房产的问题，并且在房东获得胜诉之后可以帮助其从房客那里马上取回有争议的房产。故此，在这种案件当中所采取的送达手段一定要迅速准确，因为过于漫长复杂的送达手段将会直接抵消强行进入或扣押诉讼所强调的快捷效果。

肯塔基州相关法律对于送达程序的规定体现了这种在速度上的追求，执行送达的官员首先需要去当事人的住处尝试进行当面送达，要是当事人本人不在家的话可以在解释清楚之后将传票交给当事人家的 16 周岁以上亲属，要是以上两种方案皆不可行便可把传票张贴在当事人住所中引人注目的地方。

本法院持多数意见的法官以违宪为由否决了上述肯塔基州送达程序的合理性，但是他们在作出判决的过程中竟然没有引用一个案例来证明张贴送达的方法在简易程序的驱逐之诉中没有达到宪法所要求的充分性。相反的是，多数法院所依靠的仅仅是一些在肯塔基州专门负责执行送达程序的官员所提供的证词。

坦率的说，我们认为这些充满了自相矛盾的证词并不足以促使本法院下决心去推翻肯塔基州立法机构经过深思熟虑以后得出的结论，即张贴送达的方法在强行进入或扣押诉讼中是一种适当的最后手段。

然而，本法院持多数意见的法官相信邮递送达的方法要优于张贴送达，而且这两者之间的差异是宪法性的。这些法官究竟是怎么得出这个结论的对我们来说简直是个谜，因为本法院在此案中仅凭现有的证据是无法评估使用邮递送达的方法在信件丢失、投递错误、投递延迟或是盗窃信件等等因素影响下所可能达成的结果的。此外，邮递送达相对于张贴送达的优越性在以往案件中体现的并不明显，如果真有那么一些的话。事实上，一个没有得到妥善管理的信箱极易为窃贼光顾这在我们的日常生活中是个显而易见的现象。与使用邮递送达不同的是，张贴送达起码保证了传票能够被送到当事人家的大门口。

John Magnuson v. Video Yesteryear
United States Court of Appeals，Ninth Circuit，1996.
85 F. 3d 1424.

D. W. NELSON，Circuit Judge.

本起上诉案件事关一部黑白电影《Lenny Bruce》的权益分配问题，这部影片是由 John Magnuson 和著名讽刺艺术家 Lenny Bruce 于 1965 年在纽约的一家夜总会里拍摄完成的，其中主要描述的是 Bruce 由于自己的不检点行为而被逮捕和定罪的故事。一家加州的制片公司 Imagination 是这部电影的投资方，Magnuson 正是该公司的高级职员。在双方的合作过程中，Imagination 为电影的拍摄及后期制作投入了大量的资金并且还雇佣了一支专门的摄像录音队伍，而 Bruce 则是一门心思地负责电影剧本的创作。在整个拍摄的过程当中及以前，Bruce 和 Magnuson 或是 Imagination 没有签定任何的书面协议来约定影片的权益分配问题。

在 1979 年的时候，Video Yesteryear（简称 VY）购买了这部影片的一份拷贝，其中并未包含有版权声明。随后，VY 在美国版权办公室进行了检索以确定是否有名为《Lenny Bruce in Concert》的电影已经注册过版权，但事实上这部黑白电影从未使用过这个名字，因此检索的结果自然是没有任何的版权注册记录，所以 VY 便认定该电影版权属于公共所有，并且在 1979 年当年就将其翻拍成录像带在美国市场上出售。此录像带的发行没有得到 Magnuson 的授权允许，不过在录像带中包含的一则版权声明称该音像制品的版权属于 VY 所有。

后来，Magnuson 以侵犯版权为由将 VY 告上了法院，首次开庭的时间被安排在了 1994 年的 3 月 7 日，另外在 1994 年的 3 月 2 日还将举行一次审前会议。然而，在 1994 年 2 月 22 号的时候，VY 根据《联邦民事诉讼规则》（以下简称《规则》）第 68 条的规定通过联邦快递（federal express）和电传分别向 Magnuson 发出了一份价值 3000 美元的判决方案要约（offer of judgment），不过该要约遭到了后者律师的拒绝，理由是其被送达的日期要少于开庭前 10 日内。联邦地区法院最终判决 Magnuson 在侵犯版权指控中胜诉并责令 VY 赔付 375 美元的侵权损害，但是 Magnuson 依据 17 U. S. C. §505 提出由 VY 来支付自己的律师费的请求遭到了法院的拒绝。同时，联邦地区法院也拒绝了 VY 依据《规则》第 68 条提出的对方支付律师费的请求，但是却指示应由 Magnuson 来承担全部的法庭费用，并认定 VY 发出的判决方案要约是在法定时效以内的。接下来，VY 就侵犯版权和对方支付律师费两个问题提起了上诉，而同样对判决心怀不满的 Magnuson 也在交叉上诉中表示联邦地区法院的决定多有不公。

　　Magnuson 在上诉中声称：VY 依据《规则》第 68 条提出的判决方案要约在送达程序方面是有缺陷的，因此自己不应该承担全部的法庭费用和对方的律师费。我们完全赞同 Magnuson 的这个说法。

　　联邦地区法院在此案的初审中认为尽管用电传来进行送达是不够充分的，但通过联邦快递来实施的送达却是为法律所接受的，因为事实上 VY 发出的要约在案件开始审理的 10 日前就已经被 Magnuson 收到了。然而，地区法院未能明确回答用联邦快递进行送达的做法是否得到过联邦或州民事诉讼规则的许可，以及用这种方式进行送达的话又应该如何来计算送达的日期是哪一天。此外，地区法院在整个判决意见中也没有引用一个案例来证明为什么在送达程序存在缺陷的时候仍然能有符合法律要求的真实告知（actual notice）存在。

　　以往的众多判例显示在那些涉及《规则》第 68 条的案件当

中，送达程序必须以符合《规则》第 5 条 B 款的方式进行，而用电传的方式来实施送达是不符合第 5 条 B 款提出的要求的。故此，联邦地区法院在用电传的形式来进行送达是不充分的这一点上的判决完全正确，哪怕有事实证明 Magnuson 确实曾经受到过一份 VY 电传来的判决方案要约。但是，地区法院的错误就在于它认为通过联邦快递来进行送达是充分的。据我们所知，目前已经有其它法域的联邦地区法院判决过一些涉及使用联邦快递进行送达的案件，不过它们的看法并不一致。所以，我们认为非常有必要先来简单地浏览一下在这个领域不多的几条现有法律原则。

在 *Audio Enterprises, Inc. v. B&W Loudspeakers*，957 F. 2d 406 (7th Cir. 1992) 一案中，第 7 巡回法院曾判决用联邦快递来实施送达不是《规则》第 4 条中所指称的邮递送达方式，因为第 4 条的 C2 款特别指出了应使用邮资预付型的头等邮件进行送达，可联邦快递并不是一种头等邮件。与此相类似的是，第 5 巡回法院也曾在 *Prince v. Poulos*，87 F. 2d 30 (5th Cir. 1989) 一案中表示过联邦快递不是《联邦民事上诉规则》第 25 条 A 款意义上的邮件。在该案当中，上诉人声称使用联邦快递符合第 25 条 A 款所提出的用最为迅捷的邮递方式进行送达的要求，但这种观点遭到了法院的驳斥，而法院的主要依据《Webster's New Collegiate Dictionary (1973)》中对邮件一词的定义，其把邮件解释为了"由公立机构传递的信函"。由于联邦快递不是公立的，所以，法院相信由联邦快递传递的就不是邮件了。

实际上，也曾经有两个联邦地区法院的判例裁定过《规则》第 5 条允许使用联邦快递来完成送达程序。例如在 *Edmond v. U. S. Postal Service*，727 F. Supp. 7 (D. D. C. 1989) 一案当中，地区法院就认为原告得到了由联邦快递根据第 5 条 B 款实施的有效送达，不过该法院既没有援引案例也没有具体分析是如何得出这个结论的。另外，在 *United States v. Certain Real Properties and*

Premises Known as 63 – 29 Trimble Road，812 F. Supp. 332
（E. D. N. Y. 1992）一案里，地区法院借鉴了 Edmond 案的判决并认
为使用联邦快递是符合第 5 条 B 款的要求的。该法院的解释是作
为第 4 条的一个对比，既然第 5 条没有像第 4 条那样明确规定邮递
送达必须通过邮资预付型的头等邮件进行，那言下之意就是也可以
使用联邦快递来完成了。该法院还特意将自己手头的案子和 *Prince
v. Poulos* 一案作出了区分，并指出该案适用的是《联邦民事上诉规
则》第 25 条以及是否通过联邦快递来送达是被要求而非被允
许的。

如果现今美国民事诉讼法下的"邮件"一词是否包含私人邮
递服务尚是有待解决的问题，那我们可以毫无疑问地说，在 1937
年，也就是《规则》第 5 条被制定出来的时候所谓"邮件"指的
仅仅是由美国邮政传递的信函。故此，我们认为上述的第 5 条既然
没有明确规定必须使用邮资预付型的头等邮件那就是默许也可以使
用私人邮递服务的观点是没有什么说服力的，因为难以想像第 5 条
的制定者们在 1937 年就已经预见到会有联邦快递这种现代的私人
邮递服务出现在我们的社会生活中。基于这种原因，我们相信作出
Trimble Road 一案判决的联邦地区法院没有归纳出正确的法律原
则，本法院拒绝接受 *Trimble Road* 和 *Edmond* 这两个案子的判决
思路。

除此以外，我们认为从实践的角度来看把同一部《美国民事
诉讼规则》里不同地方出现的"邮件"一词解释成不同的含义是
殊为不妥的，一个术语在一部法规里只应该具有一种含义。如果我
们相信第 5 条里的邮件可以包括私人邮递服务的话，那我们就必须
得承认第 6 条 E 款里的邮件也可以指私人邮递服务，这一条款规
定邮递送达应被视为加 3 天可到。然而，考虑到联邦快递通常都是
隔夜送到的，所以，我们完全可以据此争论国会在制定第 6 条的时
候并没有想把联邦快递包括进来，也就是说联邦快递不是第 6 条中

所说的"邮件"。由此可见，试图将《规则》中不同条款里的"邮件"一词解释成不同的含义只会造成更大的混乱，所以我们认为使用联邦快递不能符合第 5 条的要求。

本法院还注意到北加州联邦地区法院也即此案初审法院在审理案件过程中所适用的地方民事诉讼规则同样不支持由联邦快递来实施邮递送达。在 1995 年的修正作出之前，这些地方规则允许使用邮件进行送达但没有解释什么叫做"邮件"，而只是笼统地说"当使用邮递送达的时候，所有送达材料都必须采用头等或优先邮件进行传递。" Local Rules of Practice for the United States District Court for the Northern District of California, Rule 210 - 2 (1994). 就像第 7 巡回法院在 *Audio Enterprises* 一案中所讲的联邦快递不是头等邮件一样，联邦快递也不是优先邮件。（这条规则在 1995 年进行了修正，新增加的一个条款规定在得到了对方当事人书面同意的情况下，送达程序可以通过私人邮递服务或传真来予以实施。）

因此，我们接下来需要考虑的一个问题便是本案中是否已经有了真实的告知，我们的回答是否定的。作出过 *Salley v. Board of Governors*, *Univ. of N. C.*, 136 F. R. D. 417, 420 (M. D. N. C. 1991) 一案判决的联邦地区法院曾写到："非通过《规则》第 5 条 B 款实现的真实告知不能构成有效送达，也不能被看作是对第 5 条的例外。因此，当事人必须提出真实告知以外的其它具有说服力的事实来促使法院相信第 5 条 B 款的要求可以被豁免。"在该案中，原告认为利用传真来送达取证请求是合理有效的，而法院也认可了这种说法。因为，被告曾经好几次明白无误地表示过愿意接受传真送达来的文件。在本案当中，我们决定也遵从 *Salley* 案的这种思路，即当事人必须展示具有说服力的理由来使得我们相信其不遵守第 5 条 B 款是可以谅解的。

然而，我们在本案中并未发现 VY 提出了什么有说服力的理由。虽然拒不承认判决方案要约的送达是有缺陷或不及时的，但

VY 一直都没有解释它为什么不能对 Magnuson 采用当面送达的方法，也没有提供任何证据来证明 Magnuson 曾经同意接受通过联邦快递或电传送达来的文件。故此，由于 VY 未能按照《规则》第5条 B 款的要求来送达判决方案要约，而且没有对此种不遵守法律规定的行为作出令人信服的解释，本法院决定推翻初审法院作出的根据《规则》第68条免除 VY 交纳法庭费用的判决。

补充知识：

● 美国号称是被安在车轮之上的国家，其汽车数量之巨要远远超过了世界上的任何其它国家，对此我有十分切身的体会。有一次春假期间，我曾走过从洛杉矶到拉斯维加斯的高速公路，这条完全是在一片戈壁滩上开辟出来的公路最大的特点便是既直且长，尽管在空旷的戈壁滩上你能看到很远很远，可任凭你极目远眺也望不见这条路的终点，仿佛是一条银练直通到天上。那天我恰好赶上了交通拥堵的时候，这么一条高速公路立刻就仿佛变成了一个巨大的停车场，只要在你目力所及的地方全都是偶尔蠕动的汽车，视线尽头微弱的汽车车灯已经和天上的星星融为了一体，我觉得即便是用钢铁洪流来形容也不足以描述其万一。那么要管理好这么多汽车，使之不成为频繁惹是生非的工具，不更是一件需要极大智慧的事情吗？由于精力和篇幅所限，我无法在这里为大家从容地解说美国交通法规的要义，但不妨从其中撷取几个小点来介绍给读者们。

美国对酒后驾车的管制非常严格，其交通法规在相关的章节里采取了教育和惩处并重的方法，除了在篇首即开宗明义地表示任何程度的酒精消费都将损害司机的驾驶能力，以及随后列举了一系列翔实的数据来说明由于酒精浓度的升高而引发的身体机能变化外，还详尽且细致地规定了各种情况下酒后驾车所可能导致的不同法律后果，条文清晰明确而不拖泥带水。其中有一个地方让我感到特别的有意思，叫做"开瓶法案"（Open Bottle Law）。它下属的第一个条款倒也平淡无奇，规定了"在任何行驶于公共街道或高速公路上的机动车辆中饮用含酒精饮品皆属非法",真正让人吃惊的是它的第二个条款,其声称"在机动车辆中通常供司机和乘客乘坐的区域内放置已被开启瓶口的含酒精饮品属于违法。"这样的规定真可谓是赶尽杀绝了,不仅在车里喝酒不行,并且就连在驾驶室里放个酒瓶子也是违法行为,相信这绝不是在为了表达一种决心意志,而是真实案例发生后所得到的经验,除了佩服连连以外还能让我说什么呢?

让司机和前排乘客在机动车辆快速行驶时系好安全带似乎在中国是不可能完成的任务,可是我发现这在美国却已经成为了大家上车以后的一个下意识举动,美国法是怎么做到这一点的让人好奇。原来美国的交通法规毫不含糊地将这个责任完全归置到了司机的身上,清楚明白地规定了保证乘客的安全是司机的法定责任,司机必须坚持乘客上车后要系好安全带,否则司机便要对乘客在事故中因此而遭受的伤害承担一切责任。在法律上有了这样明确的权责,再加上在美国几乎人人都可能成为司机,系好安全带的要求怎么会不能贯彻呢?!

第十节 适格的审判地

俗话常道"压轴的总是大戏",作者之所以把适格的审判地一节安排在本章的末尾自然也是带有这种考虑的,因为其作为美国民事诉讼法中确定管辖权归属的最后一道闸门的重要性实在毋须多言,我们在前面讲的所有步骤其实都只是将案件的管辖权划定在了一个相当模糊的区域之内,而只有通过适格的审判地原则才能使我们真正知晓案件到底应该归属于哪个具体的法院管辖,故此了解掌握适格的审判地原则的意义自不待言。于是在这一节里,我们就来详细聊聊什么叫适格的审判地、怎样来确定适格的审判地,以及对于不适格的审判地又该如何进行处置?

笼统地讲，适格的审判地原则就是说在某法域对当事人的管辖权已经得到确立之后，再行探究究竟应该由此法域内的具体哪家法院来对当事人实施审判的方法，当然对具体法院的挑选必须满足充分的合理性要求。在一般的情况下，借助于主题事物管辖权及属人管辖权原则，我们通常能够将案件的管辖权归属缩小在一个特定的范围之内，但是仅仅停留在这个阶段仍然是不够的，因为此时当事人挑选法院的余地依旧相当的大，这不仅给案件的最终解决带来了不确定性，而且对于对方当事人来说也是不公平的。举个例子来说吧，原告 A 和被告 B 是不同州的居民，且被告 B 由于工作的关系需要经常在美国各地出差访问，因而可以在各个不同的地方接受当面送达，根据我们从前面 *Burnham v. Superior Court of California*，495 U. S. 604（1990）一案中得来的经验，这也就意味着这些地方的法院对被告 B 都可以取得适当的属人管辖权，故此原告 A 几乎可以在美国所有的法院对被告 B 提出起诉，无论是州还是联邦地区法院，只要被告 B 曾经去过法院所在州并在其境内接受了送达，因为州法院具有普遍主题事物管辖权而联邦法院对此案具有异籍管辖权。不管是出于对效率的追求还是对公平的渴望，现代的民事诉讼法律制度都明显无法坦然的接受这一事实，因此又给当事人挑选法院的权利提出了一个额外的限制条件，那便是原告应该保证自己选择的法院和争议事由与双方当事人间具有充分合理的联系，用法律术语来说也就叫审判地具有足够的适格性。目前，美国各州及联邦法院系统都有各自的关于如何判断审判地适格性的成文法律条款，由于联邦法律的代表性和权威性，我们可以把主要的研究对象定为美国法典第 28 章中的联邦适格的审判地规则。

美国法典第 28 章的第 1391 条提供了联邦法院在审理民事案件时所应遵循的适格的审判地规则，尽管该法条的内容看上去颇为繁杂，但实际上只凭 A、B 两款便足以涵盖绝大多数情形下的普通民事诉讼。其中，第 1391 条 A 款规定："除了有其它法律另行规定外，当一起民事诉讼案件的管辖权是建立在当事人异籍的基础上时，该诉讼只能在：①任何被告所居住的司法区域内进行，如果所有被告居住在同一州的话；②引发诉讼的事件或疏忽的主要发生地所在的司法区域内进行；③在诉讼开始时对任何被告具有属人管辖权的司法区域内进行，如果没有其它的司法区域可被认为是适当的话。"第1391条B款规定的是在除异籍以外案件中应适用的适格的审判地规则，其所使用的语言和第1391条A款几乎完全一样，仅仅在第3小点上略有出入："……③在任何被告可被发现的司法区域内进行，如果没有其它的司法区域可被认为是适当的话。"直观地看上去，第1391条主要给我们提供了三种确定适格审判地的判断标准，其中又以前两种被告居住地及主要事件发生地的标准为主，而第3种被告所受属人管辖地标准仅仅是作为一个补充，只有当前两种标准无法适用时才有机会发挥作用，不过事实证明这种时候在现实生活中是相当罕见的。下面我们就逐一来看看这三种标准的特点。

无论是在异籍还是联邦问题案件中，如果存在被告为多人的情形，那只要所有的被告都居住在同一个州内，任何被告所居住的司法区域内的法院都可以被认为是适格的审判地。打比方说，原告A试图起诉同住在佐治亚州的被告B和被告C，其中被告B居住在佐治亚北区法院所辖的司法区域内，而被告C居住在佐治亚中区法院所辖的司法区域内，这时原告A在佐治亚北区法院或中区法院提起诉讼都是恰当的，但唯独不能把诉状递交给佐治亚南区法院，因为被告B和C都不居住在南区法院所辖的司法区域内。在这种第1391条A1款及B1款所规划的情况下，唯一可能会引起争议的就是"居住"一词的含义，国会在这里指的究竟是被告定居的地方还是被告平时起居的地方目前尚未有权威的定论，不同的法院也纷纷提出了各自不同的见解，至于最高法院的态度我们只有拭目以待了。

第 1391 条 A2 款及 B2 款规定的是引发诉讼的事件或疏忽的主要发生地所在的司法区域可以被看作是适格的审判地，无论在异籍还是在联邦问题案件中均是如此。在 1990 年国会对该法条作出修正之前，这一条款提出只有整个事件的发生地所在的司法区域才是适格的审判地，而修改后的条款明显放松了限制，只要是主要的一个发生地就可以满足要求了，这样便可能出现在一起案件中有好几个司法区域符合条件的情况了。比如说，在一起假冒伪劣产品致人受伤的案件中，按照 1990 年前的规则就只有该假冒伪劣产品的制造地是适格的审判地，可是 1990 年修改后的规则就允许将该产品的经销地或是伤害发生地也都作为适格的审判地了。本节的第一个案例涉及的便是这方面的问题，大家不妨听听法官是怎么阐述这种立法意图的改变的。

第 1391 条 A3 款及 B3 款都纯粹是备用性质的条款，也就是说，只有当前面两个条款完全失灵的时候才会被考虑启用，公允地说，这种时候在现实生活中委实不是太多，不过我们倒是可以虚拟一个事件来演示一下这两个条款的运作方式。假设原告 A 因为发生在加拿大的车祸而准备起诉居住在加州的被告 B 和居住在新泽西州的被告 C，这时第 1391 条 A1 款由于两位被告并非居住在同一个州而无法适用，第 1391 条 A2 款由于车祸是发生在美国以外的地方而也无法适用，所以原告 A 所唯一能参考的就只有第 1391 条 A3 款了。如果大家比较第 1391 条原文的话，就会发现 A3 款和 B3 款在措辞上略有不同，A3 款说的是被告所受属人管辖地，而 B3 款则使用了被告所能被发现地的说法，不过法学界都比较倾向于认为这其实并没有造成什么差异，并且实务界也从未具体解释过"发现"一词到底有什么不一样的含义。

除了以上的分析之外，还有几个要点值得提醒大家注意。首先，这些条款中提到的司法区域和州并不是一个概念，有些州比如罗德岛就只有一个司法区域，但另外一些州比如纽约或加利福尼亚就包含了三到四个司法区域。其次，适格的审判地要求是法律赋予当事人的一种权利，当事人可以自由选择行使或不行使。根据《联邦民事诉讼规则》第 12 条相关款项的规定，如果被告在对原告的起诉状作出答辩时未提出审判地适格性的异议则将被视为放弃了此项权利。再次，第 1391 条所规定的只是联邦法院关于判断审判地适格性的一般处置原则，如果法律另有规定则自然应该遵照特别法的规定，这是大家在实际工作中需要密切注意的。又次，虽然在法律条文中没有明说，但是在美国法律的实务界中确实存在着一个通常都会得到法院尊重的潜规则，那就是对"本地诉讼"（local actions）和"暂时诉讼"（transitory actions）的区分，前者指的是牵涉到土地等不动产的诉讼，一个法院往往不愿意去审理有争议的土地位于自己司法区域以外的案件，而对后者也即土地纠纷以外的案件则没有顾忌。最后，也是我最想申明的一点是，适格的审判地原则绝对不是对属人管辖权原则的替代，两者之间的关系是缺一不可的。尽管有些地方可以被认定为是适格的审判地，但如果不能够建立起适当的属人管辖权，这些地方的法院仍然是不具有管辖权的，这个道理反过来说也是一样的。

不方便管辖原则（Forum Non Conveniens）是美国民事诉讼法律制度中另一个有意思的概念，指的是一个具有适当管辖权的法院可以运用自由裁量权来认定某个案件由其它法院来审理更为恰当，并以此为理由拒绝受理此案。法院所通常考虑的因素主要有当事人参与诉讼的方便程度、法院所在州的利益以及法院审理案件的能力等等。总之，法院在作出这种决定时具有高度的自由裁量权。如果一个州法院认为自己管辖某个案件是不方便的，那最有可能出现的结果便是驳回原告的起诉，但如果是一个联邦法院决定适用不方便管辖原则的话，那根据美国法典第 28 章第 1404 条 A 款的要求，其必须将案件主动移交给另一个地区法院接受管辖。本节所含的第二个案例是阐示不方便管辖原则的公认经典之作，相信大家读完了这个案例以后就足以对不方便管辖原则了然于胸了。

First of Michigan Corp. v. Bramlet

United States Court of Appeals，Sixth Circuit，1998.

141 F. 3d 260.

COLE，Circuit Judge.

由于联邦地区法院以不适格的审判地为由驳回了起诉，上诉人 First of Michigan 公司和 Michael Sobol 将自己与被上诉人 Carlton 和 Dolores Bramlet（the Bramlets）纠纷提交到了本法院这里。

本次上诉审理中的唯一争议便是地区法院依据不适格审判地的理由驳回起诉的决定是否恰当。

在 1989 年 9 月至 1991 年 8 月这段时间里，the Bramlets 在投资经纪人 Michael Sobol 的鼓动建议之下总共投资了 6.2 万美元在 First of Michigan 公司的个人退休账户上（Individual Retirement Account，简称 IRA）。但是到 1996 年的 6 月 1 日为止，IRA 的对账单显示 the Bramlets 已经累计亏损了 37 556 美元。于是，在 1996 年 6 月 24 日，身为佛罗里达居民的 the Bramlets 向佛罗里达州的全国证券经纪人协会（NASD）提交了一份同意接受仲裁协议，要求后者仲裁自己与 First of Michigan 及 Sobol 之间的纠纷。在提交给 NASD 的状纸中，the Bramlets 声称 First of Michigan 和 Sobol 未能按月定时给自己寄来 IRA 的对帐单，这使得他们对 IRA 上的资金一直在减少的事实一无所知，等到察觉以后想要止损却已经来不及了。在三方事前签署的同意接受仲裁协议中，有条款明确规定任何他们之间的仲裁活动都应该遵照"宪法、地方法规、法律原则、规则制度及 NASD 的仲裁程序章程进行。"

随后，First of Michigan 和 Sobol 便向密歇根州东区联邦法院提起了本次诉讼，要求法院制止 the Bramlets 寻求仲裁的活动，因为，根据 NASD 仲裁程序章程的第 15 条规定：超过 6 年以上的投资为不可仲裁的事项。First of Michigan 和 Sobol 认为联邦法院根据异籍管辖权原则有权对此案进行审理，并且根据美国法典第 28 章的1391 条 A 款是适格的审判地。

The Bramlets 对此作出的反击则是宣称密歇根州的联邦地区法院不是适格的审判地，并因此提出动议要求法院驳回起诉。为此，The Bramlets 具体分析说，在 1989 年也就是开始投资 IRA 的时候他们是定居在德克萨斯州的，并且本案所涉及的绝大部分事件都发生在 1990 年，那时他们已经搬到佛罗里达州居住了。然而，First of Michigan 和 Sobol 坚持认为整个案子实质上是由于发生在密歇根州的一系列事件引发的，其中特别值得注意的是 the Bramlets 是于1989 年在密歇根州会晤 Sobol 并在听取了他的意见后才下定决心投资 IRA 的。此外，Sobol 与 the Bramlets 的全部联系活动包括接听拨打电话等等，以及为 the Bramlets 开设 IRA 均是在密歇根州境内进行的。

在 1997 年的 3 月 13 日，联邦地区法院以不适格的审判地为由驳回了原告的起诉，因为原告起诉所依据的最主要事件其实是 the Bramlets 要求进行仲裁的举动，而这确凿无疑发生在佛罗里达州。地区法院还进一步指出 the Bramlets 从未在密歇根州定居过，并且原告起诉状上所陈述的大部分事件也都不是在密歇根州境内发生的，所以密歇根州不是本案的适格审判地。紧接着，First of Michigan 和 Sobol 向本法院提起了此次上诉。

在此之前，本法院还从未正式解决过当地区法院以不适格的审判地为由驳回起诉的时候我们应该以什么样的标准来审查地区法院的决定是否正确的问题。在通常情况下，地区法院以不适格的审判地为由驳回起诉的决定正确与否的问题总是与地区法院是否更应该按照美国法典第 28 章 1406 条 A 款的规定移送案件的问题紧密联系在一起的，而决定是否移送案件还是驳回起诉完全是在地区法院的自由裁量权之内的，看来我们也就应该从考察地区法院是否滥用了自己的自由裁量权这个角度来判断其决定的合理性。

然而，在本案当中，原告并没有提出地区法院应该把这个案子移送至适格的审判地而不是简单地驳回他们的起诉，原告所质疑的是地区法院适用了不恰当的标准来认定自己不是适格的审判地，也就是说，他们挑战的是地区法院对有关适格审判地的法律规定的解释。由此可见，地区法院在对适格管辖权争议作出判断的时候总是会涉及法律解释的问题，所以，这实际上是一个应该受到重新审理方式（*de novo*）审查的法律问题。故此，本法院决定以重新审理的标准来审查地区法院所作出的原告是在一个不适格审判地起诉的判决是否正确。

First of Michigan 和 Sobol 声称地区法院在判断自己是否为适格审判地的时候适用了错误陈旧的标准，具体说来这指的是地区法院所认定的原告起诉依据的最主要事件是 the Bramlets 在佛罗里达州要求进行仲裁的举动。First of Michigan 和 Sobol 认为适格的审判地并不一定必须是原告起诉所依据的最主要事件的发生地，相反，美国法典第 28 章的第 1391 条 A2 款规定的任何主要事件发生地都可以被视为适格的审判地。

美国法典第 28 章第 1391 条 A 款是这样说的："除了有其它法律另行规定以外，当一起民事诉讼案件的管辖权是建立在当事人异籍的基础上时，该诉讼只能在……②引发诉讼的事件或疏忽的主要发生地所在的司法区域内进行。"这一条款曾在 1990 年作出过修正，对于修正后的第 1391 条 A2 款的官方评论是："事件的主要发生地是区域 B 的事实并不能使得区域 A 不是适格的审判地，如果区域 A 同样也是另一个事件的主要发生地的话。实际上，即便事实证明在区域 B 内发生的事件要比在区域 A 内更要紧或更集中，这也不能剥夺区域 A 作为适格审判地的资格。"

在 1990 年以前，第 1391 条对适格审判地的规定比较严格，只有整个事件发生地的司法区域才能被看作是适格的审判地。但是修改以后的第 1391 条明显放松了尺度，现在，任何主要事件的发生地都可以被当作适格的审判地了。如果和以前的判例进行比较的话，本法院在这个时期内所判决的一系列案件都明显反映出了这种变化。

通过认真研读第 1391 条 A2 款所使用的语言，我们觉得在异籍管辖权案件中原告可以选择在任何一个引起该诉讼的事件或疏忽的主要发生地所在司法区域内的法院提起诉讼，这种选择当然也包括了任何与原告的指控有实质性联系的司法区域内的法院。故此，我们相信，初审法院正是因为错误地适用了这一原则才得出了自己不是适格审判地的错误结论。从表面上看，初审法院适用的是经 1990 年修正以后的第 1391 条 A2 款，但是在实际分析问题的过程当中，初审法院所参照的还是 1990 年以前的最主要事件发生地的旧原则标准。初审法院认为直接触发了 First of Michigan 和 Sobol 提起诉讼的事件是 the Bramlets 在佛罗里达州试图通过仲裁来解决争议的举动，而 First of Michigan 和 Sobol 对 the Bramlets 投资的管理却不是诉讼的根据所在。这用初审法院的原话来说也就是："尽管 the Bramlets 是通过一位密歇根州的经纪人来进行投资的，但如果不是 the Bramlets 在佛罗里达州提出了仲裁的要求，也就不会有本案存在了。"这段话清楚地表明了初审法院作出适格审判地判断的依据在于直接引发原告诉讼的那一个单独的事件发生在哪里，而不是在于原告提出的指控与本司法区域有无实质性的联系。

本法院相信正确适用第 1391 条 A2 款的结果将证明 First of Michigan 和 Sobol 选择在密歇根州东区联邦法院提起诉讼是适当合理的，因为该条款允许原告在任何一个指控事由的主要发生地进行起诉。事关 the Bramlets 投资的绝大部分交易活动都发生在密歇根州，并且这些交易活动都是由 Sobol 来实施完成的，后者的执业活动一直都是局限在密歇根州境内的。其实，我们曾经遇到了一个和本案情况非常类似的案件 *Securities Service Network*，

Inc. v. Cromwell, 62 F. 3d 1418, 1995 WL 456374 （6th Cir. 1995），在该案中，本法院就判决证券交易活动发生地的法院是适格的审判地，而不仅仅是被告提出仲裁请求地方的法院。根据对修正以后的第 1391 条 A2 款精神的把握，我们相信初审法院错误的适用了过时的法律原则以致得出了自己不是适格审判地的结论。

综上所述，本法院决定推翻初审法院的判决，并责令其遵照本意见对此案进行重审。

Piper Aircraft Co. v. Reyno

Supreme Court of the United States，1981.

454 U. S. 235.

JUSTICE MARSHALL delivered the opinion of the Court.

本案源自于一起发生在苏格兰的坠机事故。作为在这场事故中丧生的几位苏格兰人的遗产托管人，被上诉人以非正常死亡（wrongful death）为由对上诉人提起了诉讼，该诉讼几经辗转之后最终被交由美国宾夕法尼亚州中区联邦法院审理。然而，上诉人对此提出了不方便管辖的动议，要求联邦地区法院拒绝受理此案。由于意识到由苏格兰的法院来审理此案似乎更为适宜，联邦地区法院批准了这一动议。不过此决定后来却遭到了联邦第 3 巡回法院的否决，其理由是，如果当前审判地的法律能够比其它审判地的法律给予原告更加优厚的待遇，那将案件移转便是不恰当的了。因为，我们觉得移转所造成的法律给予当事人待遇上的差异并不能自动禁止法院作出驳回起诉的决定，并且我们也没有发现联邦地区法院在作出初审判决的过程中存在任何滥用自由裁量权的情况，所以本法院决定推翻巡回法院的判决意见。

在 1971 年 7 月的一天，一架小型商务飞机在执行从 Blackpool 飞往 Perth 任务的途中坠毁在苏格兰高地上，机上的飞行员和 5 名乘客都当场死亡。这些死者连同他们的继承人与近亲属等均为苏格兰人。在事故发生时，这架飞机是处于苏格兰方面的飞行交通管制之下，但是没有目击证人看到坠机究竟是如何发生的。

这架坠毁的飞机是一种双引擎的 Piper Aztec 型客机，由位于宾夕法尼亚州的本案上诉人 Piper Aircraft 公司（Piper）制造，不过，飞机上的螺旋桨装配的是由位于俄亥俄州的本案另一位上诉人 Hartzell Propeller 公司（Hartzell）生产的成品。在事故发生的时候，这架飞机在英国登记注册，资料显示它为 Air Navigation & Trading 公司（Air Navigation）所拥有并维护，但一直被租赁给 McDonald Aviation 公司（McDonald）使用，后者是一家苏格兰的航空包机服务提供商。我们还获悉：Air Navigation 和 McDonald 都是在英国注册成立的公司，而且这架遇难飞机的残骸目前已经被运送到了英格兰的 Farnsborough。

在坠机发生后不久，英国商务部就对这场事故展开了调查，初步结果显示飞机在坠毁前曾经出现过螺旋状态，这很可能是由于飞机的机械故障或是螺旋桨失灵造成的。后来，在 Hartzell 的强烈请求之下，这份初步事故报告被交给一个三人委员会进行复查，该委员会在复查过程中还举行了一个为期 9 天的由各相关利益方参加的听证会。最终，这个委员会得出的结论是：没有证据证明设备缺陷是导致事故发生的原因所在，更有可能的是飞行员的操作失误直接引发了飞机的失控坠毁。这名飞行员是在事故发生前 3 个月才拿到资格证书的，缺乏经验的他在飞越高地的时候所保持的飞行高度明显低于飞行操作手册上规定的最低高度。

在 1977 年 7 月份的时候，一家加州的遗产法院任命了被上诉人 Gaynell Reyno 为在事故上丧生的 5 名乘客的遗产托管人。Reyno 本人既不是死者的亲属也不认识死者的任何亲属，她的身份只是本案代理律师的法律秘书而已。在获得任命数日之后，Reyno 便在加州高级法院发起了针对 Piper 和 Hartzell 的非正常死亡之诉，声称它们应该承担过失及严格法律责任。虽然 Air Navigation、McDonald

和飞行员的遗属没有被在此次诉讼中列为被告，但它们在英国却也遭到了5位遇难乘客家属的分别起诉。Reyno 非常坦率地承认之所以她选择了在美国而不是英国起诉，主要是看中了美国法在法律责任、起诉资格及损害赔偿等方面与苏格兰法律相比都要对原告更加宽松优厚一些。比如，苏格兰法不承认侵权行为中严格责任的概念；只允许由死者的近亲属来提起非正常死亡的诉讼；以及原告只能以丧失经济来源为由要求获得补偿等等。

根据上诉人提出的动议，本案先是被移送到美国加州中区联邦法院。后来，应 Piper 提出的动议，本案又被移送给美国宾夕法尼亚州中区联邦法院。被上诉人对两位上诉人都适当地履行了送达的义务。

随后到了1978年的5月也即案件移送完毕以后，Hartzell 和 Piper 双双以不方便管辖为由要求法院拒绝受理此案。根据本法院作出的 *Gulf Oil Corp. v. Gilbert*，330 U. S. 501（1947）及 *Koster v. Lumbermens Mut. Cas. Co.*，330 U. S. 518（1947）这两个案子的判决意见，联邦地区法院于1979年10月份批准了上诉人提出的这一动议。

联邦地区法院的分析先是从事实部分着手的，指出苏格兰的法院同样有资格审理此案，况且 Hartzell 和 Piper 均同意服从苏格兰法院的管辖并主动放弃了提出起诉时限方面抗辩的权利。与此同时，被上诉人选择在美国起诉的目的并不那么值得尊重。该联邦地区法院相信尽管原告选择法院的权利是法律所承认的，但在本案中 Reyno 仅仅是一些外国公民的代表，她选择在美国的法院诉讼纯粹是因为美国在产品质量法领域内的规定更加自由宽泛，而当原告不是美国公民的时候，特别是在外国公民刻意地追求享受美国法律提供给美国公民的良好保护的情况下，法院并不怎么需要去在意原告选择法院的权利。

紧接着该法院检验了几个与诉讼当事人私权利有关的因素，并认为其结果强烈的显示出由苏格兰法院来审理此案要更为适宜。虽然关于飞机和螺旋桨的设计、制造及测试等方面的证据都要在美国寻找，可是本案在其它方面与苏格兰的联系是具有压倒性的。本案的实际利益相关方都是苏格兰人，包括那些死者自己也是。众多的可以在飞机维护、飞机员训练或事故调查等方面提供证词的证人基本上都居住在英国。此外，所有能够为这次坠机的损害结果作证的证人都在苏格兰，地形的熟悉及易于接触飞机残骸等因素也均证明苏格兰法院更适宜来审理此案。

正是因为这么多关键性的证人证据都在境外，以及因为在美国受审会使得被告无法将一些潜在的苏格兰第三方当事人拉入到诉讼中，所以强迫 Hartzell 和 Piper 在美国受审会给它们造成不公平。此外，该联邦法院还认为既然受害者的遗属们已经在英国对 Air Navigation、McDonald 和飞行员提起了诉讼，那让包括 Hartzell 和 Piper 在内的所有当事人在同一个司法程序中接收审判将是个既能保证公正又可以节省开支的做法。

联邦地区法院还考虑了公共政策的因素，并认为拒绝受理此案将更加符合公共政策的要求，这是因为如果这个案子在宾夕法尼亚州审理的话，那法院只有别无选择地对 Piper 适用宾夕法尼亚州法律而对 Hartzell 适用苏格兰法律，可是如此一来整个案子的审理过程就会变得出奇的复杂且可能会让陪审团感到极为困惑。另外，该联邦法院还坦陈自己对苏格兰法律并不熟悉，因此在适用时需要聘请有关苏格兰法律方面的专家来提供指导，这又会给审理带来很多额外的花费及无谓的耗去不少时间。同时，在缺乏密切联系的情况下审理此案也将会使得宾夕法尼亚州的居民承担不必要的陪审义务。总之，是苏格兰而不是宾夕法尼亚州对此案的审理结果存在有实质性的利害关系。

为了反对上诉人提出的驳回起诉的动议，被上诉人声称法院拒绝受理将会给原告方造成不公，因为苏格兰的法律对己方不太有利。联邦地区法院驳斥了这种观点，认为适用法律转换会给原告造成不利影响的事实并不是一个特别值得考虑照顾的因素，任何有关外国法律的不足及缺陷的问题都应该拿到外国的法院上去讨论。

在本案的上诉审理当中，联邦第3巡回法院推翻了地区法院的判决并命令将此案发还重审。这一决定看起来是根据两个相互独立的原因作出的：第一个原因是巡回法院觉得地区法院在初审过程中存在滥用自由裁量权的情形；而第二个原因则是当变更审判地之后的法律适用会对原告造成不利的时候，原法院驳回起诉的做法永远都是不恰当的。

与联邦地区法院的看法想反，第3巡回法院认为原告挑选审判地的权利应该得到法院极大的尊重，即使案件的实际相关利益方并非是本法域内的居民。此外，第3巡回法院还对地区法院平衡各方私利的做法提出了质疑，认为 Piper 和 Hartzell 没有举出充分的证据来证明如果本案在美国审理的话，将肯定会造成关键证人无法到庭的局面，因为它们根本就没有指出过任何证人的名字及这些证人可能会提供的证词。对于 Piper 和 Hartzell 将无法把潜在的苏格兰第三方当事人拉入诉讼的情况，第3巡回法院倒觉得是个无足轻重的因素，因为这顶多称得上是个麻烦而非不公平。最后，第3巡回法院否认了地形的熟悉及易于接触飞机残骸等因素会对审理此案带来很大的帮助。

第3巡回法院同样拒绝了地区法院对于公共利益层面的分析，并认为地区法院对适用苏格兰法律困难的描述实在是太夸大其词了，这用第3巡回法院自己的话来说也就是："法院需要适用并依据外国法律作出判决的事实本身不是法院拒绝受理案件的借口。"另外，第3巡回法院不认为在此案中有适用苏格兰法律的需要。在对法律适用问题进行了一番分析之后，第3巡回法院得出的结论是法院对 Piper 和 Hartzell 均应适用美国法律，并且宾夕法尼亚州和俄亥俄州是对此案的审判结果存在有最大利害关系的法域，而不是事故发生地苏格兰。

根据第 3 巡回法院的判决意见，我们有理由相信即便联邦地区法院正确分析了本案中的公共利益和各方私利，第 3 巡回法院还是会推翻地区法院的初审意见的，因为第 3 巡回法院在判决意见中写到："地区法院拒绝受理此案很明显会导致在此案中适用法律的改变，并进而使得原告无法提出严格责任的诉由。但是，我们认为以不方便管辖为理由拒绝受理不应该造成适用法律改变的局面。从法律选择的角度来看，当且只有当美国法律不能适用或是外国法律能够给予原告同样待遇的时候，拒绝受理的决定才能被视为是正当的。"换句话来说，第 3 巡回法院想要表达的是如果拒绝受理会导致适用法律的改变并进而消极地影响到原告的利益，那拒绝受理的决定无论如何都是不恰当的了。

我们认为第 3 巡回法院的错误之处主要在于认定了原告仅凭他的利益会由于在其它审判地适用法律的改变而受到消极影响的事实就能够阻止法院出于不方便管辖的原因拒绝受理案件。实际上，本法院觉得实体法律可能出现的变化不是法院在考虑方便管辖问题时所特别需要关心的因素，更不是一个能起到决定性作用的因素。

在 *Gilbert* 一案的判决意见中，本法院指出在考虑方便管辖问题时法院应该把注意力集中在对于是否方便的判断上，这也就是在暗示说，单单依靠适用法律会发出不利变化的事实是不足以影响法院作出驳回起诉的决定的。根据 *Gilbert* 一案所确立的原则，当在原告挑选的法院审理案件会给被告或法院造成极重的负担，而且原告给不出什么理由来证明在此法院进行审理将带来特别的便利时，法院作出驳回起诉的决定即是正当合理的。然而，如果我们把适用法律的消极改变作为一个决定性因素的话，那法院有时候便不得不接受审理一个管辖起来极为不便的案件。

事实上，假如适用法律的改变真的被视为一个决定性或实质性的因素，方便管辖原则就将成为一个毫无用处的摆设。在通常情况下，法院的管辖权与适格性都是很容易建立起来的，所以原告在挑选法院的时候经常会有很大的自由度，故此原告往往会去选择那些在适用法律上对自己最有利的法院前去起诉。在这样的背景下，倘若我们把适用法律的消极改变当作在考虑方便管辖问题时决定性的条件，那我们相信就几乎不可能有法院驳回起诉的情况出现了。

第3巡回法院所持的立场不仅与方便管辖原则的宗旨目的不符，而且在实际操作当中也存在很大的问题。如果适用法律消极改变的可能性真地具有如此重要地位的话，那法院决定是否基于不方便管辖的原因而驳回起诉的过程将会变的相当艰难，因为此时法律选择的分析就显得格外的重要，并且法院会被要求经常去解释一些外州甚至外国的法律了。这样一来，法院首先要做的便是确定如果这个案子在本院审理会适用到哪些法律，而如果在另外一个法院审理又会适用到哪些法律。然后，法院还需要去逐一比较这两套法律在损害赔偿、权利救济及司法程序等众多方面的优劣异同。最后，只有当法院认为在其它地方审理会适用到的法律给予原告的待遇至少和本法院会适用的法律所能给予的一样好的时候，该法院所作出的驳回起诉的决定也才能被称为是适当的。但是，方便管辖原则存在于我们法律中的部分目的便是帮助法院避免陷入法律比较的泥沼之中。这就正如我们在 *Gilbert* 一案里所讲的那样，如果法院被要求去解决法律冲突或外国法律本身的问题时，公共政策的考虑结果会倾向于让法院驳回起诉。

支持第3巡回法院的决定还会给我们带来一些其它的麻烦。至少在外国原告将一家美国的制造企业作为被告提起诉讼时，法院就不能以不方便管辖的理由驳回起诉了，因为这很可能会导致适用法律的不利改变。于是，本来就很吸引外国原告前来提起诉讼的美国法院就将变得更加具有吸引力了。各种诉讼大规模的流向美国会使得原先就已经非常忙碌的美国法院系统陷入无法招架的境地。

我们决不是在说适用法律消极改变的因素在法院考虑方便管辖

问题时就没有一点用处。显而易见的是，假如其它审判地将适用的法律明显不能给原告提供任何足够充分或令人满意的救济，适用法律的消极改变此时就是一个能起到决定性作用的因素了，法院也应该以驳回起诉将有损于公平正义的理由毅然收审原告的起诉。然而在本案当中，苏格兰法院能够给原告提供非常全面的救济，因而不属于我们上面所说的情况。尽管我们意识到受害者的亲属们在苏格兰无法以严格责任作为诉由，并且他们所能获得的赔偿金额也会比在美国要少一些，但是在苏格兰法院受审绝对不存在被剥夺一切获得救济的权利或受到不公正对待的可能性。

第 3 巡回法院所犯的另一个错误在于批评了地区法院对 *Gilbert* 案基本原则的适用。第 3 巡回法院认为地区法院应该对原告选择法院的权利给予更多的尊重，而不需要去关注案件所涉及的公共利益及各方私利。然而，我们觉得地区法院的这种仔细分析由于原告挑选法院而给原被告双方带来的不同的做法是正确的。此外，我们也没有感到地区法院在衡量公共利益和各方私利时滥用了自由裁量权。

负责初审此案的联邦地区法院认为通常法院都会对原告挑选法院的结果存在一种先入为主的肯定，这种肯定只有在公私利益因素清楚地指明在其它地方审理此案将更为有利的时候才会被推翻。然而，该法院认为如果一个案件的原告或真正的利益相关方是外国人的话，这种先入为主的肯定影响也会淡很多。

我们认为地区法院所采取的上述将本国原告与外国原告区别对待的做法是具有充分法律依据的。在 *Koster* 一案中，本法院就曾经指出过当原告挑选的是自己所在州的法院时将会得到更多的尊重，这也就是说当原告所在州的法院被挑选出来的时候，法院可以合理地推定这一选择的确是以尽量方便为依据作出的。可是当原告为外国人的话，法院便无法进行这样的推定了，因为方便管辖原则的一个最基本出发点便是为审判提供便利，而很难想像一个人在外国受审会是便利的。

初审法院有权运用自己的自由裁量权来针对方便管辖问题作出决定，其决定只有在目前存在滥用自由裁量权的情况下才可以被上级法院改变。当本案的初审法院已经考虑了所有公私利益因素，并且其对这些因素的衡量是比较合理的时候，我们相信这里不存在滥用自由裁量权的情况。然而，第3巡回法院在对此进行检验时并没有很好地把握这个原则，反倒是以自己的分析来代替了初审法院的看法。

在分析本案涉及的私权因素时，地区法院认为各种因素与苏格兰之间的联系是具有压倒性的，这一说法显然或多或少有些夸大的成分在里面。特别是考虑到原告接触收集证据的难易程度时，无论是在美国还是在苏格兰起诉其实都是差不多的。正如被上诉人强调的那样，关于飞机和螺旋桨的设计、制造及测试等方面的证据都要在美国寻找，所以如果案件在美国审理的话，她将有更多的机会证明上诉人的严格责任及过失责任。然而，地区法院合理的总结出了要是诉讼在苏格兰举行，双方所面临的证据问题将会更少，因为很显然本案的绝大多数证据都位于英国境内。

第3巡回法院认为证据问题在本案中是无关紧要的，因为Piper和Hartzell没有说明如果案件在美国审理将使得它们无法获得哪些特别的证据。第3巡回法院的言下之意其实就是提出不方便管辖的一方必须明确地指出它们在其它地方受审将使用到的证人的名字及这些证人可能会提供的证词。我们认为这种细节性的要求是不必要的。Piper和Hartzell之所以提出驳回起诉的动议，主要是因为很多关键证人都住在地区法院所在的法域以外，要对他们进行确认及盘问是相当困难的一件事。因此，第3巡回法院提出的要求简直就是对它们提出动议目的的直接否定。当然，被告是应该提供给法院足够的信息来帮助法院判断各方的利益所在。通过检验本案现有的证据材料，我们觉得目前手头上掌握的这些信息已经足够本法院作出明智的判断了。

联邦地区法院在初审中还正确地察觉到了在美国应诉将会使得上诉人无法将一些潜在的第三方被告拉入到诉讼当中。其实对 Piper 和 Hartzell 来说，把 Air Navigation、McDonald 和飞行员的遗属拉入诉讼当中至为重要，因为这样一来它们便有机会证明飞机失事并不是由于设计缺陷造成的，而是由于飞行员、飞机的所有者或日常维护者的过失而导致的了。诚然，即使本案在美国审理且上诉人一方败诉，它们也有机会在这之后前往苏格兰起诉相关利益方以便分摊损失。但是，更加便利的方法无疑是把所有的争议都放在一个司法程序中去解决。第 3 巡回法院对此持有不同的看法，认为这顶多称得上是个麻烦而非不公平。可我们想说的是，如果原告挑选的法院会给被告带来麻烦，那这本身即是一个支持法院以不方便管辖为由拒绝受理案件的绝佳借口。

联邦地区法院对于公共利益因素的分析也是合情合理的。在对法律选择问题进行了一番研究之后，地区法院总结出要是本案在宾夕法尼亚州中区法院审理的话，那便会产生必须对 Piper 适用宾夕法尼亚州法律而对 Hartzell 适用苏格兰法律了，而这种在一次审理过程中需要适用两套法律的状况将不可避免地使陪审团陷入混乱当中，此外就是地区法院自己对苏格兰法律也非常的不熟悉。根据 *Gilbert* 一案的原则，地区法院考虑的这些问题都是相当有必要的，本法院就曾经说过，需要适用外国法律的事实有助于法院下决心驳回原告的起诉。然而，第 3 巡回法院认为地区法院的法律选择分析是错误的，在本案中对 Hartzell 和 Piper 都应该适用美国法，这样对外国法律的不熟悉就不再是个理由了。即便第 3 巡回法院在这个问题上的看法是正确的，可是所有其它的公共利益因素都支持让本案在苏格兰得到审理。

苏格兰在此次诉讼中具有非常强的利害关系，不仅事故是发生在苏格兰的空域范围内的，而且所有的死者都是苏格兰人。除了

Hartzell 和 Piper 以外，其他所有潜在的原告和被告都要么是苏格兰人，要么是英格兰人。本法院曾经在 *Gilbert* 案中说过："每个地方都有利益希望把当地发生的争议就在当地加以解决。"被上诉人声称美国人在本案中也存在着利害关系，那就是可以对美国的制造企业们产生威慑效果以确保它们不再生产在质量上有缺陷的产品。然而，我们觉得这种所谓的威慑效果实在是太不明显了。总之，和在美国审理此案将使得美国法院花费的时间和资源相比，美国在本案中可能获得的利益太少了，因此我们不支持让美国的法院来审理此案。

本法院决定推翻第 3 巡回法院的判决意见。

补充知识：

● 今年是四年一次的美国大选年，随着选期的一天天临近，驴象两党的选战也已经进入了白热化的肉搏阶段，共和党的布什跑到了爱荷华（Iowa）州去啃生玉米以讨好当地选民，而克里则也在民主党的大会上找来了一班党内大佬不遗余力地为自己站台拉票。

那么为什么历年来都有这么多人愿意经历这种炼狱一般的竞选过程来角逐总统的宝座呢？我觉得还是总统所能拥有的广泛权力使然，曾经有人把美国总统这一职位形容为"这个地区上权力最大的工作"，现在我们不妨就来盘点一下法律意义上美国总统所拥有的权力。在以分权和制衡（Checks and Balance）为主要基调的美国宪法中，对于总统权力的规定主要见于第 2 条的各款，大致可以归纳以下几大类：

（1）象征权。美国总统是合众国象征性的元首和领袖。

（2）人事权。美国总统可以提名及任命各级政府官员和联邦法院法官，但这项权力受到了国会的制约，例如美国总统提名的最高法院法官人员必须首先得到参议院的批准才能任命。

（3）广泛的行政权。宪法第 2 条第 1 款即开宗明义地表示行政权属于总统，总统在此基础上可以就广泛的行政问题作出决策、发布命令并予以执行，但是行政机构的设立根据第1条第8款要受到国会的监督，而且法院基于违宪审查权宣布总统的行政命令及行为违宪。

（4）军事权。美国总统是全国武装力量的总司令，有发动战争及指挥军队的权力，但是对外国宣战及筹调军费的权力属于国会。

（5）立法提议权和否决权。宪法第2条第3款授权总统将必要且恰当的立法议案交给国会审议，而且还可以通过明示或搁置不理的方式否决国会通过的立法议案。然而，国会有权力在休会前10天重新以表决的方式通过被总统否决的议案。

（6）缔约权。总统可以代表美国与外国政府缔结条约，但要经过2/3的参议员投票同意才能对美国产生约束力。此外，总统还可以与外国政府签署行政协议，但必须提交给国会知晓。

（7）其它权力。根据宪法或传统，美国总统还有权任命驻外使节、接见外国使节、赦免犯罪、编制预算、召开国会特别会议及下令让国会休会等诸多权力，但这些权力也或多或少的受到了国会或最高法院的制约。

第三章　Erie 原则：选择
应适用的法律

第一节　概　论

民事诉讼法在美国法学院中普遍被学生认为是一年级必修课当中最难的一门，因为这其中牵涉到的原则、规定、概念、标准、观点、学说和政策方针实在是太纷繁复杂，很少有学生能在这由几百个案例和几十种民诉法组成的天门阵中不感到"不识庐山真面目、只缘身在此山中"。毫不夸张地说，美国民诉法的初学者在试图解决实际问题时就好比踏入了一片巨大的沼泽，分析问题的过程中步步都潜藏着危机和风险，而且一个细节的疏忽都可能造成不可逆转的恶果，所以你的每一步行动必须有预见性。

为了证明我上述的说法并非危言耸听，在结束了上一章对于如何选择有管辖权的法院问题的学习之后，接下来在本章里我们需要面对另一番让人眼花缭乱的选择，那便是联邦法院对应适用的法律的选择。法律选择是像美国这样的联邦制国家所特有的司法问题，因为，在联邦制国家当中，一国的立法权是相当分散的，故此很容易就形成了法出多门的局面，这给联邦法院在法律适用方面造成了极大的困扰。就拿美国为例来说吧，众所周知，美国是个实行司法双轨制的国家，一个国家的领土上出现了管辖权相互重叠的两套法院系统本来就已经是个足以让人头痛的问题了，但美国的立法也是双轨制即各州议会都保留有广泛的制定不与宪法相抵触的州法的权利且州最高法院是本州法律的最终解释者的事实更使得民事诉讼在美国成为了一场复杂的游戏，由于可能需要牵涉到对几个州的法律进行比较适用的步骤，有时就连在一个实体性争议并不困难的车祸纠纷中都能出现许多在我们通常认为只是在国际法案件才会有的诸如转致反致这样的做法，面对此情此景真不知是该让人额手称庆还是捶胸顿足来得好。

如果和中国一元化的立法体制作比较，我们便不难理解美国这种各州保留自己立法权的安排格局其实正是法律选择问题产生的根源。人都是具有趋利避害天性的动物，要是一个州的侵权法允许受害者获得不设上限的惩罚性赔偿而另一个州的侵权法则压根杜绝了受害者获得惩罚性赔偿的可能，那么，只要其它条件差不多的话，我想任何一个理智的原告都会想方设法地寻找创造在自己的案件当中适用前一个州侵权法的可能。对于州法院来说，法律选择问题并不特别困扰它们，一方面是因为州法体系的完备性，另一方面则是因为州的长臂法案和冲突法规则能提供足够的指引。但是对于联邦法院来说，情况就变得稍微复杂一些了，这不仅是因为受宪法所授权的联邦立法权的限制，在联邦这个层面上除知识产权法律以外的很多实体性法律是没有的，比如从来就没有也不可能有联邦合同法或联邦侵权法这样的法律，以至于联邦法院在审理以异籍管辖权为基础的案件[1]的过程中不得不总是需要适用某个州的实体法；而且还因为联邦法律和州法的冲突是时时存在着的，比如《联邦民

---

〔1〕 这里还有必要对异籍管辖权和联邦问题管辖权案件的区别做一点补充说明，我们的着眼点应该在于原告的诉权是由州法还是联邦法律创造的。例如，加州居民 A 以侵犯版权为由将纽约州居民 B 告上了联邦法院并向后者索赔 20 万美元，尽管此案的情况也完全符合异籍管辖权的条件，但我们还是将其视为是个联邦问题管辖权案件，因为原告获得赔偿的权利是由《联邦版权法》所创造出来的。反之，如果 A 是以过失侵权之类的州法诉由起诉 B 的，那这就是一个典型的异籍管辖权案件。

事诉讼规则》中有关送达程序的条款就和很多州的传统送达规则不太一样，于是联邦法院的法律选择问题是很难通过回避来绕过的。

经过上百年的摸索实践，联邦法院业以发展出了一套相当成熟的法律选择规则——Erie 原则，尽管表面上看它是用一个具体的案例来加以命名的，但实际上其所包含的是一系列最高法院判决意见的结合，这是我们在接下去的一节中马上就要看到的。如果要用一句话来概括 Erie 原则，那便是联邦法院应当适用联邦程序法和州实体法，可你有没有想到过这简简单单一句话当中竟然蕴含了多少的实际问题或是多深的法律政策，否则怎会需要一代接一代的最高法院大法官们殚精竭虑百年之久才千锤百炼出了这一句话的精华。

闲话少说，下面就让我们赶紧进入正题吧。

第二节　法律选择——Erie 原则

既然在前面一章里我们已经了解到了如何挑选合适的法院开始诉讼，那么在本章当中我们就进一步来看看如何对案件所适用的法律进行选择。尽管在现今美国民事诉讼程序的架构下，当事人选择法律的余地其实并不很大，但无疑这种选择对于操控判决结果更具直接影响，因此，相对于法院选择来说，人们普遍更加看重法律选择就不是一件难以理解的事情了。

然而，大家应该清楚地看到：法律选择机会的存在并不见得是美国民事诉讼法律的一个优点，公允的说充其量只能称得上是一个特点罢了，恐怕就连美国法律界自己看待这个特点也会觉得其中是苦涩的成分居多。首先，纵容当事人选择法律必然会造成不公的现象出现。特别是在美国这种强调充分发挥当事人能动性的以当事人间对抗（adversary system）为基础的民事诉讼制度中，给予当事人法律选择的空间将会制造出一种单向度透明的诉讼环境，这与追求公平公正的终极司法理念是根本违背的。请试想，在民事诉讼中握有极大主动权的原告在一个预先挑选好的法院内（战场）仰仗着同样预先选择好的法律（武器）静候被告的应战是不是多少有些请君入瓮的味道，纵然被告也会持有这样那样的抗辩理由，但一步落后仍不免陷入步步落后的境地。其次，允许当事人选择法律必然会导致诉讼成本的增加。尽管原告拥有事先选择法律的权利看似可以增加己方的胜率，可是同样有权选择法律权利的被告岂会轻易束手就擒，先提动议再讲抗辩最后另起炉灶要求法院在适用法律上改弦易辙，好一个兵来将挡、水来土掩啊。不过问题的实质在于这样的对抗究竟有意义吗？除了徒然增加诉讼的成本以外，真的能够促进正义的实现或真理的辨明吗？即便能够，又怎么保证这不是一个仅对不在乎耗费时间金钱的富人有利的制度呢？最后，给予当事人选择法律的权利必然会提高审判结果的不确定性。从当事人的角度来讲，一个理性的人选择进行诉讼肯定是因为他认为自己能够通过诉讼获益，但是适用法律的易变所导致的审判结果的不确定性降低了他预测诉讼损益的能力，或者说是增加了他发动诉讼的风险，这种息讼的效果决不是现代司法制度乐于看到的。另外从法院的角度来讲，审判结果的不确定性加重了法院的负担，作为案件适用法律的最后决断者，与其让法院在听够了原、被告双方无休止的争吵之后再听从稍微更有道理一方的观点，还不如让处于居中地位的法院自行决定应该在本案当中适用什么样子的法律。

就像我在前面说过的那样，美国法律界并非完全没有意识到上述这些缺点，但美国民事诉讼具有联邦和州双重架构的特殊体制决定了这些缺点只可能得到尽量的修补而不会被彻底改正，要知道法律选择的缺点和多重保障的优点就好比是司法双轨制这个硬币的两面。我们甚至可以说法律选择问题的存在早在美国联邦法院系统被建立起来的第一天起就已经埋下了种子，因为通过宪法可知联邦法院系统的出现并不是以取代州法院为目的的，甚至也没有任何与州法院楚河汉界般地分享权力的打算，实际上联邦法院系统与州法院系统的司法管辖权在很大的程度上是互相重合的，这一点在联邦异籍管辖权案件中体现得最为明显，双方当事人由于是不同州居民的缘故既可以在州法院系统内提起诉讼，也可以自由地选择将自己的争议交由联邦法院来审理。假设彻底异籍的原、被告双方将一起合同纠纷提交给某联邦地区法院审理，而该联邦法院基于异籍管辖权原则对此案拥有管辖权，但此时就有一个新的问题产生了——该联邦法院应该适用什么样的法律来审理这起合同纠纷。相信大家都清楚联邦是没有自己的合同法的，并且国会因为缺乏宪法的授权也不可能去专门制定一部专供联邦法院使用的合同法，故此法律选择对于联邦法官们来说是一个先天性的必须要去面对的问题。

　　早期的联邦法官们对此问题所持的立场可被称为 *Swift v. Tyson* 案原则，这条原则得名于大法官 Story 在 1842 年判决的一个案子。在该案中，Story 大法官表示国会在 RDA 中要求联邦法院适用的州法[1]仅是指州的成文法规或某些久经考验的本地法律习惯，而不包括州法院作出的判例，因为判例仅仅是法官在提供自己对于州法的解释意见，所以这些意见本身并不能被看作是法律。Story 大法官进而分析到，如果一州的合同法、侵权法或财产法主要是由法院判例构成的因而没有成文法规可供适用的话，那联邦法院就应该参考全部的普通法渊源以确定适当的法律规则，这些渊源可以是联邦法院所在州法院作出的判决，也可以是别州法院作出的判决，甚至可以是英国法院作出的判决。总之，此时联邦法官们的工作就是去找出自己认为可被适用于当前案件的最适当、最合理的法律规则，而不是去简单地服从其它法官认为正确的规则。

---

[1]　The Rules of Decision Act, 1 Stat. 92 (1789), provides : "The laws of the several states... shall be regarded as rules of decision in trials at common law in the courts of the United States, in cases where they apply."

  Swift v. Tyson 案原则明显带有浓厚的自然法气息，Story 大法官显然相信在这个世界上存在着一套地位超然且绝对正确的法律规则因而可被法官努力发现并加以适用。但是，这种自然法论的观点无论是在理论上还是实践上都存在着一些难以克服的障碍：首先，各州之间法律存在差异的事实并不能被用来证明有些州的法律是错误的，相反这是美国宪法所极力追求达到的，即各州都保持有充分的独立性和自治权。其次，即便是 Story 大法官本人也不能否认 RDA 要求联邦法院适用州议会颁布的成文法规，也就是说即便纽约州议会出台了一项要求行人靠右走而新泽西州议会出台了一项要求行人靠左走的法规，联邦法院也必须在不同的场合下不容分辩地分别适用纽约及新泽西的法规。最后，这种观点势必会助长当事人挑选法院之风，因为倘若联邦法院经常拒绝适用法院所在州的普通法规则，那当事人便完全可以通过取得联邦法院管辖权来达到选择对自己有利的实体法的目的，而这种相同的事实在同一个地方的不同法院系统里接受审判就会出现截然不同结果的状况根本就是不公平的表现。

  尽管 *Swift v. Tyson* 案原则自打问世起便遭到了众多有识之士的抨击批评，但对其最彻底的否定却是来自判决于 1938 年的 *Erie R. Co. v. Tompkins* 一案，从此之后世上就只有 Erie 原则而再无 *Swift v. Tyson* 案原则的说法了。Brandeis 大法官推翻 *Swift v. Tyson* 案原则主要是从 3 个方面着手的：第一，通过重新解释 RDA 以动摇其外援。在 Brandeis 大法官看来，RDA 完全没有要把以州法院判例形式出现的普通法排除在联邦法院应适用的州法范畴之外，相反，联邦法院应该不加区分且一视同仁的适用由州议会颁布或由州最高法院确立的州普通法规定，只要该规定适合于解决当前案件中的实体性问题。第二，通过披露歧视性的后果来消除其影响。因为在异籍管辖权案件中选择去联邦法院还是州法院进行诉讼的权利通常都是由外州当事人来把持的，所以，在现实生活中，外州当事人经常利用这种权利使得本州当事人遭受极不公正的待遇，Brandeis 大法官在自己判决意见中所列举的 *Black & White Taxicab* 一案便是个很好的例证。第三，通过揭示违宪性的本质来摧毁其根基。尽管 Brandeis 大法官没有明确地指出到底是哪一项宪法条款被违反，但他相信 *Swift v. Tyson* 案原则允许联邦法官置现成的州判例法于不顾而去自行发现可适用法律的做法无异于是在让联邦法官制造州法，这是一项宪法从未授予给联邦法院或国会的权力。

　　俗话说的好"不破不立"，Brandeis 大法官在破除了 *Swift v. Tyson* 案原则的流毒之后便转而建立起了至今仍在为我们所适用的 Erie 原则。简要地讲，Erie 原则的精神在于尽量避免相同的一个案子会因为在联邦法院还是州法院受审的区别而出现不同的结果，故此，在异籍案件中联邦法院为了达成一致的判决结果而必须去适用其所在地州法院将会适用的法律。这也就是说，联邦法官们没有权力去自行决定正确的法律是什么，相反他们唯一需要做的就是查明相关州法的内容是什么以及不走样地适用它们。越是接近于真理的东西往往越是简单，在绝大多数的案件里你对 Erie 原则的理解的确也只需要这么多就可以了，一些比较少见的复杂情况我们就留待下节中再讲吧。

Erie Railroad Co. v. Tompkins

Supreme Court of the United States，1938.

304 U. S. 64.

JUSTICE BRANDEIS delivered the opinion of the Court.

　　本案向我们提出的法律问题是长久以来备受争议的 *Swift v. Tyson*，[41 U. S.（16 Pet.）1（1842），]案原则是否应该被彻底否定。

　　Tompkins 是一位宾夕法尼亚州的居民，他在一个漆黑的夜晚因被 Erie 铁路公司所属的货运列车撞倒而身体受到了严重的伤害。

这位不幸的公民声称此事故完全是由于被告对肇事列车的疏忽管理或维护造成的，因为当时他正合理地走在一条平素里人来人往的泥泞小道上，而这条小道有短短的一段是与铁轨并行的，刹那间他只觉得似乎被从身后飞驰而来的火车上抛落下来的车门之类的东西击中后就立即倒地不起了。为了获得经济上的补偿，Tompkins 在纽约州南区联邦法院对 Erie 铁路公司提起了诉讼，该法院凭借后者是一家在纽约州注册成立的公司而对此案拥有管辖权。Erie 铁路公司拒绝承认自己对受害者负有法律责任，于是这个案件被提交给陪审团审理。

被告 Erie 铁路公司在审理过程中坚持认为 Tompkins 是一个对其土地的非法侵入者（trespasser），因此自己所需承担的责任也就只能以此为限。在该公司围绕这个核心观点提出的其它抗辩理由中，特别引起我们注意的一点在于该公司认为任何对其法律责任的判断都应该遵照宾夕法尼亚州的法律作出，而按照宾夕法尼亚州最高法院的说法，紧贴着铁路线纵向行走而非横向跨越是一种侵犯土地的行为，所以铁路公司即便存在过失也无须为由此而引发的碰撞事故负责，除非过失是具有故意性或放任性的。面对被告的这种见解，原告 Tompkins 一方面否认曾经有任何宾夕法尼亚州的法院在判决中建立过这样的原则，另一方面又表示既然在这个问题上目前并无现成的成文法规可以援引适用，那联邦法院就应该利用一般的法理（general law）来决定铁路公司的责任。

本案的初审法官并不认同被告提出的所谓宾夕法尼亚州最高法院的说法排除了原告获得赔偿的可能性的见解，随即陪审团便作出了被告应当赔付给原告 3 万美元作为经济补偿的裁决。这一决定后来又得到了上诉法院的支持，其认为在本案中联邦法院完全没有必要去考虑宾夕法尼亚州的法律是否真如被告所说的那样规定的，因为本案所涉及的并不是一个地方性而是具有一般性的法律问题，故此"联邦法院在缺乏本地成文法规时可自由地对所适用法律的内容作出独立判断；铁路公司对由于自己员工的过失行为所引发的伤害需要承担什么样的责任历来就被认为是个一般法律问题……当社会公众已经长期普遍地将铁轨旁边的路径当作便道使用且没有遭到反对的时候，铁路公司便应当对使用这些便道的行人承担起谨慎行车的义务……作为一条已经得到了普遍认可的法律原则，如果一个合理走在铁轨旁边便道上的行人被从火车上抛落下来的物品击中而受伤，那陪审团是可以发现铁路公司的过失侵权责任存在的。"

在本案上诉审理过程中，Erie 铁路公司仍然依据 1789 年 9 月 24 日的《联邦司法法案》第 34 条强调本案的是非曲直应该通过适用宾夕法尼亚州的法律来剖析辨明，该条款规定："除非有合众国宪法、条约或成文法规明确作出相反的规定，否则合众国的法院均应当在审理案件时将各州的普通法原则当作效力良好的法律加以适用。"

因为我们觉得联邦法院是否有权自行置宾夕法尼亚州的普通法原则于不顾是个相当重要的问题，所以本法院对此案发出了调卷令。

第一，*Swift v. Tyson* 一案认为联邦法院在依据异籍原则行使管辖权时是不需要将由州最高法院制定的非成文法律适用于带有一般性质的法理问题的，这也就是说联邦法院在此时可以自由地独立判断该州的普通法究竟是什么，或者应该是什么样的。

在"一般性法理"的名义下，联邦法院有广泛的权力去制定那些国会无法编制为成文法规的法律原则。然而，本法院对《联邦司法法案》第 34 条的上述立场释意却经常遭到来自于各方面的抨击，总是有人在不断置疑这是否曲解了第 34 条的立法意图。最近就有一位声誉卓著的学者通过查阅原始文献的方式来证明本法院对第 34 条的解释是错误的，实际上该条款只是想确保联邦法院在审理所有以异籍管辖权为基础的案件时都应将州的法律看作自己的法律一般来适用而不去区分所适用的州法究竟是成文或不成文的，除非存在有与案件争议直接相关的联邦法律。

　　当本法院作出 *Black & White Taxicab Co. v. Brown & Yellow Taxicab Co.* , 276 U. S. 518 (1928) 一案的判决以后，学术界对我们的批评之声达到了顶点。在该案中，Brown & Yellow 是一家为肯塔基州居民所拥有的肯塔基公司，其和另一家肯塔基公司 Louisville & Nashville Railroad 达成了默契，后者承诺允许前者独家性地在自己的站台上承揽客货运输业务，而与前者存在竞争关系的肯塔基公司 Black & White 则只被允许在站台外面接送客人。由于明知这样的约定在肯塔基州的普通法下肯定是无效的，于是 Brown & Yellow 想方设法根据田纳西州的法律对公司进行了重组，并试图在田纳西州履行与铁路公司的约定。Brown & Yellow 改头换面为一家田纳西公司后随即将 Black & White 告上了肯塔基州西区联邦法院，要求法院发出禁止令以阻止后者的商业竞争行为。后来，联邦地区法院满足了 Brown & Yellow 的要求，并且联邦上诉法院亦持同样的看法，而本法院在援引了众多曾依据 *Swift v. Tyson* 一案的原则作出过的判决后也支持了地区法院发出禁止令的做法。

　　第二，适用 *Swift v. Tyson* 一案原则的丰富经验越来越使我们意识到了该原则无论在政治还是社会影响方面都存在着相当的缺陷，而且该原则被寄望发挥的良性作用也几乎从未真正实现过。与此同时，各州法院在审理各自案件时对于本州普通法原则的不懈坚持阻碍了法律统一性的达成，而根本不可能在一般法律领域或本地法律领域间划出一条清晰界限的事实更是法律不确定性的主要滋生源头。

　　从另一个角度讲，*Swift v. Tyson* 案原则的副作用在近些年来表现得愈发明显了。国会之所以将当事人异籍案件的管辖权交给联邦法院系统，其目的就在于防止一州法院在审理案件过程中对非本州居民当事人的任何歧视性举措。然而，*Swift v. Tyson* 案原则却矫枉过正地造成了非本州居民当事人能够对本州居民当事人进行反向歧视，因为其所倡导的非成文"一般法理"的概念使得当事人能享受到的权利会因为是在州法院还是联邦法院诉讼的区别而产生巨大的变化，而挑选法院的权利一般都是由非本州居民当事人一方把持着的。故此，*Swift v. Tyson* 案原则的实际效果是使我们走向了平等保护（equal protection）理念的对立面。此外，在试图使美国的法律逐渐走上统一的进程中，*Swift v. Tyson* 案原则也影响了我们对美国各州法律所应抱有的一视同仁的态度。

在司法实践的层面上，适用 *Swift v. Tyson* 案原则所导致的歧视性后果是影响深远的。形成这种状况的部分原因在于所谓的"一般法理"的概念，这即是指联邦法院可独立判断自己所打算适用法律的内容。除了纯粹是属于商法的问题以外，所谓"一般法理"还被认为包括了所有在美国缔结及执行的合同义务，譬如从公共运输的承运人可以通过约定的方式免除自己或所属职员的过失责任；到某人对一州境内居民或财产所实施的侵权行为，即便该侵权行为的责任大小应当取决于该州财产权的范围时；乃至能否获得惩罚性赔偿的权利统统都属于"一般法理"概念的范畴。更有甚者，联邦法院在依据"一般法理"时连州法院对于本地契约、矿藏转让协议及赠与不动产遗嘱的解释都可以不屑一顾。

有相当多的人可以通过异籍管辖权的方式到联邦法院寻求联邦法律的救济是另一部分导致歧视性后果产生的原因。为了达到创造出异籍管辖权的目的，有些人甚至愿意搬离自己的原籍而成为另一个州的居民。对于那些想要适用联邦法规的公司来说就连搬迁也是不必要的，它们只需要依据另一州的法律进行重组就可以了，就像 *Taxicab* 一案中原告所做的一样。

Swift v. Tyson 案原则所造成的不公与混乱一直是学术界强烈呼声要求废止或限制联邦法院对异籍居民管辖权的主要佐证，一些立法层面的建议也通过各种方式被表达了出来。如果仅仅是因为在法律解释方面存在问题，我们并不打算就此废除这样一项影响广泛且

施行了有差不多一个世纪之久的原则，但假使是其在适用过程中存在着明显违宪的地方，那我们就不得不严肃考虑它的去留了。

第三，除了受联邦宪法及国会所立成文法约束管辖的事项以外，在其余事项中所应适用的法律均应为美国各州之法律，并且联邦法院不应该去关心一州之法律是应为该州议会以成文法形式所颁布，还是应由该州最高法院以判例形式所确立。这个世界上并不存在所谓的联邦"一般法理"，因为国会没有权力去制定适用于各州的实体性的普通法规则，无论这些规则在本质上是本地性还是一般性的，是属于商法还是侵权法的一部分，并且也没有哪一项宪法中的条款授予了联邦法院这样的权力。这正如大法官 Field 为反对 *Baltimore & Ohio R. Co. v. Baugh*，149 U. S. 368，401（1893）一案中所存在的忽视俄亥俄州普通法中从属责任原则的倾向所说的那样："我注意到了近来本法院经常在判决意见中用本国一般法理的说法来平息由于州法所引起的冲突，尽管这个似是而非的说法所代表的其实并不是什么一般法理而只是某个法官当时灵机一动所想到的解决特定问题的办法。我认为这种说法已经越来越演变为了联邦法官们为了压制和自己意见相左的州法原则所习惯采用的虚饰自己真实意图的借口托词。我承认即使我本人也曾经多次在审理案件时毫不犹豫地使用过一般法理的说法，但是现在我认为联邦法官们不应该再重复这种错误的做法了。尽管在我之前有不少伟大的联邦大法官们都利用过一般法理的说法作出过判决，尽管一般法理的说法至今仍不断被我的同僚们在工作中所经常引用，但我依然必须指出这种一般法理的说法与合众国宪法力图维护各州的独立性及自治权力的精神是根本不相容的，宪法所孜孜以求的是各州都能在它们的立法和司法领域内保持独立的地位。故此，任何对各州立法行为或司法行为的干涉都是不能为宪法所允许的，除非宪法本身针对某些事项对联邦政府给出了特别授权或指示。这也就是说来自于联邦政府的任何非经宪法明确许可的干涉行为都将被视为是对州权的侵犯以及对其独立性的否定。"

Swift v. Tyson 案原则所潜藏的谬误不实之处也曾被大法官 Holmes 一针见血地指出过。这项原则的成立是建立在"在受到成文法改变之前，这个世界上存在着一种超脱于各州却约束各州的高等法律系统（transcendental body of law）"的假设之上的，据此，联邦法院有权独自判断普通法的规则到底为何，并且在联邦法院受审的当事人有权要求法院依据一般法理来作出判决。但是，Holmes 大法官对此反驳说："有些联邦法官口中所称的一般法理其实并没有任何权威在背后作为支撑因而无法被证实是的确存在的。不管是否被冠以普通法之名，但各州所施行的普通法已经并不是我们在传统意义上所说曾经存在于英国或其它英美法域里的带有一般普遍性的普通法了，而是有实际政治权威作为依据才被制定出来的法律。州法背后的权威且是唯一的权威就是州权，因此州法的内容应该由本州来最后决定。"

基于上述的分析，Holmes 大法官对 Swift v. Tyson 案原则的最终结论是："属于违宪性质的假设联邦法院拥有了从未被授予过的权力，因此我们应该毫不犹豫地去纠正这一错误，它在历史上的曾经显赫是不值得考虑的。"我们今天否定 Swift v. Tyson 案原则的合法性并不会牵连到《联邦司法法案》第 34 条或其它任何国会所立法案的合宪性。我们仅仅是想要宣布继续适用此原则将会使得本法院及下级联邦法院侵犯到那些合众国宪法特意保留给各州所有的权力。

第四，被告声称根据宾夕法尼亚州最高法院在 *Falchetti v. Pennsylvania R. Co.*, 307 Pa. 203；160 A. 859 一案中所确立的普通法原则，其对原告所承担的唯一谨慎义务便是避免造成故意或放任性质的伤害。不过原告否认了在宾夕法尼亚州存在着类似的法律原则。为了支持己方的观点，本案的原、被告双方都各自援引了大量宾夕法尼亚州最高法院作出的判决。然而，联邦上诉法院认为本案应当适用一般法理，并以此为由拒绝考虑州法的问题。因为我们已经指出这种做法是极其错误的，所以原审法院的判决必须被推翻，而且其对此案的重审也一定要严格遵照本判决意见的精神进行。

本法院决定推翻原审判决。

Guaranty Trust Co. of New York v. York
Supreme Court of the United States，1945.
326 U. S. 99.

MR. JUSTICE FRANKFURTER delivered the opinion of the Court.

我们在本案中首先要分析的是 *Erie R. Co. v. Tompkins* 一案判决所蕴含的关于联邦管辖权的政策性因素，该判决的重要意义决不仅仅是推翻了曾一度备受指责的 *Swift v. Tyson* 案原则，更在于改变了我们以往看待法律的习惯方式。过去我们总是把法律当作一种普遍理性的结晶，因此法院判决只是这种理性存在的证据而非本身就是具有决定性的阐述。于是，联邦法院据此认为自己完全可以自由地来确定何种理性或换言之什么样内容的法律应当被适用到审判当中，却完全不去参考权威性的州法意见，即便是在那些当事人获得救济的法律权利基础是由州法而不可能是由联邦法律所提供的案件中也是一样，其实这些案子只不过是因为符合了宪法第 3 条第 2 款所说的当事人异籍的条件而得以进入联邦法院接受审理的。

作为和本案问题的一种联系，*Swift v. Tyson* 案原则的真正重要性体现在其并没有提出任何新颖法律规则的事实上，更何况其可适用环境并没有被限制于该案的特定案情中。实际上，该原则只是在总结归纳长达三十多年的时间里本法院及各下级联邦法院在各种案件的判决意见中所表达的态度立场，当然这也包括了那些衡平性质的案件。坦率地讲，该原则的出现在某种程度上迎合了当时在司法界弥漫着的氛围，于是其一经建立便在司法能动主义的助威之下获得了蓬勃的发展。因为当时的人们普遍认为"在受到成文法改变之前，这个世界上存在着一种超脱于各州却约束各州的高等法律系统"，所以联邦法官们也不可避免地会觉得州法院的判例并不是法律而只是某个人对于法律的意见看法罢了。故此，联邦法官们相信自己有权来自由地独立决定这套高等法律系统的内容就不是一件会让人感到吃惊的事情了。直到今天仍然可以想见，当初联邦法官们的这种信念一定是受到了希望去建立一套完整统一的联邦法律体系这个美好前景的刺激。

在以当事人异籍为基础行使管辖权时，联邦法院在历史上长期对法律性质或衡平性质的州法并不加以区分。尽管 1789 年《联邦司法法案》的第 34 条宣称："各州的法律均应被看作普通法审判的规则加以适用"，但这一条款在上百年的时间里都被当作仅仅意在指示该原则在任何情况下都将约束联邦法院，即便是在那些衡平诉讼中也是这样。事实上，公允地说，联邦法院往往对各州以衡平方式创造出的实体性权利要比对法律方式的权利更加看重一些，因为后者通常都是由州法院在判决中确立的因而会受到 Swift v. Tyson 案原则的轻视，而前者一般都是由州的立法机构以成文法的形式颁布的，故此能为联邦法院所知晓及尊敬。

部分是由于各州早先所提供的衡平救济在方式和程度上都存在巨大的差异，国会不得不表态联邦法院在审理衡平案件时采用的方法程式应参照法院解决衡平争议的习惯性做法，但这种说法其实并没有授予联邦法院任何以前没有的新权力。结果从联邦法院诞生的早期开始，有关联邦衡平法是一个单独法律体系的说法就不胫而走并得到了各方的广泛认同。这似乎是认为美国的联邦衡平法体系既有英国衡平法院的血缘，又直接来自于 1789 年始的联邦法院所审理的衡平案件的积累。但我们想说的是，美国的联邦衡平法体系无论就具体规则还是权利而言，都是根本起源于其提供救济的描述的。在给予联邦法院在当事人异籍案件中行使衡平权利的同时，国会从未提供给联邦法院并且联邦法院自己也从未要求获得拒绝适用由州法创造的实体权利，或创造州法所拒绝给予的实体权利的授权。

　　然而，我们这么说并不意味着所有在州法院所能享受到的衡平救济在联邦法院有管辖权的异籍案件中也同样一定能享受到，或是反过来说也一样，即联邦法院也许不会提供在州法院所没有的衡平救济。联邦法院所能提供的衡平救济当然也是受到诸多限制的：案件必须落入传统的由英国衡平法院所确立的衡平救济范畴之内；以法律的途径不能获得充分完全的救济；国会对衡平权利的任何明文限制都必须得到尊重；宪法所规定的由陪审团听审的权利不容侵蚀等等。州法院在行使衡平救济权力时完全可以对这些限制条件置之不理，但对联邦法院来说遵守这些限制条件却是没有一点讨价还价余地的。不过，州法也不能去限制联邦法院所给予当事人的救济，这很显然是因为联邦法院在异籍案件中本来就是作为除州法院外的另一种选择而存在的。相反，联邦法院也许能依据一种为州法所确认的实体权利提供某些救济，而这些救济反倒是该州法院无法提供的。总之，无论这种环境使然的司法习语的大杂烩将会产生出多少矛盾与混乱，到目前为止，联邦法院对异籍案件的衡平性质的判决清楚地表明：如果司法程序和救济的模式与传统衡平救济体系相吻合的话，那联邦法院实际上是在贯彻实施州创的实体权利，并且这一过程并不牵涉到任何内在固有或成文形式的联邦法律。

　　因此，在 *Erie R. Co. v. Tompkins* 这样一起法律性质的诉讼中所确立起来的原则将不可避免地会被适用到一起衡平性质的诉讼当中。

　　分析至此，本案的争议已经被精简为一个范围狭小的问题，那便是当诉讼时效已过的事实使得当事人无法从州法院那里获得救济的时候，联邦法院是否可以基于当事人间完全异籍的情况通过衡平的方式取得对此案的管辖权。或者换言之，考虑到联邦法院的管辖权是以有州创权利的切实存在为依据的？这一被州法剥夺的诉权究竟是否属于应该被联邦法院在处理衡平争议时所尊重的州创的实体权利？还是此州有关诉讼时效的法规仅仅是一种救济方面的特征因而可以被联邦法院所忽视？

不过，显而易见，我们在本案中所面对的可使当事人获得救济的权利并非来自于联邦而是来自于州这一层面。当这一权利因为原、被告恰巧是不同州的居民而在联邦和州法院都能行使的时候，两个法院系统实现这一权利的方法程式却很可能由于两者间司法体制的差异而存在不同。但因为联邦法院能够行使州创权利完全是基于当事人异籍的事实及出于提供给当事人州法院之外的另一个选择的目的，所以倘若州废止收回了这项权利的话，那联邦法院就不能够继续行使这项权利了，当然联邦法院也不能够在行使州创权利时大幅度地修改影响权利的内容。

另外我们想特别强调的一点是，本案问题的焦点并不是一项州诉讼时效法规能否在某种意义上被视为关于程序的事项，而是该法规所规定的究竟是救济权利获得实现的方式方法，抑或是直接为解决问题提供答案的实体事项，比如同样的当事人就同样的事由在州或联邦法院进行诉讼会否因为联邦法院故意忽视这项州法而得到截然不同的结果。

正因为如此，我们觉得去追究一项州诉讼时效法规在州法院所作出的与本案具体事实无关的判例里究竟是被定性为"实体性的"还是"程序性的"实在是无关紧要的一件事。*Erie R. Co. v. Tompkins* 一案确立的并不是一个可以不分场合随时套用的科学方程式，而是一种在州法院和联邦法院间如何分配司法权力的政策性指引。实际上，该案判决的主要意旨在于确保在所有联邦法院仅是基于当事人异籍取得管辖权的案件里，如果是由法律条文来决定判决结果的话,那联邦法院作出的判决结果应当与这个案件在州法院受审所将会达成的结果大体上一致。或者简而言之,*Erie R. Co. v. Tompkins* 一案背后所潜藏的政策要点可以被概括为:就同一件事情来说,异籍的当事人不会因为舍弃州法院到一个街口远的联邦法院进行诉讼就能得到什么截然不同的结果。为了取得这种效果,本法院已经决定过联邦法院在审理异籍案件的过程中必须服从州法在举证责任、法律冲突以及原告过失责任等方面的规定。尽管对于州法属于"实体性的"还是"程序性的"的区分并不重要,但我们仍然需要给出提醒的是:联邦法院在异籍案件中适用 *Erie R. Co. v. Tompkins* 一案原则时必须倍加警惕以防止轻率地置某项州法于不顾的情况发生。总之,*Erie R. Co. v. Tompkins* 一案所蕴含的政策因素对于维护我们的联邦体制是如此的重要,因此我们应该尽量避免使其陷入到任何细枝末节的纠缠当中。

在我们现在看来相当直白的是,如果一项法规在州法院中被适用的效果是完全彻底地禁止当事人获得任何赔偿的话,那这项法规就不应该被认为仅仅是无足轻重或形式主义的,而是切切实实的事关州创的实体权利的。既然该法规的适用与否直接决定了当事人是否能够获得救济,那联邦法院在异籍案件中则必须适用服从这项法规。更进一步把此论断放到本案中来说就是,倘若一州有关诉讼时效的法规禁止当事人通过州法院获得救济,那联邦法院也就不应该提供给该当事人任何州法所规定的救济。

我们此前已经多次提到过,异籍管辖权被创设出来的原因是为了给非本州居民当事人作出一个免于遭受他州法院歧视性待遇的其它选择的机会。按照大法官 Marshall 的说法,合众国宪法的起草者们意识到了一个外州当事人在他州法院接受审判时受到歧视的可能性,或许还体会到了这对外州当事人来说是一种怎样的恐惧。于是,国会便提供给了这些外州当事人另外一套法院系统以及另外一种法律体系。但是这种双重司法体制在同一个州内运作的状况不可避免地会造成法律的冲突以及相互之间的敌视。事实上，一方当事人恰好居住在法院所在州之外同样也不能够成为诉讼的另一方当事人受到歧视的理由。联邦法院在异籍案件中所贯彻实施的实体性权利来源于州法，因此，无论何时有法律由州的权力机构所宣布，并且无论宣布是由州议会还是州最高法院作出的，该被宣布的法律都应该在以此法为根基建立的诉讼中占据主导地位，而不管这场诉讼是在州法院还是联邦法院内进行的，同样也不管当事人所寻求的救济是属于法律性质还是衡平性质的。

本法院决定推翻原审法院的判决，并责成其依照本意见所持立场对此案进行重新审理。

如是判决。

Hanna v. Plumer

Supreme Court of the United States，1965.

380 U. S. 460.

MR. CHIEF JUSTICE WARREN delivered the opinion of the Court.

本法院在此案中所要解决的问题是，在一起联邦法院基于当事人异籍取得管辖权的案件里，送达程序究竟是应该以州法规定的方式进行，还是应该以《联邦民事诉讼规则》第 4 条 D1 款规定的方式进行。

在 1963 年 2 月 6 日，身为俄亥俄州居民的上诉人向马萨诸塞州联邦地区法院提交了起诉状，要求就一起发生在南卡罗来纳州的车祸获得超过 1 万美元的人身损害赔偿。上诉人声称这起车祸是由于马萨诸塞州居民 Louise Plumer Osgood 的过失引发的，但是因为 Osgood 太太在上诉人起诉时就已经去世了，所以同为马萨诸塞州居民的她的遗嘱执行人被列为了本案的被告，也即现在所称的被上诉人。在当年 2 月 8 日的时候，本案的送达程序被以将法院传唤令及原告起诉状的副本留置给当时正在家中的被上诉人妻子的方式完成，这种做法是完全符合《联邦民事诉讼规则》第 4 条 D1 款的要求的，该条款规定："传唤令和起诉状应当被一起送达。原告应当提供给执行送达程序的人必要的文件副本。送达应当以下列方式进行：① 对于儿童或无民事行为能力人以外的自然人来说，送达可以通过将传唤令及起诉状的副本当面递交给他，或是留置给居住在他的住所或习惯住所里面的具有适当年纪和判断力的人来完成……"

紧接着，被上诉人于 2 月 26 日向法院提交了自己的答辩状，并在其中声称本案不应当再继续进行下去，因为本案的提起方式直接违反了马萨诸塞州普通法规（Massachusetts General Laws）中的相关条款，该条款是这样规定的："除本章另有规定以外，一个遗嘱执行人或遗产管理人不应当被要求去回应非在信托关系建立起来的一年内由死者的债权人提起的诉讼，除非相关诉讼文书是被当面送达至该执行人或管理人手中，或是在相关告知中清楚地说明遗产的名称、债权人的姓名住址、争议的标的，以及受理案件的法院已被给予了适当的遗嘱登记……"Mass. Gen. Laws Ann.，c. 197，§9（1958）.

半年多以后的 10 月 17 日这一天，联邦地区法院准许了被上诉人提出的要求进行即席判决的动议。在引用了 *Regan v. Merchants Transfer & Warehouse Co.*，337 U. S. 530 和 *Guaranty Trust Co. of New York v. York*，326 U. S. 99 两个案例之后，地区法院总结认为本案中送达是否充分的问题应该以州法第 9 条的标准加以衡量，而上诉人的所作所为没有能够满足第 9 条的要求。在后来的上诉过程中，上诉人承认自己的做法是不符合第 9 条要求的，但她强调说在像本案这种异籍案件中应该用《联邦民事诉讼规则》第 4 条 D1 款来衡量送达程序适当与否的问题。然而，第 1 巡回法院在指出

"马萨诸塞州最近对第9条的修正清晰地反映出了要求在年内实施
当面送达的立法意图"后，表示本案中联邦规则与州法的冲突是
实质性而非程序性的，并以此为理由维持了地区法院的判决意见。
因为此案所涉及的法律争议威胁到了联邦司法程序的统一性，本法
院向此案发出了调卷令。

　　我们认为联邦法院在异籍案件中采用《联邦民事诉讼规则》
第 4 条 D1 款作为执行送达程序的规范，既没有超越国会在《授权
法案》（Rules Enabling Act）中授权的限制，更没有任何触及宪法
红线的地方，因此，联邦地区法院完全可以将《规则》中的相关
条款作为衡量送达程序是否适当的依据。是故，本法院决定推翻联
邦上诉法院的判决意见。

　　《授权法案》〔28 U. S. C. § 2072（1958 ed.）〕中有部分内容
是这样的："联邦最高法院有权去通过制定一般性的规则来规定送
达、令状、诉答状和动议的形式，以及联邦地区法院在所有民事诉
讼案件中所遵循的习惯和程序。这类规则不应当去缩减、扩大或修
改任何的实体权利，并应当保留由陪审团来听审案件的权利……"

　　本法院曾经判决过很多有关于确定《授权法案》边界的案件，
而《联邦民事诉讼规则》第 4 条 D1 款明显能通过我们的审查。比
如在 *Sibbach v. Wilson & Co.* , 312 U. S. 1. 14 一案中，本法院就认为
规定如何告知一位被告他所面临的诉讼属于"地区法院所遵循的
习惯和程序"的范畴之内，我们写道："这时的检验标准必须是这
条规则是否真的是在规定程序性事项——贯彻实施为实体法所确认
的权利义务，并公平地安排受害人获得救济补偿的司法过程。"而
在 *Mississippi Pub. Corp. v. Murphree*, 326 U. S. 438 一案中，本法院
为支持允许在法院所在州的任何地方送达传唤令的《规则》第 4
条 F 款写道："我们认为《规则》第 4 条 F 款是符合《授权法案》
要求的……毫无疑问，很多对地区法院所遵循的习惯和程序的改变
都经常会连带地影响到当事人的实体权利。但国会禁止法院规则改

变当事人实体权利的要求显而易见不是针对这种连带性的影响作出的，因为，只要制定新的习惯和程序规则就无法避免这种连带影响的产生，而且当事人既然选择了到联邦法院诉讼就意味着他同意通过联邦法院的审判习惯和程序来确定自己的权利。适用第 4 条 F 款会使得上诉人受到联邦密西西比州北区法院管辖的事实肯定会影响到上诉人的权利，但这并不是在缩减、扩大或修改法院确定当事人权利所要依据的法律条文。"

故此，如果没有引起冲突的州法条文的话，《联邦民事诉讼规则》第 4 条 D1 款必然是起决定性作用的。然而，要求适用马萨诸塞州送达程序规则的被上诉人提醒本法院应该注意到另一系列的判例。比如，判决于 1938 年的 *Erie R. Co. v. Tompkins*, 304 U. S. 64 一案就规定审理异籍案件的联邦法院在解决实体法律问题时同时受到州成文法和州判例法的制约。实际上，*Erie* 案原则和《授权法案》所想要表达的是同一个意思：联邦法院应当去适用州的实体法及联邦的程序法。

主要是依据 *York* 和 *Regan* 两案的判决结果，被上诉人提议说应当把 *Erie* 案原则看作是一种对《联邦民事诉讼规则》的制约机制，因此尽管《规则》第 4 条 D1 款提供了清楚的送达方式，但 *Erie* 案原则要求在本案中适用马萨诸塞州的送达程序规则。我们总结认为被上诉人立论的要点在于：①经过 *York* 一案修正的 *Eire* 案原则要求联邦法院无论何时只要当适用联邦法律会得到与适用州法不同的结果时，都必须要去适用州法；②在本案当中，如果法院决定适用马萨诸塞州送达程序规则的话，被上诉人便会立即获得胜诉。但从另一方面讲，如果法院宣布适用《规则》第 4 条 D1 款的话，那审理就将继续下去并且不能排除上诉人获胜的可能；③故此，联邦法院应当遵照 *Eire* 案原则在本案里适用马萨诸塞州的送达程序规则。这种三段论式的推理演绎过程看似很有道理，可是出于下面几项理由我们认为它的结论是荒谬的。

我们首先感到十分怀疑的是，即便没有联邦规则规定可以不在异籍案件中采用当面送达的方式，那 Eire 案原则是否仍会强迫联邦法院服从马萨诸塞州的送达程序规则。这种"结果决定论"的分析方法从来不会被当作是一个具有说服力的标准。事实上，York 案希望告诉我们的是：对于州法或联邦法律的适用选择从来就没有一个现成的公式可以套用，而是需要法院去深刻地分析 Eire 案原则所蕴含的政策性因素。

Eire 案原则的理念部分根植于我们认为相同的事实不应该由于是在联邦法院审理的就得出和在州法院审理截然不同结果的想法，也部分植根于我们对于由 Swift v. Tyson 案原则所导致的"挑选法院"做法的深恶痛绝。其实本法院对 York 案的判决正是为了要去实施贯彻这些政策，这从我们在判决意见中尤其重视同一个案件在联邦法院和州法院诉讼会否导致实质性的变化就能看出端倪。但是，我们觉得那些异常轻微的非实质性的变化不仅不会牵扯起任何平等保护的问题以至于需要适用 Eire 案原则，也不会对挑选法院的做法起到多少鼓励的作用。故此，要正确理解 York 案所包含的"结果决定论"，就不能不将其与 Eire 案原则想要实现的两大目标——抑制挑选法院的行为与避免对各州法律的不公对待联系起来。

在本案当中，是否适用马萨诸塞州送达程序规则的结论对于结果的影响是具有决定性的，因为倘若我们决定适用州法的话，那被上诉人便肯定会获胜，而倘若适用《规则》第 4 条 D1 款的话，那最终鹿死谁手还未可知。但是，在我们看来，任何诉讼程序上的变动都会对案件的结果产生决定性的影响。比如说，一名已经在联邦法院起诉的当事人就不能再按照州法院的时限规定来履行诉答程序义务了，即便执行联邦法院的诉答规则将会对他造成不利的后果。本案中的情况也正是这样。虽然选择适用联邦还是州法的规则现在看来会对诉讼结果具有显著的影响，但这两种规则之间的差异用选择法院时的眼光看是几乎可以忽略不计的。上诉人在选择到联邦法院起诉的时候并没有处在适用州法规则便会剥夺她一切获得救济的权利的境地上；相反，遵守州法规则所改变的仅仅是送达程序完成的方式。此外，我们很难去相信允许以把法律文书留置给被上诉人妻子的方式代替当面送达给被上诉人本人的方式来完成送达程序就会改变州创权利的实现途径，并且这种改变是如此的带有实质性以至于会引发 *Eire* 案原则所暗示的平等保护问题。

事实上，被上诉人的整个逻辑推理过程中还存在着一个更大的缺陷：错误的假设了 *Eire* 案原则是衡量《联邦民事诉讼规则》有效性与可适用性的适当标准，可 *Eire* 案原则在实践中其实从未被用来证明一条联邦规则是无效的。尽管本法院有时的确会在表面上看起来受联邦规则管辖的案件中适用州法规则，但这并不是 *Eire* 案原则强制命令的结果，而是该联邦规则的适用范围实质上没有当事人认为的那样广泛，因此就形成了在某个争议上没有特别有针对性的联邦规则的局面，于是也就只能依据 *Eire* 案原则转而适用州法了。与此同时，一旦有必要来决定联邦规则的有效性，本法院绝不会将 *York* 案原则或其他 *Eire* 案原则的变种作为衡量标准，只有在 *Sibbach* 案原则的指引下仔细探究《授权法案》的范围与具体联邦规则的合宪性才是唯一正确的办法。

被上诉人指出的本法院此前有关法律适用的判例可被整理为两条脉络的事实并非是本法院不小心所导致的结果。"实体性的"事物与"程序性的"事物之间的界限会随着场合的不同而发生改变，这就像我们在 *York* 案里说过的，一件事物被划分为实体性或程序性取决于其所涉及的问题。虽然 *Erie* 案原则和《授权法案》都大致是在说联邦法院应当适用州实体法及联邦程序法，但我们所采用的衡量标准却完全可以不一样。当对于某个问题有直接的联邦规则可以管辖的时候，这就不是一个应该受 *Eire* 案原则控制的场合：联邦法院此时应当适用联邦规则，并且只有当顾问委员会（Advisory Committee）、本法院和国会作出了错误的判断以至于使得应当被适用的联邦规则超越了《授权法案》的范围或违反了宪法限制的时候才可以拒绝这样做。

Eire 案原则提醒我们：国会和本法院都没有权利在宪法第 1 条或宪法其它条款的授权范围以外制定法律规则，州法是这样授权范围以外领域的唯一主宰，因为没有其它法律能够存在于这个领域当中。但是 *Eire* 案原则并没有在说像《联邦民事诉讼规则》第 4 条 D1 款这样的措施是违宪的，因为宪法中有关要求建立起一个联邦法院系统的条款便暗含着国会有权制定维持联邦法院系统正常运作所需的程序及习惯的条款规则的授权。尽管到目前为止本法院还从未遇到过在某个具体法律争议上可被适用的联邦规则与某州的法律存在直接冲突的情况，但曾经碰到过这种情况的联邦上诉法院正确地利用本法院以往的判决意见化解了两者间的冲突。可参见 *Lumbermen's Mutual Casualty Co. v. Wright*, 332 F. 2d 759, 764（C. A. 5th Cir. 1963）.

Erie 案及随后秉承其原则判决的一系列案例都丝毫没有否认长期以来被当作天经地义的国会有权为联邦法院制定日常规则，即便这些规则与同类型的州法规则有不相一致的地方……一项联邦规则的有效性是通过比照《授权法案》和宪法当中所含的标准来加以衡量的，这与我们想要凭借 *Eire* 案原则实现的目标根本就是不在同一个层面上的两码事……《联邦民事诉讼规则》第 4 条 D1 款的有效性毋庸置疑，并且应当被作为判断送达程序是否执行适当的决定性标准适用于本案当中。

本法院决定推翻原审意见。

补充知识：

● 前面和大家聊的主要都是美国法学院里课堂上的事情，其实美国法学院学生的课余活动也是非常丰富多彩的，在这儿我就给大家作一个简单的介绍。

美国法学院往往都会在正常的课业设置之外给学生们另行安排各种包含有一定教学内容的培训项目，积极地参加这些培训项目给我个人的感觉可以用受益匪浅来形容。举个例子来说吧，美国是一个讲究遵从先例的判例法国家，因此，掌握熟练的法律检索技能是一个律师所必须具备的基本功，甚至可以说是衡量律师专业水平的重要因素。然而，怎样通过最少的点击次数来检索到自己所需的所有文件又不完全是个通过老师课堂上讲一遍就能理解的技巧问题，更多的时候会体现为一种使用者长期积累出来的经验，因此大家在一起切磋经验以及摸索尝试就显得非常重要了。为了给大家在课堂之外提供这种契机，几乎所有的美国法学院都会联合 Westlaw 公司和 LexisNexis 公司为学生们安排法律检索的培训项目，由富有经验的专业人员给学生们讲解这两种数据库的特点及用法。在我所就读的明尼苏达大学法学院里，这样的培训项目差不多每个星期都有，多数是利用中午休息的时间，一次少则半个小时多则 50 分钟，但是紧凑的内容总是能让人觉得有所收获，其中有很多使用者所讲的心得体会是在教室里课本上完全学不到。

各种主题繁多的讲座是美国法学院里的另一个特色，每天教室前方的黑板上总是会有一个角落里写满了各种讲座的信息，其中的主题也并非完全都是阳春白雪，除了最多的是成功律师来给学生谈体会外，就是一些诸如反堕胎请愿团之类的民间团体来学校里推销自己的主张，也未见得会有多少人去听。总体上说来，由法学院官方举办的讲座往往都有着比较高的质量，不少外国的退休政要、最高法院的法官以及律师界最知名的合伙人都曾经来到过明大法学院登台演讲。另外值得一提的是，绝大多数放在中午时分的讲座都会有免费的比萨供应，因此只要你不在乎有人在你吃饭时喋喋不休的话，基本上每天中午都有白食可吃。

国内的新生一进大学可能首先就会被各式各样的社团活动搞得眼花缭乱，由于人数较少及功课繁忙的缘故，美国法学院里的社团活动并不像国内大学里那样多，但的确也有一些志同道合者组成了象棋俱乐部、音乐俱乐部以及足球队等等的组织，大家不定期地隔三差五活动一次倒也都兴致勃勃。有意思的是，明大法学院每年春天都要举行一次名为 Race for Justice 的传统长跑活动，不仅平时难得一见的法学院院长会亲自参加，而且他还将请所有在他前面跑到终点的人吃饭，所以到这一天的时候法学院里往往会热闹非凡。

也许是因为美国人的天性开朗幽默使然，明大法学院里还流传着一份以讽刺搞笑为主题的油印小报，每个星期四准时供大家免费取阅，其中的不少文章都极尽善意地挖苦嘲笑教授院长为能事，算是学生们对平时严肃紧张的学习氛围的一种情绪发泄吧。

第三节　法律选择——确定州法的内容

通过上一节的介绍，我们已经知道了所谓 Erie 原则指的是联邦法院在异籍案件中应当适用州的实体法及联邦的程序法，可常言道："说起来容易做起来难"，真要在某个具体的案件当中适用好 Eire 原则并非是件轻而易举的事情，一旦你接触到实际的争议便会发现 Erie 原则的适用问题会接踵而至。打个比方来说，威斯康辛州的居民 A 与爱荷华州的居民 B 在明尼苏达州旅游期间被卷入到了一起车祸当中，于是 A 便在明尼苏达州的联邦地区法院对 B 提起了过失侵权诉讼，明州联邦地区法院基于异籍管辖权受理了 A 的起诉。请问本案中会不会涉及 Erie 原则；明州地区法院在诉讼时效、送达程序、证据规则及诉答形式等方面应该适用联邦还是州法的规则，如果应该适用州法规则，又是哪一个州法律所制定的规则；明州地区法院在确定当事人的法律责任时应该适用什么样的侵权法，如果应该通盘适用某一个州的侵权法，那联邦法官又该如何确定该州侵权法的内容呢？我们在本节里就将一一揭开这些谜团。

俗话说"罗马不是一天建成的"，其实，今天我们所看到的

Eire 原则也并不是一蹴而就的，而是经历了一个在理论上逐渐丰满完善的过程。*Cities Service Oil Co. v. Dunlap*，308 U. S. 208（1939）是最高法院在宣判完 *Erie* 案后面对的第一个以法律选择为主要争议的案件，在该案中是否应当适用得克萨斯州的证据法成为了当事人双方争执不下的焦点。联邦上诉法院认为此案并不牵涉到 Erie 原则，因为证据法是关于程序习惯而非实体性的法律。然而，最高法院推翻了上诉法院的这种见解，并表示由于适用何种证据法与原告能否实现实体权利密切相关，所以 Erie 原则在此时要求联邦法院适用州证据法。这一判决意见给大家对 Erie 原则的理解造成了极大的混乱，原先大家通常所认为的 Erie 原则就是要求联邦法院适用州实体法及联邦程序法的观念被彻底打破，如果联邦法院需要适用州证据法的话，那是否也应该适用州的有关诉讼时效或送达程序的法律呢，因为这些法律的适用与否同样也会直接影响到实体权利的实现可能。

在随后的 *Guaranty Trust Co. v. York*，326 U. S. 99（1945）的一案中，最高法院对自己的观点作出了澄清，并及时地抛出了一个"结果决定论"（outcome determination）的检验标准。为了解释自己为什么支持联邦法院适用纽约州有关诉讼时效的法规，最高法院声称 Erie 原则所力图实现的司法政策是避免同一个案件会由于在联邦或州法院审理而出现不同的结果，因此，如果执行一项联邦司法习惯会根本性地改变某个案件在州法院审理将要得到的结果，那联邦法院就不应该适用这项联邦习惯而应该去适用州法，以求抑制当事人挑选法院的行为。显而易见，*York* 案判决扩大了 Erie 原则的适用范围，原先我们都以为 Erie 原则只应该被适用于那些缺乏联邦规则直接管辖的争议，而只要有联邦规则存在就应该去适用联邦规则，但 *York* 案判决告诉我们即便在那些宪法授权国会或最高法院制定规则加以管辖的领域里也有可能会出现必须适用州法的情形，这需要通过检验案件的结果会否因为适用联邦或州法规则的变化而截然不同来最终决定。

岂料"结果决定论"也并非尽如人意，其最主要的一个缺陷便是适用程度不好掌握，从广义上将但凡司法程序的变更或多或少都会对案件的结果产生影响，至于到底什么程度的影响才能被认为是对结果有决定性无疑是个见仁见智的问题。于是，最高法院又在 *Byrd v. Blue Ridge Rural Electrical Cooperative*, *Inc.*，356 U. S. 525（1958）重新提出了一个"利益平衡论"（interest balancing）的检验标准，算是对 *York* 案立场的小小修正吧。所谓"利益平衡论"指的是联邦法院在进行法律选择时应考虑一系列的因素并对联邦和州在案件中的利益进行比较后再作出适用何种法律的判断方法，这些因素主要包括有可适用的州法规则与州创权利间的关系、适用州法将给联邦司法系统造成的影响，以及案件结果会因法律适用的不同而出现多大的改变等等。然而，这个"利益平衡论"被事实证明是非常短命的，最高法院几乎就从未在以后的正式判决意见中再次提到过这种观点，因为其具有所有比较式检验标准固有的内在缺陷，即缺乏一种客观性的计量刻度以使不同的法院在进行比较时都遵循一致的衡量标准。

以现在的眼光看来，*Hanna v. Plumer*，380 U. S. 460（1965）可能是后 Erie 原则时代最重要的一个案例了，大法官 Warren 提出的"两段论"的分析方法至今仍是我们在适用 Erie 原则时所遵循的主要标准。在 Warren 大法官的第一个论断中，他指出了"结果决定论"的适用必须以参考 Erie 原则所蕴含的政策性因素作为依据，即结果改变是否具有决定性将取决于这会促进还是阻碍 Erie 原则蕴含的两大司法政策——抑制挑选法院的行为与避免对各州法律的不公对待的实现。因此，适用"结果决定论"的后果便不再是一定会迫使联邦法院用州法规则来代替自己的联邦规则了，如果这样做并无助于任何有益目的达成的话。而在他的第二个论断中，War-ren 大法官则详细地说明了一项联邦法规的有效性并不取决于其同任何州法的比较结果，而是应该通过检验其是否超越了国会的《授权法案》及宪法的限制条件来加以判断，并且只要一项联邦法规没有违反《授权法案》和宪法就应该为联邦法院所适用。这个论断无异于宣告了联邦法规在与州法规则出现冲突时的普遍优越性与先占性，因为迄今为止最高法院还从未否认过一项联邦法规的有效性。

上述的四个判例为 Erie 原则在现实生活中的适用提供了基本的指导方针，在了解了这四个判例的来龙去脉及传承关系之后，我们现在就可以从一个联邦地区法院法官的角度来总结一下遇到具体问题时 Erie 原则的适用方法了。首先，作为一个总体性的原则，联邦法院应当在基于异籍管辖权受理的案件当中用联邦法律来处理程序性事宜，而用州法来解决实体性争议。就像我在上一节里已经告诉过大家的那样，绝大多数的案件都可以毫无困难的凭借着对这个总体原则的把握迎刃而解，但在有些时候某个问题究竟是属于实体性还是程序性的却没有什么泾渭分明的区别，此时就需要用到下面的步骤来决定到底该适用州法还是联邦法律了。

第一步要做的是先看看在此案当中是否有真实的冲突存在，也就是说是否同时有联邦法律和州法都能适用于当前的争议，而且这两者各自的规定是不可协调的。如果不存在真实的冲突，这可能是因为没有联邦法律能直接管辖当前争议、貌似冲突的联邦法律和州法其实是针对不同问题的，或是联邦法律和州法的规定是一致的，那自然也就没有任何法律选择的问题了。

只有当有真实的冲突存在时，我们才需要考虑第二步的何种法律应该被优先适用的问题，从引起冲突的潜在可适用的联邦法律的渊源着手通常是个有用的办法，联邦法官在这里可能会遇到 4 种情况：①宪法性条款与州法冲突的情况。毫无疑问，因为合众国宪法是美国领土上效力最高的法律，此时无论如何都应该适用宪法性条款，而不管州法涉及的是实体性还是程序性的问题。最明显的一个例子就是宪法第 7 修正案规定的由陪审团听审的权利，这在联邦异籍案件中是任何州法都不能剥夺的；②联邦成文法（federal statute）与州法冲突的情况。要是有州法与一项具体的联邦成文法规发生冲突的话，那我们的着眼点应该放在此联邦成文法的有效性上。如果我们检验的结果证明此联邦成文法是有效的，联邦法院便应当毫不犹豫地去适用此联邦成文法，而完全不用理会州法说的是什么，因为国会的立法权本身就是合众国宪法所授予的；③联邦规则（federal rule）与州法冲突的情况。这时体现的正是上述 Warren 大法官在 *Hanna* 案中提出的第二个论断，用《授权法案》和宪法条款来进行衡量，如果该联邦规则能被认为是有效的，那联邦法院就应该适用联邦规则。事实上，包括《联邦民事诉讼规则》、《联邦证据规则》或《联邦上诉程序规则》在内的所有联邦规则都能满足这个宽松的检验标准，因此也就都应在实际案件中为联邦法院所适用；④联邦司法习惯（federal judicial practice）与州法冲突的情况。除了联邦成文法及联邦规则之外，联邦法院的法官还在日常审判活动中自行创设了很多联邦司法习惯，这些司法习惯能否代替州法适用于具体案件当中将取决于其是否能符合 Warren 大法官提出的第一个论断，也即适用它们会否助长法院选择的行为或造成对州法的厚此薄彼。如果这种双重目标的检验标准不能得到满足，那联邦法院就应该放弃这些司法习惯转而去适用州法。

　　倘若联邦法院在执行上述的两个步骤后得出的结论是应当在此案中适用州实体法，那接下来的一个比较紧迫的问题便是确定州实体法的内容了。有些人可能会建议此时联邦地区法院应适用的是本州也即法院所在州的法律，这样做的好处是显而易见的——什么法院适用什么法律成为一件能够让当事人一目了然的事情，以此就根绝了法律选择的麻烦。然而，之所以这种做法未能成为美国法院普遍遵从的习惯，是因为它的负面作用也不可小视，其一是会助长当事人挑选法院的行为，每个人显然都会选择会适用最有利于自己的州法的法院提起诉讼；其二是有违公平合理的司法原则，如果一个州的法律和当前诉讼间的联系实在不是很紧密的话，那仅仅因为当事人选择了在该州的联邦法院起诉就去适用这个州的法律看起来是个比较牵强的理由。

目前，联邦法院的通常做法是参考本法院所在州的冲突法则来确定到底该适用哪个州的实体法，比如坐落在明尼苏达州的联邦地区法院遇到这种情况便会翻翻明州的冲突法则，以揣测要是由明州地方法院来审理此案将会作出怎样的决定。各州的冲突法则都设定了一些客观的标准来帮助法院判断对州法的选择适用问题，比如侵权案件通常都适用侵权行为发生地的法律，合同纠纷适用合同缔结地的法律，以及财产法案件适用财产所在地的法律等等，这些标准都是相当机械简单的。然而，这种冲突法模式在近些年来逐渐被认为已经过于陈旧了，现在有不少的法院都倾向于设立一种动态的冲突法标准以适应案情多样化的现实。于是，有些法院采用的是具体分析哪一个州在案件中存在更深入广泛的利益标准，而另一些法院采用的标准则偏重于考察案件和哪一个州具有最重要的联系，限于篇幅的关系在此就不一一详述了。

Salve Regina College v. Russell

Supreme Court of the United States，1991.

499 U. S. 225.

JUSTICE BLACKMUN delivered the opinion of the Court.

在本案当中，本法院所要面对的问题是联邦上诉法院应该用什么样的标准来审核地区法院对州法内容的确定是否正确，具体说来有待我们解决的是确认上级联邦法院对下级法院适用州法正确与否的审核标准能不能比适用联邦法律的标准要来得低一些。

本案的争议起源于一所学校与其学生间的合同纠纷。上诉人Salve Regina 学院是家位于罗得岛州 Newport 市的高等教育机构，而被上诉人 Sharon L. Russell 则是该学院的一名学生，1982 年的时候她正在该学院里读一年级。在学校里度过了一年时光以后，被上诉人发现自己真正的志趣是成为一名护士，于是便又重新申请了本校的护理专业。幸运的她很快便获得了录取，因此到了 1983 年秋天时被上诉人成为了 Salve Regina 学院护理专业的学生。

在被学院护理专业录取的时候，被上诉人是个身高仅有 5 尺 6 英寸但体重超过 300 磅的女孩子，因此，1983 学年刚一开始被上诉人的身材便成为了护理专业职员们嘲笑打趣的热门话题。不消说，被上诉人在学习护理专业的头一年里过得极其艰难，由于担心她过度肥胖的体形会影响临床实习的安全性及病人的满意度，校方曾多次找她谈话希望她自己能够知难而退。在与校方维持了两年这种不冷不热的关系之后，被上诉人不得不在三年级的时候同 Salve Regina 学院签署了一份具有合同性质的文件。被上诉人在这份文件中承诺，如果她不能每周去参加一次减肥训练班并取得减轻 2 磅体重成绩的话，她就将自动从护理专业中退出。结果当后来被上诉人未能兑现自己承诺的时候，学校果然以这份文件为依据要求她退学，于是被上诉人无奈地同意了这一要求。尽管退学之后的被上诉人很快又得到了另外一家学院护理专业的录取，但她作为一个中途转学生不得不重新修习一遍三年级的课程，以满足护理专业两年住读的强制要求。总之，被上诉人统共花了 5 年而不是常人所需的 4 年时间才取得了护理学士的学位，并且为此她还专门去做过一次减肥手术，不过如今她已经是一名注册护士了。

在离开 Salve Regina 学院后不久，被上诉人便在罗得岛州联邦地区法院提起了本次诉讼，她声称学校对自己犯有：①故意造成精神伤害；②侵犯隐私权；③没有履行默示的教育义务。联邦地区法院以异籍管辖权为依据受理了被上诉人的起诉。此外，双方当事人约定本案的所有实体争议都适用罗得岛州的法律解决。

在案件审理进行到质证阶段尾声的时候，学院方面提出了请求法院作出直接判决的动议，因为其声称在罗得岛州法律下有关实质履行的严格商业原则（strict commercial doctrine）是不适用于一般性的教育场合的。故此依上诉人看来，既然被上诉人已经承认她的行为未能满足合同要求，那么本方就有权获得一个法律问题性质的判决（judgment as a matter of law）。

联邦地区法院拒绝了上诉人的这一动议。尽管全然知晓罗得岛州最高法院通常是将实质履行原则的适用范围限制在建筑合同领域内的，联邦地区法院还是相信作为一个法律问题，罗得岛州最高法院会在本案这种事实情况下将该原则适用于被上诉人身上。地区法院负责初审的联邦法官甚至为此信誓旦旦地写道："我曾经当过18年半的州法院法官，这段经历使我能准确地预感到罗得岛州最高法院肯定会做什么或是不会去做什么。"故此，联邦地区法院坚持将本案中违反合同的争议提交给了陪审团，并且还对陪审团给出了如下的指示："在这种类型的合同争议中，法律所要求的是善意的实质履行而非切实履行。这也就是说原告并不需要去全面严格地履行合同里列明的每一款项，而只要怀着善意及按照合同规定的方式作出实质履行的举动就可以了，甚至就连一些轻微且不严重的差错或疏忽都是无关紧要的。"

最终，陪审团作出了支持被上诉人的决定，并要求上诉人给付30 513.40美元的损害赔偿。联邦法院据此作出了判决，但上诉人和被上诉人双方随后都对此提出了上诉。

联邦第1巡回法院维持了地区法院的初审判决。在解释自己为什么支持地区法院拒绝了上诉人提出的罗得岛州法律中的实质履行原则不适用于学校与学生间的争议的观点时，第1巡回法院表示："我们对本案的基本印象是，地区法院认为罗得岛州最高法院是会将实质履行标准适用于本案这种情况的。出于习惯性的上诉法院对基层法院在州法解释问题上的尊重，*Dennis v. Rhode Island Hospital Trust Nat'l Bank*，744 F. 2d 893，896（1st Cir. 1984）；*O'Rourke v. Eastern Air Lines, Inc.*，730 F. 2d 842，847（2d Cir. 1984），我们认为地区法院所作出的罗得岛州最高法院将会适用实质履行标准的决定不是一个可被推翻的错误。"

上诉人 Salve Regina 学院随即便寻求本法院对此案发出调卷令，其宣称上诉法院错误地支持了地区法院对州法的解释。虽然在具体的措辞上存在差异，但绝大多数的联邦巡回法院都采取的是和第 1 巡回法院相同的尊重地区法院对州法内容分析的做法，比如 *Norton v. St. Paul Fire & Marine Ins. Co.*，902 F. 2d 1355，1357（CA8 1990）（"总体上讲，我们非常尊重地区法院对其所在州法律的解释意见"）及 *Self v. Wal - Mart Stores, Inc.*，885 F. 2d 336，339（CA6 1989）（"我们给予初审法院对州法问题的看法以超出一般的重视"）。然而，也有 2 个巡回法院近来脱离了这条统一战线，它们认为地区法院对州法的解释应该受到上诉法院充分而全面的审查，这种观点可见于 *Craig v. Lake Asbestos of Quebec, Ltd.*，843 F. 2d 145（CA3 1988）与 *In re McLinn*，739 F. 2d 1395（CA9 1984）两案。由于在众巡回法院间存在着歧见，本法院决定对本案发出调卷令以弥合这种分歧。

我们认为上诉法院应该用重新审理的标准（*de novo standard*）来审核地区法院对州法所作出的判断。根据美国法典第 28 章第 1291 条的规定，作为一个法律问题，上诉法院当然有权对地区法院的最终判决进行充分全面的审查。实际上，一个上诉法院所具有的主要职责便是运用自己的权威来独立审查下级法院作出的决定和判断。

允许上诉法院对法律争议进行独立审查可以最大限度地实现立场连贯和司法经济的双重目的。地区法院的法官独自承担着快节奏审判的任务：他们必须把大量的精力能量花在听取证词和检阅证据上。与此相类似的是，初审律师由于受其辩护职责所限能通过备忘录或节略摘要为地区法院法官在法律检索方面提供的帮助也是相当有限的。因此，初审法官时常必须在手头不掌握大量信息资料的情况下处理复杂的法律争议。

从另一方面来说，上诉法院在整个司法结构里就处在协作的地位上以保证法院判决的准确性。由于被递交到上诉法院的材料都已经在下级法院内经过了充分的验证质询，所以上诉法院的法官完全可以将自己关注的焦点集中在比较纯粹的法律问题上。此外，当某个法律问题成为上诉法院审查的焦点时，双方当事人的律师通常也都会积极主动地提供给上诉法院的法官有关该问题更详尽的分析及更广泛的信息，这些条件都是地区法院的法官所不具备的。但恐怕在所有因素中最为重要的是，上诉法院采用的是多个法官共同审案的模式，这就使得法官之间可以进行对话并且集体作出决定。

独立上诉审查的做法可以使得上级法院能够对下级法院的法律分析方法进行认真仔细的回味，一个高效警觉的上诉法院会自然而然地以设身处地的方式顺着地区法院的思路来考虑其决定的正确与否。上诉人已然知道地区法院分析问题的思路其实会对上诉法院的审查方式具有重要的影响。地区法院给出的任何见解意见都是在给上诉法院传递其为什么要这样判决的道路所在，因此一般都会为上诉法院所察觉并重视。如果上诉法院觉得地区法院的分析老成且并无遗漏的话，那上诉法院基本上就不需要在自己的判决意见里再多说什么了。然而，我们要强调的是，独立的上诉审查机制并不允许上级法院对下级法院的决定作出轻率依赖的表示，所以这种重新审理的复核标准其实鼓励了下级法院去在判决意见中尽量清楚明白地去阐述判决的理论基础。

目前不同级别法院间的这种分工方式使得初审和上诉法院各自的职能特点及优势都受到了尊重。为了最大限度利用地区法院在事实发现方面所具备的无可比拟的优势地位，《联邦民事诉讼规则》的第 52 条 A 款规定地区法院认定的事实"除非存在明显的错误否则不得改变，并且应当对初审法院法官判断证人可信度的机会给予充分的信任。"除此之外，对于那些涉及诉讼监察的争议来说，有无滥用自由裁量权也常常被作为一种审查的标准。最后，我们在此前的某些场合也曾经表示过，当地区法院相比较上诉法院而言处在更好的裁定争议的位置上，或上诉法院的审查实在无助于澄清法律原则的时候，采取信任尊重下级法院的审查标准是最好的做法。

联邦法院是基于当事人异籍的因素取得案件管辖权的事实并不能改变联邦法院现有的决策机制程序使得联邦法院必须偏离独立上诉审查的标准。实际上，上诉法院在州法内容判断问题上采用一味迁就地区法院的审核标准并不符合我们在 Erie 案中所确立的法律原则。本法院力图通过 Erie 案来实现的两大目标——抑制挑选法院的行为与避免对各州法律的不公对待，都是促使各法院做到立场连贯的重要内容，并且也只有通过独立上诉审查标准才能达成。正如被上诉人已经承认的那样，尊重信任的审查标准将使得联邦地区法院对相同州法的理解出现分歧，即便是在同一州的各地区法院间也会如此。更为严重的是，在州法内容判断问题上采用尊重信任的审查标准其实就等于是在拒绝当事人在上诉审理过程中要求法院对州法争议进行有意义审查的权利，这样一来上诉法院便在无形中建立起了一种双重贯彻执行州创权利的司法体系，而在这种体系中适用于争议的实体性规则将取决于当事人对于法院的挑选。以上这些不采用独立上诉审查的标准所会造成的后果统统不是本法院乐于见到的，也与 Erie 案的原则根本不相容。

我们毫不怀疑在许多案件中上诉法院采用尊重信任而非独立审查的复核标准不会影响到一个案件的上诉结果。特别是在大多数的异籍案件当中，解决争议所需适用到的州法已经被州法院解释的相当清楚明白了，所以联邦地区法院所要做的只是简单地将这些已决州法原则适用于当前的事实，这时法官出错的可能性是非常小的。即便一项解决争议所需适用到的州法尚未得到的充分解释，我们假设上诉法官深思熟虑后所作出的认定通常都会和经验丰富的初审法官的直观推断相一致也并不是件全无道理的事情。另外，当两级法院对某个具体州法问题的判断出现偏差时，如果上诉法院觉得地区法院的分析方法存在明显错误的话，那上诉法院是采用哪种审核标准发现这种错误也就不很重要了。

综上所述，强制性的要求上诉法院采用独立审查的复核标准所能起到的作用其实是非常有限的，或许只有在那些属于极少数的上诉法院对一个待决的州法问题做出了和地区法院截然不同的认定，但又无法宣称地区法院的认定是明显错误的情况下，才有可能会改变案件的上诉结果。然而，就是由于这极少数情况的存在，我们更加坚定地相信了尊重信任的复核标准与独立审查的复核标准之间差距所体现的决不仅仅是一个程度上的差别。既然本法院相信重新审理的上诉复核标准（ *de novo* standard ）是恰当的，那任何形式的尊重信任的复核标准便都是不能接受的了。

被上诉人认为重新审理的标准是不合适的，因为地区法院的法官相比较上诉法院的法官而言要处在更加有利的位置上去决定关于州法的争议。这种优越地位来自于地区法院法官由于经常需要在异籍案件中适用法院所在州法律而积累的丰富经验，此外，地区法院法官通常会曾在法院所在州作为律师或州法院法官长时间实践州法的事实也为这一论断平添了佐证。

我们并没有被被上诉人的说法打动。首先，我们觉得被上诉人的立论基础实在太失之普遍化了，因而对本案的事实缺乏必要的针对性。其次，地区法院法官能比上诉法院法官更好地回答待决州法问题的论断与我们在 *Erie* 案中确立的原则是互相矛盾的。*Erie* 案原则的实质就在于我们认为联邦法院的法官至少能和州法院的法官一样体察州法的内容。与此相类似的是，我们也没有理由不相信上诉法院的法官至少能和州法院的法官一样体察州法的内容。既然一项州法问题在当前是待决的，那地区法院法官以前在法院所在州的从业经历便未见得能对他合理的解决该州法问题有多大的帮助。

上诉法院在整个联邦法院架构中的位置职责，以及 Erie 案原则所蕴含的强调司法协作精神的联邦主义原则，都要求上诉法院对地区法院在州法内容问题上作出的判断采用重新审理的复核标准。故此，联邦第 1 巡回法院在本案中所采用的过于尊重信任地区法院判断的做法是错误的。本法院因此决定推翻第 1 巡回法院的判决，并责成原审法院遵照本意见的精神对此案进行重审。

如是判决。

补充知识：

● 今年时逢美国的大选之年，随着选期的日益临近，驴象两党的明争暗斗也当仁不让地成为了公众关注的焦点问题。前些天，电视上播放了一档很有意思的访谈节目，主持人在纽约的街头随机访问了些路人，询问他们对于克林顿、小布什及克里的看法。结果既出人意料但也在情理之中，相比于穷兵黩武的小布什和木讷刻板的克里，俊朗健谈且曾经力促美国经济节节攀升的克林顿居然赢得了大多数人的好感，大家纷纷表示如果克林顿参选的话自己肯定会把手里的一票投给民主党。相信正为克里的支持率落后于小布什而烦恼的民主党要人看到这档节目以后，心中定会懊悔为什么不早点动手修改宪法，为克林顿第三次竞选扫除法律障碍。

当然，上面说的只是玩笑话，事实上，美国宪法自 1787 年诞生以来就只被添加了 27 条修正案，而且其中俗称《权利法案》的第 1 至第 10 条修正案几乎可以看作是原文的一部分，由此可见在美国修改宪法的难度比起选战获胜来一点也不小。另外考虑到这个过程的漫长繁复，估计等到民主党梦想成真时，克林顿也已经是垂垂老矣了。您要是对此不甚了解的话，就让我们来详细地了解一下民主党究竟应该怎样来完成修宪的手续吧。

纵观世界各国，对宪法这一国家根本大法的修改无非有两种主要模式，一种即是像中国这样直接修改原文的，于是拿现在的宪法和 50 年代的相比将会有面目全非的感觉；另一种则是像美国这样采用在原文后面添附修正案的方法，而被修改的内容并不从原文中抹去，例如美国宪法的第 21 条修正案便是对第 18 条修正案的否定，可是这两条修正案现在仍同时存在于美国宪法当中。这两种修宪模式各有利弊，况且由于各国国情不同也无法简单横向类比，但每个国家对于修改宪法一事都抱着极为审慎的态度这一点却无疑是相通的。

还是拿美国人的修宪程序来说吧，美国宪法的第 5 条规定了其具体的步骤。首先，要想将废除宪法中"任何人不得担任总统职务两次以上"条款的修正案提上议事日程，民主党就必须具有控制国会或地方政府的绝对实力，因为只有在参众两院同时获得 2/3 的多数票，或是有 2/3 以上州的立法机关要求，才能由国会召开全国制宪会议提出，不过这后一种方式还从未有人实践过。我们现在假设民主党能够做到获得国会 2/3 的赞成票，然后，民主党还必须寻求到足够的支持以使得新修正案能够顺利成为宪法的一部分，那即是要由 3/4 的州批准通过，可以是州议会或是州制宪会议。需要特别说明的是，后一种方式在美国历史上仅仅使用过一次，这便是我们上面提到过的用第 21 修正案来废止第 18 修正案。

如果抽象地叙述美国人修宪的过程尚不足以让大家对其中的困难程度有深切的感性认识的话，那我还可以告诉大家一个例子。目前美国宪法的最后一条也就是第 27 条修正案最早提出于 1789 年，可是直到两百多年后的 1992 年才正式获得通过，看来民主党和克林顿本人都已经等不起这么长的时间了。

第四章　诉答程序

第一节　概　论

诉答程序一般指原、被告双方通过法院提供交换起诉状、答辩状、各种动议及一些其它种类诉讼文书的活动，因为代表着一起民事诉讼的正式开始而处于异常重要的地位。目前，在联邦法院系统中，诉答阶段的活动程序是严格遵循《联邦民事诉讼规则》（以下简称《规则》）的规定进行的，故此，借助《规则》的相关条款作为依托来了解掌握原、被告双方在诉答阶段各自具有的权利义务是我们在本章中主要的学习任务。

常言道"学而不思则罔"，与其在一章的前言里重复些每本民诉法教科书上都会有的老生常谈，倒不如给大家出些与本章法律有关而又在生活中常见的问题，希望大家带着对这些问题的思索进入到本章的阅读当中，最后心满意足地收获自己的结论。

一场交通事故引发的诉讼

在一个明州冬天常见的鹅毛大雪漫天飞舞的日子里，有 3 辆车在前往 Mall of America 的途中发生了连环相撞的事故。B 驾驶的奔驰从后面撞上了 F 驾驶的福特，而这辆福特则又撞到了 T 驾驶的丰田车的尾部。所幸无人在事故中受伤，但他们却都没有给自己的车买保险，于是在和解的努力以失败告终后，一场民事诉讼便由此拉开了帷幕……

（1）T想要以过失为由对F提出起诉。作为T的代理律师，你准备如何起草这份起诉状？你认为需要考虑的问题有哪些？如果T告诉你那天他是酒后驾车，你打算在起诉状中披露这个事实吗？

（2）接到T的起诉状后，F找你作为他的代理律师。他承认自己的车确实撞到了T的丰田，但他认为这完全是B的过错造成的，所以他不应该承担任何的法律责任。你怎样才能把F的意思贯彻到答辩状中呢？你可以对B提出起诉，并要求把B合并到T与F的诉讼中来吗？你打算适用《规则》中的哪一条？你可能遇到的法律障碍或是来自B的抗辩有哪些？

（3）假设F成功地把B拉入了自己与T的诉讼当中。那T能不能借这个机会直接对B提出指控呢？或是B有没有权利在诉讼中反过来要求F或T对自己作出赔偿呢？如果T和B在此前存在房产问题的纠纷，B可以要求借此机会一并解决吗？

（4）假如T在诉讼进行了一段时间后发现那天驾驶福特车其实并不是F，而是F的妻子W。那他可不可以向法院要求在起诉状中更换指控的对象？如果联邦法院对W缺乏管辖权，那是不是包括B的指控在内的整场诉讼都会被法院驳回？F应当如何最大限度地利用T的这个错误？作为T的代理律师，你需要对此承担什么责任吗？

（5）F在收集证据时发现T在事发当天曾经大量饮酒，并确信这是造成连环撞车事故的主要原因。F应该如何告诉法院他的这个新发现？这对B来说是个好消息吗？

（6）T在收集证据时发现自己丰田车的刹车系统存在重大设计缺陷，而且尾灯也总是失灵。那T可以据此把丰田汽车公司、卖给他车的车行以及前不久刚替他的车做过保养的修理厂也都告上法院吗？如果F或B对T提出过反诉，那T可以让它们代为承担反诉责任吗？

(7) B 在事发前几天曾经分别把自己的车借给了 K 和 G 两位朋友，等到拿回来以后却发现汽车的刮雨器坏了，还没来得及修好就发生了上述事故，可 B 并不能确定究竟是 K 还是 G 把刮雨器给弄坏的。那 B 应该等调查清楚了再决定采取什么样的行动，还是应该立即就把 K 和 G 一起告上法院，法律又允许 B 这样做吗？如果 K 和 G 被加入到了诉讼中来，那他们可以对 T、F 或 W 提出指控吗？

其实，这些问题的答案就散落在本章的各个角落里，只要做个有心人再加上勤于思考，我相信聪明的读者朋友一定都能在翻过本章最后一节时得出自己的结论。

第二节　联邦规则下的诉答程序——起诉状与答辩状

俗话说"千里之行，始于足下"，根据美国《联邦民事诉讼规则》（以下简称《规则》）第 3 条的规定，民事诉讼从原告向法院提交起诉状时开始。这也就是说，一旦原告将起诉状通过挂号邮寄或亲自递送的方式交到具有适当管辖权法院的书记官手里，便意味着一起民事诉讼案件的正式启动。随后，书记官会立即针对起诉状中被指名的被告发出传唤令，原告有责任在法律规定的期限里以法律要求的方式将此传唤令连同起诉状副本一起送达给被告，而接受了送达的被告则有义务及时对原告的起诉作出某种为法律所认可的回应，这可以是向法院提交一份答辩状或者是径直向法院提出动议以指出原告起诉的缺陷，否则对原告起诉置之不理的做法将会给被告招致缺席判决的结果。通常，我们将上述这些诉讼文书的提出及交换活动统称为"诉答程序"，这是整个美国民事审判过程的第一阶段。诉答程序完成质量的好坏对案件的最终结果会产生至关重要的影响，在日常生活中我们常说：良好的开始等于成功了一半，但在民事诉讼中一个不好的开始即等于审判的终结，被告既有 100 种方法在诉答阶段扼杀原告的起诉，也有 100 种可能在诉答阶段得到败诉的判决，这对原告来说也是同样的事实。从这个意义上来讲，我们对美国民事诉讼法的学习从本节才刚刚开始，请大家务必小心注意本节及本章提到的每一个细节，谁知道将来作为律师为客户服务的过程中你的阿喀琉斯之踵在哪里呢？

我们在前一节概论部分已经提到过，与纽约等数州采用的"法典式诉答程序"相比，联邦法院所遵循的"告知式诉答程序"是一种无论在形式要件还是实质要件方面都更为宽松的诉答程序，但正如联邦法官们几乎以前仆后继的姿态在判决意见中不断警告过的那样，"很低的门槛并不等于没有门槛"，任何忽略或轻视《规则》对联邦民事案件的诉答程序所设要求的行为都可能会给原告造成无法挽回的损失，甚至导致原告的诉权遭到剥夺。因此，认真研究《规则》的相关条款规定是一个民事诉讼律师在起草起诉状前必不可缺的基本功课。下面，就让我们先来看看《规则》对起诉状提出了哪些具体要求。

根据《规则》第 8 条 A 款的规定，任何一份完好有效的起诉状都应至少包含三方面的内容：

（1）对法院管辖权基础的简短而直白的陈述，最常见的写法可以是"联邦法院依据美国法典第 28 章 1332 条当事人异籍及争议数额超过 7.5 万美元而对本案具有适当的管辖权"，此外，谨慎的原告往往还会补充一句"此联邦地区法院依据美国法典第 28 章 1391 条的一般适格审判地规则是本案适格的审判地。"

（2）对指控简短直白的陈述以显示原告是有权获得救济的，这个说法通常都被法院解释为：只要能保证给被告一个合理的告知以使他明白原告指控的内容是什么以及提出这些指控的依据是什么就算是符合要求的了，而不需要原告在起诉状中事无巨细地详述事情发生的经过或手中掌握的证据。应该说联邦民事诉答程序的门槛之低主要是表现在这里的，原告在起诉状中提到的事实可以不太具体、不太连贯，甚至不太确切，而且根本就无须说明自己起诉所依据的法律原则，所有的一切都仅以能让被告清楚无疑地了解到原告想要干什么为限。我们不妨举例子来说吧，如果某人因在车祸中受伤而打算对肇事司机提起诉讼，在法典式的诉答程序下他必须在起诉状中细致入微地阐明事故发生的刹那间他人在哪里、车在哪里、车又撞到他哪里、当时到底是红灯还是绿灯、肇事司机的反应有多迟钝等等的一系列事实情况。但在告知式的诉答程序下他只需要在起诉状中写明自己是哪年哪月因车祸受伤故此要求肇事司机支付损害赔偿就足够了。然而，法律不要求原告在起诉状中详细陈述事实情况并不代表原告不可以通过起诉状向法院披露大量的事实信息，可能是出于尽量给法官造成先入为主印象的考虑，或者是出于对自己的起诉能否熬过被告动议的担心，在现实生活中经常会有内容翔实且法理清晰的起诉状被提交给法院。不过，有时过早地让对手了解到过多的信息从诉讼策略的角度讲未必总是一件好事。此外，我们还应注意到：法院希望从起诉状中看到的是原告提供的原始事实，而非是原告自己适用法律得出的现成结论，比如原告就不该直接说"被告的驾车方式属于过失"而应改成"被告驾车闯了红灯"。还有一点需要特别提醒大家注意，《规则》的第 10 条 B 款规定：每一独立的指控必须单独罗列并编成数字连续的段落，且每段只应陈述一套事实。总而言之，根据《规则》的要求起草符合规定的起诉状对一个训练有素的法学院学生来说决非是一件难事，但要做到得心应手则肯定需要不断的练习，我在本节的补充知识里就为大家安排了一项练习，希望读者们都能来动笔尝试一下。

上述所说的是《规则》第 8 条对起诉状中事由陈述部分的一般要求，但凡事既有规则必存例外，《规则》第 9 条就规定了当原告的起诉涉及一些特别事项时，原告就有义务在起诉状中详细地陈述起诉的理由。比如，当原告以欺诈（fraud）为由对被告提出指控时，原告仅仅在起诉状中表示被告对自己实施了欺诈是不够的，此时，原告必须细致地阐明整件事情的前因后果是怎么样的。如果原告未能做到这一点，很可能会导致自己的起诉被法院驳回。除了欺诈以外，存在特别损失（special damages）、军事和海事以及侵犯名誉权等的案件类型也都都需要原告在起诉状中作出格外详细的陈述。但法院对于《规则》第9条一向都采取严格解释的态度，即除非第9条有明确指出，否则原告就没有详细陈述的义务，所以，这对我们学习如何撰写起诉状其实没有多大影响。

（3）原告希望通过法院判决获得的救济，也就是说原告打算在此次诉讼中实现什么样的目的。通常情况下，原告可以要求的救济方式有三种类型，既可以是一定数额的经济补偿，也可以是某种禁止令状（injunction），还可以是对当事人权利义务关系的宣告判决（declaratory judgment）。如果原告提出了错误的救济请求，或者换句话说，审判的结果表明原告不配获得他所请求的结果，根据《规则》第54条C款的规定，法院应当给予原告在当前情况下他所能获得的最佳救济，但这一原则不适用于缺席判决。

对于初学美国民事诉讼法的人来说，在起草起诉状的过程中最常犯的错误便是忘记了在拟就完毕的起诉状上签署自己的大名，至少要有一位备案律师在起诉状上签名是《规则》第11条提出的万万不可省略的强制性要求，目的是为了防止原告在律师的鼓动下轻率诉讼，这一点我们会在以后专门讲到。在向法院提交起诉状之日起的120天内，原告有责任将传唤令和起诉状的副本送达给被告。至于送达的具体执行方式，大家可以参见《规则》的第4条，而且我们在先前的章节里对此也已经做过了详细的描述，这里就不再啰嗦了。对于起诉状的问题，唯一还需要提醒大家的是大多数联邦法院都有自己的法院规则，其中还会对起诉状的规格、装帧、颜色和体例等给出更为详细的指示，比如原告的起诉状应该用红色封皮而被告的答辩状应该用蓝色封皮等等，大家在遵守《联邦民事诉讼规则》的同时也一定不要忘了去查阅相应法院的自定规则。

在接收到被送达的诉讼文书的 20 天以内，被告必须针对原告的起诉状作出及时的回应。但根据 1993 年的一项修正案，如果被告主动放弃了要求原告实施正式送达的权利，那被告作出回应的期限则可被延长到 60 天以内，这么做的目的主要是为了鼓励被告同意接受邮寄等不那么正式的送达手段，从而可以起到节省人力和物力的效果。当然，还有一种情况是，原告是依据联邦法院所在州的长臂法案对外州的被告实施送达的，那此时被告作出回应的时间则应该由该州的州法规则来决定。

根据《规则》第 12 条的规定，在看到原告的起诉状后，被告可以有两种回应方式加以选择，一是向法院提交一份答辩状，二是先向法院提出某种为法律所允许的动议。如果被告选择了提出动议，那被告作出答辩的时间表也会因此而改变，他可以在法院否决动议后的 10 天内提交答辩状。当然，要是法院批准了被告的动议，双方很可能要重新开始一轮"诉答程序"，也有可能是整个诉讼就此了结。《规则》第 12 条提供给了被告多种提出动议的角度，比如属人管辖权不恰当的动议、送达程序有瑕疵的动议、不适格审判地的动议以及要求原告对事实作出进一步说明的动议等等，其中有些必须在正式审判开始以前提起，否则就被视为被告主动放弃了提出此动议的权利，而有些则在审判进行的任何阶段都能提起。这些动议我们将在随后的几节中详细谈到，现在还是让我们来看看答辩状在写法上有什么值得我们注意的地方。

作为一条总的原则，被告在答辩状中并不需要提出比原告在起诉状中更为详尽的事实经过，但必须对原告起诉状中的每一主张作出承认或否认的明确表示，如果被告对某一主张并未表示否认，那即视为被告承认了原告提出的该主张是真实可靠的。一般说来，被告可以通过三种方式来作出否认的表示，一是对原告所有主张的笼统否认，二是对原告某些主张的个别否认，三是坦陈自己没有足够的知识和想像对原告某个主张的真伪进行判别，这在法院看来也具有否认的效果。此外，被告也可以在答辩状中提出各种积极的抗辩主张（affirmative defense），如原告过失、禁反言及缺少对价等等，《规则》的第 8 条 C 款就罗列了抗辩主张 19 种之多，而实际上被告有权提出的还远远不只这 19 种。最后，《规则》第 11 条规定答辩状也必须由律师签署，这是大家应该时刻牢记不忘的一个概念。

综上所述，在极具自由主义倾向的现代联邦民事诉答程序下，起草起诉状或答辩状其实都不是一件难事，这并不需要多少的智慧或创意，甚至也不需要执笔人受过系统的法学教育，用欧阳修的话来说就是"无他，惟手熟尔。"

Conley v. Gibson
Supreme Court of the United States，1957.
355 U. S. 42.

JUSTICE BLACK delivered the opinion of the Court.

本次集团诉讼是由目前作为上诉人的铁路工人兄弟会与轮机社中的部分黑人成员在得克萨斯州联邦地区法院提起的，他们代表自己及与自己相同处境的其他黑人雇员起诉兄弟会、兄弟会第 28 号分会和这两个工会组织中的某些官员。简略地说，上诉人在向地区法院递交的起诉状中陈述了下列的事实情况：本案的上诉人都是得克萨斯及新奥尔良铁路公司休斯顿货运站的工人，而铁路工人兄弟会第 28 号分会则是由《铁路劳工法案》（Railway Labor Act）指定的代表他们与资方谈判的工会组织。第 28 号分会与铁路公司间存在着一纸协议，其中规定铁路公司承认工人的雇佣权与福利权受到该分会的保护。然而，在 1954 年 5 月份的时候，铁路公司提出要削减 45 个由上诉人或其他黑人把持的工作岗位，这些雇员要么会被直接解雇要么会被降级使用。但实际上这 45 个工作岗位并非真的是被铁路公司合并精简掉了，而是在经过了改头换面之后重新换了一批白人雇员来上岗顶替，只有在极少数的几个岗位上仍然雇佣的是黑人，不过他们也丧失了原有的福利待遇。尽管上诉人多次反映了上述歧视性解雇情况，第 28 号分会却一直故意采取装聋做哑的姿态拒绝为他们提供任何的保护，这与白人雇员受到委屈时分会的积极态度形成了鲜明对比。于是，上诉人便在随后递交给联邦地区法院的起诉状中声称：第 28 号分会未能平等善意地尽到法律所要求其保护铁路工人之责，该分会给予黑人雇员的歧视性对待直接违反了《铁路劳工法案》的公平代表原则。因此，受到伤害的上诉人有权获得包括权利宣告、禁止令与经济补偿在内的一系列法律救济。

　　被上诉人及时对上诉人的起诉作出了回应，并基于数条理由请求联邦地区法院驳回上诉人的起诉，其中之一即是上诉人没有在起诉状中提出任何能够使自己获得救济的有效指控。联邦地区法院认可了被上诉人提出的这一理由，结果上诉人的起诉遭到了驳回。后来，地区法院的这个决定又获得了第 5 巡回法院的支持。

　　在考察起诉状的充分性时，本法院理所当然地遵循着一条长久以来得到了普遍认可的法理，那便是：除非法院确切无疑（beyond doubt）地相信原告无法证实在起诉状中陈述的事实以使自己获得救济，否则便不应该以未能提出有效诉由为依据驳回原告的起诉。在本案当中，上诉人试图在起诉状中指出自己受到了铁路公司的错误解雇，第 28 号分会却故意拒绝提供给他们白人雇员所能享有的保护，而这所有的一切都是出于他们是黑人的缘故。如果上诉人告诉我们的这些情况都属实的话，那第 28 号分会显然违背了自己作为劳方谈判代表公平无歧视的代表工会中所有雇员的法定职责。本法院曾在 *Steele v. Louisville & Nashville R. Co.*，323 U. S. 192 (1944) 一案及随后的几个此类案件中表示过，基于种族因素而在劳资谈判中出现的歧视是为《铁路劳工法案》所禁止的。被上诉人绝对不会因为和资方签署了什么样的协议就有权将自己属下的工人以种族为基准划分为不同的层次，并可以随便牺牲其中某些工人的利益。集体谈判是一个具有系统性及延续性的过程，它主要包含了日复一日地对工人的雇佣合同或工作守则进行调整、为已存协议未涵盖的新问题提供解决方案和尽力去落实与资方协议中已规定的工人权利。而无论是在与资方谈判协商工人权利的过程中，还是在具体落实工人权利的步骤里，劳方代表都应该一视同仁、不分彼此地看待所有的工人。我们完全清楚尽管一份协议会在表面上显得公正无私，但只要得到了劳方代表的首肯默许，资方照样可以在执行时对工人群体中的某些成员进行歧视性的迫害。

被上诉人还争辩道本案的起诉状未能提供任何特定的事实以支持泛泛提出的歧视指控，故此驳回起诉是法院所能作出的唯一正确决定。我们对此不可动摇的回答是，《联邦民事诉讼规则》并未要求当事人在起诉状中提供细致入微的（in detail）事实经过作为提出指控的基础。恰恰相反的是，《规则》第 8 条 A2 款所要求包含在起诉状中的仅仅是"对指控简短直白的陈述"，以能做到给予被告一个关于原告的指控是什么以及原告提出指控的依据是什么的明白告知为限。就连附于《规则》条文后的起诉文书样本也都清楚无疑地表明了这一点。事实上，这种形式简约的"告知式诉答程序"（notice pleading）保证了当事人双方都能灵活地利用证据开示程序及《规则》确立的其它审前程序来获得关于指控和抗辩两方面的更加精确的事实基础，从而达到缩减有异议事项与法律争议的目的。此外，考虑到《规则》第 8 条 F 款所说的"所有的诉答程序均应被理解成是为实体正义服务的"，我们更加确信上诉人的起诉状充分全面地提出了一个能获得法律救济的指控，并且也同时公平地告知了被上诉人这一指控所依据的是哪些事实情况。联邦《规则》拒绝把诉答程序看作一种比拼诉讼技巧的游戏，因为这样一来诉讼的结果就将直接取决于律师的水平能力，我们认为在民事诉讼中执行诉答程序的根本目的应该在于帮助法院根据案件的事实真相作出明智的判决。

综上所述，本法院决定推翻原审法院的判决，并责成联邦地区法院以不违背本意见精神的方式对此案进行重审。

如是判决。

Dioguardi v. Durning

United States Court of Appeals，Second Circuit，1944.

139 F. 2d 774.

CLARK，Circuit Judge.

在一份明显是由其本人自行拟就的起诉状中，原告指控纽约港的海关征收员在处理其从意大利进口的价值巨大的瓶装药饵（tonics）一事上多有不公。虽然原告提出的大部分指控都因事实依据不充分或表述不全面而显然无法成立，但其中仍有两点值得我们考虑：①在1940年10月9号的拍卖日那天，当被告以公开拍卖的方式来处理原告的这批货物时，尽管他的报价是110美元而另外一位竞拍者的报价是120美元，可是被告却以110美元的价格将货物卖给了那竞拍者；②在公开拍卖三周以前，有2箱共38瓶药饵竟然不翼而飞了。原告没有在起诉状中说明为什么这批货物会遭到海关的罚没，因为他一直都强调自己遵守了相关的进出口法规；但是他披露自己曾向海关提出过申请要以在意大利原购买价的2/3的价钱赎回货物，可这一请求被海关征收员断然回绝了。这些以及起诉状中提及的其它一些事实情况反映出本案的原始争议是存在于原告及这批货物的发货人之间的，比如是否有余款尚未付清等，随后才发生了海关扣留货物大约一年之后便举行公开拍卖的事情。在起诉状中，原告要求被告向他支付5 000美元的损害赔偿，这包括了货物本身的价值以及相关的利息花费等。由于代表被告出庭的政府律师以未能提供足够的事实来支持一个良好有效的诉由为借口向法院提出了动议，联邦地区法院驳回了原告的起诉，但给予了原告修改起诉状的机会。

此后，原告又将修改后的起诉状递交给了地区法院，这份新起诉状显著地强调了他所受到的一系列不公正对待。除了上面所说的这些情况以外，原告还加上诸如"我购买的这些药物萃取精华居然以我提出的 110 美元的竞拍价格而不是 Springdale Distilling 公司提出的 120 美元卖给了后者"和"把两箱共 38 瓶 1 夸脱的药神不知鬼不觉的搬走并不是件容易的事，更何况是在戒备森严的海关仓库内放着，究竟是谁有这样的机会呢？"之类语气强烈的句子。在新起诉状中，原告首次披露了被告曾对他解释说这些货物失踪的原因是自然泄漏，但原告认为用密封瓶来装药无论如何是不可能泄漏的。然而，被告的律师又故伎重施以相同的理由提出了相同的动议，联邦地区法院也再次作出了驳回起诉的决定。现在，原告又把此案上诉到了本法院这里，我们觉得他虽然未见得把事实说得清楚明白了许多，至少也是能言善辩了许多。

在我们看来，原告的这份起诉状完全能够经受住被告提出的驳回起诉动议的考验，如果被告的这个动议仅仅是针对原告起诉状的形式要件而言的话。根据新的民事诉讼规则，当事人在执行诉答程序时并没有必要提供足够的事实来支持一个良好有效的诉由，而只需要提供"对指控简短直白的陈述以显示原告是有权获得救济的"便可以了（参加《联邦民事诉讼规则》第 8 条 A 款），并且只有当起诉状未能提出"一个可被给予救济的诉由"时才有可能根据《规则》第 12 条 B 款驳回原告的起诉。联邦地区法院在判决过程中并未说明为什么原告自己草拟的起诉状会被认为是没有包含一个可被给予救济的诉由的；而被告律师递交给本法院的意见简述也没有提供给我们更多的帮助，其只是在大言不惭的预言"上诉法院即使急匆匆的浏览也能立即明白地区法院的判决是何等的正确。"

然而，可能会让被告律师感到非常遗憾的是，我们想本法院似乎明白原告在起诉状中想提出的指控是被告私自盗走了他的两箱货物，并且还以违反公平原则的方式将剩余的货物拍卖给了他人。诚然，原告的起诉状从表面上看的确还存在有很多模糊的地方，比如原告的第 2 点指控好像就是在说被告错误地未从买主 Springdale Distilling 公司那里多收 10 块钱；但只要结合上下文以及设身处地地进行合理的推测，我们便能揣摩出其实原告想要表达的是他是第 1 个出价到货物实际卖出价位的人，因此被告当时应该把货物卖给他。当然，被告完全没有必要只在如何说服法院驳回起诉上下工夫，他也可以主动告诉法院他所认为的事实是什么，或是要求举行审前听证及法院作出即席判决。但是，本法院并不认为此时我们有理由去剥夺原告出庭证明他自己所坚信的事实和此刻已被法院所暂时认可的事实的权利。我们觉得仅凭原告起诉状中提到的那些可信的事实，被告的所作所为就足以构成消极怠职或过失大意的责任了。

在重审过程中，地区法院也许会发现原告所提到的其它指控的事实依据，这包括了被告未按照海关税则对原告的货物进行合理的分类，以及违反了和原告达成的只要照原价全额付款就可以把货物退还给原告的协议等等。考虑到原告有限的英语读写能力，除非他同意接受律师的帮助，否则地区法院恐怕是永远不会满意他起草的法律文书的。有资料显示原告曾经拒绝过法院提出的聘请律师的建议，从起诉状中我们也能看出原告对律师这一职业所持有的不信任态度。不过，原告的确有权拒绝一切的律师协助……

本法院决定推翻地区法院的判决，并责成其遵照本意见对此案进行重审。

Leatherman v. Tarrant County Narcotics
Intelligence and Coordination Unit
Supreme Court of the United States，1993.
507 U. S. 163.

CHIEF JUSTICE REHNQUIST delivered the opinion of the Court.

我们对本案发出调卷令是为了解决联邦法院应否在根据美国法典第 42 章 1983 条提起的有关市政责任的民事诉讼中适用比《联邦民事诉讼规则》第 8 条 A 款更为严格的诉答程序这一法律问题。我们对此的回答是否定的。

既然本法院现在审查的是一项准许驳回起诉动议的判决，那我们就必须假设起诉状中所陈述的全部事实情况都是真实可靠的。可参见 *United States v. Gaubert*, 499 U. S. 315（1991）. 据起诉状反映，本案其实源自于两起互不相干的当地警方执行搜查令的事件，但是在两起事件中，警方都由于怀疑受害人在家中制造毒品而采取了强行破门而入的办法。结果，有一个受害人声称自己受到了突然闯入自己家中的警察的威吓袭击，而另一个受害人则表示尽管当时自己不在家中，可是警方无故地弄死了她养的两只狗。于是，两起事件的受害人联合在一起对当地警方、政府以及参与了事件的两家市政公司提起了诉讼，原告认为警方的所作所为违反了宪法第 4 修正案，而政府在本案中所应承担的市政责任是来自于其未能尽到妥善合理的训练监督警务人员之职。可参见 *Monell v. New York City Dept. of Social Service*, 436 U. S. 658（1978）.

联邦得克萨斯州北区法院作出了驳回原告起诉的判决，理由是他们未能满足联邦第 5 巡回法院通过判例法提出的"更严格的诉答程序标准"（heightened pleading standard）的要求。随后，第5巡回法院在上诉中维持了地区法院的判决意见。再接下来，本法院决定对此案发出调卷令，以便于解决在各巡回法院中存在争议的是否有必要在有关市政责任的民事诉讼中适用标准更为严格的诉答程序的问题。我们在此意见中打算推翻第5巡回法院的判决。

被上诉人试图用两点理由来论证第5巡回法院在本案中适用更严格的诉答程序的做法是正确的。首先，被上诉人指出既然政府部门不受雇主责任原则制约，那这就意味着政府部门不应当在此类诉讼中接受法院的审判。从这个意义上来讲，政府部门作为被告所应适用的诉答程序与州或地方的政府官员以个人名义参与诉讼时所用的诉答程序就没什么不同了。为此，被上诉人还分析说，如果反过来在依据第1983条提起的诉讼中适用更加松散的诉答程序的话，那将会使得政府部门永无休止地花费大量时间和金钱在每个案件的调查取证上，这事实上剥夺了政府部门的司法豁免权，并且也妨碍了政府部门行使自己的职能。

被上诉人这第一点理由的荒谬之处是显而易见的，因为其将法律责任的豁免与参与诉讼的豁免混为了一谈。更加确切地说，我们的确承认 *Monell* 一案的结论"政府部门不应根据第1983条的雇主责任原则承担法律责任"是完全正确的，但和被上诉人的看法完全相左的是，我们觉得这种法律责任的豁免并不包括遭受起诉的豁免在内。实际上，被上诉人的看法与 *Monell* 一案的结论和我们在此后判决的其它一些相同主题案件的结论都是背道而驰的。本法院对于第1983条一贯以来所持的观点都是，与某些政府部门的官员不同，政府部门并不享有免予起诉的权利，不管是绝对的还是相对的豁免。总之，一个政府部门是理所当然可以依据第1983条被诉的，只不过仅当警察或海关给无辜公民造成了宪法性的损害时才需要承担法律责任而已。故此，我们在这里尚无须考虑更加严格的诉答程序标准是否应被适用的问题。

其次，被上诉人声称第5巡回法院所要求执行的诉答程序在严格程度上是名不副实的。根据被上诉人的说法，《联邦民事诉讼规则》对起诉状中事实陈述的详细程度要求本来就是随着所应适用的实体法律的复杂程度而相应变化着的。而为了建立起第1983条下的市政责任，被上诉人相信原告必须比起诉单个的过失行为时所做的更多一些。此外，被上诉人还表示这种要求与《规则》第11条提到的起诉前的勤勉义务在道理用意上都是一脉相承的。

但通过检视第5巡回法院为此案所撰写的判决意见，我们发现所谓"更加严格的诉答程序标准"是确有其事的：该法院对根据第1983条起诉的案件在诉答程序方面的要求比所有其它类型的案件都要更严格更细致。这条原则最早是由第5巡回法院在 *Elliott v. Perez*, 751 F. 2d 1472，1473（1985）一案中确立下来的，其在该案中写道："在那些针对政府官员提出的且会涉及责任豁免抗辩的案件当中，我们认为初审法官应该要求原告必须在起诉状里举出特定的事实来详细周全地解释为什么被告无法提出法律责任豁免的抗辩。"在随后的一些案件中，第5巡回法院又逐渐将这条原则的适用范围扩展到了市政公司的身上。可参见 *Palmer v. San Antonio*，810 F. 2d 514（1987）.

本法院认为要想在本案中调和第5巡回法院所持的"更加严格的诉答程序标准"与《联邦民事诉讼规则》所倡导的"告知式诉答程序"模式是根本不可能的。《规则》第8条A2款规定起诉状仅需包含"对指控简短直白的陈述以显示原告是有权获得救济的"。这就正如我们在 *Conley v. Gibson*，355 U. S. 41，47（1957）一案中所说的那样："《联邦民事诉讼规则》并未要求当事人在起诉状中提供细致入微的事实经过作为提出指控的基础。恰恰相反的是，《规则》第8条A2款所要求包含在起诉状中的仅仅是'对指控简短直白的陈述'，以能做到给予被告一个关于原告的指控是什么以及原告提出指控的依据是什么的明白告知为限。"

《规则》第 9 条 B 款在两种特定情况下对起诉状提出了更加细致的要求，其规定"对欺诈或错误提出的事实论断，应详细地陈述构成欺诈或错误的具体事实经过。"故此，《规则》的确在某些场合下会对诉答程序提出更加严格的标准，但这些场合是相对清楚有限的并且也肯定不包括依据第 1983 条提起的市政责任诉讼在内。这即是"明示其一即排斥其他" （ *Expressio unius est exclusio alterius* ）的道理所在。

像本案这种因政府雇员的违宪行为而起诉市政公司的诉讼可一直追溯到我们对 *Monell* 案的审理，在该案中本法院首次明确表示第 1983 条包含了这种类型的市政责任。倘若《规则》的第 8 条和第 9 条可以在今日得以修正的话，我们会建议依据第 1983 条提出的市政责任诉讼应当被施以第 9 条 B 款这样更严格更细致的诉答程序要求。但这种结果只能通过法定的修正《联邦诉讼规则》的程序来达到，而不应该通过法院作出司法解释的方式来实现。在修正程序没有启动之前，联邦法院和当事人都只能继续依靠即席判决程序和对证据开示程序的控制来及早排除那些无实质意义的指控。

Zielinski v. Philadelphia Piers, Inc.

United States District Court, Eastern District of Pennsylvania, 1956.

139 F. Supp. 408.

VAN DUSEN, District Judge.

在本案当中，原告要求我们确认 Sandy Johnson 在 1953 年 2 月 9 日驾驶操作的叉车是属于被告所有的，而 Sandy Johnson 当时是作为被告的代理人正在履行自己的工作职责。通过诉答程序、交叉询问、书面质证以及录取口供等手段，下列的事实得到了本法院的确认：

1. 原告在 1953 年的 4 月 28 日向法院递交了起诉状，要求因在 1953 年 2 月 9 日受到的伤害而获得损害赔偿。当时原告正在费城的 96 号码头为 J. A. McCarthy 工作，两辆叉车的碰撞事故使他受伤。

2. 原告起诉状的第 5 自然段声称："被告、他的代理人、雇工及雇员以莽撞疏忽和粗心大意的方式拥有、控制、操作一辆通常被称为叉车或起重车的机动车辆，结果使得车辆与原告的身体发生了接触，并导致原告受到了将在后文详述的伤害。"

3. 被告答辩状中的"第一项抗辩"表示："被告拒绝承认起诉状第 5 自然段提出的指控。"

4. 那辆和原告操作的叉车发生碰撞的通常被称为叉车或起重车的机动车辆的车身上有"P. P. I."字样的缩写。

5. 在 1953 年的 2 月 10 日，Carload Contractors 公司递交给自己的保险公司一份关于此次事故的报告，提醒该保险公司注意可能因为此次事故而需要由本公司承担的雇员过失责任，据悉 Carload Contractors 公司投保的险种为 CL 3964。

6. 在一封于 1953 年 4 月 29 日发出的信函中，上文提到的保险公司收到了本案的起诉状副本。这封信的内容照录如下：

先生们：

正如此前在电话中已经通告贵公司经理的一样，我们将 Frank Zielinski 为获得对于 1953 年 2 月 9 日事故的赔偿而起诉 Philadelphia Piers 公司一案的起诉状附在此信后。

我们发现一辆由 Carload Contractors 公司雇员驾驶操作的已在贵公司投保的叉车卷入了与另一辆叉车相撞的事故当中，正是这场事故导致了 Frank Zielinski 受伤。一份相同内容的报告已被 Carload Contractors 公司在事故发生的第 2 天递交给了贵公司，并且贵公司已将此事故列为了 OL 0153 – 94 号受理申请。

我们的问题是附在信后的这份起诉状究竟应该针对 Carload Contractors 公司还是 Philadelphia Piers 公司发出？

我们期待尽快收到贵公司的处理意见。

7. 交叉询问问题 1 – 5 是于 1953 年 6 月 12 日由被告的总经理在宣誓之后回答完成的，并于 1953 年的 6 月 22 日被递交给了本法院，其内容如下：

（1）请问贵公司是否已经获悉原告在 1953 年 2 月 9 日因叉车相撞事故而受到伤害？如果是的，那贵公司是什么时候从什么人那里得到这个消息的？我们第一次听到这个消息是在 1953 年 2 月 9 日，是由 Thomas Wilson 进行汇报的。

（2）请问贵公司是否对这起事故进行过调查？如果是的，那调查是由谁来主持的以及是什么时候开始进行的？我们在 1953 年 2 月 9 日当天就进行了一次非常简单的调查，目前我们已经将此事转交给保险公司来进行进一步的调查了……

8. 在一份取于 1953 年 8 月 18 日的口供中，Sandy Johnson 作证称 1953 年 2 月 9 日当天他是被告的雇员，并且他在此前的将近 15 年时间里一直都在为被告工作。

9. 在举行于 1955 年 9 月 27 日的一次审前会议上，原告首次得知在 1953 年 2 月 9 日以前的一年多时间里，过去一直由被告经营的费城码头货运业务已经被转卖给 Carload Contractors 公司了，而 Sandy Johnson 的工资也已经转由后者开支了，只不过他本人没有明确地意识到这一点，因为他的工作地点和性质都没有发生什么改变。

10. 被告承认在 1953 年的 2 月 9 日当天，由 Sandy Johnson 驾驶操作的叉车的确是归其所有的，但是被租赁给了 Carload Contractors 公司使用。被告同样承认发生事故的码头也是由其租赁出去的。

11. 没有任何证据显示本案的当事人双方在行为时存在恶意，也没有任何证据显示本案中存在欺骗的行径或企图。被告对事故的调查是及时迅速的，而当本次诉讼开始时，被告的保险公司已经开始代表被告继续进行调查了。另外，这家保险公司同时也是 Car-

load Contractors 公司的承保人，后者要求被告在进行抗辩时不要损害自己的利益。

根据上述的这些事实经过，并且结合本案的实际情况，我们认为下面的法官意见在审判过程中应该告诉陪审团知晓：本法院相信在 1953 年的 2 月 9 日，那辆车身上带有"P. P. I."字样的叉车或起重车为被告所有的，而且当时 Sandy Johnson 是作为被告的雇员在为被告干活。

这一法官意见是基于下列的法律原则给出的：

1. 依据本案的事实情况，被告在其递交给法院的答辩状中对原告在起诉状第 5 自然段中所称的"被告、他的代理人、雇工及雇员以莽撞疏忽和粗心大意的方式拥有、控制、操作一辆通常被称为叉车或起重车的机动车辆"的否认是无效的。

《联邦民事诉讼规则》第 8 条 B 款规定："一方应用简单直白的语言来对对方提出的每一指控进行抗辩，并且应承认或否认对方提出指控所依据的事实论断……一方的否认应适当地针对被否认的事实论断的实体内容作出。如果一个当事人仅善意地打算否认某一事实论断中的部分内容，那他应特别指出该事实论断中有那些内容是真实可信的，而只去否认剩余的部分。"

比如说，非常显而易见的是被告并没有否认同样是在第 5 自然段中所称的叉车和原告的身体发生了接触的事实，因为被告在对交叉询问的回答中承认自己曾经对这起事故的起因进行过调查，并且在一份于 1953 年 5 月 10 日递交给保险公司的报告中表示"当时 Frank Zielinski 正骑跨在叉车的保险杠上给货物绑上绳子，不料另一辆由 Sandy Johnson 驾驶的叉车从斜刺里撞了上来，结果使得 Frank Zielinski 的腿及 Sandy Johnson 的头都受了伤。"为了服从《规则》第 8 条 B 款的规定，被告需要提交给法院一份比简单否认要详细得多的答辩。这样一种对同一段落中的部分文字详细地表示承认并对另外部分文字详细地表示否认的法律要求能够有效地促使原告意识到他起诉了错误的被告。

《Moore 联邦司法实践》（第 2 版）第 2 卷的第 8.23 段讲道："在这种案件当中，被告应当明确地指出他到底想要否认什么以及承认什么。"本案被告对第 5 自然段的回应是不能够让原告明白他提出的抗辩是针对哪一部分内容的。

在类似于本案的这种不适当且无效力的答辩状被递交给法院的情况下，宾夕法尼亚州的法院向来都认为如果试图修改答辩状的举动是在诉讼时效已过时作出的话，那只要原告在起诉状中提到了代理关系，法院就必须告知陪审团该代理关系已经得到了认可。尽管原告代理律师在这个问题上没有发现相应的联邦法院案例，但他声称上述宾夕法尼亚州法院的判案原则应该被适用到本案当中，因为法院应该考虑到本案是一起异籍管辖权案件、本案的事故发生在宾州，以及本联邦法院坐落于宾州等等的因素……

2. 由于本案的特殊情况，衡平的原则要求我们对被告适用禁反言原则以阻止其否认代理关系的存在，否则的话被告在答辩状及其它记录中的不准确陈述将造成原告的诉讼权利遭到无辜剥夺的后果。

如果被告在回答交叉询问的第 2 个问题时直说 Carload Contractors 公司的职员已经把这件事交给保险公司处理了，那原告显然就能立即了解到自己弄错了起诉对象。另外，我们也有必要考虑到如果 Sandy Johnson 在作证时对自己的身份有清楚的了解，那原告也肯定是能在法定诉讼时效内对适当的责任方提起诉讼的，因为被告在录取口供的过程中是知道 Sandy Johnson 搞错了的。

在我们之前至少已经有一家上诉法院表示过衡平禁反言原则（equitable estoppel）应当被用来防止一方当事人利用诉讼时效来剥夺另一方当事人的诉权，如果后者被前者的行为所误导了的话。可参见 Peters v. Public Service Corporation, 132 N. J. Eq. 500, 29 A. 2d 189, 195（1942）（"当然，除了遵照法律的规定履行答辩义务外，被告没有义务去提醒原告律师他在起诉状中所犯的错误，只不过同样千真万确的是被告也并无权利在明知错误存在的情况下通过自己的行为去掩盖利用它。"）

上述原则的前一次使用是在被告试图利用一份错误的文件记录且该文件记录的误导作用已经显现出来的情况下，故此，我们觉得在本案这种情况下适用此种原则也是恰当的，因为，本案的被告在交叉询问和录取口供中都对原告提供了具有误导性的回答⋯⋯

因为本决定只是一个审前命令（pre-trial order），所以如果初审法官从案件的事实中总结出本决定与实现正义的目标相左的话，本决定是可以在审判过程中被予以修改的。

补充知识：

● 记得当年我在美国法学院民事诉讼法的课堂上学到这一部分内容的时候，我的任课老师 Paulsen 教授还专门给学生们布置了一份起草起诉状的作业。在征得了 Paulsen 教授的同意后，我现将这份作业的内容略为改动后抄录于此，有兴趣的同学不妨自己动手试试：

Complaint Drafting Exercise

Mr. Ronald Wolfman, a native of San Francisco, California and a student in Professor Paulsen's Civil Procedure class, approach Mr. Paulsen and asked if he could be employed as a research assistant with him during the summer of 2004. "What the heck?" Paulsen replied, in full view of an undetermined number of witnesses. "Why not? But it would only be for about 10 - 15hours a week. Drop off a resume sometime."

On June 1, 2004, Mr. Wolfman walked into Paulsen's office, ready, willing and able to begin work. He found Paulsen talking with Ms. Warren, whom Paulsen explained he bad hired as a research assistant. When Wolfman reminded Paulsen that he had (apparently) agreed to hire him, Paulsen said: "Did I? Really? Oh well, tough beans. I've only got money and need for one, and I've hired Ms. Warren. So sue me."

The next day, Wolfman bumped into Paulsen while walking his puppy, Frederika ("Freddi"), around Lake of the Isles. Wolfman said, kind as could be, "Hey, Mr. Paulsen, good seeing you. But I really thought we had a deal." Paulsen stopped to engage Wolfman in conversation, whereupon Wolfman bent down to pet Freddi. Freddi than bit Wolfman in the nose, causing severe facial disfigurement. "Oops," said Paulsen, "there she goes again. She's always biting law students. So sue me."

Indeed. Assume that the research assistant job would have paid $10 per hour, and also had some (arguable) resume value — especially compared with what Mr. Wolfman ended up doing: flipping burgers at Burger King. He also had decided to stay in Minneapolis, rather than return home to cool, humidity – free San Francisco. Assume also that research assistants are not paid directly by the Professor, but by the University of Minnesota.

Mr. Wolfman has hired you as his attorney. Assume that you have done a full, Rule 11 compliant investigation of the facts. Assume that attempts at settlement and compromise have failed, Professor Paulsen being completely about this matter, as with so much else.

Draft a Complaint on behalf of your client, Mr. Wolfman, that satisfies the requirements of Rule 8 and Rule 11, and that you believe could survive a motion to dismiss under Rule 12.

So sue me.

第三节　联邦规则下的诉答程序——第 12 条 B6 款动议

记得小时候读到过一个名为"聪明的马儿"的寓言故事，大概讲的是有匹马在为主人驮盐到集市上贩卖的途中偶然选择了涉水而过，结果上岸以后发现自己背负的重量减轻了，于是它在下次为主人驮棉花的路途中也特意去河里走了一遭，可这回背上的重量不仅没有减轻反而大大地加重了，这匹马没想到棉花是具有吸水性的。现在想想，这则寓言编得委实不那么高明，怎么会有主人让马独自驮着货物到集市上去卖呢，尤其是在这匹马已经让水泡了半袋盐以后。不过拿这个故事来比喻一个人在民事诉讼中所要经历的程序却再形象不过了。马就好比是民事诉讼中的原告，马背上的货物好比是该原告所需承担的诉讼义务，而涉水的过程则不妨被理解为通过法院的管辖权审查，你看我们这前边的内容不都是在讲一个人应该如何背负着沉重的法律义务蹚水过河吗？然而，唯一让我有些踌躇的是：在这个比喻中，当事人需要背负过河的究竟是盐还是棉花？或者换句话来说，当事人在通过了法院的管辖权审查之后的正式审理阶段中，到底是会感到从此如释重负，抑或是会觉得愈发步履蹒跚？我个人的看法还是像棉花的成分居多一些，因为案件能够向前进入到正式审理程序当中固然可喜，但原告方所应承担的民事诉讼法下的义务以及遭受到来自被告方攻击的频度与力度也都会随之成倍地增长，我们在本节里要讲的第 12 条 B6 款动议便是其中之一。

根据《联邦民事诉讼规则》第 12 条的 B6 款规定，如果被告认为原告没有在起诉状中陈述阐明一个具有充分法律依据的指控，被告便可以以"未能提出一个可获得救济的诉由"（failure to state a claim upon which relief can be granted）为由要求法院驳回原告的起诉。目前美国法律界的主流观点认为，第 12 条 B6 款动议的核心要点在于被告希望提请法院注意，即使是不加置疑的通盘相信原告在起诉状中所描述的全部事实经过，原告也决无可能依据任何法理获得丝毫的救济，从而揭示出把这个案子继续进行下去只是徒然地劳民伤财而已，故此法院宣布驳回原告的起诉便成为了此种情况下实现司法经济和公平正义双重目标的最佳途径。由此可见，这第12条B6款动议的精神意旨其实用两个英语单词就可以传神地概括——"so what"，只是在翻译成相应的中文时要稍微啰嗦一些，"我（被告）承认原告起诉状上说的都是实话，这些事情的确都是我以前做过的，可是这又怎么样呢，既然我的这些行为没有违反任何的法律，因此哪怕诉诸于法院也不能使我受到任何的处罚，那为什么还要耽误我的时间精力及耗费国家的司法资源去满足原告的无事生非呢？"

为了帮助大家更好的理解，还是举个例子来看吧。比如，张三有天告诉李四说王二还是婴儿的时候曾经尿过床，王二知道了这件事以后怒不可遏并立即以损害名誉权（defamation）为诉由将张三告上了联邦地区法院。此时，张三便可以从容地提出第12条B6款动议要求法院驳回王二的起诉，这么做的依据在于即便王二在起诉状中所陈述的张三在某年某月某日几点钟对李四说过些什么的确全都是事实，这也不可能使得法院从中发现王二的名誉权的确由于张三的言行受到了损害并判决给王二一定的经济补偿，因为在法院看来每个人在自己是婴儿的时候肯定都尿过床，所以张三的这番话必然不足以降低公众对王二的社会评价。

因为在被告提出第12条B6款动议时，法院所面对的唯一问题就是原告是否在起诉状中提出了一个具有充分法律依据并能因此获得某些法律救济的指控，故此，法院在考虑是否准许第12条B6款动议的过程中既不需要去依赖于任何的证据以对起诉状中陈述事实的真实性进行核对审查，也不需要去寻访探究任何起诉状中未曾提到或语焉不详的事情经过以力求还原事件的真实场景，此时此刻，法院所需要做的只是假设原告在起诉状中描述的事实即为本案的全部真实经过的前提条件下解决一个纯粹的法律问题：依据这些事实经过，原告有无可能获得任何形式的法律救济。还是拿上述的例子来看吧，即使法院相信张三说过王二尿床是铁一般的事实，但作为一个纯粹的法律问题，王二是无论如何不可能凭借着这样的事实得到金钱给付的补偿或是迫使张三登报澄清他说过的王二尿床为不实之言，所以，法院允许这个案件继续进行下去只不过是在浪费张三、王二、法院本身以及证人李四等所有诉讼参加者的时间罢了。

　　一旦法院决定批准被告提出的第 12 条 B6 款动议，那原告所面临的后果将是极其严重的，他不仅会在当前案件中被立即驳回起诉，而且很可能从此再也无缘待重新收集证据或是调整起诉角度后重整旗鼓用相同的事实再行起诉了。因此，法院在考虑第 12 条 B6 款动议时往往都遵循的是一切事实上的疑点都按照最有利于原告的方式进行解释的原则，倘若原告在起诉状中的陈述模棱两可且缺乏倾向的话，那法院必须以偏向于原告的办法给予解释。比如，原告在起诉状中说"在公共汽车上被告的手碰到过我的胳臂"，这既可以理解为由于汽车颠簸而无法避免的碰触，也可以被解释为被告故意实施的性骚扰行为，不过在考虑第 12 条 B6 款动议的时候，法院就一定得认为这是被告在骚扰原告。此外，最高法院也曾在 *Conley v. Gibson*, 355 U. S. 41 (1957) 一案中专门指出过："除非法院确切无疑（beyond doubt）的相信原告无法证实在起诉状中陈述的事实以使自己获得救济，否则法院就不应该准许第 12 条 B6 款动议。"这种明显的政策倾向反映出了法院在对接触到实质性问题之前就驳回原告起诉做法的犹豫立场，我们对此应有较为深刻的理解。

　　从原告的角度来看，如果法院批准了第 12 条 B6 款动议，那么他仍然有两种选择：一是要求法院准许他对起诉状作出修改，以使案件能继续留在初审法院受审；二是径直向上级法院提起上诉，我们不妨分别来看看这两种选择的后果。首先，被驳回起诉的原告可以要求修改起诉状，这个要求一般都能得到法院的允许，最高法院在 *Foman v. Davis*, 371 U. S. 178（1962）中表示批准或拒绝原告要求修改起诉状的申请都在法院的自由裁量权以内。如果原告选择了要求修改起诉状并获得了批准，那就意味着原告放弃了在将来的上诉中攻击初审法院根据修改前的起诉状作出的驳回起诉的决定是否正确的权利，除非他能证明案件后来的审理结果受到了当初驳回起诉决定的极大影响干扰。其次，被驳回起诉的原告可以选择不修改起诉状而是直接提起上诉。要是上诉法院判决认为初审法院批准第 12 条 B6 款动议的决定是错误的，那被告就必须回应原告的起诉状并重新参与到诉讼中来；要是上诉法院支持了初审法院驳回起诉的决定，那原告再提出修改起诉状的请求就不太可能获得批准了，不过这仍在法院的一念之间。

从被告的角度来看，如果法院拒绝了第 12 条 B6 款动议，他也有两种选择：一是赶紧在法律规定期间内对原告的起诉状作出回应，并随后按部就班地应付法院的审理；二是故意缺席审判并等到法院作出缺席判决的结果再行上诉。第一种情况比较简单我不用仔细解释，大家可能感兴趣的是为什么被告一定要等到缺席判决作出以后才能上诉，这是因为根据美国法典第 28 章 1291 条的规定，驳回动议不是一个终局性判决因而无法就此提出上诉。如果被告在上诉中获胜了，那上诉法院很可能会准许原告重新开始诉答程序；如果被告在上诉中同样失败了，那上诉法院将会将此案发还重审并要求被告作出补充答辩。

除了第 12 条 B6 款"未能提出一个可获得救济的诉由"的动议外，《联邦民事诉讼规则》第 12 条当中还列举了一些其它类型的动议，比如第 12 条 E 款的"要求作出更详细陈述的动议"（Motion for More Definite Statement）及第 12 条 F 款的"要求予以删除的动议"（Motion to Strike）等等，这些动议的内容和形式相对都比较简单，大家只要看看法条就足以明白，所以我们在这就不逐一解读了。

The Dartmouth Review v. Dartmouth College

United States Court of Appeals，First Circuit，1989.

889 F. 2d 13.

SELYA，Circuit Judge.

本案是由于有一系列令人感到不愉快的事件于 1987－88 学年的下半学期在 Dartmouth 学院陆续发生而引发的。联邦地区法院以缺乏有效诉由为依据驳回了原告的起诉。如今，我们决定支持地区法院的判决意见。

作为一项必需的程序，我们的分析将从总结原告在其起诉状中提出的两项指控的事实根据开始。但需要说明的是，我们这样做并不是试图澄清本案的事实争议，而只是凭借着已经在初审过程中经过充分答辩的诉讼文书来展示原告一方所描述的事实经过，这不仅是因为原告正是依据这些事实在 New Hampshire 的联邦地区法院指控被告违反了美国法典第 42 章的第 1981 条和第 2000d 条，而且也是因为地区法院正是以这些事实为依据指出原告并没有提出任何有效的联邦法律诉由的。

I

位律师各处以 Dartmouth 是一家私立的学院。Christopher Baldwin、John Quilhot 和 John Sutter（后文统称学生们）都是这家学院的白人学生，也都是一份校外非营利性刊物《评论》（Review）的编委会成员。在 1988 年 2 月份，《评论》杂志一连刊登了几份特稿对 Dartmouth 学院的两位教授提出了强烈的批评。黑人声乐系教授 William Cole 是其中的一个靶子，他被批评曾在课堂上使用过极其不恰当的语言并教给学生一些与本专业内容无关的东西。学生们希望 Cole 能在下一期的杂志上对这些批评意见作出正面回应。在试图通过电话联系未果之后，学生们便于当年的 2 月 25 日前往 Cole

教授的课堂利用下课以后的时间当面对他提出了要求。在听完学生们的陈述并发现他们随时携带着照相机和录音机之后，Cole 教授立即变得勃然大怒还高声叫骂起来。而当 Baldwin 打算将一封约稿信递交到 Cole 教授手中时，Cole 教授更是表现出怒不可遏的样子，他不仅动手折断了照相机的闪光灯，四处挥舞的手指甚至还戳到了 Baldwin 的眼睛。于是，学生们选择了主动离开。

　　这场事件很快便呈现出愈演愈烈之势，杂志方面将 Cole 教授的举动形容为"反《评论》的癔症"，而学院方面的操守委员会（COS）在听取了 Cole 教授的汇报后建议对这些学生提出骚扰及不当行为的指控，不料学生们抢先到法院提起了诉讼。之后不久，该诉讼的波澜扩及了整个校园，各种没有根据的流言标语层出不穷，有一度甚至有传言说 Sutter 因为发表了种族歧视言论已经获罪，据说《评论》杂志的编委会还收到过各种暴力威胁。Dartmouth 学院的校董会主席也曾在一次由该校非洲裔美国人协会组织的反《评论》集会上发表评论说："种族歧视主义者、性别歧视主义者及其他一切不尊重他人权利的极端主义者在我们学校里都没有容身之地。"另外，这位主席还告诉《波士顿环球报》的记者说："我对 Cole 教授受到的攻击感到非常震惊……我决不希望有任何一位少数民族学生或是女性学生由于这起丑恶的事件而对 Dartmouth 学院产生反感并拒绝来这里学习，因为这绝对不能代表 Dartmouth 学院的观点立场。我觉得本次事件发生的时间背景非常可疑，因为现在距录取新生仅有 5 周的时间了。"

　　此后，这位主席多次回绝了学生们要求见面的请求，但他却经常在校园里随时会晤那些持反《评论》态度的本科生们。与此同时，兼任操守委员会主席一职的 Dartmouth 学院院长也拒绝给予学生们任何的协助或指导意见，虽然该校的学生守则上明确规定学生们有权获得这样的帮助。依据原告在起诉状中的说法，这种举动表明学校管理层对 2 月 25 日事件抱有公开的歧视性态度，并对《评论》杂志具有强烈的偏见，认为这是一份彻头彻尾的充满种族主义与反 Dartmouth 立场的刊物。

Dartmouth 学院的操守委员会在 3 月份的时候就此事召开了一次听证会。然而，学生们声称在这次听证会上他们没有得到最基本的公平对待，而且还被剥夺了许多程序方面的保护措施，比如说他们没有被允许获得律师的协助；听证会没有保留交叉盘问的步骤；听证会评审员的组成不具有中立性等等。这种听证会的结果自然是不难预料的，学生们在所有指控上都被确认为是有错误的。于是，Quilhot 被暂停学籍直到 1988 年秋季，而 Sutter 和 Baldwin 的学籍更是被暂停一年之久。后来，这一听证结果又在上诉中得到了院长的支持。就在听证会进行的同时，Dartmouth 学院校董会主席也没有停止他对《评论》杂志的指责攻击，他表示："这份刊物采取侮辱有色人种教授卑劣手段的根本目的就在于想要阻止少数民族及女性团体成员加入到 Dartmouth 学院的教职员工的队伍当中并影响学院的招生录取工作。"

就像我们刚才提到过的那样，联邦地区法院以原告在起诉状中没有提出任何可诉的指控为由驳回了原告的起诉。本法院的判决意见更加证明了地区法院的决定是正确的。

II

本法院对此案的复核审查标准是没有什么疑问的。就如同地区法院一样，本法院在审理案件时也是受到《联邦民事诉讼规则》第 12 条 B6 款制约的。故此，我们必须把经过充分答辩的诉讼文书上提供的事实当作对事情经过的真实描述，并以对上诉人有利的立场作出所有合理推测。然而，我们在这样做的同时也应当尽量避免对不可靠的陈述、非经证实的结论或是情绪化的控诉产生任何的依赖。当且仅当起诉状中提到的事实无法为原告获得救济提供足够依据的时候，本法院才能支持地区法院所作出的驳回起诉的决定。

我们已经多次在此前作出的判决意见中提醒过了，《规则》第

12 条 B6 款绝对不仅仅是一只虚张声势的纸老虎，大家必须意识到低标准的要求并不等于完全没有要求，虽然在联邦法院提起诉讼的门槛很低，但这个门槛的确是存在的。因此，原告有义务在起诉状中完整如实地陈述依据某种可诉的法律理论能够支持自己获得赔偿的事实情况，或者是直接的或者是推测出来的。这种义务会在原告宣称被告侵犯了自己的民事权利作为诉讼的核心问题时更加苛刻一些，就正如我们在 *Dewey v. University of New Hampshire*, 694 F. 2d 1，3（1st Cir. 1982），cert. denied，461 U. S. 944，77 L. Ed. 2d 1301，103 S. Ct. 2121（1983）一案中曾经肯定过的那样："作出驳回起诉的决定需要上诉法院进行极端细致的调查分析。特别是在那些民事权利案件当中，我们必须一方面体察言简意赅的民事诉讼规则所蕴含的具有自由主义精神的言外之意，另一方面将其与法院所提出的起诉状中应该包含除事实性结论以外的更多内容的期望进行衡量比较。"根据我们的经验，抽象的总结、轻浮的结论、主观的归纳和无根的遐想总是会如同野草一般顽固轻易地出现在任何一个富于想像的当事人提交的诉讼文书当中。故此，为了避免对被告名誉不公正的损害以及防止对国家司法程序的滥用，本法院长久以来都持之以恒地要求原告一定要在起诉状中提供足够的事实依据以使得我们能够切实全面地理解到底是怎样的非法行为被施加到了原告身上。这就好比我们在进行即席判决时经常说的，如果原告不能直接指示我们哪里正在着火的话，那他至少也必须向我们展现尚存余温的灰烬的存在，仅仅一缕轻烟是不足以说服我们迫使被告到庭来证明自己的行为是合法的。（Plaintiffs must point, if not to fire, at least to some still‑warm embers; smoke alone is not enough ...）

我们已然深知"事实"（facts）和"结论"（conclusions）之间的界限常常是相当模糊的，但是仍有一些普遍的理论来指引我们作出区分。通常说来，事实都是立场待定故应受客观验证的，而结论都是经验教条且无法实证的，因为结论一般都代表着当事人自己对特定事实的主观反应推断。只有当某个结论是合乎逻辑地对事实加以引申或至少为事实所支持的结果时，也即是说当事人的推理判断根据我们的一般经验来看具有可被接受程度的真实可能性，该结论才可以从诉讼的角度说变成了事实的一部分。

有了上述这些看法观点作为理论依据，现在我们不妨就开始着手解决本案的具体争议吧。

Ⅲ

上诉人声称自己在第一项指控中陈述的事实足以提供一个有效的美国法典第 42 章 1981 条的诉由，该条款表示："在美利坚合众国法域内的所有人在任何一个州或领地内都应该享有相同的缔结执行合同的权利，提起、参与诉讼并提供证据的权利，享受各州法律提供给白人公民的平等保护与全部利益的权利；也都应该接受相同的处罚、劳苦、徒刑、税收、特许管制以及对它们的执行，此等义务除法律规定以外再无其它。"

对我们来说显而易见的是，该法条的效力范围不仅是针对私人行为而言，并且对州政府行为也是同样是有约束力的，这样一来独立教育机构的行为自然也就肯定在该法条的触角之内了。但同样让我们觉得一目了然的是，这第 1981 条并非打算在合同场合中禁止一切歧视性举动，而只有带有故意性质且基于种族的某些与合同相关的举动才是该法条的禁止对象。因此，倘若原告的起诉没有落入第 1981 条的这种立法意图的话，那原告提出的就是一个无效诉由。

在不久以前作出判决的 *Patterson v. McLean Credit Union*，491 U. S. 164（1989）一案中，联邦最高法院对第 1981 条所列举事项的扩展范围进行了限制，并指出："第 1981 条不应该被理解为一个普遍性地在所有合同法领域内禁止种族歧视的法律条款，因为该条款的文字本身清楚无疑地显示了其只是打算在合同的缔结和执行过程中禁止种族歧视。"这也就是在说，一旦某个合同的存在得到建立以后，那"执行这个合同的权利决不会超出禁止雇主阻挠雇员通过法律程序来实现在合同中所规定了的自己应享有权益的行为的强度之外。"最高法院在对 *Patterson* 一案的判决中明显留下了一些未解决的问题，比如我们是否能因此将本案中的起诉状看作仅仅提及了一些"合同构成以后发生的行为"，而这种行为是不在第 1981 条的禁止事项之列的。本法院决定就不在本判决意见中对这些问题展开详细的探讨了，待以后有机会再来尝试对第 1981 条与某些类型的合同相关歧视性行为之间的区别或关联给出精确的解释。因为在本案当中，我们相信原告提供的事实情况无论如何都不足以支持被告的行为是故意性质的种族歧视的指控，所以，我们并没有必要去触及第 1981 条效力的边界。

本案上诉人指控的有效性直接取决于起诉状陈述中的事实能否证明他们的种族因素是导致自己遭到歧视的事实上的或决定性的原因所在。换一种说法来表述也就是，本案的核心争议在于原告是否已经收集积累了足够的事实来支持一个合理的推测，即他们由于自己所属的种族而受到了歧视带来的伤害。

原告在起诉状中陈述的所有事实都可以被归纳为一个要点，那便是被告通过将他们与 Cole 教授之间的冲突伪装成一起"种族事件"（racial incident）并借此玩弄种族政治（racial politics），来压制了他们的言论自由及剥夺了他们获得公正听证的权利。依原告方面看来，被告在整个事件里自始至终都把种族因素作为对他们实施惩戒的依据，比如诬陷原告之所以和一位黑人教授作对完全是因为他们是一群信奉"白人至上"的种族主义者，可实际上正是学校当局念念不忘他们是白人的因素才一边倒地未能秉公处理这起事件，甚至还在后来的听证活动中对他们施加了异乎寻常的严厉惩罚。此外，原告还相信如果他们是黑人或者 Cole 教授是白人的话，那他们的所作所为就不会造成这么大的影响了。本法院认为原告的这种论调就好比是一个装番茄酱的瓶子（ketchup‑bottle type）：看似装得满满地，但其实什么有用的东西也倒不出来。

上诉人的说法严重依赖一个似是而非的假设——因为他们是白人，所以学校方面才有可能将整个事件定性为故意针对黑人教授的种族歧视行为。可是我们觉得这一假设不仅是无法证实或证伪的，而且也是毫无根据的，无论在逻辑理性上还是在法律理论上均是如此。更何况潜藏在这一假设背后的推理过程是一种彻头彻尾的诡辩方法。事实上，我们既不认为种族差异可能是将某起冲突定性为种族主义事件的先决条件，也不认为挑起冲突者的种族会成为事件朝种族主义冲突演变的决定因素。应受谴责的真正的种族歧视行为其实和行为人的种族并无关系，倒是受害者的种族的确有可能是使得自己受到伤害的原因所在。与不同种族间的歧视相比，相同种族之间的人们也同样很容易就会产生相互歧视的情绪，甚至在大多数情况下要表现得更为残酷一些。总之，本法院认为种族差异不是种族主义行为出现的必要前提条件。

本法院所持的这种对种族主义的认识动摇了原告的立论基础，不管原告在起诉状中是用如何华美的词藻来对此加以掩饰的。抛弃了上述充满瑕疵的假设，我们发现在原告起诉状中剩下的无非就是我们在那些粗制滥造的民事诉讼文件中所通常见到的贸然的结论和主观的归纳了。因此，原告所说的事实无非使我们合理地推测出学校方面错误的基于学生们的肤色对整个事件进行了错误的处置，而学生们所遭受的处罚也完全是由于学校方面刻意地把他们定性为种族主义者而特地加重的。原告希望说服我们相信的这些推测都是毫无依据的空中楼阁。即使我们额外考虑到学校的管理层经常性的会见黑人学生，并纵容借反种族歧视之名却行反《评论》杂志之实的集会举行等等的事实，这对我们态度的改变也没有多大的帮助。此外，学校高层管理人员公然抨击种族主义行径的做法，以及拒绝与《评论》杂志编委会成员见面的决定，也都不足以向我们展示学校方面的对学生们采取的措施是与学生们的种族密切相关的。这就像第8巡回法院曾经写到过的一样："争议常常来自于双方的共同误解、误读和过激反应，如果没有其它情况的话，这种争议不应该被理解为是一种歧视。" *Johnson v. Legal Services of Arkansas, Inc.*, 813 F. 2d 893，896（8th Cir. 1987）

上诉人在起诉状中反复提到的学校当局在决定对他们的处罚措施的听证程序中执行了有缺陷的程序，而且一些 COS 成员具有强烈的先予存在的反《评论》立场的说法在我们看来同样都是无关紧要的。即便统统属实，那这也只能够作为学校方面对原告、他们的观念和杂志怀有偏见的证据，而不能被用来证明学校方面对原告实施了种族歧视。要是没有其它新情况的话，学校方面对种族主义行为的处罚措施要比对另外一些种类的违纪行为更加严厉的事实也不能证明受处罚者受到了种族歧视。尽管我们也觉得这种对种族主义行为另眼相看的做法多少有些失之公允的地方，但不管你说这公平也好不公平也罢，这种做法绝对和第 1981 条想要禁止的种族歧视行为没有关系，因为仅仅是不公平本身并不会引起第 1981 条的适用。我们都知道强行将一个人的种族和另外一起不相干的歧视事件捆绑在一块不能构成有效的诉由，而实际上原告在起诉状中正是如此这般地将自己的种族和被告的某些行为生硬联系在了一块，故此本法院判决原告起诉状中的第一项指控是无稽之谈。

然而，原告还在起诉状中提到了第二个理论来解释第 1981 条在本案中的适用。他们声称，因为在比较被告对其它涉及黑人学生违纪事件的处罚措施后发现自己所遭受到的处罚特别严厉，所以这构成了一个有效的第 1981 条诉由。上诉人论及的这些细节其实还是在试图说服我们推导出被告对学生们犯有种族歧视的结论，我们不妨再来仔细检视一下这方面的法律原则及本案中经过充分答辩的事实。

作为一项千真万确的法理，我们完全认可原告用过去相似情形下违纪学生的待遇作为证据来展示学校方面具有种族歧视企图的做法。简单地说，原告此时所要做的就是确认并指出曾经有其他学生处于和自己各方面都类似的境地里但却得到了全然不同的对待，以此来证实自己是被故意挑选出来接受不法压迫的。再具体一点看，假如要进行这种比较的话，原告则首先必须显示其举出的以往发生的事例和自己的情况具有合理的可比性，尤其是在先后事件的本质以及学校官员的情况掌握方面，这种可比性的要求更是不容易得到满足。我们通常使用的判断标准是：如果让一个理性的人来客观地看待这些事件，他是否能认为这些事件实际上是大同小异的且当事人在其中的处境也差不太多。很大程度上应该归功于律师们比较区分案件的技术，我们熟知应该通过检验哪些方面的因素来决定两个案件之间的相似性到底有多大。这时，两个案件之间并不需要在内容上存在相互关联的关系，但一定要是同类型的，换句话说也就是苹果只能和苹果比较。

这样一来，原告的起诉责任又回到了典型的《联邦民事诉讼规则》第 12 条 B6 款的模式下了：原告必须在起诉状中披露足够多的事实以使得法院能够从中合理地推断出基于种族因素的故意区别对待的存在。为了达成这个目的，上诉人主要依赖的事实是：① 对于 2 月 25 日事件参与者的不同处置，和 ②一些与本案并无事实关联的校园事件。下面就让我们分别来看看这两方面的事实。

（1）对 Cole 教授的处置方式：上诉人首先指出，虽然同为 2 月 25 日事件的参与者，学校方面对 Cole 教授与学生们的处置方式有天壤之别。这种说法实际上想要强调的是当时 Cole 教授的言行举止要比学生们恶劣得多，然而他事后的境遇却远远地好于学生们。即使我们相信事实的确是这样，但上诉人并没有向我们证明自己与 Cole 教授必须被在这件事情上一视同仁，否则便构成了种族主义的行径。在这个问题上，我们完全赞同地区法院的看法："不能因为被卷入到了同一事件当中，我们就可以认为拿到任期了的教员（tenured faculty）和普通学生是在相似处境中的。"

上诉人为此争辩称老师和学生的区别反而更衬托出了学校方面

的歧视性举动是多么的性质恶劣，因为老师的行为应该被用更加严格的标准来加以衡量。老师应该被更加严格要求的说法虽然没什么错误，但我们丝毫看不出这种说法对支持上诉人的立场有什么帮助。这种说法只是证明了 Cole 教授的确是也应该是被以一种与学生有别的标准来处置的，但却未能说服我们相信仅仅区别对待的现象存在就可以推导出这是学校方面实行种族主义歧视性政策的结果。

（2）反种族隔离的抗议：上诉人接下来所做的是将自己的情况与一起于 1985 年发生在 Dartmouth 学院校园里的抗议活动进行比较，当时有不少学生为了抗议学校投资一家在南非做生意的公司的股票而发起的活动，该活动造成了一些破坏性的后果。

尽管上诉人称当时参加抗议活动的学生绝大多数都是少数民族，但有无可辩驳的证据显示抗议者的种族背景相当的多元化。此外，上诉人还指出当年的抗议者曾在校园里搭建了一些棚屋，并且还有些人前往学校的办公室里静坐示威，甚至还有一名警察在试图拆除棚屋的行动中受到了袭击。上诉人想提醒我们注意：虽然抗议者们的活动违反了无数条校规，但整个活动平息以后竟无一人受到校规处罚或是刑事指控。

对此，我们只能回答说这个事例与本案不是苹果和苹果之间的比较，两者之间的差异实在称得上李代桃僵，除了在这两件事情当中都有本科生参与以外，我们简直无法发现其它值得一提的共同点能允许我们听从上诉人的吁请将这两件事情进行细致的比较。刚才我们就说过，1985 年这起抗议活动的参与者广泛地来自于各个族裔，而且抗议者和教职员工之间也没有发生任何形式的冲突，更重要的是由于参与者众多我们完全可以把 1985 年的事件定性为群体性活动，而本案所涉及的 2 月 25 日事件则体现的是原告少数几个人的行为。

其实即便从纯法理的角度来看，《联邦民事诉讼规则》第 12

条 B6 款也并不能容许上诉人提出的这些事例构成支持其区别处置理论的事实基础，因为在偏离了"理性人"（prudent person test）的判断可比性标准之后，上诉人就是再举出更多的例子来也只是在歧路上越行越远。我们完全赞同第 2 巡回法院在这个问题上的看法，如果我们能允许这种起诉状成立的话，那法院就会陷入到无穷无尽的对以往事件及其决定的调查取证当中从而使整个案件变得混乱不堪直至无法管理。

分析至此，我们可以对自己的意见进行阶段性的总结了。以最有利于上诉人的眼光来看，本案的起诉状向我们描述的是这样一个故事：有几个白人学生以文明的方式接近了一位黑人教授，但黑人教授显然将白人学生的举动误解为了种族主义者的攻击并因此对他们恶语相加。后来由于各种流言不胫而走，学校的管理层错误的听信了不实之词遂将这起冲突定性为了种族主义事件。在这种紧张的气氛当中，又有学校的校董会主席公开谴责《评论》杂志及其成员，致使众人对上诉人的偏见愈发加深。此外，因为《评论》杂志一贯倾向于比较激进极端的立场，所以平常就颇不受学校管理层的喜爱。于是，这种种的因素加在一起便造成了上诉人无法获得一场公正的听证会。

倘若事实真如上诉人在起诉状里说的那样，一个理智的人肯定会对被告的举措产生置疑。同样，要是我们仅仅从表面上看上诉人叙述的这些事件，那我们不由得不相信学校方面将《评论》杂志及学生们定性为种族主义信徒是不公平且不正确的。如果再往深入想的话，我们甚至可以从这份起诉状中读出以观点立场为基准而实施的歧视的存在，因为学校方面对学生们的态度及后来给予的处罚都似乎潜藏着想要以此为武器来实现打压来自于《评论》杂志的批评声音的目的，这实际上可以被理解为抑制言论自由的举动。然而，无论上诉人为自己的起诉状披上了一件多么绚丽多彩的外衣，这份起诉状中也始终没有包含有一个有效的联邦法律诉由。尽管上诉人一再在起诉状中强调自己是白人而且也是种族歧视政策的受害者，但没有起诉状中的任何内容能使得我们得出结论，上诉人的种族是他们遭受不公平对待的根源所在。

作为一条底线，上诉人坚持认为第1981条可以约束那些出于误解有种族主义存在而作出的回应行为。对此，我们不得不说上诉人的看法是错的。这条法规的立法意图的确是想要去管束制止以种族为基础的歧视行为，而且也曾经一度在某些方面得到过相对宽泛的解释，但我们始终没有忘记这条法规的适用对象是有明确所指的。在本法院看来，第1981条并非如上诉人想像的那样具有足够的弹性以至于能包容其所提出的指控，这样做不仅会扭曲国会立法的原意，而且也会破坏这条法规的效用。总之，我们坚信教育机构应当被给予充分的自由来调查对歧视行为的举报以使得种族主义活动在校园里绝迹。如果每一次这样的调查都会因被调查者哭诉自己是种族主义的受害者而不了了之，那要实现种族平等的目标就成为了一句空洞的口号。国会在订立第1981条的时候无论如何都不希望看到这样的结果。

我们一点也不想宽恕或纵容压制言论自由的行为。如果上诉人是以言论自由受到侵害为由提出起诉的，也许他们会有更大的余地来对抗来自学校方面的过度处罚。一方面他们可以最大限度地利用州法所提供的诸如违反合同、诽谤、恶意阻挠或其它的侵权法诉由，另一方面宪法第一修正案也可能成为他们使用起来更加得心应手的利器。但不管怎样，在起诉状中没有提供足够的事实依据以证明种族歧视存在的情况下，第1981条是不能够为自称是不公平待遇受害者的上诉人提供任何救济的……

V

我们在得出最终结论之前还有一个问题需要解决，那便是上诉人提出要是本法院觉得起诉状是不全面的话，那本法院应当指示地区法院给予上诉人修改起诉状的机会。我们拒绝给出这样的指示。

《联邦民事诉讼规则》第 15 条 A 款表示："一方理所当然地享有一次在收到对方回应的诉答文书之前的任何时间内修改本方诉答文书的权利。"在本案中，被告方的确没有提供任何回应性的诉答文书。然而，《规则》第 15 条 A 款的适用范围限于法院作出判决之前的审理阶段。本案的原告在地区法院作出判决之前没有提出过修改起诉状的要求，并且在本法院听审此案的过程中也没有寻求对起诉状进行修改。根据 *Beaulieu v. United States Internal Revenue Service*, 865 F. 2d 1351, 1352（1st Cir. 1989）一案的判决意见，本法院曾指出过："作为一项法律义务，当事方希望从上诉法院处获得的救济必须先对地区法院请求提出过。"故此，在本案中决不存在拒绝给予上诉人修改起诉状的机会是否合适的问题，因为上诉人从未恰当地要求过。

在初审判决作出且案件的管辖权已经被移交给上诉法院以后，当事人仍然有机会对起诉状进行修改，但是由于案件此时已经经过了多个审理阶段，所以当事人的责任义务也在不断地随之增长。本案的情况就是一个很好的例子：初审判决已经下达；上诉人没有在初审判决之后提出动议请求地区法院给予其修改起诉状的机会；在上诉审理进行期间，上诉人没有作出过任何让案件被发还重审的努力以借此赢得修改起诉状的机会；本案在此之前被充分完全地整理辩论过了。其实本法院此前就遇到过类似的情况，为此我们还总结出过一条简要的原则："在当事人为驳回起诉的初审判决上诉并在上诉中坚持自己在初审中的立场时，如果本法院决定维持驳回起诉的决定，那修改起诉状通常是不被允许的。"尽管我们的这种立场并非是完全不可动摇的，而且我们允许当事人修改起诉状的情况也时有发生，但这应该被理解为一种例外而不是规则本身。这种例外是衡平性质且仅限于个案：只有在我们相信正义要求此案得到继续审理的机会时，我们才谨慎地授予这个案件的当事人修改起诉状的权利。

在本案当中并不存在任何特殊的情形使我们觉得使用上述例外是有必要的……

VI

总而言之，我们在本案中既没有看到火也没有看到烟。虽然上诉人由于自己的言行受到了来自于学校方面的责罚，但起诉状中所描述的事实尚不足以证明这种责罚是学校方面实行种族主义的结果。被告对学生们的处置措施是否公平并非是本案涉及的问题，但无论怎样这都不是美国法典第 42 章 1981 条和章节 6 管辖的事项。故此，上诉人提出的起诉状应当被予以驳回……

至此，我们已无继续讨论下去的必要了。本法院决定支持联邦地区法院的判决意见。

补充知识：

● 找工作对于法学院的学生来说真可谓是头等大事，十几万美金的学费再加上三年的寒窗苦读，到头来可不是只为换来一纸毕业证书，而是要有一份实实在在的工作，因此从二年级开始同学们就纷纷钻洞打眼、各显神通的开始为自己谋求能带来足够回报的工作了。另外，从法学院这个角度讲，它也当然希望自己的学生都能找到满意的工作，从而使得自己可以在就业率这一事关学校排名的关键数据上超越其它学校，并以此来吸引更多更优秀的学生前来报考。综合这两方面的因素，美国法学院形成了非常有特色的就业求职文化，下面我就浮光掠影地给大家简单介绍一下。

尽管正式上班肯定是三年学完毕业以后的事，但实际上美国法学院学生找工作的行动在二年级就开始了，如果不能在二年级升三年级之间的暑假里找到一份实习的工作，那么基本上就可以说是整个找工作过程中一个比较大的挫折，因为在美国有否得到实习的机会和你毕业后的工作去向是息息相关的。通常说来，美国的律师事务所在招人时的态度是非常审慎的，很少有大律所会从法学院里直接招聘当年的毕业生，而总是习惯于先相对广泛的招募二年级学生利用暑假的机会来所里作实习，然后再从这些实习生中选择合适的对象。故此，要是你没有事先在一家律所实习的经验，等到毕业后再来申请这家律所的工作就比较困难，毕竟律所对你各方面的了解程度都要远远逊于已经在所里待过一个夏天的实习生们了。由此可见，如果你十分渴望能到某家知名律所工作的话，等到三年级的毕业前夕再发申请信就有点嫌迟了，最好能在二年级暑假以前就申请到这家律所实习，这样得到一份正式工作的机会会大些。

相对于国内就业市场运作的机制而言，美国法学院的学生无论是找实习还是找工作，都显得组织性很强，学校里的就业办公室（Career Office）会给大家提供相当多的机会，并且通过不断地提醒学生每场招聘活动的截止日期等方式使得大家找工作的行动能够有条不紊的进行。互联网络在美国非常普及，因此，法学院里绝大多数的招聘活动都是利用网络来完成的，这是让我感到最为方便快捷的一点。根据网络招聘活动的一般流程，学生们都必须要先准备好一份电子格式的简历（Word or PDF format），并将其上传到指定的网站上。然后，学生们便可以收到一份详尽的参加此次招聘会的雇主名单，连同着它们对应聘者提出的要求如校刊编辑或成绩在25%以上等等。在多数情况下，每个学生都将有机会从中选择10至12名中意的雇主，按照兴趣大小排列成表格上传到网站上。于是，这10至12名被挑中的雇主就会被允许看到该学生的简历，以及随后决定是否向该学生发出面试的邀请。假使一位学生得到了某律所的面试邀请并且也表示同意接受了，那么他就可以在网站统一安排的地点和律所派出的代表会面并接受面试，通常这轮面试只有20至30分钟。如果该学生这次面试的表现得到了律所代表的认可，他则会收到前往这家律所总部或某个办公地点再次面试的邀请，当然这次会由律所来承担所有的交通及住宿费用。在第二轮的面试过程中，你会遇到很多这家律所的合伙人，其中的一些甚至会请你吃饭。要是你的表现能再次打动这家律所的话，那么恭喜你，你就成功地找到实习或者工作了。

第四节 联邦规则下的诉答程序——第 11 条惩戒

记得在很久以前曾经看到过一个"职业危险度排名"的榜单，现在只依稀想得起来像大楼外墙保洁员、消防队员以及警员都是排名比较靠前的职业，好像美国总统这个岗位也是榜上有名的，至于律师有没有位列其中就实在回忆不出来了。不过，我觉得在现实生活中当律师肯定不会比当总统更安全，因为除了要受到各种成文或非成文的律师职业道德方面的制约外，就连《联邦民事诉讼规则》里也包含有专门管束律师代理行为的条款，相信大家学完本节的内容后都多少会和我一样心有戚戚焉。

尽管 *Chambers v. NASCO*, 501 U. S. 32（1991）一案的判决结果证实了长期以来人们的揣测——联邦法院具有与生俱来的权力（inherent power）去对那些蔑视法庭及滥用司法程序的行为施加惩戒，而不需要依赖任何成文法条，但无论是从使用方便的角度来说，还是从归责效应的层面去看，《联邦民事诉讼规则》（以下简称《规则》）的第 11 条对所有级别的联邦法院而言都是一件更加得心应手的武器，可以用来惩戒绝大多数发生在法庭之上的不当行为。可是，当我们转而站在律师的立场上思考这个问题时，《规则》的第 11 条却宛如一柄传说中的达摩克利斯之剑仅用发丝悬在所有民事诉讼律师的头顶，使之不敢越出轻率冒失诉讼（groundless and frivolous claims）的雷池一步，所以自警（self‑policing）和威慑（deterrence）既可以被理解为是立法者通过第 11 条想要达成的目标，也应该被看成是实现目标的途径和方法。

根据《规则》第 11 条的规定，当事人本人在大多数情况下并不需要在诉答文书上签字或是以宣誓书的形式来保证文书内容的真实可靠性，但是，当事人的代理律师却有义务以本人的名义在所有向法院递交的诉答文书、书面申请以及其它文件材料上签名并提供自己的住址与电话号码。通过签名的行为，律师被视为自愿对下列事项作出了担保，并且需要在这些事项出现差错时承担起相应的法律责任来：

（1）律师已对法律文书中所提及的一切事实和法律依据进行了当时情形下尽可能合理的调查（inquiry reasonable under the circumstances）。通常，这一要求都被解释为：律师必须在向法院递交法律文书以前就已经完成了对其中全部内容的核实查验，这不仅包括对案件事实的确认求证，使其没有任何虚构捏造的成分，也包括了对案件法理依据的检索辨析，使其脱去任何信口雌黄的因素。当然，在不同的案件里合理调查行为也会有不同的构成，有时律师需要对自己的客户施行反复的盘问，而有时律师却被允许对文书中的某些地方存疑，这要求我们结合当时的具体情况进行具体分析，千万不可一概而论或是盲目比较。

（2）律师有义务确保法律文书中的所有事实论断（factual contentions）都有足够的证据支持。尽管在民事诉讼当中，一位当事人及其代理律师应该被看作是站在同一战线上的，可是考虑到第11条的存在以后，情况可能就并非总是这样了，因为过于轻信自己的当事人对律师来说其实是个相当危险的做法，尤其是在对待当事人提供给自己的事实依据时，任何一个有经验的律师都会首先自行对当事人诉说的案件经过进行合理的鉴别。然而，当事人本人毕竟是事件的亲身经历者，律师对当事人先入为主的信赖在很多时候都是难以避免的，此时，第11条允许律师在特别指明的前提条件下提出某个存在合理机会可被进一步调查发现的事实论断，或是某项以不知情为基础的对事实论断的否认。

（3）律师有义务确保法律文书中的所有指控、抗辩及涉及的其它法律问题都能得到现行法律的支持，或是存在一个善意的争论即是否应对现行的法律进行扩展、修改、废止，以及是否应有新的立法。这个要求实际上包含了两个方面：如果当事人是基于某项现行的成文法或判例法提出指控的，那律师必须保证自己的当事人确有获胜的机会；如果当事人提出指控是未见于甚至有悖于现行法律的，那律师则必须入情入理的解释为什么他真诚的相信现行法律应该作出他所希望那样的修改。

（4）律师有义务确保当事人的诉讼行为并非是出自任何不良目的（improper purpose），比如刻意的骚扰对手、拖延诉讼或是给对手带来没必要的经济负担等等。一些法院采用的认定方法是考察当事人提起诉讼的实际动机是否真如起诉状里所说的，比如有些人会通过诉讼的手段来刺探竞争对手的商业秘密，而另一些法院则把目光集中在了当事人递交的法律文书上，只要法律文书的内容是言之有理和言之有物的，那当事人希望利用诉讼来达到什么目的就无关紧要了。

作为一项总体原则，法院在适用《规则》第 11 条时遵循的普遍都是客观标准（objective standard），而不在乎律师的心理状态究竟是怎样的，或是律师的行为到底存不存在恶意的支配，这用联邦法官的话来说也就是"善良的心灵并不能成为替空空如也的脑袋辩护的理由。"（An empty head but a pure heart is no defense.）可参见 *Thornton v. Wahl*, 787 F. 2d 1151 (7th Cir. 1986)

在通常的情况下，法院对第 11 条的适用都是由一方当事人以提出动议的方式唤起的，但 1993 年的修改在第 11 条的 C1A 款中加上了一个 21 天的安全期间（21 - day safe harbor），也就是说提出第 11 条惩戒动议的当事人必须先将此动议送达给对方当事人知晓，如果在此后的 21 天内对方当事人没有撤销或修改有问题的法律文书，该当事人才能将此动议正式提交给法院。虽然联邦法官至今对这个 21 天规则褒贬不一，但作为法定的程序要求却是我们必须遵守的。

虽然第 11 条主要是针对律师而言的，但在某些情况下也同样适用于当事人，甚至是律师所属的事务所，这完全取决于法院的自由裁量。一旦法院决定了要对某人施以第 11 条惩戒，法院也对实施惩戒的形式具有广泛的自由选择权，最常见的当然就是对受惩戒者课以一定数额的罚款，以能达到威慑的效果或是补偿对方当事人的实际损失为限。

Moore v. Keegan Management Company
United States Court of Appeals，Ninth Circuit，1996.

78 F. 3d 431.

POOLE，Circuit Judge.

作为一起证券集团诉讼案件，本案的实体性纠纷倒不是此次上诉审判所要解决的问题，我们面对的唯一争议是原告的代理律师应否由于轻率诉讼而受到惩戒。

被告 Keegan 管理公司是 Nutri/System 减肥中心的特许加盟商，以向公众出售各种减肥课程为主业。在 1989 年 12 月份，Keegan 以每股 7 美元的价格举行了首次公开募股，短短几个月之后该公司股票的价格就上涨到了大约 10 美元每股。

然而到了 1990 年初，Nutri/System 减肥课程的副作用逐渐被曝光，有些人声称自己因此而患上了胆囊方面的疾病，于是，在全国范围内一系列针对 Nutri/System 减肥中心的诉讼纷纷被提出。更为雪上加霜的是，国会在当年的 3 月举行了一场声势浩大的听证会以专门探讨减肥产业对公众健康的负面影响，体重快速下降是否会引发胆结石也是一个热门的讨论话题。紧接着，各种新闻媒体也加入到了这场讨论当中，《华尔街杂志》（Wall Street Journal）甚至还专门发文质疑 Nutri/System 减肥课程造成的严重健康风险。在这些事件及舆论环境的夹攻之下，Keegan 管理公司的股票也一落千丈，比历史最高价下跌了整整 10 个百分点。

在 1990 年下半年之际，有一些嗅到了机会的客户与 Lieff，Cabraser & Heimann 和 Feldman，Waldman & Kline 这两家律师事务所也即本案的上诉人取得了联系，并坐在一起共同研究是否有可能以在 1989 年首次公开募股的时候明知且放任的未向公众披露 Nutri/System 减肥课程的副作用为由对 Keegan 公司提起证券欺诈诉讼。最终，商量的结果是由 Lieff，Cabraser 所的 Elizabeth Cabraser 律师和 Feldman，Waldman 所的 Richard Jaeger 律师各自于 1991 年的 2 月 19 日和 3 月 4 日向法院提起了两起集团诉讼案件，它们分别为 *Moore v. Keegan* 和 *Crespo v. Keegan*，但后来法院将这两起案件合并到了一起。这些案件的原告声称 Keegan 公司在明知或由于采取放任的态度而未知 Nutri/System 减肥课程可能会导致胆囊疾病的情况下仍然宣传该课程是安全有效的，这在法律上是一种误述行为。

面对原告的起诉，Keegan 公司向法院提出了要求即席判决的动议，联邦地区法院于 1992 年的 5 月间批准了这一动议，因为地区法院发现原告方面完全没有准备任何可以证明被告在 1989 年 12 月份之前就知道减肥与胆囊疾病之间联系的证据。到了当年的夏天，Keegan 公司又向法院提出了要对原告律师施以第 11 条惩戒的动议，可是随即因为打算与原告和解而又主动撤销了。原、被双方最后于 1992 年的 11 月达成了一份和解协议。然而，在对这份和解协议予以批准以前，地区法院以法官自提动议的方式（*sua sponte*）发出了一道命令要求解释为什么原告律师不应受到第 11 条惩戒，为此，法院还专门在 1993 年的 4 月 27 日举行了一次听证会。后来到了 1994 年 3 月 31 日的时候，地区法院终于作出了根据第 11 条及美国法典第 28 章 1927 条的规定对 Cabraser 和 Jaeger 两位律师各处以 2.5 万美元罚款的决定，并且这两位律师所在的事务所也分别被罚了 2.5 万美元。对于这些处罚措施，地区法院总结说，在本案中这两位律师提起诉讼的举动是轻率冒失的，因为他们凭借自己手头所掌握的证据无论如何也不能证明 Keegan 公司需要承担误述的法律责任。接下来，遭到处罚的两位律师和他们所属的事务所便都及时向本法院提起了上诉。

当初在本案的起诉状被提交给联邦地区法院的时候，《联邦民事诉讼规则》第11条在相关段落中表示，签署诉讼文书的行为代表了一位律师愿意担保：①就他在经过合理调查后得出的最佳知识、消息及信念而言，原告的诉讼是有坚实事实依据的并且也被现行法律所支持，或是存在一个善意的争论是否应对现行的法律进行扩展、修改或废止；②原告的诉讼决不包含有任何非正当的目的，比如骚扰他人、拖延审判进程或是给对手造成不必要的花费。在本案当中，地区法院是依据上述的第一项内容对 Cabraser 和 Jaeger 客以罚款的，即他们轻率冒失地提起了诉讼。本法院将从初审法官是否滥用了自由裁量权的角度来检验其作出的处罚决定是否合乎《规则》第11条的意旨。

Cabraser 和 Jaeger 对联邦地区法院的处罚决定提出了数条抗辩理由，本法院在此只需讨论其中之一，因为 Cabraser 和 Jaeger 声称地区法院未能考虑到起诉后发现的事实证据可能会足以证实起诉状中的指控，对此我们深表同意。

根据地区法院对相关法律条文的理解，决定是否施行第11条惩戒的核心问题在于："在原告提出起诉的时候，他们到底都知道些什么？"而在按照自己的理解进行执行的过程中，地区法院丝毫没有考虑那些足以支持整个案件但在起诉时尚不为原告律师所知的证据。这些被地区法院拒绝考虑的证据中包含了一份公布于1989年8月的提出了减肥与胆结石间存在某种联系的科学研究报告，以及原告聘请的专家证人 Dr. J. W. 对减肥会导致胆囊疾病的论断，这些都发生在被告举行首次公开募股之前发生的。地区法院对上述证据的忽略是有决定性影响的，因为就连地区法院自己也曾说过："如果在提出起诉以前原告就掌握了那些他们在反对进行即席判决时所展示的证据，那就足以证明原告挑起这场官司是合情合理的了。"

事实上，地区法院实行的是一种客观加主观的混合检验标准：根据原告律师在起诉时主观上了解掌握到的信息，一位理智的律师是否能客观地相信原告的起诉状是有坚实事实基础的？对此，上诉人争辩道：在本案中适用一种纯客观的检验标准将更为恰当。根据在当时所能了解掌握到的信息，一位理智的律师是否能客观地相信原告的起诉状是有坚实事实基础的？或者换句话来说，这两种标准之间的区别可被归纳为第 11 条提出的"合理调查"和"坚实依据"两个要求究竟是连贯相通的（conjunctive）还是选择分离的（disjunctive）。我们确信：只要一位律师在起诉前进行了合理的调查，那他便不会因为起诉状缺乏坚实基础而受到惩戒。但现在在我们所面临的是，如果一位律师在起诉前没有进行合理的调查，那他会不会受到第 11 条的惩戒，即便他向法院递交的起诉状是具有坚实基础的？

我们相信对上述问题的回答应该是"不会"。在 *Townsend v. Holman Consulting Corp.* , 929 F. 2d 1358, 1362（9th Cir. 1990）一案中，本法院的合议庭曾详细探究了《联邦民事诉讼规则》第 11 条在联邦巡回法院中的适用标准，并指出："我们以往作出的判决已经表明了在诉讼文书上署名的律师会因为该文书内容的轻率冒失而受到惩戒。尽管"轻率冒失"（frivolous）一词没有正式出现在第 11 条文本中的任何地方，但法院发明了这个术语以便于形容一个起诉行为是如此的无凭无据且未曾经过适当合格的调查。"

因此，*Townsend* 一案的判决结果实际上已经揭示出本法院更为赞同纯客观及两个要求连贯相通的检验标准。此外，该案的意见还明确表示出律师没有注意到对己方有利的先例不是一个可被惩戒的事由："律师没有引用某个判例的事实并不会使他受到惩戒，因为他提出的诉讼请求客观上是被现行法律所支持的。"*Id. at* 1367.

然而，我们也注意到本法院以往判决意见中的某些意愿很容易会使人们得出相反的结论。例如在 *Unioil, Inc. v. E. F. Hutton & Co.*, 809 F. 2d 548, 557 (9th Cir. 1986) cert. denied, 484 U. S. 822 (1987) 一案中, 我们也曾说过: "只要律师在签署诉答状、动议或其它法律文书时没有合理地调查这些文件的内容是否是轻率冒失的、有违基本法理的或是缺乏事实依据的, 那他便违反了第11条。" 根据这份判决意见, 似乎律师递交给法院的文件本身究竟是否为轻率冒失并不要紧, 关键在于该律师是否有实施合理调查的行动。这种判断方法无疑就是地区法院所采用的主客观混合检验标准的翻版, 而且与 *Townsend* 一案的立场宗旨是不相容的。鉴于这两个判决结果间的相互矛盾, 本法院认为 *Unioil* 案的判决已经默示性地被 *Townsend* 案的决定所推翻了。

Townsend 一案的立场宗旨直接催生出了本案的结果, 而且我们坚信这种立场宗旨是符合第11条的立法精神的, 因为我们除了要顾及第11条所试图产生的威慑效果, 还必须考虑到过于严厉的执行第11条会否阻碍有力的律师代理及导致无数琐碎附属诉讼的繁衍出现。本法院认为避免对提出具有坚实依据起诉状的律师进行惩戒丝毫无损于第11条的威慑效果, 如果要在此种情况下坚持惩戒反倒将引发诸如连带诉讼的无序增加等第11条的负面影响。

O'SCANNLAIN, Circuit Judge, concurring in part and dissenting in part:

我谨在此对第二部分的多数法官意见表示反对。

在本案中持多数意见的法官认为联邦地区法院作出的对原告律师施以第11条惩戒的决定应当被推翻, 并且还表示律师完全可以凭借自己的预感提起诉讼, 只要这种预感随后能得到事实及法律两方面的证实。

为了支持这种见解, 多数法官引用了 *Townsend v. Holman Consulting Corp.*, 929 F. 2d 1358, 1362 (9th Cir. 1990) 一案的判决意见作为依据, 该案宣布 "如果一个起诉行为是如此的无凭无据且未曾经过适当合格的调查"，它即可被认为是轻率冒失的了。此后，多数法官还相信 *Townsend* 案的这种立场宗旨默示性地推翻了 *Unioil,Inc. v. E. F. Hutton & Co.* , 809 F. 2d 548，557（9th Cir. 1986）一案的判决结果，其声称"只要律师在签署诉答状、动议或其它法律文书时没有合理地调查这些文件的内容是否是轻率冒失的、有违基本法理的或是缺乏事实依据的，那他便违反了第 11 条。"由于多数法官所引的 *Townsend* 一案的判决意见原文仅仅是出现在附带意见（dicta）中的，所以，我强烈地反对 *Unioil* 案的判决已被推翻的结论。

多数法官在作出决定的过程中并未去具体分析本案实际上发生了些什么。本法院所有的证据资料没有显示原告律师曾经做过任何起诉前的调查，从起诉状中看，他们提起诉讼所唯一依赖的就是某些新闻报道和对希望在这场官司中获利的诉讼参加人的询问笔录。虽然这个案子最终呈现出了一些确有其事的苗头，但对第 11 条的合理解释要求独立判断并且不允许将起诉状递交以后获得的信息考虑进来，这在 1993 年以前版本的第 11 条中体现的尤为明显。

我完全同意我们需要极力避免附属诉讼的过度繁衍以及阻碍当事人得到有力的代理，但是我们也必须时刻牢记最高法院在 *Cooler & Gell v. Hartmarx Corp. et al.* , 496 U. S. 384，110 L. Ed. 2d 359，110 S. Ct. 2447（1990）一案中指出过的第 11 条的主要目的在于对轻率诉讼的现象起到威慑作用。除此以外，第 3 巡回法院也曾在 *Garr v. U. S. Healthcare*, 22 F. 3d 1274，1279（3d Cir. 1994）一案中说过："投机性的起诉（a shot in the dark）是应受惩戒的行为，即便偶尔也能射中目标（somehow hits the mark）。如果我们纵容这种纯粹是碰运气的做法，那制定第 11 条的目的就全然落空了。"

Union Planters Bank v. L & J Development Company, Inc.

United States Court of Appeals, Sixth Circuit, 1997.

115 F. 3d 378.

MOORE, Circuit Judge.

Sunburst 银行在联邦地区法院起诉 L & J 发展公司、John Jemison 及 Lynn Jemison，要求他们对一张本票作出偿付。地区法院负责审理此案的法官 Jerome Turner 作出了有利于 Sunburst 银行的判决。然而此后不久，Sunburst 银行就被 Union Planters 银行所收购，后者与 Turner 法官有着密切的经济往来。在这起收购活动完成几天后，Turner 法官根据《联邦民事诉讼规则》第 11 条对 Jemisons 及其他们的律师课以 5 万美元的罚款，并在作出惩戒决定的第 2 天主动要求回避听审此案剩余的争议。如今，Jemisons 和他们的一个律师针对该惩戒决定向本法院提出了上诉，他们还表示 Turner 法官在作出该决定之前就应当回避。出于下列所说的原因，我们决定维持联邦地区法院的判决意见。

Sunburst 银行是一家密西西比公司，其在 1987 年的时候向注册在田纳西州的 L & J 发展公司发放了一笔总额达 122.5 万美元的商业贷款。得克萨斯州休斯顿市的居民 John W. Jemison 当时正担任 L & J 发展公司的总裁，他签发了一张票面价值与贷款总额相同的本票，并以 L & J 发展公司的一些物业所有权、租金收益、人身保险合约以及他和他妻子 Lynn 的个人名义作为担保。然而，这张本票终于未能兑现。

到了 1993 年，Sunburst 银行在田纳西州 Shelby 郡的衡平法院对 L & J 发展公司连同 Jemisons 提起了诉讼，要求他们兑现本票和担保。后来，这个案件被移送到了联邦田纳西州西区法院，该法院的 Jerome Turner 法官被指派负责审理此案。在初审过程中，L & J 发展公司和 Jemisons 对原告的起诉作出了答辩并相应地提出了反指控，声称他们交给 Sunburst 银行的信托契据遭到了后者的严重涂改。Larry K. Scroggs 作为被告的律师在这些诉答文书上统统都签署了自己的名字表示认可。除了在本案中提出反指控以外，L&J 发展公司和 Jemisons 还在得克萨斯州的法院起诉了 Sunburst 银行，指控后者严重涂改信托契据。被告在得州法院提起的诉讼很快被移送到了田纳西州西区联邦法院，案件编号被定为第 93－3075 号，并最终与编号为 93－2371 的由 Sunburst 银行作为原告提起的本案合并审理。

之后不久，L&J 发展公司又向联邦德州南区破产法院提出了要求进行第 11 章破产（Chapter 11 bankruptcy）的申请，此案后来也被移送给了联邦田纳西州西区破产法院。L&J 发展公司在此破产案件与合并案件中都雇佣了 William M. Gotten 作为自己的代理律师，而 Jemisons 的代理律师则一直都是 Scroggs。

在 1994 年的 7 月，Union Planters 银行在市场上公开地表露了要对 Sunburst 银行进行收购的兴趣打算。鉴于这种变化的出现，L&J 发展公司和 Jemisons 联合向法院递交了一份名为"对潜在利益冲突的关注"的建议书（Suggestion of Possible Conflict），提出由于 Turner 法官以前工作的律师事务所曾为 Union Planters 银行提供过多年的法律服务，所以他最好主动回避过问审理此案。为了解决这个问题，Turner 法官于 1994 年的 8 月 18 日将原、被告双方召集到自己的办公室会晤协商，会后他发出了一道命令宣称自己先前的工作经历不会引起任何的利益冲突。至于他本人与 Union Planters 银行的交往，Turner 法官在这道命令中写道："本案的当事人已经达成一致意见认为本法官与 Union Planters 银行的经济联系不会造成利益冲突，故此本法官没有必要主动回避。"因为命令中提到的这些原因以及两个银行的并购活动并非迫在眉睫，Turner 法官相信自己主动提出回避不仅不是法律强制要求的，而且在此刻也不十分妥当。

在接下来的审判过程中，Sunburst 银行向法院提出了进行即席判决的动议，因为其指出当年协助 L & J 发展公司处理贷款事宜的律师 Alison Wetter 已在一份证词中承认篡改信托契据是她的所为，目的是为了正确反映贷款的价值。她还披露说 Jemison 先生当时就是在她的办公室里签发了经她篡改后的信托契据的。然而，Jemison 先生对这种说法予以否认，他表示自己自始至终都只在 Sunburst 银行的办公室里签发过一张未见涂改痕迹的信托契据。由于当事人双方对案件的基本事实存在巨大争议，Turner 法官驳回了 Sunburst 银行要求进行即席判决的动议。

在随后的一次审前会议上，Turner 法官曾下令将当前的诉讼分解为两个案件进行审理，不过旋即他又改变了主意，因为他觉得这两个案件的争议过于雷同了，于是便把这两个案件重新合并在了一起，只是编号为 93 - 3075 的案件中一个关于扣压债权通知的指控被从主体诉讼中剥离了出来。

后来在 1994 年的 11 月间，Turner 法官对重新合并后的案件进行了正式庭审，在整个的庭审过程中 Jemison 先生都坚持声称自己没有参与涂改信托契据的活动。到了 1994 年的 12 月 2 日，Turner 法官在所有指控及抗辩问题上都作出了对 Sunburst 银行有利的判决。他还在判决意见中写道：“在本案中有压倒性的证据证明那份契据是被 Jemisons 的律师 Alison Wetter 修改的，而且 Jemison 先生在后者办公室里签发的正是修改后的契据。”

在 1994 年的 8 月 16 日也即庭审开始前的几个月，Sunburst 银行向 Jemisons 送达了提出第 11 条惩戒的动议，并在当年的 11 月 17 日将此动议正式递交给了法院。尽管法院已获悉了 Sunburst 银行的这一请求，但是在举行于 1994 年 12 月 21 日的一次开庭过程里，当事人双方争执的焦点还是主要集中在是否应该进行即席判决以及法官是否应该回避审理余下的指控这两个问题上，而没有过多地触及第 11 条惩戒的动议。再后来，Union Planters 银行对 Sunburst 银行的收购活动于 1994 年的 12 月 31 日全部完成。

在 1995 年 3 月 28 日，Turner 法官决定对 Jemisons 罚款 4.5 万美元，对两位律师 Gotten 和 Scroggs 各罚款 2500 美元，所有的罚款都应支付给 Sunburst 银行。

在作出处罚决定的第 2 天也即 1995 年 3 月 29 日，Turner 法官将本案余下的关于扣压债权通知的指控移交给了另外一位法官审理，理由是"由于 Sunburst 银行已被 Union Planters 银行所收购，而后者与本法官间具有密切的经济往来，并且由于本案的当事人已向法院提出了要求本法官回避的建议，所以本法官再不适于继续负责审理此案。"Turner 法官还在理由中特别指出："当事人并没有反对本法官听审有关第 11 条惩戒的动议。"目前，Jemisons 和 L & J 发展公司的律师 Gotten 针对罚款的惩戒决定向本法院提起了上诉。

在上诉过程中，Jemisons 和 Gotten 对联邦地区法院适用《联邦民事诉讼规则》第 11 条的方式方法提出了诸多质疑。虽然经过了 1993 年的修正，但本巡回法院对于适用第 11 条的检验标准却没有改变，那便是我们在 *Lemaster v. United States*, 891 F. 2d 115, 118 (6th Cir. 1989) 一案的判决意见中指出过的："某人的行为在当时的环境条件下是否合理。"此外，根据 *Ridder v. Springfield*, 109 F. 3d 288, 293 (6th Cir. 1989) 一案的判决意见，本法院"将在上诉审理中考察所有的因素以决定地区法院在作出实施第 11 条惩戒的决定时是否滥用了自己的自由裁量权。"

在本案当中，地区法院总共发现上诉人有 6 处违反第 11 条的情形，分别为：①Jemison 先生在明知缺乏足够证据支持的情况下仍坚持指控 Sunburst 银行篡改了信托契据；②死死纠缠住并无根据地篡改契据指控不放以试图拖延时间及在和解中获益；③Jemison 先生在明知缺乏足够证据支持的情况下仍作证声称 Sunburst 银行在对待处置他及妻子的个人担保时有不当行为；④持续在并无根据的担保问题上犯难以试图拖延时间及在和解中获益；⑤在未事先进行合理调查以确信有无足够证据支持的情况下便贸然提出要求获得损害赔偿的积极抗辩；⑥在通过证据开示程序已经揭示出没有足够证据支持的情况下仍坚持要求获得损害赔偿。

联邦地区法院还特别强调了是 Jemisons 积极主动的行为造成了这些违反第 11 条的情形，并且也是导致他们自己受到法律惩戒的根源，因此对他们处以高额罚款与情理无悖。对此，地区法院在判决意见中详细解释道："（Jemisons）他们所挑起的争议无非就是在一起价值 120 万美元的贷款活动中出现了大约 520 美元的误差，而且这一误差迅速被他们的律师证实完全是出于 Jemison 先生的授意才出现的。此外，所谓个人担保问题也只是 Jemison 先生的杜撰幻想。"根据本法院所掌握的材料记录，地区法院的这些认定是有充分事实依据的，而 Jemisons 却没有提出任何新的证据来有效地推翻这些认定。

第 11 条明确规定对需要为违反该条款的行为负直接责任的当事人施以惩戒，但一个被律师所全权代表的当事人则不会因为出现了第 11 条 B2 款所说的提出了没有法律依据的言论而受到惩戒。在本案当中，地区法院在自己发出的惩戒命令中表示 Jemisons 的所作所为都是出于尽量长时间地拖住 Sunburst 银行的不当目的，并且他们提出的指控几乎全都缺乏足够的证据支持却造成了整个诉讼进程被大大拉长的后果。这个命令显示出 Jemisons 遭到处罚的原因在于不良动机和无事实依据的言论，而非是第 11 条 B2 款所说的没有法律依据的言论。正是因为 Jemisons 在回答书面质询及在庭审过程中都误述了关键事实，而且还故意提出并纠缠于无事实依据的指控，所以我们认为，联邦地区法院作出依据第 11 条处罚得到了律师全权代表的 Jemisons 的决定并非是在滥用自由裁量权。

除此以外，联邦地区法院在没有进行一次专门全面听审的情况下就作出处罚决定的做法并不违反法律的正当程序原则。Jemisons

在事前已经得到了妥善合理的告知 Sunburst 银行正在寻求法院对他个人连同他们的律师予以惩戒，他们甚至还有足够的时间向法院递交过一份书面回应来反击 Sunburst 银行的这一企图。更重要的是，Turner 法官主持进行了本案的全部审前及审中程序，因此他非常熟悉本案的基本情况，比如 Jemisons 的实际经济状况和他们律师的作为等等。由于已经被给予了充分的告知且法官用了相当多的时间对惩戒问题进行了反复的琢磨和权衡，Jemisons 和他们的律师没有理由觉得自己未能享有正当程序的权利。

当客户因提供虚假证词而行为失当的时候，他的代理律师是否应该受到惩戒的问题值得我们进行一番探讨。通常说来，第 11 条要求律师根据实际情况对案件的事实真相展开合理适当的调查。在本案当中，Turner 法官总结认为：尽管由于偏信了 Jemison 先生的直接陈述及 Wetter 的模糊记忆才使得律师难以避免在涂改契据问题上误入歧途的，但在另外的个人担保问题以及 Jemisons 能否获得损害赔偿问题上，律师显然没有展开合理适当的调查以最大限度地确保有足够的证据来支持提出这些问题，并且提出这些问题的目的真诚和正当。其实，只需要去简单地探究 Jemisons 到底有无提供过任何的个人担保，或是 Jemisons 为何需要强辩自己曾经提供过个人担保，就都可以向律师揭露出本案中的所谓个人担保问题即使不能说是全部虚幻的，至少也可以被认为是相对值得怀疑的。故此，我们觉得联邦地区法院对 L & J 发展公司的律师 Gotten 施以惩戒是应该受到本法院支持的，因为该律师未能调查及证实自己代客户提出的指控背后所潜藏的主要事实前提。

Jemisons 还声称既然地区法院驳回了 Sunburst 银行要求进行即席判决的动议，那就没有理由再对他们实施第 11 条惩戒。在第 11 条被修改以前，在本法域内很清楚明白的一条法理就是"即便某个当事人没有落败于即席判决的动议，那也不等于他就一定绝缘于第 11 条惩戒，特别是当以后的审理证实了他所提出的所有指控都是没有事实依据的时候。"*Lemaster*, 891 F. 2d at 121. 当然，我们也承认 1993 年修改的一个主要变化就是立法者相信某位当事人拥有阻止对方提出的即席判决动议的证据便意味着他完全可以经受住第 11 条 B3 款的考验，但是我们决不认为立法者所希望看到的是第 11 条无法惩戒那些通过提供虚假证词来使得法院不能进行即席判决的当事人。恰恰相反，提供虚假证词这一行为本身便强烈地显现出惩戒是如此的必要，以使得那些试图通过玩弄花招来赢得诉讼的人受到威慑。鉴于第 11 条的这种根本目的，我们在此重申：一个当事人不能因为用虚假证据挫败了对方提出的即席判决动议就自然而然地获得了对第 11 条惩戒的豁免。在本案当中，Jemisons 没有理由不受到惩戒，因为他们提供的虚假证词是地区法院未能进行即席判决的主要顾虑。地区法院后来才发现 Jemison 先生提出的所谓个人担保问题是彻头彻尾的谎言，这一认定在上诉中也并没有受到挑战。试想 Jemison 先生当时若是说了真话，那很可能 Sunburst 银行就已经在即席判决中获得了胜诉，而且地区法院和 Sunburst 银行也就都不用经历一个完整的诉讼程序了。

尽管我们曾在 *Ridder* 一案中表示过"第 11 条现在并不强调对受惩戒的当事人施以经济处罚且并不鼓励将罚没款项直接支付给对方当事人"，但从第 11 条的文字上我们显而易见可以发现，倘若可以达到威慑的效果以及满足当事人的动议，第 11 条明确支持法院判决受到惩戒的当事人将罚款直接支付给对方当事人以补偿自己违反第 11 条的行为给对方招致的直接经济损失。特别是在检视了与第 11 条相关的立法建议（Advisory Committee Notes）之后，我们更加坚信了让受到损失的当事人得到违反第 11 条 B1 款的当事人的直接赔偿是恰当妥善的，而本案正是属于第 11 条 B1 款所说的存在不良动机的情况。此外，Turner 法官还认定了 Jemisons 的财产在 Sunburst 银行地不断追讨之下仍几乎毫发无伤的事实，这愈发显示出命令违反第 11 条的当事人向对方当事人进行直接偿付完全是合情合理的。本法院还注意到在整个诉讼过程中，Jemisons 既从未表示过自己没有偿付能力，也没有否认自己的做法给 Sunburst 银行带来了许多额外的开支，故此，我们没有道理不赞同让 Jemisons 直接对 Sunburst 的损失进行偿付，只要偿付的金额在法院正当行使自由裁量权的范围以内，且能起到威慑的效果。

通过上述对本案事实情形的全面分析，我们确信联邦地区法院在作出对需要为诉讼进程直接负责的当事人以及原本轻易就可平息当事人贸然举动的律师施以第 11 条惩戒的决定时并没有任何滥用自由裁量权的行为。故此，本法院决心支持地区法院发出的惩戒命令。

补充知识：

●当了这么多年的学生，也考了那么多的试，按理说，来美国之前我就已经是个久经考场的"老将"了，而且在美国一学期的课听下来自我感觉也蛮好，上课回答几个即席的问题早已不在话下，可是到期末的时候，一场考试考下来却让我真正感觉到连站也站不稳。更糟糕的是，我原先在国内应付考试的那套方法在这里也似乎失灵了，面对着一个长达十几张纸的案情陈述，我既觉得好像每个句子都能让我联想到教授在课堂上讲到的一个知识点，却又看着整个枝枝蔓蔓的案件不知从哪里入手。总之，美国法学院的考试和国内的期末考试毫无共通之处，无论是在体力上，还是思维上的强度都是不可同日而语的。

最让人感到筋疲力尽的考试——开卷考试。美国法学院里的考试大多是有限制的开卷考试，即只允许将教材、相关法条以及自己的笔记提纲带入指定考场，而任何商业性的考试辅导书（如 Nut-shell 系列等）和别人的笔记却是明令禁止的。在很多的课程里，教授只要求学生们在 3 个半到 5 个小时的时间内完成一道大的案例分析题，这种看似简单的考法实际上对学生的考察是全方位的。首先，这种题目的答案往往并不固定，学生们不仅要能够发挥出自己的观点，并且还需要对自己的观点进行正反两个方面的论证，所以不少学生在走出考场时总时有意犹未尽的感觉。其次，这种题目的题干部分，通常会是由教授精心准备的长达十几甚至几十张纸的原始事实，也就是说，你所面对的就是每个证人从各自的角度对同一件事实的描述，杂乱无章到很难让人从头到尾看一遍就能理出头绪，故此，学生们必须要具备相当的阅读速度和逻辑分析能力，才能应付这样的考试，否则一场考题做下来，恐怕就连到底发生了什么都没弄清。最后，尽管每个教授都会在考前宣布他只希望看到言简意赅的回答，而不是让大家把考试当作打字比赛，但由于教授在批改考卷时，一般都会采用根据知识点给分的办法，大家都唯恐把答案写短了会漏掉那么一两点，所以每个人都会不遗余力地埋头书写到最后一分钟，甚至连带进考场的书都只是偶尔才翻上几页。你说这么精神高度紧张的奋笔疾书上三五个钟头能不筋疲力尽吗？

最让人在考前感到焦灼的考试——闭卷考试。美国法学院里很少有闭卷考试，但我还就是在一年级的合同法课上赶着了一回。虽然相比较税法、公司法及证券法这些个大部头的法律而言，美国合同法的内容并不算多，但对我们这样的国际学生来说，在要用非母语记住各种法律规则的同时又要注意留神很多单词的拼写着实是个需要花很多工夫的事。特别是合同法里大量存在的拉丁语术语，更是让人会在考前郁闷一阵。

最让人寝食难安的考试——带回家（take home）考试。美国法学院里也有一些教授是很大方的，让学生们把考试卷子带回家做，只要不找人商量，随便看什么资料都行，随后过 24 或者 48 小时把答案交到指定的地点。然而，如果你觉得这样的考试轻松的话，可就是大错特错了。如果你在考试周里的凌晨到图书馆去转转，你肯定能发现有人在满桌摊开的书、啃了几口的面包以及红牛饮料罐的包围中强睁着惺忪的睡眼有气无力地写着什么。尽管我没亲身试过，但看看这样子就知道做这种考试可遭罪了。

最让人觉得麻烦的考试——论文考试。美国法学院里的大部分讨论课（Seminar）的考试都是以论文的方式进行的，但通常都会在学期当中穿插一些小的课题项目（project），结果一个学期下来似乎总是有做不完的任务，不似别的课那样期末一考定成绩那么爽气。

最让人胆战心惊的考试——口试。我相信我在模拟法庭（Moot Court）课上参加口试的经历将是我终身难忘的一次考试，庄严的法庭、正式的着装、严格的程序、真正的法官以及冷峻的对手，刹那间真的让我有了作为律师第一次出庭辩护时所特有的胆战心惊。

第五节 联邦规则下的诉答程序——对诉答状的修改

"知错能改"在我们平常看来应该说是一种相当值得鼓励的品质，可是如果换在美国民事诉讼的背景下讨论这个问题，我们便会惊讶地发现：《联邦民事诉讼规则》（以下简称《规则》）似乎并不怎么赞赏当事人在整个诉讼进程中有错即改的行为，反倒是给试图改正自己错误的当事人设置了诸多的限制。但是待我们仔细一想之后就会发现，《规则》这种无故不允许改正错误的态度确实更能保障诉讼的高效公正地进行，因为当事人在诉讼过程中通过修改诉答文书的方式令对手措手不及地抛出新颖的证据材料、提出其它的指责控诉或是引进额外诉讼参加者的行径，从善意的角度理解是知错能改，可从恶意的角度揣测却应被看作是出尔反尔，这显然与美国民事诉讼程序的构建理念是根本不相容的，也是为《规则》所严厉禁止的。然而任何事物都有两面性，我们不能否认，的确在有些时候由于客观因素的限制，当事人在案件的起诉应答阶段无法了解到一些事后被证明非常关键的事实情况，这些事实情况只有等案件的审理进行到一定阶段以后才会大白于天下。如果此时我们仍然严格地不允许当事人对诉答文书作出相应的修改，这无疑又将造成另一种所谓矫枉过正的不公平，故此《规则》也规定了当事人只要满足了某些条件便可获得对诉答文书予以修改的权利。在本节接下来的篇幅中，我们就要详细研究关于修改诉答文书正反两方面的规定，这是《规则》第15条主要涉及的内容。

在《规则》第15条的框架内，当事人可以通过两种方式来修改诉答状。首先，当事人可以有一次机会作为理所当然享有的权利（as a matter of right）来对诉答文书进行修改，行使这种权利不需要法院的特别批准，但一定要符合以下两种情况之一种：①如果要修改的诉答文书是对方当事人需要作出回应的那一种，那修改必须赶在对方当事人的回应文书送达之前完成，比如说原告对起诉状的修改就应在被告的答辩状送达之前进行；②如果要修改的诉答文书是不需要对方当事人作出回应的那一种，那修改就可以在该文书被送达后的20日内完成，如被告对答辩状的修改即可以在答辩状被送达后的20天里进行。其次，当事人在任何其它情况下只有通过获得法院的批准（leave of court）或是对方当事人的同意（consent）才可以对诉答文书进行修改。以《规则》为代表的现代美国民事诉讼法对此采取了一种比较纵容的态度，除非修改诉答文书会给对方当事人造成什么实际损害，否则法院就一定会批准对诉答文书的修改。大家在此要格外注意的是，尽管获得法院的批准相对来说并非是件难事，但是也必须严格遵循一定的程序来申请。寻求修改诉答文书的当事人通常需要向法院递交一份正式的动议并在其中附上修改后的文书副本，以及一份全面解释为什么要进行修改的宣誓陈述书。一旦得到了法院的批准，当事人便可以将修改好诉答文书按法律规定的方式送达至对方当事人处，要是法律要求对方当事人对此种文书作出回应，那回应则必须在修改后的诉答文书被送达之日算起的10天内作出。

当事人修改诉答文书的余地是非常大的。过去的美国民事诉讼法还存在有不允许改变原始诉答文书中表述的基本诉由或抗辩理由的规定，而现在类似的限制已经在《联邦民事诉讼规则》里荡然无存了，法院所要考察的唯一问题是：一方当事人对诉答文书的修改有否或是在多大程度上给对方当事人的利益造成了损害。不过，值得特别提醒大家的是，被告在原始答辩状或动议中因未及时提及而被视为主动放弃了的抗辩理由，如不适格的审判地或是送达程序存在缺陷等等，不能通过修改的行动又重新获得。另外，原始的诉答文书在被修改后即丧失了作为诉答文书的法律效力，当事人不能在事后要求法院重新采纳一份文书修改前的版本，但是可以向法院提出对同一份文书进行再次修改的动议，这也算是文牍主义下一种变通的办法吧。对美国证据法有所研究的读者都会知道，原始的诉答文书仍然具有一定的证据价值，有时会在诉讼中被对方当事人拿出来作为证明你从前承认过些什么或是你现在的说法和从前不一样的证据，这是我们将来在审判实践活动中应该格外小心的。

有心的读者可能已经想到了，对诉答文书进行修改可能会涉及诉讼时效的问题，也就是说当事人在修改过程中新增或变更的指控也许已经过了法定的诉讼时效，那当事人还有没有资格提出这些指控呢？对此，《规则》第 15 条的 C 款提出了一个"回溯"（relation back）原则，即如果当事人在修改后的诉答文书中提出的指控或抗辩源于已在原始诉答文书中提及的相同行为、交易或事件，那新修改的指控或抗辩的效力就可以追溯到原始诉答文书被提出之日。举个例子来说吧，有位房客由于租金纠纷被房东强行赶了出来，于是他向法院起诉房东违反了租赁合同。官司进行了 2 年时间以后，这位房客试图通过修改起诉状加入有关房东故意侵权的指控，虽然此州规定故意侵权纠纷的法定诉讼时效为 1 年，但因为有回溯原则的存在并且房客的故意侵权指控基于的是与违反合同指控相同的事件，所以，房客完全可以用修改起诉状的方式来添加故意侵权的指控。

在适用回溯原则时，唯一让人觉得有些麻烦的是提出修改诉答文书的人企图利用这种手段将某个全新的当事人拉入到诉讼中来。例如，原告想要在诉讼中加入一个新的被告。根据《规则》第 15 条 C3 款，此时法院主要考察的是该被希望加入的当事人是否实际知悉当前正在进行的诉讼，以及是否知道或理应知道自己在这场诉讼中将有可能会受到指控，除非存在着对适当当事人身份的认知错误。另外，如果要让回溯原则适用于一位新当事人，该当事人还必须在《规则》第 4 条 M 款规定的送达起诉状所允许的期限里知悉本次诉讼的进行，具体时间为起诉状被递交给法院后的 120 天内。再让我们举个例子来说吧，原告 A 以违反合同为由将 B 告上了法院，可是随着诉讼的进行原告 A 发现 B 的合伙人 C 才是真正应该对此事负责的人，于是原告 A 通过修改起诉状将 C 加为了被告并及时对其实施了送达，此时州法规定的诉讼时效已过但是仍在 120 天的送达期限内，则 C 便不能以超过诉讼时效为借口要求法院驳回原告 A 的起诉。

当事人对诉答文书的修改除了经常在审前进行以外，在审中和审后也可以对法院提出这一要求。例如，在诉讼进行的过程当中，原告发现自己当初在起诉状中所陈述的事实与新披露出来的证据有所偏差（variance），此时，尽管《规则》第 15 条 B 款认为原告并非一定要对起诉状作出修改，但在实际审判当中大家还都是会要求修改起诉状的，因为这能在最大限度上保证最后的审判结果与诉答文书在表面上保持因果关系。但假如被告在诉讼进行过程中提出异议称某项证据处于起诉状所归纳的争议范围之外时，原告恐怕就不得不向法院提出修改起诉状的请求了，而法院如无特殊情况通常也都会照准。

Beeck v. Aquaslide 'N' Dive Corp.

United States Court of Appeals，Eighth Circuit，1977.

562 F. 2d 537.

BENSON，District Judge（sitting by designation）.

本案是因初审法院在一起异籍人身伤害案件的程序性事项上有争议地行使了自由裁量权而引起的上诉。

Jerry A. Beeck 在 1972 年 7 月 15 日玩水上滑梯（water slide）时身体受到了严重的伤害，因此他和他的妻子 Judy A. Beeck 一起将一家名为 Aquaslide 'N' Dive Corporation（Aquaslide）的德州公司告上了法院，声称引发事故的滑梯正是由该公司生产制造的，因此，基于过失侵权、严格责任和默示担保等理论该公司应该对此承担损害赔偿责任。

Aquaslide 起先承认了这具引发事故的滑梯是由自己制造的，但随后便寻求通过修改答辩状来否认这一事实，此种出尔反尔的做法理所当然地遭到了原告方的反对。然而，初审法院批准了被告对答辩状进行修改，并且根据被告提出的另一项动议，法院还举行了一次单独的审判来解决"被告究竟有否参与过问题滑梯的设计、生产或销售活动"的争议，尽管原告对此也表示了明确的反对意见。上述事实争议最终被交由陪审团裁决，而陪审团作出了对被告有利的决定，于是初审法院据此驳回了原告的起诉。故此，原告向本法院提出了上诉，并提交了下列争议供本法院审查：

（1）当某产品的制造商已经在有效的诉讼期间内通过答辩状及对质询的书面回答承认了出问题的产品是由自己设计、生产并销售的时候，法院仍然允许该制造商在诉讼时效失效后以修改答辩状的方式来否认先前承认过的这些事实是否构成了一种滥用自由裁量权的行为？

（2）在批准了该制造商以修改答辩状的方式否认其先前承认过

的问题产品是由自己设计、生产并销售的以后，法院又继续支持被告的动议举行了一次单独的审判来认定问题产品的生产制造者，这是否也是在滥用自由裁量权？

I　事实背景

　　为了完整准确地理解上诉人所遭受的苦楚，本法院觉得对初审法院已经认定了的且目前并未产生争议的案件事实进行一个简单的回顾甚有必要，因为这非常有助于我们认识初审法院作出决定的依据何在。

　　在 1971 年，爱荷华州 Davenport 市的 Kimberly Village 家庭联合会通过 George Boldt 定购了一套 Aquaslide 公司的产品，后者是在当地专门代理被告产品的指定经销商。随后，这一订单被 Boldt 根据规定的商业流程移交给了位于伊利诺依州 Rock Island 市的 Sentry Pool & Chemical Supply 公司具体处理，而 Sentry 公司也根据习惯做法将此订单转发给了位于印第安纳州 Hammond 市的 Purity Swimming Pool Supply 公司配送。最终，Purity 公司将一具水上滑梯送到了买主所在的 Kimberly Village 这个地方，并由其员工将滑梯进行了组装。然而，在 1972 年 7 月 15 日，Harker Wholesale Meats 公司的员工也即本案原告 Jerry A. Beeck 在参加公司举办的游园活动中，因为使用该具水上滑梯发生意外而受到了严重的身体伤害。事故发生后不久，Harker 公司与 Kimberly Village 便通知了各自的保险公司迅速派员展开责任调查，而本案的被告 Aquaslide 公司却直到 1972 年 10 月 31 日才通过一封信首次了解到了事故的发生。在这封由 Kimberly Village 的保险公司寄来的信中，Aquaslide 被简短地告知了其生产的一具型号为 Queen Model #Q - 3D 的滑梯引发了一场事故。Aquaslide 接到信后立即将这个消息转告给了自己的保险公司，后者于 1973 年 5 月遣人进行了现场勘察并询问了当年订购及组装这具滑梯的一些当事人。结果，在一封日期标为 1973 年 9 月 23 日发出的内部信件中，Aquaslide 的保险公司派出的事故调查人表示："出问题的水上滑梯确定无疑是由我们的投保人生产制造的。"最终，原告在 1973 年 10 月 15 日向法院递交了诉状。此时，参与过事故调查分别代表 Harker、Kimberly Village 和被告的三家保险公司全都毫无异议地认定问题滑梯是由 Aquaslide 公司制造的。鉴于这种情况，被告便于 1973 年 12 月 12 日向法院递交的答辩状中承认了"本公司设计、生产、装配并销售了"引发事故的这具水上滑梯。

原告提出的这起人身伤害案件的诉讼时效到 1974 年的 7 月 15 日便过期了。可就在原告的诉讼时效过期后 6 个半月的时候，Aquaslide 公司的总裁 Carl Meyer 亲自前往了事发地点展开调查，以应付原告即将采取的取证活动。这位总裁在经过实地调查之后，宣布问题滑梯并不是本公司的产品。此后，被告即开始了积极寻求法院的批准，希望通过修改答辩状的方式来否认自己制造了问题滑梯的事实。

Ⅱ 修改诉答状

在民事诉讼中对诉答文书进行修改属于《联邦民事诉讼规则》（以上简称《规则》）第 15 条 A 款所管辖的事项，其部分规定道：一旦诉讼中某个争议已经被提交给法院并经过了诉辩，那当事人便只有在得到法院的批准或对方当事人的书面许可后才可以对诉答文书进行修改，然而只要是实现正义所需，法院就应当批准当事人提出的修改诉答文书的请求。

在 *Fomam v. Davis*，371 U. S. 178，182，83 S. Ct. 227，230，9 L. Ed. 2d 222，230（1962）一案中，最高法院有机会对《规则》第 15 条 A 款的上述相关部分作出了评论："第 15 条 A 款声称：只要是实现正义所需，法院就有权自由地批准当事人对诉答文书进行修改，但法院应当谨慎地行使这一权力……如果原告起诉所依据的基本事实或情况有机会成为获得救济的适当事由，他便应当被给予相应的机会来试探自己提出的诉请能否得到足够支持。这也即是说：

除非存在明显或公开的原因如不当耽搁、恶意拖延、反复错误、损伤对手或无益修正等，法院总应该如法律条款所规定的那样自由地批准当事人提出的修改诉答文书的请求。当然，给予或拒绝修改诉答文书的机会总是在联邦地区法院的自由裁量权之内。"

本法院也曾在 *Hanson v. Hunt Oil Co.* ，398 F. 2d 578，582（8th Cir. 1968）一案中指出过："损害必须被展示出来。"这说的是反对修改诉答文书的一方当事人有责任展示修改行为会给其造成的损害。另外，我们在 *Standard Title Ins. Co. v. Roberts*，349 F. 2d 613，622（8th Cir. 1965）一案中还说到过，在对请求修改诉答文书的动议进行裁决时，初审法院必须根据每一案件的具体情况切实考虑修改行为将给对方当事人造成的损害。

在对初审法院作出的批准或拒绝修改诉答文书的动议的决定进行审查时，上诉法院也总结出了一些指导原则。首先，就如 *Foman v. Davis* 一案所说的那样，无论拒绝还是批准当事人修改诉答文书都是初审法院自由裁量范围以内的事情，因此，上诉法院的审查也就只限于是否存在有对自由裁量权的滥用。

在本案中透过初审法院的命令，我们可以很明显地看到，在对被告提出的修改答辩状的动议进行自由裁量时，初审法院充分地考虑到了有否存在着任何恶意、损害或是不当耽搁的因素以至于使得根据《规则》第15条A款批准被告修改答辩状将会是不适当的。原告从未在任何时候承认过问题滑梯不是由被告制造的，故此，当请求修改答辩状的动议成为当前议题时，法院必须要先来决定被告是否应当被允许就一关键性事实的认定提出争辩。

具体说来，在探讨被告的行为是否出于恶意时，初审法院注意到了被告当初之所以承认那具问题滑梯是由本公司生产完全依据的是三家不同的保险公司的调查结论，这每一家保险公司都曾派员去现场查询过事故原因。这种对保险公司调查结论的依赖，以及"未有迹象表明被告曾经对调查结果施加过什么影响"的事实，均让初审法院相信"被告没有干过任何出于恶意的行为从而使其丧失了在审判过程中就制造商身份一事提起争议的资格。"初审法院还进一步发现了"如果说被告起先承认问题滑梯是由自己生产的有什么可被指责的过错的话，那本案的记录表明这种过错也应该由大家来分担。"

在研究允许被告修改答辩状会给原告的利益造成怎样的损害时，初审法院认为：双方提交给法院的事实并不能支持原告所称的，由于爱荷华州法律规定的人身伤害案件所具有的 2 年诉讼时效的过期，允许被告修改答辩状便意味着本次诉讼的完结。为了接受原告的论调，法院势必要假设被告将肯定能在问题滑梯的制造者究竟是谁这一争议上获胜，以及原告会因为在此争议上的失利而根本丧失对其它相关责任方的求偿权。然而，依照手头上现有的记录材料，初审法院无论如何是不可能作出这样假设的，相反该法院相信"鉴于本案的具体事实情况，我们觉得原告可能遭受的损害是虚无的，故此也是不足以作为拒绝批准被告修改答辩状的借口。"总之，初审法院认为给予修改答辩状的机会仅仅意味着被告有机会在审判过程中就一关键性事实提起抗辩，拒绝批准修改答辩状反倒会给被告的利益造成不公正的损害。

初审法院还表示：被告及其保险公司在对事故原因展开调查的活动中，并未表现出任何有失认真勤勉的地方，这种过失在其它案件中常常会成为丧失对有争议事实提出抗辩的理由。

基于上述的分析，我们确信初审法院在作出允许被告修改答辩状的过程中没有丝毫滥用自由裁量权的地方。

Ⅲ 分解审判

在 Aquaslide 被给予了修改答辩状的机会以后，其又根据《联邦民事诉讼规则》第 42 条 B 款提出动议要求法院就问题滑梯究竟是由谁生产的一事举行单独的审理。被告宣称提出这一动议的基础在于：①就问题滑梯是否为 Aquaslide 公司生产一事举行单独的审理将会给所有当事方和法院节省大量的时间以及许多不必要的花费与精力；②就问题滑梯是否为 Aquaslide 公司生产一事举行单独的审理能保护 Aquaslide 免遭不公正的损害。

初审法院最终批准了被告要求举行单独审理以决定问题滑梯生产者身份的动议，这一决定理所当然也被上诉人斥以为是一种滥用自由裁量权的行为。

除非被发现存在滥用自由裁量权的地方，否则一个初审法院所作出的分解审判的决定就不应该在上诉中被推翻……

本案的记录显示 Aquaslide 公司的总裁 Carl Meyer 总是亲自参与到 Aquaslide 销售的每一款滑梯的设计工作当中。致使原告 Jerry A. Beeck 在游玩过程中受伤的那具滑梯在外观上的确与 Aquaslide 公司出品的一款滑梯非常的相像，同时也缺乏明显的识别标志。Kimberly Village 当初为自己的游泳池订购的确实是 Aquaslide 公司的产品，并且后来的确通过该公司的销售渠道收到了一具滑梯。但是当 Meyer 亲自到现场检查过及 Aquaslide 随即公开宣布出问题的滑梯并非本公司产品以后，原告选择了坚持声称问题滑梯的确是从 Aquaslide 公司购买的立场。这种认识上的分歧自然导致了一个关键性事实争议的产生，如果此争议被以对被告有利的方式解决的话，那将使得被告可以借此避免承担法律责任。

原告 Jerry A. Beeck 已然受到了严重的身体伤害，为此他和他的妻子在这场诉讼中寻求获得的赔偿金额将高达 222.5 万美元。质辩有关原告受到的身体伤害及其它损失的证据必将会占用数天的审判时间，而且由于原告的伤势是如此的严重，这可能会在被告提出自己不是滑梯制造商的争议时给被告带来不公正的影响。在单独举行的审理过程中，陪审团裁决认定问题滑梯并不是由 Aquaslide 公司生产制造的，此结果在本次上诉中也没有遭到任何的质疑。此外，我们相信初审法院作出的分解审判的决定非常有利于司法经济目的的实现，这对所有诉讼参加方都显然是有利的。故此，我们认为初审法院在《规则》第 42 条 B 款事项上没有滥用自己的自由裁量权。

综上所述，本法院决定支持初审法院的判决意见。

Meredith v. United Air Lines

United States District Court, Southern District of California, 1966.

41 F. R. D. 34.

IRVING HILL, District Judge.

本案给了法院一个适用 1966 年修正后版本的《联邦民事诉讼规则》第 15 条 C 款的机会，也使得当事人抱着有益目的对诉答文书的修改成为可能。

本案其实是一起以过失侵权为诉由的人身伤害案件。在 1963 年的 1 月 22 日，身为华盛顿州居民的原告 Meredith 太太当时正乘坐美国联合航空公司的班机从西雅图飞往洛杉矶。然而，就在这架飞机抵达加利福尼亚州 Bakersfield 市上空且目的地已经遥遥在望的时候，正站在洗手间里的 Meredith 太太感到一直在平稳飞行的飞机突然作出了一个相当猛烈的飞行动作，这使得猝不及防的她重重地摔到了地板上，并因此而受到严重的身体伤害并导致某些部位永久性的残疾。

原告的丈夫在事故发生后迅速聘请了一位加州的律师来处理此事。于是，这位律师便和联合航空公司的承保人展开了长期的和解谈判。在谈判进行了一段时间之后，该律师了解到，当时是因为 Meredith 太太乘坐的客机险些和一架军用喷气式战斗机发生碰撞才使得前者不得不采取了紧急规避措施。此外，Meredith 太太和她的丈夫也从同机的一位乘客那儿听说了差点撞机的事情，这位乘客目睹了事情的全过程，他作证称客机的突然大幅度转向完全是由于一架机身上涂有美国政府标志的军用飞机从右侧向其迅速逼近导致的。Meredith 太太和她丈夫在 1963 年的 9 月将这条信息告诉给他们的律师。但是我们无法获知这两条有关险些撞机事件的消息中究竟是哪一条首先引起了律师注意的，因为律师几乎是在同一时间从这两方面的渠道听说了这件事。不过我们可以确信，这也就是律师在向法院递交起诉状时所知道的全部事实内容了，而且任何人都很很自然凭借这些事实推测认为这架身份不明的军用飞机是政府所用且是为政府雇员所驾驶的。

原告的起诉状是在 1964 年的 1 月 9 日被递交给法院的，原告律师在其中提出了两项指控。第 1 项指控将联合航空公司单独列为了被告，并且其所依据的是异籍管辖权原则。第 2 项指控则是把联合航空公司与美国政府列为了共同被告，声称它们犯有共同的过失。原告律师在第 2 项指控中指出，这架身份不明的军用飞机是造成原告受到伤害的重要助因，故此原告有权根据《联邦侵权指控法案》（Federal Tort Claims Act）对美国政府提出指控。

以上我所列举的这些事实情况就是原告连同她的律师在提出起诉阶段实际掌握的全部信息内容了。然而，几乎就在原告方提出起诉的同时，一些潜在的重要证据材料渐渐浮出水面了。在这场险些撞机事件发生不久，民用航空委员会便立即对此事展开了周密的调查。政府方面在调查中表示当时自己并没有派出过任何军用喷气式飞机在事发地点附近空域执行任何任务，即便真有军用飞机在当天飞抵过那片空域，也只有可能是洛克希德公司的两架试验机之一，该公司是一家为美国政府服务的军用飞机提供商。接下来的调查结果显示洛克希德公司在事发当天的确进行过一次新军用飞机交付前的测试演练，因此执行任务的两架飞机都是由洛克希德公司的飞行员驾驶的，而且其中有一架扮演的是靶机的角色。基于以上这些信息，民用航空委员会便把调查的目标主要指向了洛克希德公司，还特地找到了该公司的飞行员及其他一些工作人员询问情况。尽管洛克希德公司一概否认曾经有飞行测试在 Bakersfield 市上空举行，但还是有一位该公司的飞行员向民用航空委员会透露他有一次在测试任务结束后飞到过 Bakersfield 市所属的空域内，并且洛克希德公司经常性的会在距 Bakersfield 市大约 75 英里空程的 Palmdale 市举行各种各样的测试项目。

不幸的是，不管是原告本人还是她的律师都没有注意到民用航空委员会对这起事故的调查进展。

随着诉答时间的推移，政府方面于 1964 年 6 月 26 日向法院递交了一份答辩状，并在答辩状中首次告知原告及其律师：政府所属的军用飞机完全与此事无关。同时，政府方面还向法院提出了一项动议，请求把洛克希德公司作为第三方被告加入到诉讼中来。此项动议很快就在 1964 年的 7 月 13 日获得了法院的批准。于是在 1964 年的 7 月 21 日，政府方面又向法院递交了一份针对洛克希德公司的第三方起诉状（Third – Party Complaint）。在这份起诉状中，政府方面不仅详细描述了洛克希德公司会有两架由自己的飞行员驾驶的军用飞机一事的来龙去脉，而且还斩钉截铁地表示原告起诉状中指称的身份不明的军用飞机正是洛克希德公司所拥有的两架飞机之一。最后，政府方面还要求一旦政府被认定为需要承担法律责任的话，所有的赔偿金额都由洛克希德公司来代为支付。

自从获悉洛克希德公司可能卷入此事以后，原告律师便立即行动起来。在 1964 年的 9 月 2 日，他根据《联邦民事诉讼规则》第 14 条 A 款提出了起诉洛克希德公司的动议，并向法院递交了一份修改后的起诉状。经过一段时间的考虑后，法院批准了原告律师提出的动议，并在 1964 年的 11 月 20 日接受了修改后的起诉状，其在第 2 项指控中把洛克希德公司加为了共同被告。

因为首次想把洛克希德公司加为被告的努力是在事故发生 1 年多以后作出的，并且由于加州对于过失侵权案件规定的诉讼时效是 1 年，所以洛克希德公司据此要求法院驳回原告在修改后的起诉状中对自己的指控。本案的所有当事方在口头辩论时都承认加州有关 1 年诉讼时效的法律应该在本案中适用。

原告对洛克希德公司要求驳回指控的动议提出了两点不同意见。首先，原告指出洛克希德公司刻意欺诈隐瞒的做法使得诉讼时效产生了冻结的效果。其次，原告宣称修改后的起诉状具有回溯的能力，因此其地位应当等同于原始起诉状。

在听取了洛克希德公司要求驳回指控的动议之后，我给予了参与诉讼各方相当长的一段时间来进一步的搜集证据。此外，我还建议他们可以就下列的事实问题向法院递交宣誓陈述书：① 洛克希德公司对于本案悬而未决的指控有着何种的预见？②此时将洛克希德公司加入到诉讼当中对其是否公平，特别是在洛克希德公司是否在事发后不久进行过事实调查？③原告是在何时首次知道或理应知道洛克希德公司可能卷入此案的？

后来，只有原告按照要求递交了宣誓陈述书。

基于本案的实际情况以及考虑到修正后的《联邦民事诉讼规则》第 15 条 C 款的规定，我认为原告递交的修改后的起诉状的效力地位应该被视为回溯到了原始起诉状被递交时的状况。因此，我们完全无须考虑在本案中是否存在任何欺诈或隐瞒的行为做法使得加州法律下的诉讼时效被冻结住了。

在得出上述结论的过程中，我着重考虑了以下的问题：① 本案是否符合目前《规则》第 15 条 C 款所规定的情形？②是否可以将 1966 年修正后的《规则》第 15 条 C 款适用于本案？

经过 1966 年修正并于当年 7 月 1 日生效的《规则》第 15 条 C 款规定如下："无论何时，只要是在修改后的诉答文书中提及的指控或抗辩是源于原始诉答文书中已经提出或试图提出的行为、交易或事件的时候，修改后的诉答文书的效力就可以追溯到原始诉答文书被提出之日起。对原始诉答文书中受指控方的修改变更可以具有回溯力，如果前一条款得到了满足，且修改后的新加入方在法律规定的诉答期间内：①已经收到了诉讼开始的通知，同时他在此诉讼中的利益不会因为就实体问题提出抗辩而遭到损害；②除非存在着对适当当事人身份的认知错误，其知道或理应知道自己在这场诉讼中将会受到指控。"

在决定本案是否符合修正后的《规则》第 15 条 C 款的规定时，有几个问题值得我们深入探究。首先，洛克希德公司在修改后的起诉状中所受到的指控是否源于原始诉答文书中已经提出或试图提出的行为、交易或事件？很显然，这个问题的答案是肯定的。

其次，被原告通过修改后的起诉状加入的洛克希德公司是否已经收到了诉讼开始的通知，同时该公司在此诉讼中的利益不会因为就实体问题提出抗辩而遭到损害。

第三，洛克希德公司是否知道或理应知道自己在这场诉讼中将会受到指控，除非存在着对适当当事人身份的认知错误？本案的事实清楚地显示出我们对上述这两个问题的回答也均是肯定。

实际上，洛克希德公司早在事故发生后的几周时间内就已经被卷入了民用航空委员会对这场事故的调查活动当中，因此该公司明显不可能因保留提出抗辩的权利而受到不公正的对待。此外，洛克希德公司在事故发生后不超过一个月甚至可能是在两天之后就了解到了有一名联合航空公司的乘客受伤的消息。该公司的一位飞行员为此还专门写了份书面报告交给了公司的法律顾问。据我看来，这些事实足以证明洛克希德公司对即将到来的诉讼是有充分预见和准备的。更值得注意的是，尽管洛克希德公司被特别给予了机会向法院递交宣誓陈述书以便于对该公司是何时获悉原告提出指控的一事加以说明，但该公司并没有利用这一机会。故此，我不得不猜测洛克希德公司在原告提出起诉以前就已经知道自己会被卷入此一悬而未决的指控当中，并且在原告向法院正式起诉之时或此后不久便了解到了这个消息。

上述的结论使我们更确切无疑地相信洛克希德公司知道或理应知道自己在这场诉讼中将会受到指控，除非存在着对适当当事人身份的认知错误。这也就是说，洛克希德公司在很早的时候就应该已经知晓原告和她的律师很有可能在被告身份问题上认识错误。并且显而易见的是，假使原告知道政府方面并没有派出飞机在出事空域活动，而洛克希德公司却有一或两架涂有政府标记的飞机正在那里执行测试任务，那么原告理所当然地会在最开始的时候就至少把洛克希德公司列为政府的共同被告。

但是，此时还有一个问题需要我们回答？本案中原告对起诉状的修改是否为对原始诉答文书中受指控方的修改变更？我认为当然应该算是。原告在修改起诉状的过程中除了添加了洛克希德公司作为被告，同时也仍保留了美国政府的被告身份。这是因为在目前的特殊情况下，原告律师无法安全保险地用洛克希德公司来把美国政府替换掉，特别是考虑到洛克希德公司至今仍否认是自己的飞机引发了这场险些撞机的事故。要知道原告起诉状中提到的身份不明的飞机的所有权在本案中尚是一个未解的事实及法律问题，洛克希德公司的飞行员也并非不可能被看作是政府的代理人。因此，"修改变更"一词必须被给予更富有弹性更切合实际的解释。再者，仅仅由于原告律师出于保护原告利益的考虑未让洛克希德公司全然取代美国政府的被告位置，就拒绝原告享有修正后的第 15 条 C 款的益处，对原告来说将会是极其不公正的。

综上所述，我认为本案满足了《规则》第 15 条 C 款所要求的全部条件。

…………

本法院决定不支持洛克希德公司提出的要求驳回原告指控的动议。

补充知识：

● 在美国法学院里的这些年当中，上了许许多多的课，也接触过了许许多多美国的法规制度。如果让我从这些法规制度中挑选出一个最想全文翻译介绍给国内读者的，那我肯定会毫不犹豫地选择由 ABA（美国律师协会）编制的《律师职业操守条例》（Model

Rules of Professional Conduct）。自从在美国法学院均设为必修的律师职业道德课上（Professional Responsibility，常简称 PR）听闻老师讲解过这部已为许多州所遵从的模范法典后，我就一直为其思维之缜密、结构之精巧、条文之细致以及体系之开放所折服。我觉得自己这才明白美国之所以拥有当今世界上最为庞大的律师群体和最为发达的法律服务业，除了和美国自身的法律制度与诉讼文化关系甚密，又何尝不与其拥有一整套严格细密的律师自律体系息息相关呢？正是这样才保证了美国能够长久保持一支高素质的律师队伍，以及由此带来的律师行业在世人心目中的良好形象，而所有这一切都是目前快速发展中的中国律师业所急需学习的。

由于全面编译涉及国际版权的问题，以及从技术的角度看也需要事先进行周密的准备，恐怕在短时间之内我还无法了结自己想将美国的《律师职业操守条例》一书介绍给国内读者的心愿，但在此却不妨蜻蜓点水一下，为大家就美国律师在执业过程中究竟应该承担哪些义务的问题作个囫囵吞枣式的概括：① 律师不必承接所有的案子，但有些客户的委托却一定不能承接；②律师与客户的关系开始于客户合理的相信律师已经接收委托，从此时起律师就需要为该客户承担起所有应尽的义务；③律师的收费必须合理，且不得收赃款；④律师有合格义务（duty of competence），每年必须参加规定的培训项目；⑤律师对客户负有勤勉义务（duty of diligence），在工作过程中必须尽职尽责；⑥当法庭指定律师为某位当事人辩护时，律师不得拒绝法庭任命，除非有充分合理的理由；⑦律师对客户负有信赖义务（duty of fiduciary），律师在代理过程中不得辜负客户的信赖；⑧律师对客户负有沟通义务（duty of communication），律师应当就程序及适用法律的解释等问题主动和客户进行沟通；⑨律师对客户负有决定义务（duty of decision－making），律师应当协助客户作出决定并告知客户每种决定将引起的法律后果，但律师不应当代替客户作出决定，除非出现了法定的客户丧失决定能力的情况；⑩律师在代理过程中有时可以撤回代理，而有时则必须撤回代理；⑪律师应当对从代理过程中获取的有关客户的信息保密，包括对客户过去的犯罪事实也应该保密，除非有法定的例外情形出现；⑫律师不得用从代理过程中获取的相关信息为自己牟利；⑬律师必须谨防在代理过程中出现利益冲突（conflicts of interest）的情形，这包括了现在客户之间的利益冲突，以及现在客户与过去、将来客户间的利益冲突。此外，律师不得同时在不同案件中持相反立场；⑭律师在代理过程中禁止和客户发生性关系；禁止替客户支付有关诉讼费用；禁止从诉讼结果中直接获益；⑮律师对客户以外的第三方也需要承担一定的义务，主要包括有不得利用诉讼等方式对他人进行纯粹的骚扰；不得骚扰陪审员；不得未经允许和对方当事人接触；⑯律师不得提供伪证，且必须制止己方的证人提供伪证；⑰当明知或应该知晓客户作伪证时，律师必须积极补救，此义务超过了前面提到的保密义务；⑱律师不得隐瞒对己方不利的案例，但不必主动向对方提供；⑲律师不得阻挠证人作证；⑳律师不得轻率诉讼以及随便发表不负责任的个人意见；㉑律师不得发布包含错误或误导信息的广告。

第六节　诉请的合并——反诉与交叉诉讼

小时候酷爱看《说岳》、《兴唐传》之类的演义小说，至今让我印象深刻的一个细节便是这些书中有名的武将大都会使"回马枪"或"拖刀计"的招式，在棋逢对手的情况下出其不意地使出来必能将敌将斩于马下。其实，在民事诉讼的进行过程当中，律师手里也掌握着一些可以在胜负难料的关头扭转局势的撒手锏，反诉与交叉诉讼便是其中相当重要的两种，下面我们就仔细研究一下美国联邦民事诉讼法对它们都有哪些规定。

和绝大多数其它国家的民事诉讼法一样，在美国联邦民事诉讼体制中，反诉通常指的是在诉讼开始阶段处于辩护地位的当事人（defending party）有权对原先向自己挑起诉讼的对方当事人针锋相对的提出指控，而且指控的内容既可以和原始诉讼中的事实争议密切相关，也可以是根本毫不相干的。但与很多大陆法国家民事诉讼法不同的是，美国《联邦民事诉讼规则》（以下简称《规则》）第13条将反诉分为了强制性反诉（compulsory counterclaims）和任意性反诉（permissive counterclaims）两大类，分别受到第13条A款和B款的管辖。

　　根据《规则》第13条A款的规定，如果一方当事人提出的反诉与对方当事人指控自己的主题起源于相同的交易或事件（transaction or occurrence），那这一反诉就应该被认为是强制性的，即要么在自己受到指控的诉讼中提出，要么就永远被禁止在此后的任何诉讼中提出。由此可见，如果一项反诉被视作强制性的，而相关当事人又未能及时提出，那他所面临的后果将是极其严重的。《规则》对此给出的惩罚是该当事人从此便永久性地丧失了在未来的诉讼当中提出这项诉请的资格，因为既判力原则（*res judicata*）会将此诉请看作是一件已决事项，从而封杀了该当事人一切试图旧事重提的可能性。

　　接下来必然有人提到的一个问题便是，这样的制度安排会不会对当事人来说显得过于严厉了呢？从微观的角度看的确如此，一点迟延的疏忽即可能导致诉权的丧失，这对某些人确实称得上是诉讼中不可承受之损失。但如果我们从宏观的角度加以分析，此种制度的政策性倾向是非常明显的，它旨在通过激励当事人将所有起源于相同事由的争议拿到一次诉讼中来解决而达到节省司法资源及促进司法经济的目的。相比之下，这后者更是维护一个国家司法机器高效有序运转所不可或缺的。因此，我们完全可以说，这条规则其实是各方利益平衡后的产物，全社会都能从中获得极大的益处。

　　所谓几家欢喜几家愁，当然也会有人去法院起诉某个被告后才得知，自己所起诉的事项实际上是必须在前一次诉讼中就及时提出的强制性反诉，所以基于一事不再理的既判力原则，法院不能接受这一次的起诉。这时，倘若此人不甘心就此束手待毙的话，那他基本上还能有 3 种反抗可供选择，按照执行的困难程度排列依次为：

（1）最常见的是向法院争辩称自己的起诉不应被看作一项强制性的反诉，因为这并非与前一次诉讼中自己遭到指控的主题来源于相同的交易或事件，或是在前一次诉讼中提出该反诉需要有法院不具有管辖权的第 3 方的参与。这前一种说法的问题在于法院对"相同交易或事件"的解释往往相当宽泛，这在本节下面收录的几个案例中体现得非常明显，而后一种说法的问题在于这往往是特别一目了然的事情，实在没有什么牵扯的余地。

（2）比较困难的办法是说服法院相信尽管自己提出的起诉可以算是一项强制性的反诉，但它落入到了某种例外的情形当中，比如在向法院递交答辩状时该反诉所依赖的事由尚不成熟，或前一次诉讼在性质上属于对物（*in rem*）及准对物（*quasi in rem*）诉讼等。举个例子来说吧，A 起诉 B 侵占动产，B 败诉但未提出反诉。后来 B 又以人身伤害为由将 A 告上法院，A 以这属于强制性反诉为由要求法院驳回，B 可以称他的伤势在前一次诉讼进行时完全无法察觉，因而才失去了当时提出反诉的机会。

（3）罕见但亦非不可能是向法院坦承这是一项强制性的反诉，可是出于某些客观的原因自己未能在前一次诉讼中提起，现在恳请法院能够格外开恩准许自己起诉。这种现象最经常出现在不是第二次诉讼的原告本人，而是他的代理人如保险公司等代替他作为被告参加前一次诉讼的时候，法院也许是考虑到保险公司的代为辩护未必用心，所以，这算是个情有可原的失误，原告应该被再给一次机会。

按照《规则》第 13 条 B 款的说法，如果一方当事人反诉的内容与对方当事人先前指控自己所依据的交易或事件并无关联的话，那这一反诉便是任意性的反诉，即当事人可以自由选择在本次诉讼中是否提出，而且即使现在不提出也丝毫不影响在以后另行提出。值得一提的是，为了鼓励当事人积极利用反诉的武器，《规则》还特意在第41条的A2款限制了原告主动撤诉的权利，其规定凡是一个案件中有反诉提出，那原告非经被告同意或该反诉确能另行解决，否则不能自行撤销起诉。

区分一项反诉究竟是强制性的还是任意性的有着非常重要的意义，这除了关系到当事人是否必须及时提出以免将来无处可诉外，还牵连到管辖权方面的考虑。如果是强制性的反诉，那将会被视为从属于对方当事人提出的诉情，因此联邦法院可以依据引申管辖权原则对该反诉实施管辖。但假如是任意性的反诉，那该反诉则必须具有异籍或联邦问题这样单独的管辖权基础，才能够得到联邦法院的管辖。不过，无论是强制性还是任意性的反诉都不涉及适格的审判地问题。

除了管辖权以外的另一个重要问题就是诉讼时效，即如果反诉是在诉讼时效已过后提出的，那州有关诉讼时效的法律会不会禁止当事人提出反诉？首先，我们要明确的是这应该被看作一个实体性的问题，因而需要用适当的州法来加以解决。其次，目前在美国占优势的观点认为：如果反诉起源于与对方当事人的指控相同的交易或事件，并且整个案件起诉在诉讼时效启动以前，那诉讼时效已过的事实便不再会对反诉的提出有任何影响。最后，还应该注意有少数法院认为只要反诉是以消极抗辩（defensively）为目的的，那有关诉讼时效的规定就不再需要顾及了。

《规则》第13条中除了包含有反诉的内容外，还在G款里规定了有关交叉诉讼的制度设计，即一位被告可以在答辩状中对其他共同被告提出指控，如果该指控与原告起诉所依据的交易或事件相关，或是与原告起诉所涉及的财产权相关的话。当然，有些时候共同原告之间也可以提出交叉诉讼，比如A、B作为原告共同起诉

C，而 C 又对 A 提出了反诉，此时 A 完全可以通过交叉诉讼的方式对 B 提出指控，要求后者分摊赔偿等等。和反诉相比，关于交叉诉讼的法律规定实在要简单的多，既没有强制或任意性之分，也不牵涉到任何管辖权的问题，所以就在这一笔带过吧。

作为本节的结尾，还想请大家随手翻阅一下《规则》第 18 条 A 款，这是一条关于诉请合并的原则性条款。透过该条款极具开放性的语言，大家不难体会到现代美国民事诉讼法日趋自由的总体精神。

Iglesias v. Mutual Life Ins. Co.

United States Court of Appeals，First Circuit，1998.

156 F. 3d 237.

CAMPBELL，Senior Circuit Judge.

原告 Manuel A. Iglesias 由于自己对前雇主纽约共同人寿保险公司（以下简称 MONY）提出的歧视对待与违反合同指控被联邦地区法院以即席判决的方式驳回而向本法院提出上诉。与此同时，被告 MONY 也因为其提出的要求原告返回在职期间超额报销的支出费用的反诉遭到了地区法院的否决而提起了上诉。本法院决定支持地区法院作出的驳回原告两项指控的判决，但是要撤销地区法院驳回 MONY 反诉的命令并责成其予以重新审理。

I

Iglesias 的指控：（上诉法院认为 Iglesias 提出的歧视对待指控已过诉讼时效，而违反合同指控则缺乏足够事实依据。此处分析从略。）

II

MONY 的反诉；作为一项公司政策，MONY 一直都允许 Iglesias 报销由于公务活动而导致的花费。然而，MONY 后来发现 Iglesias 为了增加个人收入于 1981 年至 1988 年间经常性地以虚报账目的方式将超额报销得来的钱款塞进自己腰包。实际上，MONY 直到 1987 年才首次察觉 Iglesias 有上述不良行为，但当时却没有对他采取任何的法律行动，而仅仅是通知他这样的做法与公司政策不符，并要求他就此向公司有关部门递交一份详细的说明报告。得知自己的行为被察觉后，Iglesias 便向法院提起了本次诉讼，指控公司对他实施了歧视对待及违反合同。但是在 1991 年 11 月 7 日进行的一次录取证词的活动过程中，Iglesias 承认即使是在 1987 年得到了公司的警告以后，他仍然持续性地夸大自己的公务花费以达到超额报销的目的。

MONY 将上述于 1991 年获得的证词主要用在了 3 个地方。首先，MONY 在审判中借此来揭露 Iglesias 的报销单据多有不实之处，从而进一步使人觉得他的人品值得怀疑。其次，MONY 试图将此作为一项积极的抗辩理由以反击 Iglesias 的歧视对待指控，因为这合理地解释了 Iglesias 为什么最终会被公司解雇。只是初审法院后来并未允许 MONY 采用这个策略，考虑到公司其实是在已经解雇了 Iglesias 以后才了解到这些信息的。

最后，也是与我们这次审理最相关的一点是，MONY 据此要求法院批准其修改答辩状以便于增加一项要求财产返还的反诉。在 1992 年的 3 月 17 日，治安法官批准了 MONY 要求修改答辩的申请。于是在接下来的 4 年时间里，双方当事人就反诉所涉及的事项展开了广泛的调查取证活动。随后到了 1996 年的 8 月 6 日，Iglesias 提出动议请求法院驳回 MONY 的反诉，理由在于后者行使权利十分懈怠。结果在 1996 年的 8 月 14 日，法院果然以疏忽迟误为由驳回了 MONY 的反诉。现在，MONY 将初审法院的这个决定上诉到了我们这里。

尽管并没有任何一方当事人提出这个争议，但是我们有义务来探究本法院是否对 MONY 提出的这个反诉具有适当的主题事物管辖权。因为 MONY 的反诉是基于州法提起的，所以联邦法院并不能对其进行管辖，除非其落入到了引申管辖权的范围之内，或是具有任何其它的管辖权存在基础。

看起来双方当事人所想的是 MONY 的反诉应该属于联邦法院的引申管辖权范围以内。当研究引申管辖的问题时，被告反诉的性质尤为重要。《联邦民事诉讼规则》第 13 条设计了两种形式的反诉：强制性的与任意性的。根据第 13 条 A 款，所谓强制性的反诉是指源于作为对方当事人指控主题的交易或事件的反诉行为。而根据第 13 条的 B 款，所有其余的反诉行为都应被看作是任意性的反诉。此外，只有强制性反诉可以依赖引申管辖权存在，任意性反诉则需要自己的管辖权基础。

目前，至少存在有 4 项标准来判断一项反诉究竟是强制性还是任意性：①起诉与反诉所提起的事实及法律争议是否在很大程度上都是相同的？②如果没有强制性反诉规则，既判力原则（*res judicata*）是否会阻止被告随后提出起诉？③是否会有基本相同的证据来同时支持或否定原告的起诉及被告的反诉？④起诉与反诉间是否存在有一些逻辑联系？

在上面列举的这些判断标准中，只有第 4 项的逻辑联系（logical relation）标准能够支持 MONY 的反诉。在 *McCaffrey v. Rex Motor Transp. ,Inc.* , 672 F. 2d at 246, 249（1st Cir. 1982）一案中，本法院曾经采纳了第 5 巡回法院的方法来对逻辑标准加以适用："一项反诉不能被认为是强制性的，除非它在两种意义上起源于和初始起诉相同的有效事实集合：①有相同的有效事实集合作为原始起诉与反诉的共同基础；或者②原始起诉所依赖的有效事实集合使被告具有的原本沉睡的法律权利得以觉醒。"

适用上述的标准，MONY 提出的反诉应该被认为是任意性的。首先，蕴含了 Iglesias 起诉的相关有效事实集合与 MONY 提出反诉所依据的事实完全不同。Iglesias 声称 MONY 是出于歧视性的原因才在 1981 年把其伤残保险产品撤离波多黎各市场的，而这一举动最终导致了他被解雇，因此他也是公司歧视政策的直接受害者。支持这项指控的证据主要有 Iglesias 的工作合同条款，以及关于 MO-NY 对于波多黎各市场决策的各方面文件、证词或其它类型的证据等。与此相反，MONY 的反诉是关于要求 Iglesias 退还自 1981 年至1988 年间通过超额报销的手段从公司取得的多余钱款的，所以这项反诉涉及的证据主要包括了 Iglesias 在食宿方面的报销记录与凭证、他自己的供词及有关 MONY 报销政策的文件、证词或其它类型的证据等。虽然原告的起诉和被告的反诉都起源于相同的时间段内，但它们的确依据的是两套截然不同的事实内容。

其次，MONY 获得财产返还的能力并不取决于 Iglesias 指控的成败与否，因为 Iglesias 已经承认了自己超额报销以提高收入的行为。尽管 MONY 是借助于本次诉讼中出现的一份口供证词才得知 Iglesias 不当诈取公司钱款的行为在 1988 年仍然存在的，可是 Iglesias 的指控没有唤醒什么沉睡的诉权。MONY 完全有权在任何时候针对发生在 1988 年以前的超额报销行为对 Iglesias 提出要求返还公司财产的诉讼，甚至就算 MONY 只对 Iglesias 在 1988 年的不当行为提出起诉也与歧视对待或违反合同的指控毫无事实上的因果关联。换句话说，MONY 的反诉与主诉讼中的指控缺乏任何的逻辑联系。

故此，本法院认为 MONY 的反诉是任意性而非强制性的，因此并不受到联邦引申管辖权的支持。

Burlington Northern Railroad Co. v. Strong

United States Court of Appeals, Seventh Circuit, 1990.

907 F. 3d 707.

RIPPLE, Circuit Judge.

原告 John Strong 以人身伤害为由将他的雇主 Burlington 北方铁路公司（以下简称 Burlington）告上了地区法院，并因此获得了 7.3

万美元的赔偿金。随后，被告 Burlington 向地区法院提出动议，要求用一个由自己建立的伤残保险项目来抵消应赔付给原告 Strong 的金额，然而这一动议遭到了法院的拒绝。有鉴于此，Burlington 又就相同的事宜单独向地区法院提起了诉讼，结果法院在 1988 年的 11 月 30 日以即席判决的方式支持了该公司的方案。对此感到不满的 Johan 因此向本法院提出了上诉，希望能撤销地区法院在第 2 次诉讼中的判决意见。出于以下陈述的原因，我们打算支持地区法院的决定。

Strong 先生在被 Burlington 雇佣期间一直都是道路维护工作者协会的会员，该工会组织是根据 1973 年《疾病福利补偿协定》（Supplemental Sickness Benefit Agreement of 1973）中的有关条款组织运作的，因此，其全体会员都必须受该《协定》的约束，其中有一条规定道：凡是依据《协定》享受到福利补助的工人便不再能因伤残获得重复的工资补偿。

在为 Burlington 工作的时候，Strong 先生曾经分别于 1983 年的 9 月 12 日和 1985 年的 3 月 5 日受过两次工伤。于是，他便根据《联邦雇主责任法案》（Federal Employers Liability Act，45 U. S. C. §§ 51 – 60）对 Burlington 提出了起诉，要求后者对他作出相应的赔偿。经历了一场陪审员审判后，Strong 先生因为 1983 年的工伤事故获得了 7. 3 万美元的赔偿，而 Burlington 则被裁决不用为 1985 年的工伤事故负责。

在审理结束之后，Burlington 提出动议称赔偿金额应当被缩减 1 1678. 21 美元，因为这是 Strong 先生根据《协定》已经享受到了的福利补助的数额。初审法院对此答复称："在缺少一个留置权或对其有利判决的情况下，Burlington 无权扣除根据《协定》支付给 Strong 先生的 1 1678. 21 美元。"然而，主审此案的法官又指出：如果 Burlington 以合同法上的理由提出起诉，那 Strong 先生是极有可能保不住这笔钱的："我注意到原告拒绝退还他根据《协定》所享受到的为数 1 1678.21 美元的福利补助的态度也许会给他自己造成不利……在我看来显而易见的是，被告完全可以通过合同法的诉由来迫使原告退还这笔钱，并且如果被告真这么做的话，原告还需要为了抵御一场新诉讼而毫无意义的耗费额外的时间与金钱。"

得到地区法院的暗示以后，Burlington 果真以合同法的诉由提出了起诉，要求 Strong 先生退还收到的福利补助。Strong 先生则声称铁路公司提起的诉讼应当被以既判力原则的理由予以驳回，因为这一诉请必须作为强制性的反诉在先前的人身伤害诉讼中提出。但是，地区法院觉得铁路公司的诉请其实是一项任意性而非强制性的反诉："Burlington 要求返还福利补助的权利并非与 Strong 的案件源自于相同的事件，这一权利是来源于 1973 年《协定》中的相关条款的。"此外，地区法院还发现，即便铁路公司的诉权可以被说成是源自于和前案相同事件的，诉权在递交答辩状时尚未成熟的例外也应该适用于此案……

Strong 先生相信 Burlington 要求返还的诉请是一项必须在前案中被提起的强制性反诉，因此 Burlington 未能及时提出便意味着其自动放弃了此项权利。最高法院在 *Baker v. Gold Seal Liquors ,Inc.* ，417 U. S. 467，469 n. 1（1974）一案中曾说过："《联邦民事诉讼规则》第 13 条 A 款在某种程度上可以说是一条严厉的规则：如果一项反诉是强制性的且当事人未在原始诉讼中提出，那该当事人就永远丧失了提出此项反诉的权利。"然而，该条款在民事诉讼进程中经常扮演着非常重要的角色，特别是在节省司法资源方面。这正如我们曾在 *Martino v. McDonald's Sys. ,Inc.* ，598 F. 2d 1079，1082（7th Cir. ），cert. denied，444 U. S. 966（1979）一案中表示过的那样："《规则》第 13 条 A 款是在平衡各方利益后得出的产物。为了实现司法经济的目的，我们只好让那些具有强制性反诉的当事人在方便性上作出一点牺牲。"

为了构成一项强制性反诉，第 13 条 A 款要求该诉请：①存在于诉答持续进行期间；②与对方当事人的诉请起源于相同的交易或事件；③不需要法院对其不能取得管辖权的当事人参加。目前，毫无争议的是这第 3 个要素已经得到了满足，因为本案中没有必须参加的第 3 方当事人，所以我们的分析就应该转向前两个因素是否也被满足了。接下来，我们就将按照和地区法院相同的顺序展开讨论：①相同的交易；②在诉答进行期间的存在……

本法院曾经使用过一种名叫"逻辑联系"的标准来判断交易或事件是否具有第 13 条 A 款意义下的相同性，并在 *Gilldorn Sav. Ass'n v. Commerce Sav. Ass'n*, 804 F. 2d 390, 396 (7th Cir. 1986) 一案中对这种标准做过详细阐述："已经有很多法院都一致同意'交易或事件'一词应被给予广泛意义的解释，以便使联邦民事诉讼规则的政策得以践行及第 13 条 A 款的宗旨得以体现……作为一个具有灵活意义的术语，'交易'也许会包含一连串的事件，这在很大程度上并不取决于这些事件发生的间隔是否紧凑，而取决于这些事件之间的逻辑联系……一项根植于某个独立事件或交易的反诉是任意性的，因此需受到第 13 条 B 款的管辖。"尽管我们应该采取宽松的解释方法，不过这也不意味着我们所要做的仅仅是木然的给考察的对象贴上一个同一交易的标签，实际上我们仍然必须通过认真的检验每项诉请所依据的事实情况来判断逻辑关系的标准是否得到了切实满足。

简而言之，我们没有现成就可以套用的公式来决定诉讼之间是否逻辑相联。法院应该全面完整的考虑所有与诉请有关的因素，例如诉请的本质、获得救济的法律基础、牵涉到的法律以及各自的事实背景……

即使当某项反诉满足了"相同交易"的判断标准，当事人也并不必要将其作为强制性的反诉提出，假如该反诉在当事人向法院递交答辩状时尚未成熟的话。其实，这一成熟性的例外来源于法条中有关将对该条款的适用限制于当事人在实施诉答时已有的诉请语言。故此，当一个诉请的成熟取决于某些其它案件的结果，且在该诉请所依赖的诉讼结束时还没有存在，那这个诉请就落入了成熟性的例外之中。

透过前面所讲的这些原则，我们相信：初审法院正确地总结出了 Burlington 在本案中提出的反诉不是一项强制性的反诉。为此，我们完全同意初审法院所说的相同交易的因素在本案里没有得到满足，这也就是在说，Burlington 要求获得退还的权利与 Strong 先生先前的起诉根本不是源自于相同的交易。具体说来，Strong 先生的起诉是建立在他所遭受的两起工伤事故之上的，而与之相反的是，Burlington 提出诉请依据的是 1973 年《协定》中的有关条款。所以，他们双方的诉请分别提出了截然不同的事实及法律争议，同时也应该受到不同部门法律的管辖。而且正是由于他们双方的诉请是基于各自独立的交易产生的，司法经济的目的也无法通过把双方诉请强行糅合在一起的方式来实现，因为它们根本就缺乏共同的原始争议。

除此以外，我们还同意初审法院所宣称的，即便能够假设认为双方的诉请包含了相同的交易，Burlington 的反诉也不能够被看作是强制性的。这是因为该反诉一直要到第一场诉讼结束且 Strong 先生拿到了对自己有利的判决时才存在，因此成熟性原则将允许 Burlington 另行提起第二场诉讼。总之，地区法院相当正确地归纳了铁路公司的诉请应该属于一项任意性的反诉，其不会因为 Burlington 没有在前一个有关人身伤害的案件中提起就被视为是自动放弃了的。

基于上述原因，本法院决定支持联邦地区法院的判决意见……

Rainbow Management Group,
Ltd. v. Atlantis Submarines Hawaii, L. P.

United States District Court, District of Hawaii, 1994.

158 F. R. D. 656.

FONG, District Judge.

原告彩虹管理集团（RMG）起诉被告夏威夷亚特兰蒂斯潜水艇有限公司（Atlantis）和 George A. Haydu（Haydu），要求他们为撞伤了原告公司所属船舶 Elua 号一事承担经济赔偿责任。被告 Atlantis 当即就提出了进行即席判决的动议，其声称 RMG 的诉请其实是在上一次关于由船舶碰撞引发的人身伤害赔偿案件中就必须提出的强制性反诉，所以本法院应当毫不犹豫地驳回 RMG 的起诉。

被告 Atlantis 是一家在夏威夷 Waikiki 海滩开展商业性潜水艇离岸旅游业务的公司。在撞船事故发生时，RMG 和 Atlantis 是商业上的合作伙伴，后者委托前者负责将游客们从海滩运送到潜水艇上。

在 1992 年的 1 月 27 日，RMG 公司所属船只 Elua 号正在执行把游客们从海岸边摆渡到 Atlantis 公司所属的潜水艇 Atlantis X 号上。游客换乘需要 Elua 号与 Atlantis X 号近距离并排停靠，以便于各自的船员用缆绳将两艘船牢牢固定住。当船被系在一起后，一条舢板会伸出来搭在两艘船中间，游客们再从舢板上走过就完成了换乘的程序。

就在同一天的时候，Haydu 和 4 名乘客正乘坐 Haydu 的游船 Boston Whaler 号准备进行深海潜水练习。当时，Boston Whaler 号是系泊在 Atlantis 公司所有的一块礁石上的，离 Elua 号与 Atlantis X 号交换乘客的地点大约有 200 码远。

不久，Elua 号和 Boston Whaler 号发生了碰撞。Boston Whaler 号当场被撞毁，船上的乘客也都受到了不同程度的伤害，而 Elua

号的船体也严重受损，后来不得不被拖回船坞大修。

原告 RMG 现在要求 Atlantis 赔付修理船体的费用以及由于停运而造成的经济损失。作为对这一指控的回应，Atlantis 声称 RMG 的诉请实际上是一项强制性的反诉，因此 RMG 理应在前一次的 Boston Whaler 号上的受伤乘客起诉 Haydu、Atlantis 及 RMG 的诉讼中及时提出。现在，我们不妨就将 *Berry v. Atlantis Submarines Hawaii, L. P.*，Civil No. 93－00580 SPK 一案的情形简述于下。

在 1992 年 1 月 27 日，作为 Boston Whaler 号一名乘客的 George Martin Berry 由于撞船事故而受了伤。于是，Berry 和他的妻子于 1993 年 7 月 22 日将 Atlantis 和 RMG 作为共同被告告上了法院，并在起诉状中表示它们均涉嫌以过失方式驾驶船舶。

到了 1993 年的 8 月 23 日，Atlantis 对 RMG 提出了交叉起诉，同时还对 Haydu 提出了第三方起诉。在对 RMG 提出的交叉起诉中，Atlantis 陈述了两项指控，第一项为违反合同，而第二项则为分摊与代偿。

时间又推移到了 1993 年的 9 月 3 日，RMG 同样对 Atlantis 提出了交叉起诉，并且也要求获得分摊与代偿，此外还否认了自己的行为有任何的过错。然而，RMG 没有在这次诉讼中提出要求 Atlantis 因为发生在 1992 年 1 月 27 日的撞船事故而赔偿给自己相关修理费用及经济损失的诉请。

后来在 1994 年的 6 月份，RMG 向法院提起了另一场单独诉讼，也就是我们目前正在进行的即席判决所讨论的主题。在这场诉讼当中，RMG 请求法院命令 Atlantis 赔付给自己在 1992 年 1 月 27 日碰撞中受伤的 Elua 号的船体修理费用及由于停运而造成的经济损失。在此后不久的 1994 年 8 月 30 日，RMG 根据《联邦民事诉讼规则》第 42 条 A 款的规定提出动议，要求法院将本案与上述的 *Berry* 案合并在一起审理。不过，治安法官 Barry Kurren 拒绝了这一动议，理由是这将会造成审判的迟延，并损害对方当事人的利益。

　　最终，Atlantis 及 RMG 均与 *Berry* 一案的当事人达成了和解……故此，唯一剩下的争议就只存在于 RMG 和 Atlantis 之间了。

　　为了支持自己提出的动议，Atlantis 声称 RMG 的诉请其实只不过是强制性的反诉而已，并且由于 RMG 未能在 *Berry* 一案中及时提出，所以《规则》第 13 条 A 款将永远禁止 RMG 提出。第 13 条 A 款在相关部分规定："当事人应在诉答文书中以反诉的形式提出任何自己在诉答文书送达期间具有的针对对方当事人的诉请，如果该诉请与对方当事人提出指控的主题起源于相同的交易或事件……"Atlantis 据此认为在当初自己对 RMG 提出交叉起诉之后，RMG 就成为第 13 条 A 款中所说的对方当事人，故此 RMG 必须以反诉的形式提出任何针对 Atlantis 的且与 Atlantis 的交叉起诉起源于相同的交易或事件的诉请。

　　作为对此的回应，RMG 争辩称自己有关 Elua 号的指控并不是一项强制性的反诉，而是依据第 13 条 G 款提出的任意性交叉起诉。第 13 条 G 款在相关部分规定："一方当事人可在诉答文书中提出针对另一共同当事人的交叉起诉，该诉请既可以起源于与原始诉讼或某项反诉的主题相同的交易或事件……"RMG 同样引经据典的表示 Atlantis 应该被看作是 *Berry* 一案中的共同当事人而非对方当事人，因此 RMG 只是有权在 *Berry* 一案中提出关于 Elua 号的指控，但并不是一定要提出。

　　双方当事人在本案中提出的争议似乎在第 9 巡回法院的法域内仍是一个目前尚无定论的法律问题，而其它兄弟法域制成的可供参考的判例法也是有很大局限性且多相互矛盾的。比如第 6 巡回法院曾在 *U. S. v. Confederate Acres Sanitary Sewage & Drainage Sys.* , 935 F. 2d 796，799（6th Cir. 1991）一案中说过："针对共同被告的交叉起诉是任意性的。"而另有一家地区法院却对此大唱反调："一旦有交叉起诉在诉答中出现，那提出交叉起诉的当事人即变成了对方当事人，至于交叉起诉所针对的当事人则必须以反诉的形式提出任何针对对方当事人的且起源于相同交易或事件的诉请……" *Earle M. Jorgenson Co. v. T. I. United States,Ltd.* , 133 F. R. D. 472, 474 (E. D. Penn. 1991).

现在让我们来看看学者的意见，James W. Moore 教授在自己的著作里谈到过这个问题，他表示当一方当事人提出了针对另一方的交叉起诉后，两位原先的共同当事人就转变为了《规则》第 13 条 A 款意义中的互为对方当事人了的情形了。他还举例说："假设 A 与 B 共同起诉 X 违反合同，而 X 以过失为由对 A 与 B 提出了一项任意性的反诉。此时，A 可以对 B 提出交叉起诉，以求得让 B 来代替自己承担所有或部分的过失责任。A 对 B 的起诉与 X 的反诉是相互联系的，但是又有着某些独立诉讼的特征，因为这对 X 来说没有任何的影响。如果此时在交叉诉讼中作为 A 的对方当事人的 B 同样也有一项针对 A 的诉请，且是与 A 的交叉诉讼的主题起源于相同交易或事件的，那 B 的诉请就应被视为第 13 条 A 款中所说的必须及时提出的反诉，除非存在着例外的情况。" 3 James W. Moore and Jo Desha Lucas, *Moore's Federal Practice*, 13. 34, at 13 – 209 – 210 (2d. ed. . 1985).

据我所知，目前已经有堪萨斯州和阿拉斯加州的最高法院采纳了上述 Moore 教授的观点……并且我认为这种观点有助于法院实现司法经济的目的，以及可以起到减少冗余案件的作用，因为它鼓励当事人一次性的起诉所有源自于相同事件的指控，并允许法院在一次诉讼进程中解决所有的指控。

故此，本法院认为 Moore 教授指出的办法是相当有说服力的，而且非常值得采用：在一方当事人对另一方提出原始交叉起诉之后，两位共同当事人即变成了《规则》第 13 条 A 款里所说的对方当事人了。然而，本法院觉得这一办法的适用范围只应限于原始交叉诉讼中包含有一项实体性指控的情形，而不应扩及那些仅包含分摊和代偿的指控当中，这么做的理由在于一条缺乏限制的规则也许会无约束地增加诉讼成本或复杂程度。

举个例子来说，假设本案中 Atlantis 的原始交叉起诉并没有包括一项违反合同的实体性指控，而仅仅涉及分摊和代偿的问题。那么在通常情况下，RMG 也将会提出分摊和代偿的交叉诉讼作为回应。这类交叉诉讼实际上并不会把新的争议引入到诉讼当中，因此法院便能在诉讼的花费开销或复杂程度没有显著增加的情况下同时解决双方的诉请。

反过来，假如法院准备没有限制地采纳 Moore 教授的观点，那在上述的假设情景中，RMG 就不得不起诉所有针对 Atlantis 的且与原始交叉诉讼起源于相同交易或事件的指控。鉴于此种情况，RMG 还有可能会被迫提出那些原本并不准备摆上台面的指控，比如其它轻微的损害或小额的赔偿等等。本法院对 Moore 教授办法的限制从根本上消除了这一问题产生的可能性，因为在经过限制以后，只有当原始交叉诉讼本身包含有实体性指控时，那些针对原始交叉诉讼提出人的指控才会被认为是强制性的……

让我们再回到本案中来，Atlantis 提出的原始交叉起诉中不仅包括了分摊与代偿的要求，而且还含有一项实体性的违反合同的指控，所以这足以使得 RMG 意识到自己必须全力针对 Atlantis 的指控展开反击，而不是另行起诉开辟一场新的诉讼。故此，根据我们刚刚在本案中确定的法律原则，本法院决定批准 Atlantis 提出的要求进行即席判决的动议。

补充知识：

● 在这里我不妨给大家谈谈几个美国法学院里平常人不注意的小细处。

美国法学院似乎在传统上非常注重校友情谊，不仅每季都会安排校友的聚会，而且在平日里也极力培养大家的同窗意识，这其中最让我觉得新鲜的是我们这儿的法学院每年更新的一本名叫 "zoo book" 的通讯录。与中国法学院给毕业生准备的毕业光盘不同的是，这本通讯录里收录的不仅仅是本年级同学的联络地址，而是全校包括 LL. M. 学生在内的所有同学的照片及基本信息，并且制作得相当精致，相信这不仅在目前极大地方便了不同年级学生间的相互了解和沟通，而且在将来也会给大家培育人脉打下伏笔，谁知道这几百个人里面会出现多少法官、合伙人或政府官员呢。

我要说的第二个细节是关于我们这儿法学院院长的。前面的文章里向大家交代过，美国法学院院长的主要工作并非是当好学术带头人，而是一年到头忙着天南海北的到处给法学院找钱，因此，他曾在开学典礼上戏称大家在三年当中只能看到他两次。其实这也并不确切，因为院长每年都要请大家吃顿饭，而且是 30 多个人一次的小规模宴请，吃的当然是很简单的，只是最普通的自助餐而已，这样做的主要目的还在于和大家联络感情。在我参加过的两次饭局当中，只见院长从头到尾都在端着盘子走到每个人面前寒暄几句，盘子里的菜倒未见吃过几口。

大家都说中国人注重关系，其实美国法学院也十分在意笼络学生的感情，这种行动甚至是在学生还未入学前就开始了。记得我刚被明大法学院录取后不久，还未来得及表态到底入学与否，就陆续收到了明大法学院邮寄来的各种信息和礼品，除了关于其所在城市的介绍以外，甚至还远隔重洋地给我送来了一件校服，热情得让我有点弄不清申请上学这件事，应该是我求它还是它求我，不过这样做的结果便是从一开始我就对明大法学院有了比较好的印象。另外，大概是因为明大法学院深知外国学生刚开始到美国求学时不易，便提供给了有需要的外国学生以一对一的辅导员（mentor）的服务，担任辅导员的都是高年级的熟悉学校情况的学生，应该说这对初来乍到的新人是很有帮助的。

我要说的最后一个让我印象颇深的细节，即美国人做事的认真或者说刻板。我们这儿的法学院每年在学期开始之初便发给大家一个小备忘录本，这个本子制作得很有意思，前面是按照日期排列的一个个空白栏目，里面有小字标注着一些预先已经确定的教学事项，而后面则印有法学院的各种规章制度及教职员工的联络方式，此外本子上还附带有一根可以活动的书签。本来我以为这也就是本台历的作用罢了，可没想到所有的美国学生竟然都将其随身带着，一等到课堂上教授布置了些什么任务或调整课时，便立即掏出来当场记下，让我不得不佩服这种好记性不如烂笔头的习惯。

第七节　适格的当事人

记得从前有段时间特别迷恋港产法庭片，看着头戴羊毛假发，身穿黑色长袍的律师们宛如舞台上的巨星一般，从容自若地在庄严肃穆的法庭上滔滔不绝的援引案例，并且还时不时的突然抛出个意想不到的证人当作撒手锏，不由得使我在幼小的心中萌发了将来也要成为他们中一员的想法。可是后来真的从事了法律这个行当，并且还亲身参加过美国法院的出庭以后，才体会到刑事法律与职业道德双重约束下的律师辩护其实好比戴着镣铐跳舞，绝大多数时候都只能是中规中矩、点到为止。例如，港剧里惯用的无良律师使出李代桃僵招数的手段，在现实生活中即使不说是相当罕见的，实际上也是根本就行不通的，因为这种做法不仅遭到了美国《联邦民事诉讼规则》的明令禁止，而且几乎所有其它国家的民事诉讼法也都会对此表示反对。接下来在本节中，就让我们来详细了解一下美国联邦法院对于提起民事诉讼的当事人的身份资格都提出了哪些具体要求。

作为一条纲领性的原则，《联邦民事诉讼规则》的第17条A款规定："每一案件都应该以具有利害关系的真正当事人的名义进行诉讼。遗嘱执行人、遗产管理人、监护人、受托保管人、公开信托的受托人、以自己名义或直接为他人利益订立合同的人或经法律授权的人，可以在未合并案件实际受益人的情况下直接以自己的名义提起诉讼……除非等到具有利害关系的真正当事人作出拒绝批准诉讼的开始、合并或替代起诉的决定之后又过了一段合理期间，否则法院不应凭借诉讼不是以具有利害关系的真正当事人的名义提起的理由驳回任何的起诉；这种批准开始、合并或替代应与具有利害关系的真正当事人亲自参加的诉讼具有同等的效果。"这段话主要向我们透露了两层意思，一是民事诉讼应该由什么样的人提起，二是我们应该如何确定当事人的身份，下面就让我们来逐一进行分析。

根据普通法的传统观点，只有某一权利的合法持有者（legal owner）才可以就该权利遭到侵犯的事实以自己的名义向法院提出起诉。这是因为普通法并不承认单纯基于衡平权利的诉权，所以衡平起诉者不能够单独以本人的名义来依据法律的诉由行使自己的权利，而只有依附借助于合法权利持有者提出的诉讼。不过这种刻板僵硬的做法至少在美国早就成为了历史，以《联邦民事诉讼规则》为代表的现代美国民事诉讼法已经将起诉的资格放宽到了所谓"具有利害关系的真正当事人"（real party in interest）的标准。

如果一个人想要成为具有利害关系的真正当事人，并因而依据《规则》第17条A款取得提起诉讼的权利，那他必须要同时符合两个条件：①他是真正的当事人，即他是使用自己的名义作为原告提出起诉的；②他具有利害关系，即他根据相关实体法律享有希望通过诉讼来实现的权利。显而易见，设置这第一个条件的目的是为了提倡原告起诉的公开自愿，防止有人在幕后操纵的情况出现，而这第二个条件的作用则在于促使原告的起诉言之有物，帮助被告免受轻率诉讼的滋扰。这两个条件分开来看的时候虽然各有针对，但合在一起却仿佛形成了一道坚固水闸将各种不合格的诉讼都挡在了堤坝之外，无形之中既保证了民事诉讼作为国家公器不被滥用，同时也还给了社会一片井然有序的宁静氛围。

既然已经了解到何谓具有利害关系的真正当事人，现在不妨让我们再更加深入地思考一个司法政策方面的问题——为什么《规则》要求只有适格的当事人才有权提起诉讼呢？其实，只要我们站在被告的位置上设身处地的想一想，这个问题的答案便不难被猜出了。请设想，如果我们对原告的起诉资格不加限制或是限制的不够严格，那被告难保不会陷入到"人民战争的汪洋大海"之中，就同一个事由遭到各色不具有利害关系原告的轮流起诉并重复承担责任，因为法院判决的既判力原则（res judicata）在此时已经形同虚设了，这种局面对被告来说无疑殊为不公，也是现代法律制度所决不能容忍的。故此，《规则》第17条A款主要是为了保护被告的利益而制定的，而这也正是为什么在实际审判活动中，除非被告及时主动的以动议或积极抗辩的形式对原告的起诉资格提出质疑，否则法院便不会主动触及这个问题的根本原因所在。

在一个案件中具有利害关系的真正当事人可能是多种多样的，第17条A款给我们列出了遗嘱执行人、遗产管理人、监护人、受托保管人等等的例子，但这种在法律条文中的列举只是示范而非穷举性的，所以，我们应该顺着这个思路自己来总结一下都有哪些法律行为或关系能使原本不适格的当事人变成具有利害关系的真正当事人：

（1）通过权利让与（assignment）成为适格当事人。这是说当转让人将自己的全部权利都让与受让人以后，那受让人就成为了具有利害关系的真正当事人，可以以自己的名义向法院起诉要求行使这些权利。对此，《规则》第25条C款也规定："如果诉讼开始后出现了任何的权利让与，受让人既可以选择以转让人的名义继续诉讼，也可以选择代替转让人成为原告。"

（2）通过取得代位求偿权（subrogation）成为适格当事人。这种情况常常出现在有保险公司参与的诉讼中，一般都是保险公司通过赔偿投保人的经济损失而从后者那里取得对给投保人造成了损失的被告的代位求偿权，这时保险公司便可以以自己的名义对被告提起诉讼。

（3）通过信托关系（trust）成为适格当事人。在一起普通的信托安排中，受托人拥有信托财产的合法权益，因此是有关信托财产诉讼的具有利害关系的真正当事人，而受益人则有权对受托人提出起诉以保护自己在信托关系中的利益。

（4）遗嘱执行人（executor）和遗产管理人（administrator）成为适格当事人。因为这里面牵涉到专业的遗产法知识，所以我们就不多展开讲了，但是大家要记住这两类人都可以被看作是具有利害关系的真正当事人。

（5）通过代理关系（principal – agent）成为适格当事人。雇佣关系是最典型的一个例子，在某些情形下雇员可以基于代理关系的存在而作为具有利害关系的真正当事人直接对被告提出起诉。

（6）第三方受益人（third – party beneficiary）成为适格当事人。作为另外一种相当常见的情况，如果第三方受益人在合同中具有可执行的利益，那么他也可以被看作是具有利害关系的真正当事人，并自行起诉要求行使他的权利。

在 A 款当中表述完原告的起诉资格之后，《规则》第 17 条又分别在 B 款和 C 款里面规定了当事人起诉应诉的能力，以及未成年人与无行为能力人参与诉讼的方法。限于篇幅的关系兼之内容都比较简单，所以就请大家自己浏览一下吧。

Naghiu v. Inter – Continental Hotels Group, Inc.

United States District Court, District of Delaware, 1996.

165 F. R. D. 413.

MURRAY M. SCHWARTZ, Senior District Judge.

原告 Leslie 和 Laverne Naghiu 都是弗吉尼亚州的居民，他们以异籍管辖权为依据对洲际旅馆集团提起了诉讼，后者是一家在特拉华州注册成立的公司。原告声称 Leslie Naghiu 于 1993 年 3 月间曾下榻于被告在非洲的扎伊尔共和国境内所开设的一家旅馆内，但是他竟然在旅馆的房间里遭到歹徒的袭击，致使他受到了严重的身体伤害，并且还损失了价值约 14.6 万美元的财产。此外，原告同时声称 Laverne Naghiu 由于丈夫的受伤而导致了自己配偶权利（consortium）的丧失，因此也有权要求获得经济补偿。

被告洲际旅馆集团依据《联邦民事诉讼规则》第 12 条的 B6 款提出动议，要求法院驳回原告的起诉，理由在于就个人经济损失一项来说原告并不是本案的真正当事方……

本法院对此案的管辖权是依据美国法典第 28 章 1332 条适当建立起来的。基于下面陈述的原因，本法院决定批准被告提出的动议。

此案的事实情况离奇而曲折，但根据长期通行的法律原则，本法院将以最有利于原告的方式看待这些事实。Leslie Naghiu 是基督教广播公司（以下简称 CBN）的一名雇员，他在公司中的主要职责是作为保安主管负责 Pat Robertson 牧师的人身安全，因此，他经常需要在 Robertson 牧师外出访问时联系协调安全保卫方面的事宜。在 CBN 当中，Naghiu 的身份只能算是一名普通雇员，并且从未担任过主管或经理之类的职务，所以，他对 CBN 不拥有任何股权及参与决策的权利。在被雇佣期间，Naghiu 日常上班主要是在弗吉尼亚州的弗吉尼亚沙滩市。

在 1993 年的 3 月，Naghiu 作为 Robertson 牧师的代表出差到扎伊尔共和国去购买钻石及实施人道主义援助。为了完成这两个任务，Naghiu 随身携带了大约有 10 万美元的现金，平时都放在一个随身携带的皮箱里。在为本案作证时，Naghiu 是这样描述扎伊尔街头的治安状况的："很少有当街犯罪在扎伊尔发生，那儿的犯罪活动反倒十有八九都是由当地军队策划实施的。但这并没有阻止 CBN 到扎伊尔去从事人道主义事业，以及和该国积极开展商贸往来。另外作为 CBN 的一项政策，如果你不喜欢公司派给你的活，你就离开好了。"

　　Naghiu 还详细向我们介绍了到扎伊尔旅行究竟有多么危险："以一个专业安全人员的眼光来看，每个前往国外从事人道主义事业的人都会遇到危险。我们在这里谈论的不是一个 K – Mart 超市保安的工作，而是一个在充满动乱和暴力的土地上从事人道主义事业的保安人员所可能面临的危险。我不想贬低扎伊尔，并且我喜欢在扎伊尔工作，但我想告诉你们至今仍有超过 23 个国家的武装人员每天都在那里激战。"

　　在 1992 至 1993 年间，Naghiu 代表 CBN 无数次的前往扎伊尔出差。出于对 Robertson 牧师的安全与健康的关心，Naghiu 建议他不要亲赴扎伊尔，因为那里的局势仍然很不稳定。最终，Robertson 牧师听从了 Naghiu 的建议。

　　到 1993 年的 3 月份为止，CBN 已经在扎伊尔付出了大约 200 万美元用于人道主义援助。因为这个原因，CBN 当时在扎伊尔的行动受到了当地媒体的广泛关注，其中还包括了电视追踪报道。在扎伊尔的活动期间，Naghiu 主要的职责便是看护保管那只装满了现金的皮箱。Robertson 牧师曾建议他将皮箱交给被告所属的金沙萨洲际旅馆登记保管，这是当地唯一适合商务旅客下榻的酒店了。洲际旅馆集团承认：他们会经常性的向所有旅客提出建议最好把包括现金在内的贵重物品交由旅馆保存。

　　在抵达金沙萨洲际旅馆后不久，Naghiu 要求当晚的值班人员立即提供给他一个保险箱来存放现金，可是旅馆职员告诉他只有到明天早晨才会有多余的保险箱空出来。不过 Naghiu 称当时他隔着登记柜台看到有很多保险箱在地上杂乱无章的放着。

　　到了第二天早晨的时候，Naghiu 又跑到旅馆的前台去要保险箱，但得到的答复还是请他等会再来，于是 Naghiu 选择了把装钱的皮箱随时带在身边。在当天稍晚些的时候，Naghiu 向旅馆的总经理投诉总是有妓女在旅馆的电梯里和走廊上高声拉客。尽管也有机会当面跟这位总经理提出自己无法获得一个保险箱存放现金的问题，但 Naghiu 最终没有这样做。在整个 CBN 活动期间，又有 4.6 万美元作为一笔钻石交易的成果被放入了皮箱当中。

在 1993 年 3 月 23 日晚，Naghiu 去郊外的一户私人住家吃晚饭，据他本人描述："这个地方据金沙萨市中心约有 45 分钟车程，沿途随处可见士兵及武装人员拦截过往客人的车辆，甚至随意开枪射击。"因此，Naghiu 决定把皮箱连同里面的财物都丢在旅馆的房间内，但没有再次尝试向旅馆服务员索要一个保险箱。在临离开位于 19 楼的房间前，Naghiu 将皮箱藏在了沙发和一堆厚布帘的下面。

根据 Naghiu 的说法，他吃过晚饭后便径直回到了旅馆，并准备用钥匙开门进入房间。这时，他发现自己房间的门似乎并没有锁上，不过这一意外状况并未引起他足够的警觉。当走进到房间里面以后，Naghiu 试图打开房顶的日光灯但没有成功，于是他便摸索着拧开了一盏落地灯。就在灯亮的一刹那，Naghiu 突然看见有一名男子正在翻检自己的行李箱，箱子里的衣服已经全部散落在地上。Naghiu 立即大喊着扑向这名男子，而该男子也挥舞着一把薄刃的长柄比利时军刀朝 Naghiu 猛刺过来。然而，Naghiu 的闪身躲避使得这一刺落了空，这把军刀狠狠的钉在了 Naghiu 身后的墙上，留下了一块巨大的痕迹。在接下来的搏斗中，赤手空拳的 Naghiu 明显落于下风，他的左耳和右前臂都被刀给刺伤。随后又有另一名歹徒从浴室里走了出来加入到战团当中，因此，寡不敌众的 Naghiu 很快就被打昏了。

倒在房间里昏迷不醒的 Naghiu 最终被 CBN 的同事发现的，他们立刻把受伤的 Naghiu 送到了医院接受抢救。同时，与 Naghiu 同行的其他 CBN 保安要求进入 Naghiu 的房间里展开即时调查，但遭到了洲际旅馆方面的拒绝。按照原告的说法，洲际旅馆随后在袭击事件发生后的 24 小时内就对犯罪现场进行了一系列的掩盖，比如墙上的刀痕被填补好了、房间被重新粉刷过了以及地毯也都被更换了。Naghiu 曾向扎伊尔的警方报告了情况，可是至今也没有结果。当返回国内以后，Naghiu 说 Robertson 牧师曾希望他赔付被盗的钱款，但这位牧师随后又劝他不要着急钱，反正有他人在这里担保着。

洲际旅馆集团向本法院递交了《规则》第 12 条 B6 款的动议，要求以原告未能就 14.6 万美元的争议标的提出一个可获得救济的适当诉由为依据驳回原告的起诉。根据 *Kulwicki v. Dawson*, 969 F. 2d 1454, 1462（3d Cir. 1992）一案的指导意见，"当决定是否批准第 12 条 B6 款动议时，法院只应着眼于起诉状中所陈述的事项，而不能考虑任何诉答文书以外的情况。"然而，为了支持自己提出的动议，被告动用了很多起诉状以外的证据陈示及原告的证词。此外，原告也在对上述动议提出抗辩时大量引用了自己的证词。

"当双方当事人在对第 12 条 B6 款动议进行争辩时都使用了外部材料作为佐证时，法院有自由裁量的权利来决定是否接受这些外部材料，以及是否根据《规则》第 56 条的规定将动议转化为即席判决。"*Kulwicki*, 969 F. 2d at 1462. 因为法院面对的这些证据通常都是在根据第 56 条 C 款考虑即席判决的时候才会接受的，所以本法院决定把被告要求驳回起诉的动议转化为一个要求进行即席判决的动议。

被告首先提出的原告不能就 14.6 万美元的损失获得赔偿的理由在于，他不是《规则》第 17 条 A 款所说的"具有利害关系的真正当事人"（real party in interest）。第 17 条 A 款要求"每一案件都应该以具有利害关系的真正当事人的名义进行诉讼"，并且除非一位当事人是"遗嘱执行人、遗产管理人、监护人、受托保管人、公开信托的受托人、以自己名义或直接为他人利益订立合同的人或经法律授权的人"，否则该当事人便不能"在未合并案件实际受益人的情况下直接以自己的名义"提出起诉。显而易见，制定这一条款的根本目的在于通过保护被告免受实际握有诉权的当事人的事后追诉及保证法院判决的既判力，来给被告创造一个公平合理的诉讼环境……

Naghiu 认为他可以被看作是那笔钱款的受托保管人（bailee），因此也就成为了《规则》第17条所说的具有利害关系的真正当事人。在 *Gee v. CBS, Inc.*, 471 F. Supp. 600, 617（E. D. Pa.），aff'd without op., 612 F. 2d 572（3d Cir. 1979）一案中，第3巡回法院曾表示："在分析原告的身份是否为受托保管人时，法院应该参照为原告创造了诉权的实体法律以判断原告有否具备获得救济的实体权利。"实际上这也就是说，作为本案中的一个门槛性质的问题，法院必须首先决定应适用哪一个法域的规则来确定原告到底能否被当作是那14.6万美元的受托保管人。

Carrick v. Zurich Am. Ins. Group, 14 F. 3d 907, 909（3d Cir. 1994）一案的判决意见表明："当法院的管辖权是建立在美国法典第28章1332条的异籍管辖权的基础之上时，法院应该适用所在州的实体法律，包括该州的冲突法规则。"因此，本法院便将适用特拉华州的冲突法规则来决定将用何种实体法来解决洲际旅馆集团与 Naghiu 之间的争议。

根据 *Travelers Indem. Co. v. Lake*, 594 A. 2d 38, 41（Del. 1991）一案的阐述，在处理有关冲突法的问题时，特拉华州法院通常遵循的是《冲突法重述（第二版）》[Restatement（Second）of Conflict of Laws]中所倡导的"最重要关系"标准。依照《重述》的第188节，处于合同法律争议中的双方当事人的权利义务关系应用对该交易或当事人来说具有最重要关系地方的所在地法律来加以确定，可供参考的选择有：ⓐ合同缔结地；ⓑ合同磋商地；ⓒ合同履行地；ⓓ合同主题指示地；ⓔ当事人的居住地、定居地、公司的成立或营业地。考虑到原告作为假定的受托保管人是在为地处弗吉尼亚州的 CBN 工作的，所以本法院相信前述《重述》中列举因素的 a、b、c、d 及 e 的部分都将此案中的最重要关系指向了弗吉尼亚州。故此，在决定原告是否为那笔现金的受托保管人，及进一步的这是否满足了《规则》第 17 条对具有利害关系的真正当事人的要求时，本法院认为弗吉尼亚州是与此案的事件与当事人存在最重要关系的地方。这个论断的言下之意也就是，我们将用弗吉尼亚州的法律来判断原告到底是不是事实上的受托保管人。

弗吉尼亚州的最高法院曾在 *K - B Corp. v. Gallagher*，218 Va. 381，237 S. E. 2d 183，185（Va. 1977）一案中表示过："寄托保管的法律关系可以被广泛的定义为'非物品所有者对物品的正当占有'……另外，一个人要想被看作是受托保管人，那他必须同时具备对物品的实际控制和行使此种控制的意图。"

尽管存在很多相似的地方，但是主从关系（master - servant）并不当然等同于委托人与受托保管人之间的关系。而且不同于雇主和雇员之间关系的是，受托人对保管人来说缺乏控制管理能力。寄托保管关系只是牵涉到个人财产，因此保管人不需要在保管行为的执行方面听从委托人的指示安排。除非保管合同明确规定保管人不能像独立合同工那样行事。从另一个角度讲，雇佣关系必然会在雇佣范围之内形成对受雇者行为的操纵与指挥。这就如同 *Payne v. Kinder*，147 W. Va. 352，127 S. E. 2d 726（W. Va. 1962）一案的判决意见所说的："当某项动产的所有者将动产交给他人去完成某件需要依赖或针对这项动产的工作时，如果该所有者仍对这项动产保留有部分操控能力，那当事人之间的关系便是保寄托管关系；如果该所有者保留有全部的操控能力，则他们之间就是主从关系。"

作为 CBN 的一名雇员，Naghiu 被公司委以看管保卫大笔现金的重任，这是他在与上级的主从关系中所必须承担的义务。实际上，Naghiu 只负责携带照看这笔现金，至于这笔钱或钻石应该如何交易开销则完全是 CBN 里其他雇员决定的事情。故此，事实真相与原告所自称的截然不同，他不能被看作是这笔于 1993 年 3 月 23 日在旅馆房间里被盗去的美元现金的受托保管人，更不能以这个身份满足《规则》第 17 条对具有利害关系的真正当事人的要求，因为他并没有能够展示出他对这笔钱究竟享有怎样的合法权益。Naghiu 此前已经在作证时坦承他不对这笔钱具有任何的所有权，也没有获得任何人的书面委托要求他帮助追回这笔钱，显然他在本案中的起诉并非是代表 Robertson 牧师或其他人提出的。所以，在追究被告对于失窃现金的法律责任问题上，原告不能有效证明他是具有利害关系的真正当事人。

《规则》第 17 条 A 款规定："除非等到具有利害关系的真正当事人作出拒绝批准诉讼的开始、合并或替代起诉的决定之后又过了一段合理期间，否则法院不应凭借诉讼不是以具有利害关系的真正当事人的名义提起的理由驳回任何的起诉……"

一个符合第 17 条 A 款要求的批准行为要求作出批准决定的当事人：①授权诉讼的继续进行；②同意受到诉讼结果的约束。现在让我们假设 Pat Robertson 牧师或 CBN 是要求获赔这笔现金的具有利害关系的真正当事人，他们中的任何一方都未曾作出过授权本案继续进行和同意受到本案判决约束的意思表示。在本法院目前所掌握的证据中有一封由扎伊尔使馆参赞于 1995 年 9 月间直接寄给 Robertson 牧师的讨论 Naghiu 不幸遭遇的信函，这封信清楚的透露出这位牧师是在 Naghiu 向本法院提出起诉后不久即得知了有关于此案开始的消息。此外，被告首次提出 Naghiu 不是具有利害关系的真正当事人的抗辩也已经是一年多以前的事情了。因此，本法院认为 Naghiu 有充足的时间来确认 Robertson 牧师或 CBN 为在此案中具有利害关系的真正当事人，并去寻求他们对自己起诉的合并、替代或批准。正是由于上述这些事宜 Naghiu 统统都未能做到，本法院觉得第 17 条对于具有利害关系的真正当事人的要求在此案中没有得到满足，所以本法院将在这个问题上作出对被告有利的即席判决……

基于上述的缘由，本法院判决宣布原告在要求获得 14.6 万美元的经济损失赔付一事上不是具有利害关系的真正当事人，因为这是一笔他并不具有合法权益的财产……

Green v. Daimler Benz, A. G.

United States District Court, Eastern District of Pennsylvania, 1994.

157 F. R. D. 340.

DALZELL, District Judge. 原告 Gerald F. Green 起初是于 1992 年在费城郡中级民事法院（Court of Common Pleas）开始本次诉讼的。Green 声称他拥有一辆梅塞德斯 - 奔驰轿车……但当他于 1990 年的 12 月 28 日左右驾驶这辆汽车在雪地里行驶时，却不幸陷在一堆积雪中动弹不得甚至最终还自燃起来。Green 表示这起事故完全是由于被告过失及放任所导致的产品质量缺陷所导致的，于是他便把这辆奔驰车的制造商、批发商及零售商都告上了法院，要求他们赔偿给自己总计 62556.50 美元的财产损失。被告后来在 1994 年 7 月 15 日将此诉讼由州法院移送到了本法院。

被告随即要求本法院作出即席判决，理由在于 Green 其实并不对这辆奔驰车拥有任何的财产权利，因此，他不能被看作在此案中具有利害关系的真正当事人。被告在提出动议时还同时向本法院递交了 3 份书证的副本，分别为：①于 1990 年 9 月 30 日向宾夕法尼亚州机动车注册办公室递交的申请，其显示这辆奔驰车的所有者为 IC&Y 公司；②一份日期标注为 1989 年 4 月 4 日的车管证，其同样显示了这辆车的主人为 IC&Y 公司；③一份日期标注为 1991 年 5 月 21 日的车管证，其显示车主是大都会保险公司（以下简称 Metropolitan）。这其中第一份文件是由 Gerald Green 本人签署的，身份为 IC&Y 公司的总裁。Green 并没有对这几份书证的真实性或准确性提出质疑，而且还曾两次亲口坦承："在这起诉讼中具有利害关系的真正当事人应该是 Metropolitan……"

Green 的代理律师对此解释称他之所以提名 Green 作为原告是

因为这辆车的确是由 IC&Y 公司购买的，并且一直都用作该公司总裁 Green 的座车。Green 以自己个人的名义从 Metropolitan 那里为车买了一份保险，因此当这辆奔驰车在事故中被焚毁后，Metropolitan 按照协议的规定赔偿给了 Green 议定的保险金额，当然这是在减去了 Green 需自负责任的 1 000 美元以后。同样依据协议，一旦履行完毕了全部的赔付程序，Metropolitan 就取得了对于这辆车的代位求偿权，紧接着 Metropolitan 的律师便借用 Green 的名义向费城郡中级民事法院提起了此次诉讼。

Green 本人则宣称法院应当根据《联邦民事诉讼规则》（以下简称《联邦规则》）第 17 条的相关规定允许 Metropolitan 代替自己提起诉讼。被告在简短回复中对这个建议表示了反对。基于下面所说的原因，本法院决定批准 Metropolitan 代替 Green 参此次诉讼，同时驳回被告提出的要求进行即席判决的动议……

Green 目前的尴尬处境主要是由于联邦法律与州法律在当前争议上规定不一致造成的。《联邦规则》第 17 条 A 款规定："每一案件都应该以具有利害关系的真正当事人的名义进行诉讼。" 此外，最高法院在 *United States v. Aetna Cas. And Ins. Co.*，338 U. S. 366，379 – 81（1949）一案中还给了我们更加具有针对性的指导："因为履行赔付义务而获得代位求偿权的保险公司是具有利害关系的真正当事人……" Green 表示他已因奔驰车在火灾中的毁损从 Metropolitan 那里收到了总计为 62 556. 50 美元的赔偿金，故此 Metropolitan 也就随即获得了具有利害关系的真正当事人的资格，因为他本人能够从这次诉讼中得到的全部利益都会归 Metropolitan 所有。所以在联邦法律下，Metropolitan 完全可以以自己的名义提出起诉。

宾夕法尼亚州的民事诉讼法律在很大程度上都是和联邦规则保持一致的。其中，《宾州民事诉讼规则》第 2002 条 A 款规定 "除属于本条 D 款中规定的情形以外，所有诉讼都应该以具有利害关系的真正当事人的名义提出……" 但真正的摩擦是出现在该条的 D

款，其规定"当代位求偿权取得人成为具有利害关系的真正当事人时，本条 A 款的规定即非强制性的。"可想而知，这么一条规定的极端后果在于当保险公司完成了理赔手续以后便可以以投保人的名义在宾州的法院提起诉讼，即使该投保人在诉讼中没有任何利益……

根据《宾州民事诉讼规则》第 2002 条，宾州法院将不会强制要求 Metropolitan 亲自作为原告去州法院起诉。又因为本次诉讼是在州的中级民事法院开始的，所以我们不应该对如今在联邦法院内出现了"错误"（以《联邦规则》第 17 条的标准看）的原告感到过分惊奇。

然而，当与本案的特殊案情结合起来看时，上述的解释不禁使我们感到愈发糊涂。在事故发生时，这辆奔驰车是为 IC&Y 公司所有的，但是 Green 却以自己的名义为该车购买了保险。后来，Green 收到了保险公司的赔偿金，尽管事实上这辆车并非是他个人拥有的。但不管这其中的曲折如何，当 IC&Y 公司将奔驰车的所有权转让给 Metropolitan 以后，该公司在本次诉讼中的权益就结束消失了。因此，我们接下来要解决的一个实际问题便是 Metropolitan 能否在本次诉讼中取代 Green 的地位。

《联邦规则》第 17 条在 1966 年经过一次修正，这次修正就是为了解决我们今天遇到的这种问题而专门作出的。如今，第 17 条 A 款的最后一句话是这么说的："除非等到具有利害关系的真正当事人作出拒绝批准诉讼的开始、合并或替代起诉的决定之后又过了一段合理期间，否则法院不应凭借诉讼不是以具有利害关系的真正当事人的名义提起的理由驳回任何的起诉；这种批准开始、合并或替代应与具有利害关系的真正当事人亲自参加的诉讼具有同等的效果。"作出修改的法规起草委员会还特地在注释中指出"这一条款纯粹是为了促进公平正义而增加的，其根本目的在于保护被告免受实际握有诉讼权的当事人的事后追诉，以及在一般情况下保证法院判决的既判力……"然而，这次修正明显对原告也是有利的：该条款要求法院把具有利害关系的真正当事人加入到诉讼当中，而不是简单的以诉答瑕疵为由驳回原告的起诉，并且还允许通过一个回溯条款来使得被加入方避开诉讼时效已过的障碍。

在理解《联邦规则》第17条的语言及其政策倾向以后，现在再让我们转过头来看看被告是凭借怎样的理由来反对 Green 对《联邦规则》的适用的。

被告声称太长的时间跨度使得 Green 不应从《联邦规则》第17条中受益。被告提醒我们注意：Green 早在本次诉讼开始以前就知道或应当知道谁是具有利害关系的真正当事人了，而且，从 Green 在州法院起诉到现在已经过了整整12个月的时间，因此，Green 的知情及迟延应构成剥夺他享受第17条优待的理由。

出于以下三个原因，我们不能同意被告的这个见解。首先，宾州的法律如上所述会允许 Metropolitan 借用 Green 的名义进行起诉，这也就是说 Metropolitan 在州法院的诉讼中不必以当事人的身份出面，因此，我们不能把 Metropolitan 在案件移送到联邦法院后未能到庭应诉的情况看作是一种过错失误。其次，本法院至今仍不能像被告那样百分之一百的确定此案中具有利害关系的真正当事人就一定是 Metropolitan，因为保险公司觉得投保人拥有保险标的所有权并非是个极不合乎情理的想法。在此案当中，尽管 Green 的确不是奔驰车的所有人，但从理论上讲，我们不能说 Metropolitan 的态度是不负责任的过失疏忽。最后，第17条A款说"除非等到具有利害关系的真正当事人作出拒绝批准诉讼的开始、合并或替代起诉的决定之后又过了一段合理期间，否则法院不应凭借诉讼不是以具有利害关系的真正当事人的名义提起的理由驳回任何的起诉……"被告第一次就当事人身份问题提出质疑是在1994年的8月9日，当时是以向法院要求进行即席判决的形式使得原告知晓的。于是，Green 及时的通过请求法院允许 Metropolitan 来代为参加诉讼的方式对被告的意见作出了答复。

　　法规起草委员会也意识到了某些特定的行为会妨碍原告享受《联邦规则》第 17 条的权益，该委员会对此的解释是"现代法院往往倾向于仁慈的对待当事人的无心之失……当确定适当的起诉方十分困难或当事人所犯的错误可以理解的情形出现时，法院应灵活运用该条款以避免当事人权利的丧失。"我们对这句话的一个反面理解是，如果律师提名了某个虚构的原告参加诉讼，并希望借此在诉讼进行的过程中弄清到底谁是具有利害关系的真正当事人后再加以替换，这时法院就应该拒绝其享有第 17 条的好处。在本案当中，Metropolitan 错误但合理地假设了 Green 作为投保人同时也拥有那辆奔驰车的所有权，因此我们不认为这个错误是疏忽的、放任的或误导性的以至于需要被剥夺诉权作为惩罚。

　　被告同时也忽视了第 17 条 A 款中的回溯原则，其称"这种批准开始、合并或替代应与具有利害关系的真正当事人亲自参加的诉讼具有同等的效果。"另外，在 *United States Coal Cos. v. Powell Constr. Co.* , 839 F. 2d 958，960（3d Cir. 1988）一案中，第 3 巡回法院也曾暗示过，如果第 17 条 A 款中的其它要求都得到了满足，此回溯原则便可保护具有利害关系的真正当事人免受诉讼时效问题的阻碍，只要初始原告的起诉是在诉讼时效以内提出的……因此，假如 Green 已经满足了第 17 条 A 款提出的所有条件，并且还能享有获得替代诉讼的权益，那诉讼时效已过对于 Metropolitan 来讲就完全不是个问题了。

　　总而言之，本法院认为应当允许 Green 享受到《联邦规则》第 17 条的权益，让 Metropolitan 接替他的地位参加到本次诉讼中来。

　　补充知识：

　　● 目前在很多情况下，当我们遇到一个具体的法律纠纷时，首先查找的往往并不是联邦与州法院对此类争议有无判决先例，而是应该先看看政府是否已出台了专门的成文法条来规约此事。故此，掌握检索及解读成文法的技巧就十分重要了，下面我们就来简略谈谈这方面的问题。

　　通常，根据法律编纂体例的不同，我们可以把美国成文法大致分为会期法（Session Laws）和法典法（Codes/Statutes）两大类。对于后者大家可能都比较熟悉，不需要过多加解释，而前者大家则可能会比较陌生所谓会期法顾名思义则指的是美国国会或各州议会在开会期间内讨论通过的法律，我们不妨就以联邦法律为例来详细了解这会期法到底是怎么一回事。按照美国宪法三权分立的原则，立法权属于国会所有，但国会议员却不像联邦政府官员那样需要每天到办公室坐班，而是只在一年当中的固定几个月里才待在国会山上聚集开会，讨论通过各种途径提交上来的立法议案，并以投票表决的方式来决定是否使其成为正式法律，因此，我们就把那些最终在此期间内得到通过的法律形象的称为了会期法。一般来讲，国会在通过一部法律后都会以进行表决的顺序作为给其编号命名的依据，并辅之以具体的国会会期来加以识别。比方说，我们看到索引为 *P. L.* 106 - 5 的成文法，立即就能从中得知这是一部联邦法律（P. L. 代表 Public Law，即是指联邦法），而且是由第 106 届国会通过的第 5 部法律。各州对会期法建立索引的机制与联邦法规略有不同，大多数都是直接给其一个卷宗号码。以明尼苏达州的会期法编号规则为例，2001 *Minn. Laws*, *c.* 92. 指的就是在 2001 年会期内由明尼苏达州议会所制定的卷宗号为 92 的一部法律。在美国无论是联邦政府还是各州政府，都会主动发行官方版本的会期法律汇编，在其中将法规依照通过的日期顺序进行排列并在末尾附上索引。然而，一部法律从通过之日起等到被收录进这种官方汇编当中，往往会间隔相当长的时间。尽管有时一些法律也会被以单行本（Slip Laws）的形式出版发行，但如果你不想在做法律检索工作的时候有所遗漏的话，你最好还是通过立法机构的主页、商业性的法律网站（如 LexisNexis 和 Westlaw）或名为《会期法律汇编服务先行本》的商业出版物进行查找。

　　所谓法典法则指的是对某一法域内目前尚在生效的成文法律的编纂集合，其与上述会期法的区别主要体现在两个方面：①就编纂体例而言，会期法都是以通过日期为顺序作前后排列的，而法典法则是按照法律的主题来进行排列，所以，在法典法当中相同主题的法律总是被放置在一起，即使它们之间相隔的年代已经非常久远了；②就编纂方式而言，如果立法机构对已存的某部法律进行了修正，法典法便会在原法上将这种修正直接体现出来，而会期法则将不会对原法做任何处理。法典法通常又可以被分为两种，一种是由政府部门官方编纂或审定的（Official Codes），除了法律正文以外还包含有简短的立法说明（history line），不过，这种官方版本不仅滞后严重，而且还存在检索不便的缺陷，所以，我们在现实生活中实际上很少用到；另一种也是我们常用的就是由私人机构编纂制成的法律合辑（Annotated Codes），在某些州里，这种法律合辑就被政府指定为了官方法律汇编，它们不仅更新迅速，而且也都附带了一些帮助查找的索引工具，应该说使用起来相当方便。

第八节　当事人的合并
——强制性的合并与任意性的合并

　　与前面讲过的反诉一样，《联邦民事诉讼规则》把当事人的合并也分为了强制性的和任意性的两种情况，分别受到第 19 条和第 20 条的管辖。下面我们就先来了解一下有关任意性的当事人合并的各种规定。

　　《联邦民事诉讼规则》（以下简称《规则》）第 20 条 A 款规定："所有人都可以被合并在同一诉讼中作为原告（被告），如果他们是共同的、单独的或选择性的基于相同的交易、事件或连续的交易、事件行使可获救济的权利，并且所有人都在诉讼中具有共同的法律或事实问题……"根据上述的引文，我们能够很容易的归纳出一个人要想合并或被合并进某次诉讼之中，必须满足 3 个条件：

（1）他们对权利的行使是共同的、单独的或选择性的。实际上，这句话与其说是个前提条件，倒还不如说是在向合并当事人大开方便之门。因为，其言下之意在于：所有的原告并不需要在他们针对被告提出的每一项诉由中都具有某些利益，他们完全可以自由决定是分别还是共同的要求从被告处获得救济。当然，如果合并的对象为被告也一样，他们可以共同的或分别的被要求对不同的原告作出赔偿。举个例子来说吧，原告 A、B、C 以产品质量为由起诉被告 D、E、F，情况既可以是 A、B 要求 D、E、F 予以全额退还价款，而 C 只要求 E 进行换货处理；也可以是 A 要求 D、F 退款，B 要求 D、E 道歉，而 C 则要求 E、F 换货，总之，怎么样的搭配组合都是在《规则》第 20 条允许范围之内的。

另外，还有一种情况是原告可以对几位被告提出选择性的起诉，比如 A 在吃了从 D、E、F 这 3 家快餐店买回来的薯条后突发食物中毒，但不知道这究竟是因那一家的薯条不干净而引起的，这时 A 就可以对 D、E、F 都提出选择性的索赔要求，将它们各自所需承担的法律责任留待此后的庭审再行定夺。

（2）他们要求救济的权利是基于相同的交易、事件或连续的交易、事件产生的。我们在本章第 6 节讲诉请合并的时候已经通过案例相当详细的向大家解释过应当遵循怎样的标准来判断交易或事件的相同性，相同的方法如"逻辑联系"（logical relation）原则也可以照搬过来原封不动的用在当事人合并的场合中，所以这里就不另行赘述了。不过还想再提醒大家一点，法院通常在这个问题上抱有极为开放宽松的态度，甚至就连各被告间偶然联系在一起的行为或是各原告间碰巧具有相同的利益也都有机会得到法院的认可。

（3）他们在诉讼中至少具有一个共同的法律或事实问题。虽然只要有一个法律或事实问题对于所有人来说是共同的即可以满足这个条件，而且这个共同问题也未必一定要是存在争议的，但该问题必须在整个案件当中体现出相当的重要程度，也就是说，共同问题应当是一个主要而非琐碎附带的法律或事实问题。举个例子来说吧，在一起交通事故案件中两个受伤的乘客都是男性的事实并不能符合条件，他们的共同问题在于都是因为同一个肇事者的鲁莽而受伤的。

除了上述的三个条件之外，管辖权问题也是在考虑对当事人进行任意合并时必须照顾到的，这个问题又可以被分为三个层次。首先，法院要对每一位被告都单独的具有属人管辖权。其次，法院要对包括原、被告在内的所有当事人都具有适当的主题事物管辖权，而且根据美国法典第28章1367条B款，引申管辖权不能在此种场合下被发现。最后，法院还要能通过适格审判地原则的审查，如果原、被告人数实在众多的话，比较保险的办法莫过于在主要事件的发生地法院提起诉讼了。

既然这种合并是任意性的，那所有原告的合并行为都应该是在自愿情况下作出的，而且，他们还可以自由选择是否把某位符合条件的被告加入到诉讼中来，或是对某位现有被告提出与诉讼主题全不相干的其它指控。不过，法院在此时也享有极大的自由裁量权，根据《规则》第20条B款的授权，法院有权自主决定是否需要一场把规模庞大的诉讼分拆为几场小型诉讼，以达到减少管理难度、避免时间拖延或是降低经济成本等的目的。

强制性合并当事人的内容相对来讲要稍复杂一些，其规定主要可见于《规则》的第19条。传统法典式诉答程序在习惯上会把强制性合并的当事人又细分为需要参加诉讼的当事人（necessary parties）与必须参加诉讼的当事人（indispensable parties）两类，前者一般指的是在可行情况下应该被加入到诉讼中来的当事人，但他们由于客观原因的缺席对法院审理案件不会造成决定性的影响，而后者则经常是指这些当事人的参加对于诉讼进行来说具有至关重要的作用，因此，法院无法在他们缺席的情况下继续审理案件。虽然《联邦民事诉讼规则》第 19 条尽量试图弥合这种区分，但我们还是可以大致认为其 A 款说的是需要参加的情形，而 B 款所说的则是必须参加的状况。

依照《规则》第 19 条 A 款的说法，要想将一个人认定为需要参加诉讼的当事人，则此人必须满足两项指标：①在该人缺席的情况下，法院无法给予现有当事人充分完全的救济；②在该人缺席的情况下，他本人的利益会受到实际的损害，或是会给现有当事人造成双重的、多方的或不一致的法律责任。要是一个人满足了这些标准并因此成为了某个案件的需要参加方，那法院就应该把他合并进诉讼中来，如果他可以被适当的实施送达且他的加入不会使得法院丧失对案件的管辖权。

与此相对的是《规则》第 19 条 B 款的规定，其在 A 款的基础上又提供了四项标准供法院判断，倘若某符合前款条件的当事人由于管辖权等客观原因确实无法被加入到诉讼中来，那法院是否必须立即终止对当前案件的审理。这四项标准依次为：①在该人缺席情况下作出的判决在多大程度上会对此人或其他已经参加诉讼的当事人的利益造成损害；②通过判决中的保护性条款、适合的救济方式或是其他一些措施，能在多大程度上减轻或避免前述的损害；③在该人缺席情况下作出的判决是否充分全面；④如果诉讼因为无法合并而终止的话，那么原告是否仍有可能获得充分全面的救济。

在决定能否或如何强制性的合并当事人时，属人管辖权、主题事物管辖权以及适格审判地同样是我们必须逐个检验的问题，任何一点的缺失都会给合并当事人造成不可逾越的障碍。此外，应该提醒大家的是，美国法典第 28 章 1367 条明确指出：引申管辖权原则不适用于《规则》第 19 条所描述的情形，这表明每一强制加入方都应该单独具备自己的管辖权基础。

接下来，《规则》第 19 条 C 款规定：原告应在起诉状中列出所有需要参加诉讼的当事人的姓名，以及他们尚未被合并的理由。如果原告在起诉时未能做到这一点，被告则有权在动议或答辩状中对后来的合并行为提出反对，但被告的反对必须在诉讼中尽早提出，任何迟延都将有可能被法院视为是主动放弃抗议权利的意思表示。

Local 670 v. International Union，United Rubber
United States Court of Appeals，Sixth Circuit，1987.
822 F. 2d 613.

RALPH B. GUY，JR.，Circuit Judge.

全美橡胶、软木、油布及塑料产业工人联合会（URW）第 670 号地方分会由于其根据《劳工关系管理法案》第 301 条提出的违反合同及公平代表责任的指控被驳回而向本法院提起了本次上诉。经过详细的听审，初审法院特别指出 670 分会提出的争议确实具有可仲裁性，但鉴于该法院无法把另一地处加州的 703 分会加入到诉讼中来，所以只好选择驳回整个起诉，因为根据《联邦民事诉讼规则》第 19 条，后者是诉讼的必须参加方，法院无法在其缺席的情况下审理此案。另外，此案的被告方 Armstrong 橡胶公司（以下简称"公司"）也就争议的可仲裁性问题向本法院提起了交叉上诉。尽管我们同意初审法院所认为的 670 分会提出的指控确可仲裁，但该法院由于 703 分会的缺席而驳回原告起诉的做法却是我们不能赞同的。因此，本法院决定部分支持部分反对初审法院的判决，并责成初审法院按照本意见的精神对此案进行重审。

I

与本次上诉有关的事实情况非常简单，而且绝大部分并无争议。670 分会是一个总部设在田纳西州 Madison 市的非公司形式的劳工组织，其作为 URW 下属的 5 大分会之一曾参与了和公司的交涉并在主谈判协议上签了字。这 5 家分会联合在一起形成了一个全国性的号称"Armstrong 链条"的团体，这保证了他们在与相同雇主的谈判中能够采取一致的立场。这些劳工组织与雇主关于具体协议内容的谈判其实都是通过一家名为国际政策委员会（IPC）的机构进行的，但是每家分会都会至少派一位代表来监督谈判的进程。除了一份主谈判协议以外，每家分会还会分别与公司签定一份针对各地特殊问题的附属协议，但附属协议的条款不得与主协议相抵触。

引起本次上诉的争议源于这 5 家劳工组织与公司就 1985 年的主协议展开谈判过程中发生的一些事情。当时是在所有的谈判参加方已经就协议的内容达成一致并且签署了主协议及 5 份附属协议几个星期之后，公司单独与地处加州 Hanford 市的 703 分会进行了接触，谋求与后者达成一份工资削减协议，因为公司在加州的工厂遭遇利润的急速下滑。公司宣称：鉴于目前的市场已经达到了完全饱和的地步，所以自己设在加州的工厂将不得不被关闭，除非劳方能够接受工资的大幅削减。为了避免事态的恶化，703 分会与公司先后起草了两份被称为 Hanford 备忘录的工资削减协议。第一份 Hanford 备忘录中有条款表示"本协议只有得到了能够代表绝大多数会员的绝大多数分会以及国际政策委员会的批准方可生效。"随后，这份备忘录被提交给了全体"Armstrong 链条"的成员进行表决，但是却未获通过。在这种情况下，703 分会和公司又迅速准备了第二份 Hanford 备忘录，其中规定的工资削减幅度甚至比第一份备忘录中规定的还要大，然而，这第二份备忘录中并未包含有要求获得绝大多数分会会员批准才能生效的条款。第二份 Hanford 备忘录采取的是一种通常被称为"劳工等级变化"的工资削减模式，其声称"根据以往惯例及总协议精神，公司与本协会就下列具体每一工种达成了劳工等级变化协议……"尽管没有包含要求得到批准的条款，负责具体谈判的国际政策委员会还是将备忘录提交给"Armstrong 链条"以供全体投票表决。表决结果显示 5 家分会中的大多数仍不赞成批准第二份 Hanford 备忘录，虽然绝大多数 703 分会的成员都投了赞成票。正当工会组织内部争执不休的时候，在国际政策委员会的副总裁的支持之下，公司单方面开始了对第二份 Hanford 备忘录的执行。

鉴于此种情况，670 分会站出来指责公司无权力通过单边行动来改变已在附属协议中规定好了的工资结构，想要修改附属协议中任何条款的唯一途径便是寻求得到"Armstrong 链条"中能够代表绝大多数成员的绝大多数分会的批准，这些都是在 1985 年主协议里有明文规定的。另外，由于国际政策委员会在这次事件中起到了推波助澜的负面作用，670 分会还根据组织章程对该委员会提出了内部指控，指责其损害自己的利益。但是国际政策委员会对 670 分会的指控一概予以否认。

几乎就在 670 分会的内部指控遭到驳回的同时，公司一次性的解雇了 64 名 670 分会的成员。670 分会相信这次解雇行动与公司和 703 分会达成的工资削减协议有直接的关联。于是，670 分会便首先根据主协议的第 6 条就单方面执行 Hanford 备忘录与解雇员工两件事向公司提出了申诉。然而，公司拒绝受理 670 分会的申诉，其理由部分在于"我们不认为 670 分会有资格作为国际政策委员会的代表来对违反协议的情况进行直接的申诉。"比傲慢的态度更让 670 分会难以容忍的是，公司随即又解雇了其在田纳西州 Madison 市工厂的 141 名工人，这使得 670 分会属下共有超过 200 名成员被解雇，因此，670 分会毅然向法院提起了本次诉讼。

被告针锋相对的请求法院以未能提出有效诉由及未能加入诉讼的必须参加方 703 分会为依据驳回原告的起诉。尽管初审法院发现原告在起诉状中提出的诉由是有效的，以及公司应该按协议规程处理原告的申诉，但是 703 分会的确是《联邦民事诉讼规则》（下称

《规则》）第19条 A 款中所说的诉讼的必须参加方，因为 703 分会是法院即将要予以裁决的引发了申诉的原告与被告之间协议的另一缔约方。故此，初审法院命令 670 分会必须在 10 日内把 703 分会加入到本此诉讼当中。为此，670 分会除了向 703 分会发出了传唤令以及起诉状以外，还在随附的信函中表示愿意在加州以 703 分会习惯的方式来解决自己的申诉。虽然 703 分会没有理会 670 分会在信函中的表态，但该分会却直接向本法院提交了一份动议要求以缺乏属人管辖权为由撤销对其送达的传唤令。

又经过了一段时间的听审后，初审法院下达了第 2 道命令，认为本法院对 703 分会缺乏必要的属人管辖权，可是 703 分会的出席对于此案的审理又是如此的重要以至于法院无法在其不到庭的情况下顺利的解决原告提出的争议以及提供充分的司法救济。又考虑到"670 分会显然有能力在其它地方提出自己的指控"，初审法院遂驳回了原告的起诉。

Ⅱ 申诉的可仲裁性

我们同意初审法院所认定的原告提出的申诉中包含了一个有关 1985 年主协议的含义、解释、范围或应用的争议，并且该争议无疑属于可受到仲裁的事项。正如最高法院在最近重新肯定的那样，只要协议中包含了一项广泛的仲裁条款并且无其它条款明确将某类申诉排除在仲裁范围以外，那一个申诉就应该被理所当然的推定为是具有可仲裁性的。另外，最高法院还曾表示，只有非常确切有力的证据才可能推翻一项指控可仲裁性的假设。

公司认为原告提出的指控仅仅是一个不可仲裁的团体内部事宜，这种说法是站不住脚的。因为公司对第二份 Hanford 备忘录的单方面执行得到了国际政策委员会副总裁的支持，所以公司现在据此声称对谈判协议的批准严格说来只是一件内部事务。然而，国际政策委员会作为 1985 年主协议一方代表的参与并不能使得公司免于履行自己的义务。在我们看来很清楚的是，公司积极寻求所有分会的成员都能批准第一份 Hanford 备忘录的行为表明了公司是非常明白自己应该遵循怎样的程序来修改协议内容的，因此公司无法用自己只不过属于善意的依赖了国际政策委员会的支持行动来掩饰搪塞事实的真相。

Ⅲ 703 分会的合并与第 19 条的规定

在《规则》第 19 条下考虑当事人合并问题往往牵涉到三个步骤。首先，法院应该判定，如果可能的话，一个非案件当事方的人是否应当被加入到诉讼中来。这其实是《规则》第 19 条 A 款提出的要求……要是法院认为一个人或组织不能满足第 19 条 A 款规定的任何一种类型的要求，那合并或是更进一步的探讨就没有必要。但假如法院觉得一个人或组织符合某一种类型，那就产生了把该个人或组织合并到诉讼中来的可能，法院接下来需要考虑的就是属人管辖权的问题。如果属人管辖权是存在的，该个人或组织便应该被合并进来；反之如果缺乏属人管辖权或不是适格的审判地，法院便不能强行把该个人或组织合并进来参加诉讼。假如上述第二种缺乏管辖权的情形出现了，法院就必须进行第三个步骤的考虑，这牵涉到对第 19 条 B 款中所列举各因素的解析，以最终决定法院究竟是在该个人或组织缺席的条件下继续审理案件，还是因该个人或组织的缺席而终止案件的审理。《规则》的第 19 条 B 款总共列举了 4 个因素：

①在该人缺席情况下作出的判决在多大程度上会对此人或其他已经参加诉讼当事人的利益造成损害；②通过判决中的保护性条款、适合的救济方式或是其他一些措施，能在多大程度上减轻或避免前述的损害；③在该人缺席情况下作出的判决是否充分全面；④如果诉讼因为无法合并而终止的话，那么原告是否仍有可能获得充分全面的救济。

最高法院曾在 *Provident Tradesmens Bank & Trust Co. v. Patterson*, 390 U. S. 102, 116 n. 12, 88 S. Ct. 733, 741, 19

L. Ed. 2d 936（1968）一案中指出过；"这一条款不需要被以过于严格的方式加以适用，而是应当照顾到每个案件的不同特性。"此外，本法院也曾在 *Smith v. United Brotherhood of Carpenters and Joiners of America*, 685 F. 2d 164，166（6th Cir. 1982）一案中表明过自己的立场："在理想的状况下，所有的当事人都会到法院来参加诉讼。但第 19 条仍然采取了一种比较务实的态度；如果其它类型的有意义的救济是存在着的，法院没有必要仅仅因为一些形式的救济由于某位当事人的缺席就终止整个诉讼。"

在转入对第 19 条的细致分析之前，我们还需要对两个问题作出澄清：本法院的审查标准和原告提出的违反合同与违反公平代表责任混合指控的重要性。关于应当采用怎样的审查标准，我们注意到：本法院过去一直都采用以是有否滥用自由裁量权的标准来审查事关第 19 条的争议。然而，本法院和其它兄弟法院也都曾没有诉诸有否滥用自由裁量权的标准而发现过地区法院根据第 19 条作出驳回原告起诉决定的错误之处。更加重要的是，对于某人是否为诉讼的必须参加方并进而决定是否终止诉讼的结论实际上代表的是法院在权衡比较了第 19 条列举的所有因素后所得出的一个法律论断。所以，从这个意义上来讲，联邦地区法院的判决就变成一个上诉法院需要用重审的标准（*de novo*）来审查的法律论断了。再回到本案当中来，初审法院所得出的 703 分会与 Armstrong 公司间的协议是法院将要审理的申诉主题的结论也应当被看作是应当由本法院用重审的标准加以审查的一个法律论断。

分析至此，我们有必要重温一下本案要求法院决定的是当事人是否必须将他们之间的争议交由仲裁解决，而不是直接去就争议本身作出判决。事实上，法院在这种情况下是被相关仲裁条款排除在直接解决实体问题之外的。本法院和地区法院都认为此案双方当事人间的争议具有可仲裁性。根据 5 家分会共同签署的主谈判协议，所有签字方都自愿同意采用具有约束力的仲裁作为争端解决方式。

仲裁机制在 Armstrong 公司所属的 5 家工厂内得到了广泛的采用，在具体操作时参加仲裁双方会从一个得到了大家共同认可的 5 人小组中选取一人担任仲裁员。

上述事实至少在两个方面是至关重要的。首先，绝大多数事关第 19 条案件的实体性争议和对第 19 条的适用都是由同一个法院来完成的，但本案的情况与此截然不同，本案的实体性争议和对第 19 条的适用注定要被分为两个司法程序进行。地区法院所扮演的角色仅仅是决定双方当事人是否同意过用仲裁方式解决争议，在案件中是否存在违反协议的情况，以及在肯定的回答了前两个问题后强迫当事人接受仲裁。在地区法院强制性推动仲裁开始以后，当仲裁员根据当事人先前已经一致同意的程序方式来对争议的实体性事项作出裁决时，第二个司法程序便正式启动了。故此，作为一个实际问题，703 分会的实体权利最终只有通过其在自愿成为 "Armstrong 链条" 所属的 5 个分会之一时已经同意接受的争端解决机制得到公正评价衡量。

其次，上述事实的重要性同样体现在联邦劳工政策方面，该政策的一个主导性方针即是要求当事人尊重他们曾经作出的接受仲裁的承诺。最高法院长久以来所坚持的原则即是当两个独立的劳工组织根据两份不同的谈判协议就同一项工作提出指控，但只有其中的一个组织可以到庭参加审理时，雇主应当被法院强制接受用仲裁来解决争议。为此，最高法院还曾在 *Carey v. Westinghouse Electric Corp.*, 375 U. S. 261, 265, 84 S. Ct. 401, 406, 11 L. Ed. 2d 320（1964）一案中详加解释道："千真万确，只有卷入争端的两个劳工组织中的一个要求州法院强迫推动仲裁的开始。因此，除非另一个组织也加入进来，否则仲裁出现结果也许并不意味着给争端画上了圆满的休止符。然而从实际解决问题的角度看，强制进行仲裁还是有机会平息争端，或是至少推动事情向有利于争端最终解决的方向前进。"总之，最高法院认为：雇主应当被强迫参加仲裁，而不用去顾及仲裁的结果是否有可能会出现争议，以及缺席方的利益会因此受到何种影响。由此可见，最高法院之所以会如此关注仲裁程序的实际效用，完全是出于对居于联邦劳工政策核心地位的自愿争端解决机制所具有的广泛有效特点的重视和强调。现在，就让我们来把前述的这些理论知识带入到本案的具体案情中进行一番深入的探讨。

A 703 分会是否为如果可行就应该被合并的当事方？

这是一个与上面 *Carey* 一案所涉及的争议非常相似的问题。703 分会明显不符合《规则》第 19 条 A1 款提出的标准，因为，在本案当中全部类型的救济（如强制要求或取消仲裁的命令）都是可以给予已经到庭的当事人的。但是，根据第 19 条的 A2 款，703 分会在维持工资削减协议有效性及保全属下工人工作等诸事上的利益，足以使其被认为是与本次诉讼的争议密切相关因此需要被合并到本次诉讼中来。此外，我们还发现公司所面临的在 703 分会缺席情况下接受仲裁可能会出现其与 703 分会达成的双边协议无效的危险，同样使得 703 分会看起来是不可或缺的。670 分会对此作出了颇有说服力的辩解，其指出公司面临的危险其实并不那么严重，因为以往的经验表明，大家对仲裁的结果通常都会保持相当的克制，而且 703 分会由于在得到明白通知的情况下拒绝参加与自己利益相关的诉讼可能会被适用连带禁反言原则。然而，即使只存在如 670 分会所说的这种程度的危险，本法院也不愿意将公司放置于其中，因为这种危险是很轻易就能够避免的。

B 本法院能否获得对 703 分会的属人管辖权？

我们对这个问题的回答是否定的。在对管辖权争议作出判决时，初审法院主要是通过对原告起诉所依据的美国法典第 29 章 185 条中 301 款 C 项中有关管辖权的规定进行了符合书面语意的解释来分析这一争议的。随后，初审法院总结认为，根据第 301 款 C

项的指示，自己对 703 分会是缺乏适当管辖权的，因此该分会不能被妥善的加入到诉讼当中。

现在，各方当事人在上诉中争执不下的是第 301 款 C 项究竟应该是算作一项真正的管辖权条款，还是一项仅仅建立了有劳工组织参与的诉讼的适格审判地原则的条款。的确，有些法院曾经明示或默示的认定：该条款只是和适格审判地有关，而不牵涉到管辖权的根本问题。然而，经我们研究发现，第 301 款 C 项和传统的最小联系原则具体适用起来并没有什么显著的差别。

初审法院的第 301 款 C 项分析包括了 703 分会与田纳西州的联系，这主要是从下列的事实中发现的：①该分会是 1985 年主协议的签字方；②该分会是国际政策委员会的一员；③国际政策委员会的官员层代表该分会访问到田纳西州以推销其主张。不过初审法院觉得以上的这些事实并不足以建立起 703 分会与田纳西州的联系，特别是在该分会作为国际政策委员会一员的身份问题上，如果以此为依据行使管辖权的话，恐怕会使得其它的每一家分会未来都有可能需要前往国际政策委员会从事过业务的每一州境内参加诉讼了。我们完全同意初审法院的这个看法。

我们都知道：缺乏实体联系的事实本身并不意味着管辖权必然无法建立，特别是存在有特意针对外州居民的商业活动，并且诉讼是由这些商业活动导致的伤害所引起的时候。然而，703 分会不能被看成是从事商业活动的，因为其行为不是在通过针对外州居民的推销活动来为其下属成员牟取利润。同样，703 分会的行为也并非特意指向田纳西州。总而言之，本法院相信无论是适用第 301 款 C 项还是田纳西州的长臂法案，703 分会与田纳西州的联系均不足以使得本法院发出命令强迫其到庭应诉。

C 703 分会是本次诉讼的必须参加方吗？

全盘分析《规则》第 19 条 B 款中所列举四项因素的结果表明，703 分会不是本次诉讼的必须参加方。要想理解这一结论，我们首先要清楚：703 分会所可能受到影响的利益并非存在于联邦地区法院决定是否强迫其接受仲裁的审理过程当中，而是存在于未来仲裁的结果是否将会否定其通过 Hanford 备忘录所获得的权利。初审法院很可能正是因为没有了解到这两者的区别，才错误的作出了 703 分会是本次诉讼的必须参加方的错误判决。703 分会与 Armstrong 公司之间的协议其实不是 670 分会提出申诉所依据的协议，相反这在 670 分会看来仅仅是 Armstrong 公司打算违反主谈判协议的一个事实预兆。通过这样的解释，显而易见的结论便是：703 分会与公司间的协议对于本次诉讼来说完全是附属连带性的，其作用只限于证明了 670 分会所称的自己与公司间的合同遭到了违反一事具有可仲裁性。

正如 670 分会的律师在口头辩论时指出的那样，这是一个共有两个层次的司法程序。在第一个层次中，没有任何当事人的任何实体权利会得到解决。我们唯一的任务就在于判断 670 分会和公司是否在先前就一致同意过要把将来的违反合同纠纷交由仲裁解决。尽管 703 分会是否有必要出席接下来的仲裁活动是个有争议的问题，但这个问题并不应该由本法院现在就作出回答。703 分会在本次诉讼中的利益已经得到了公司的充分代表，它们不仅在避免仲裁方面具有相同的利益，而且也都赞成如果仲裁非举行不可的话，则必须选定一个方便 703 分会参加的地点。显然，初审法院在对这一部分的分析过程中犯有错误，其不应该只关注在 703 分会缺席条件下的实际仲裁结果会是什么样的。

《规则》第 19 条 B 款中的第 2 项特别给予了法院在判决中加入保护性条款以减轻或避免任何损害发生的权力。在本案当中，703 分会参加在田纳西州举行的仲裁活动所可能遭受的利益损害是完全能够避免的，法院只需命令关于此事的仲裁应当在加州举行就可以了，就连 670 分会都曾建议过这个方案。这样一道命令足以兼顾所有三方在接下来仲裁活动中的利益，并从而满足了第 19 条 B

款中第 3 个因素的要求。

最后，虽然看起来 670 分会在初审法院作出驳回起诉的判决时仍有另一个法院可供选择，但这种可能性并没有坚实的基础。如果在另一法院重新起诉，670 分会可能会遇到诉讼时效方面的麻烦。此外，有另一个可选择法院存在的事实并不能比原告在他选择的法院内实现权利更为重要。

基于上述分析，我们决定将此案发还地区法院重审，地区法院必须发出适当的命令在保护所有参加方利益的前提下强制仲裁程序的启动。至于 670 分会提出的一些次要指控请求如获取文件、禁止令及损害赔偿等等，我们授权地区法院运用自由裁量予以解决。

Mosley v. General Motors Corp.
United States Court of Appeals，Eighth Circuit，1974.
497 F. 2d 1330.

ROSS，Circuit Judge.

本案是由 Nathaniel Mosley 与其他 9 名原告共同以个人及集团诉讼代表的身份提起的，他们声称自己根据美国法典第 42 章 2000E 条和 1981 条所享有的权利因为以通用汽车公司（GM）和全美航天以及农业工作者协进会（以下简称 Union）为首的被告执行种族主义政策而受到了侵害。在正式向法院提交起诉状以前，这 10 位具名原告都已经分别向公平就业机会委员会（EEOC）就本次起诉的事实对被告提出了指控。EEOC 立即针对原告指控的事项展开了调查并发现：Union、通用汽车公司及其 Fisher Body 与 Chevrolet 两个地方分公司都在执行与《1964 年民权法案》第 7 条相违背的非法用工政策。随后，EEOC 向这 10 位具名原告通报了自己的调查结果，并建议他们可以依据《民权法案》第 7 条中的相关法律规定在适当的联邦地区法院对被告提起民事诉讼。

这 10 位原告在起诉状中总共对被告提出了 12 项指控，其中有

8位原告在前8项指控中宣称通用汽车公司及其 Chevrolet 分公司的非法用工政策主要表现在：在职务提升、报酬待遇及工作条件等方面歧视黑人；对抗议公司歧视行为的黑人员工实施报复甚至解雇；出于种族因素的考虑拒绝雇佣黑人员工；出于性别因素的考虑拒绝雇佣女性员工；出于种族因素的考虑解雇黑人员工；在安排换班休息时歧视黑人及女性员工。而 Union 的主要过错则在于未能及时处理内部申诉，以及同样在安排换班休息时歧视黑人及女性员工。这10位原告中的另2位也在各自的起诉状中对通用汽车公司及其 Fisher Body 分公司提出了内容相似的指控。此外，所有的原告都要求获得个人性质的禁止令、经济补偿、律师费用、法庭费用的救济。而由于他们起诉状中的第6及第7项指控均为针对通用汽车公司及其两家地方分公司的集团诉讼指控，所以他们同时也要求法院给予集团性质的权利宣示、禁止令、经济补偿、律师费用及法庭费用的救济。

被告方通用汽车公司向法院提出了多项动议：以试图推翻原告在起诉状中指控的部分内容；要求法院驳回其第6及第7项指控；要求原告对第1至第7项指控作出更加详细的描述；要求法院决定第6及第7项指控能否适当的作为集团诉讼指控；限制原告所能代表的集团范围；要求法院决定第6及第7项指控究竟符合《联邦民事诉讼规则》（下称《规则》）第23条中的那一部分规定。对此，联邦地区法院先是下令将原告起诉状中的前10项指控分解为10个独立的诉由，并指示原告必须及时的就每一个独立的诉由分别提出起诉。后来地区法院又下达命令称有关集团诉讼的指控可以保留，但应当由每一位原告单独的或集体的就每一个独立的诉由分别进行起诉。

在就当事人合并问题作出上述决定的过程中，地区法院主要参考的是 *Smith v. North American Rockwell Corp.* , 50 F. R. D. 515（N. D. Okla. 1970）一案的判决意见，该案的事实情况与本案有不少相似之处。在该案中，法院指出众原告没有权利根据相同的或连续的交易或事件获得救济，并且各原告之间也并无什么共同的法律或事实问题足以使得他们有资格按照《规则》第20条A款的规定被合并在一起。与此相类似的是，地区法院在本案中同样觉得原告对通用汽车公司与Union共同提起的这次诉讼包含了五花八门的诉由，而他们之间的联系除了都是针对相同被告外就再没有其它的了，因此给法院在诉讼进程管理上带来了极大的麻烦。在下达了上述命令及获悉了原告要对命令提出上诉以后，地区法院又宣布自己的决定涉及了一个对本案判决具有关键性影响的法律问题，因此，原告完全可以依据美国法典第28章1292B条向上级法院提出审中上诉（interlocutory appeal）以获取不同渠道的法律意见。于是，我们接受了原告就当事人合并问题提出的此次审中上诉，并准备部分支持部分否定地区法院的决定。

《规则》第20条A款规定："所有人都可以被合并在同一诉讼中作为原告，如果他们是共同的、单独的或选择性的基于相同的交易、事件或连续的交易、事件行使可获救济的权利，并且所有人都在诉讼中具有共同的法律或事实问题……"

除此以外，《规则》第20条B款和第42条B款授予联邦地区法院运用自由裁量来决定是否需要通过分解诉讼或其它方式避免审判迟延或不公平现象产生的权力。由此可见，一起民事诉讼的规模实际上是在地区法院自由裁量权范围之内可裁决的事项，而且除非有滥用自由裁量权的情况出现，否则地区法院作出的关于当事人合并问题的决定就不应该在上诉中被推翻。故此，为了判断本案中地区法院的命令是否恰当，我们必须对和《规则》第20条有密切联系的政策及法律因素加以详细的研究。

毫无疑问，该条款的根本目的在于避免多重诉讼的出现，以利于提高审判的方便程度和加快争议的最终解决。单一的诉讼往往能够帮助所有的参加方减少审理进程中的长久拖延、高昂花费和繁复不便等现象。最高法院在 *United Mine Workers of America v. Gibbs*，383 U. S. 715，724（1966）一案中的阐述深刻反映出了这种政策倾向："制定这些法律规则的根本出发点是：在保护当事人公平的前提下尽可能的扩大诉讼的广度，因此诉讼请求、当事人及救济的合并都是受到强烈鼓励的。"

然而，任意性的合并并非能适用于所有的案件。第 20 条主要给合并当事人规定了两个特殊的先决条件：①能够获得救济的权利必须是要由每一相互联系在相同的交易、事件或连续的交易、事件中的原告或被告行使的；②对于所有当事人来说共同的法律或事实问题必须出现在同一诉讼中。

在衡量某一事实局面是否构成了第 20 条所说的一起交易或事实时，法院通常必须采用逐案分析的方法，在这个领域内目前尚无得到普遍认可的现成规则可以拿来就用。然而，《规则》第 13 条 A 款中也同样包含有"交易或事实"的字样，配合上下文研究其在第 13 条中的意思应该能给本案提供一些指导性原则。最高法院在分析第 13 条时曾指出过："交易这个词具有广泛复杂的含义，它有时会包含一连串的许多事件，这取决于事件之间的逻辑联系（logical relationship），而不在于这些事件发生的间隔是否紧凑。"*Moore v. New York Cotton Exchange*，270 U. S. 593，610（1926）. 故此，所有使得一个人能够对其他人提起法律诉讼的且在逻辑上相互关联的事情都可以被认为是包含了一个交易或事件。如果我们对第 20 条中的相同术语采取类似的解释，那将让所有不同当事人提出的或针对不同当事人提出的但能合理联系在一起的诉请在单一诉讼进程中得到审理。此时，所有事情的绝对相同是不必要的。

还有另外一个最高法院的案例能够支持我们的上述解释，那便是 *United States v. Mississippi*，380 U. S. 128（1965），美国政府在此案中指控密西西比州政府、选举委员会理事以及 6 个投票统计员涉嫌妨碍并阻止该州的黑人公民行使选举权。地区法院认为：原告在起诉状中试图让 6 位乡村投票统计员共同为他们各自针对不同参选民众实施的侵权行为承担责任是不恰当的。但最高法院驳斥了这种看法："原告在起诉状中实际指控的是这些投票统计员的持续行动都是在为了执行一个全州性的以扭曲注册选举法律为手段并以剥夺有色人种的选举权利为目的的种族歧视政策。正是因为如此，根据《规则》第 20 条将所有投票统计员合并在同一诉讼中作为被告受审是合乎法理的……这些投票统计员的行为据称是一系列交易或事件中的组成部分，并且他们所面临的法律或事实问题在很大程度上都是相同的。"

其实本案的情况也是如此，原告所行使的能够获得救济的权利都是源自于同一交易或事件。10 位原告中的每一个人都声称自己被通用汽车公司和 Union 执行的相同性质的种族歧视政策伤害过。因为，最高法院曾认定过全州性的以扭曲执行注册选举法律的手段来剥夺有色人种的选举权利是源于同一系列的交易或事件，所以我们认为全公司性的旨在歧视性的对待黑人员工的用工政策也同样是源于同一系列的交易或事件的。故此，本案的原告满足了第 20 条下合并所规定的第一个先决条件。

为了进行任意性的合并所需满足的第二个先决条件是对于所有当事人来说共同的法律或事实问题必须出现在同一诉讼中。很显然，这个条件并没有要求争议所引起的所有法律或事实问题都必须是共同的，并且也没有建立任何关于共同性的质化或量化的标准。正是因为如此，我们完全可以借用《规则》第 23 条 A 款中有关共同性的规定来理解到底第 20 条要求的是什么。具体说来，在有关《民权法案》第 7 条的雇佣歧视案件里，法院发现被告经常使用同样的歧视方式来对待同一阶层的受害者，至于某个特定的受害者是否会从被告同样的行为中感受到不同程度效果的伤害对于判断第二个先决条件是否得到满足来说其实是无关紧要的。有法院曾在 *Hall v. Werthan Bag Corp.* , 251 F. Supp. 184, 186（M. D. Tenn. 1966）一案中把这种关系解释的一目了然:"尽管一项歧视政策在同一个阶层中造成的实际效果可能会有差异,但该歧视政策的存在本身对整个阶层都造成了威胁,所以种族歧视政策的威胁就宛如一柄达摩克利斯之剑悬挂在某个特定阶层所有成员的头上,这对他们来说是一个共同的事实问题。"

本案原告是否可以获得救济取决于他们向法院展示自己受到通用汽车公司及 Union 的种族歧视政策伤害的能力,这也就是说被告行为的歧视性本质是诸位原告获得救济的事实基础。就像我们在前面说过的那样,每一位原告受到歧视后产生的伤害在效果程度上的不同并不影响我们认定这些原告遇到的是共同的法律或事实问题。因此,本法院相信根据第 20 条合并当事人所需的第二个先决条件也已经得到了满足。

综上所述,我们认为初审法院下达分解原本合并在一起的诉讼的命令是在滥用自由裁量权,其所坚持的在同一诉讼中给予不同原告不同救济非常困难的说法虽然属实,但远没有严重到需要把整个诉讼拆散的地步。如果适当的话,初审法院可以在先解决了原告的共同问题之后,再把剩下的个别特殊问题分解为单独的诉讼。

本法院决定推翻初审法院不允许原告将个人诉请合并在一起受审的决定,并责成其在按照本意见的精神重审此案时应允许原告合并诉请……

补充知识:

• 这次我们还接着上一节补充知识的话题继续往下说,既然我们已经了解了美国成文法编纂体系中会期法与法典法的差异及各自特点,那现在我再来和大家聊一聊真要是在工作中需要检索起某部成文法律,究竟什么时候该查找会期法的材料,而什么时候又该依赖法典法的文本。

无论是在学校里学习法律,还是在单位中从事法律工作,我们最常见的需求便是要能够在遇到问题时迅速准确地找到某部在特定法域内仍然有效的法律。当然，我们很可能在查找之前并不知道这部法律确切的名称，而只是明白其在这个法域的法律体系中所处的大致类别，比如是归于刑事法律一科的，还是属于商业经济法律类别的。这时，你寻找的方向应该是法典法的汇编本，而非会期法的材料。至于理由嘛，还记得我们在上一节里分析过的两者的不同特点吗？会期法是按照法律通过的日期安排前后顺序的，所以一本汇编里前后法律的主题可能相差了十万八千里远，而法典法则是依据法律的主题来进行编辑整理的，相同主题的法律条文总是被集合在一起，并且一旦立法机构对原有的法律作出了修改，那将会直接在原法中体现出来。故此，当你只知道所需查找的法律的模糊类别时，比如，目前纽约州正在生效的关于管制跨国公司税务筹划方面的法律规定，直接在法典法当中查找应该是最便捷有效的途径，因为老天才知道这部法律是纽约州的议会在 60 年代还是 80 年代审议通过的。不过反过来看，如果你需要查找的是某部你确切知道名称及制定年月的成文法律，比如说是大名鼎鼎的 1964 年民权法案（Civil Rights Act of 1964），此刻你便只需径直翻开 1964 年的国会会期法律汇编就大功告成了。

　　然而，正如我们在上一节里已经提到过的，一部法律的出台与其被收录到相应的官方法律汇编并出版发行间几乎总是要经历长时间的滞后，所以，你不太可能在其中找到最近一年生效的法律。那假如你需要的恰好正是这样一部立法机构刚刚通过的法律，你应该到哪里去找呢？记住，在已经是信息时代的今天，网络永远是你发现最新法律的第一选择，你可以直接去立法机构的主页上查找（如 Thomas for Federal Public Laws）或者选择去那些收费很高但服务确实很好的专业法律网站（如 LexisNexis、Westlaw 或 Congressional U-niverse）。当然，如果你是一个不屑使用网络的老派学者，你也可以从《会期法律汇编服务先行本》中碰碰运气。

　　还有另外一种情况也不能不提，你找到自己所需的法律却担心这不是最新的，这时你该怎么做才能让自己放心呢？首先，你应该仔细检查一下这部法律所在的书里有没有夹杂着任何的补充材料。一般说来，这些大部头法律汇编的最后几页都会专门设有放置补充材料目录的小口袋，供图书馆的工作人员将每年最新的立法目录插在其中，不过有些图书馆也会把历年来的立法目录集中起来装订成册放在法律汇编的附近，大家细心一点的话都能找到。其次，你还可以通过查阅最近几年来的《会期法律汇编服务先行本》来检视近些年来有无替代性的新法出台，目录上应该列举的一目了然。最后，假使你还是有些不太肯定，那不妨把法规的名字输入到 Westlaw 这类专业法律网站的相关数据库里去检索一下，这类数据库都会自动提示该法规目前的效力状况。

第九节　第三人诉讼、介入诉讼和相互诉讼

钱钟书先生对于婚姻有个绝妙的比方，称婚姻像是个里面的人想出来而外面的人想进去的城堡。实际上民事诉讼不也正是这样吗？有些已经成为诉讼参加方的人巴不得能够早点逃脱升天，但也有些尚未够资格参加诉讼的人恨不得削尖了脑袋往里钻，真是"子非鱼，安知鱼之乐"啊。怎么样能从诉讼中解脱出来，你应该请教自己的律师，不过怎么样才能主动或被动的加入到诉讼中去呢？下面就让我们详细研究一下在诉讼中引入额外当事人的另外 3 种方法途径。

第三人诉讼（impleader）基本上是个在各国民事诉讼法中都会出现的诉讼机制，而在美国相关规定则存在于《联邦民事诉讼规则》的第 14 条之中。简单的讲，所谓第三人诉讼指的是被告具有有限的权利依据与主诉讼相关联的事项对新的当事人提出指控，并使之进入到诉讼中来成为案件的第三人。或者换言之，该第三人在主诉讼开始时还尚未成为参与案件审理的一个当事人，但是由于被

告认为他需要全部的或部分的承担自己在主诉讼中对原告指控的赔偿责任，所以法院在有限的情况下允许被告将该第三人加入到诉讼中来。

枯燥的定义毕竟难以理解，还是让我们举几个例子来看吧。侵权案件恐怕是出现第三人诉讼最多的场合了，特别是在那些允许在数个侵权责任人之间进行责任分担（contribution）的法域中，同样犯有侵权行为的第三方当事人常常会被主被告拉入到诉讼中来代替他承担全部或部分的需要对原告履行的损害赔偿义务。比如说，在一段上坡的泥泞车道上依次行驶着 3 辆汽车，最前方的 A 由于起步没有经验而使得车在熄火下滑过程中撞到了排在中间由 B 驾驶的汽车，当 B 发现自己的车被顶着也向下滑时才突然想起来车的手刹早已坏了多时还没去修理，A 和 B 的两辆车一起往下掉的情势让排在最后的 C 无处闪避，结果只得硬生生的接受了一场连环撞车的现实。事后，气急败坏的 C 立即把 B 告上了法院，要求后者承担相应的损害赔偿责任共计 15 万元。援引共同侵权者间的责任分担原则，此时，如果 B 有把握证明 A 的行为构成了过失侵权的话，B 便能够转而要求 A 分担起这 15 万元赔款中的一部分。所以，根据上诉的事实情况，B 是可以依照《规则》第 14 款规定的相关步骤及程序将 A 作为第三方当事人起诉的，因为 A 需要对 B 承担过失侵权责任且这部分构成了 B 需要对 C 履行损害赔偿的原因所在。最后，在这场有 A、B、C 参加的诉讼中，C 的惟一身份只是主诉讼的原告，B 则同时是主诉讼中的被告与第三人诉讼中的原告，而 A 即是第三人诉讼中的被告。

上述这个例子描述的是第三人需要部分承担被告所肩负着的对原告的赔偿责任的情形，但有些时候第三人甚至需要承担被告因为遭到原告指控而具有的全部赔偿责任，最典型的便是那些有保险公司参加的诉讼了。比如，上述例子中只有 B 和 C 的情节，不过 B 已经在 D 公司给自己的车保过最高责任险，所以 B 也是有权将 D

作为第三人拉入到自己和 C 的主诉讼中来的，并把自己对 C 所应承担的所有损害赔偿责任都转嫁到 D 的头上，这是由于根据保险合同条款 D 有义务代为承担 B 因驾驶车辆而造成的一切损失。

在这里有必要提醒大家，我们必须把上述的例子与那些由被告以外的人应当对原告的损失直接负责，但他与被告的损失却并无瓜葛的情况区分开来。这时被告是不能提起第三人诉讼的，因为该人不需要对被告承担任何责任，所以该人的身份只可能是主诉讼的共同被告，而不可能作为第三方当事人参与到主诉讼中。当然，被告可以提醒原告还有谁可以一并起诉，不过决定起诉谁归根结底是属于原告的自由。

《规则》第 14 条对被告提起第三人诉讼规定了一个很重要的限制条件，那便是第三方当事人的法律责任应当取决于主诉讼的结果。这也就是说，如果判决结果表明主诉讼中的被告无须对原告承担损害赔偿责任，那该被告也就不能在第三人诉讼中要求第三方当事人来分担自己的责任了。故此，第 14 条允许第三方当事人选择是就主诉讼中原告针对被告的指控提出抗辩，还是就被告对自己的指控提出抗辩。

在提出起诉的方式方法上，第三人诉讼和普通诉讼并没有什么区别，也需要遵守《规则》提出的所有关于联邦诉答程序的形式及实质要件，比如律师签名、及时送达和简明扼要等等。此外，第三方当事人有义务对起诉作出答辩，或是有权提出各种动议或反诉之类的请求。总之，大家可以去参考本章前几节的内容，在这里就不一一重复了。

最后照例请大家注意管辖权问题，因为第三人诉讼必须建立在单独的管辖权基础上，但法院有时可以对此行使引申管辖权，而且第三方当事人的籍贯并不会影响法院对于主诉讼的异籍管辖，言下之意也就是主诉讼中的原告可以与第三方当事人是相同州的居民。另外，法院在考虑适格审判地问题时通常也都会忽略第三方当事人的存在，这主要是为了避免给予被告通过任意添加第三方当事人来无节制的臧否联邦管辖权的机会。

《规则》第 24 条在规定的介入诉讼（intervention）指的是某人通过及时的申请主动要求成为诉讼参加方以期能在诉讼中保护自己利益的做法。因为新当事人的主动加入有可能造成案件的复杂化以及由此而来的审理拖沓，常常会让原告方因为出现预料外的节外生枝而感到不快，所以，法院会对要求介入诉讼的申请遵循一定的审批程序，通过各方利益的权衡比较来决定是否应当批准新当事人的介入。根据《规则》第 24 条的规定，我们可以把介入诉讼分为受 A 款管辖的作为法定权利的介入和受 B 款管辖的任意性的介入两大类，接下来我们不妨就分头看看。

《规则》第 24 条的 A 款规定了两种情形的法定介入，一是联邦法律明文授权的介入；另一则是试图介入方的利益与作为诉讼主题的交易或财产有关联，且诉讼的结果将有可能会实际损害到这种利益，但该利益已得到了现有诉讼参加方的充分代表的除外。第一种情形我们可以略过不谈，倒是第二种情形中有几个要点可以拿出来研究一下。首先，法院均认为试图介入方的有关联利益必须是重大的合法利益，但具体操作时有些法院掌握的尺度比较宽松，而另一些法院则非常强调利益的直接显著性与可受法律保护性。其次，诉讼结果对利益的损害必须是实际性的，比如房产的价值有所下降等等，但仅仅依靠理论上的损害是肯定不够的。最后，如果利益能够得到现有诉讼参加方的充分代表，则法院通常都不会允许新当事人的介入，因为这除了会增加费用和延长诉讼时间外，别无其它益处。法院在判断有否充分代表时往往会综合考虑诸多因素，如当事人间的立场冲突、牵涉到的利益大小以及现有当事人的诉讼能力等等。

《规则》第 24 条的 B 款则规定了两种情形的任意介入，它们分别是有成文法给予的附条件介入权以及申请者的指控或抗辩与主诉讼有一个共同事实或法律问题时的介入权。法院在决定是否批准任意性的介入时具有相当广泛的自由裁量权,因此很难总结出一条固定的标准来,大家可以从本节收录的第 2 个案例中细心体会。

作为一个后来依附者,试图介入诉讼的当事人不能就原先诉讼的适格审判地问题提出异议,反而可能会因此被现有诉讼参加方质疑。至于管辖权问题,介入诉讼也需要有独立的管辖权基础,法院有时可根据引申管辖权原则对介入诉讼实施管辖。

我们最后要介绍的一种诉讼机制叫相互诉讼(interpleader),说的是当有数位当事人对同一份财产或债务提出了相互冲突的诉请时,该财产或债务的持有人便可以要求法院把这些利益相对的当事人都合并到一次诉讼中进行审理,以便统筹决定该财产或债务的归属。关于相互诉讼最典型的例子莫过于遗产分配案件,假设某人去世以后留下了一笔不太大的遗产,于是他的子女亲属、债务人及其他利益相关人等都纷至沓来要求瓜分这笔遗产,这时遗产管理人便可以到法院去提起相互诉讼。

当事人可以通过两种途径依法提起相互诉讼,依据分别是《规则》的第 22 条与美国法典第 28 章的 1335 条。两者的精神主旨并没有太大的区别,但在某些细节规定上则体现出一些细微的差异,例如建立管辖权所需的争议数额、所有当事人是否必须完全异籍以及如何确定适格的审判地等等。因为整个相互诉讼的机制并不复杂,所以在这就不啰嗦了,还是请大家直接参详案例好了。

United States v. Joe Grasso & Son, Inc.

United States Court of Appeals,Fifth Circuit,1967.

380 F. 2d 749.

HUTCHESON,Circuit Judge.

本次审中上诉来源于一起要求退还联邦雇佣税的案件。

Joe Grasso & Son 公司(以下简称 Grasso)拥有 7 条捕虾船,通

常每条船上都配有一名船长及两位水手，主要在墨西哥湾从事商业捕虾活动。联邦政府之所以会对 Grasso 开征雇佣税是因为 Grasso 被认为自 1959 年第 1 季度至 1962 年 9 月 30 日一直是那些渔民的雇主。在为应付 Grasso 的起诉而准备的答辩状中，美国政府同时还提交了一份第三方起诉状把 Grasso 手下的船长们也告上了法院，理由是如果 Grasso 不是那些渔民的雇主，那同样的事实就可以证明这些船长应该为雇佣渔民而向政府交纳雇佣税。然而，地区法院驳回了美国政府提交的第三方起诉状，依据美国法典第 28 章 1292 条 B 款批准提起审中上诉，并暂时中止了对此案的审理以等待上诉结果。我们决定支持地区法院的决定。

这些船长是否应该被当作第三方当事人加入诉讼取决于《规则》第 14 条的语言表述，其规定被告可以依法控诉尚未成为案件当事人的人，如果"此人应该或可能就原告对他提出的指控部分或全部的承担责任。"因此，假如船长们需要部分或全部的承担 Grasso 对政府提出的指控造成的法律责任，那美国政府是可以起诉这些船长的。

在仔细考虑过第 14 条下第三人诉讼的本质与目的后，地区法院认为对这种诉讼机制的适用"应当被严格局限在第三方被告的潜在责任是否存在取决于主诉讼结果的场合中"。所以，当地区法院认定了 Grasso 和船长们都不需要缴纳雇佣税后，法院便毫不犹豫的拒绝了美国政府提出的船长的责任将自动的由于 Grasso 的无须负责而体现出来的说法，因为法院觉得案件的另一种结果即渔民们不是任何人的雇员的情况也并非不可能出现。于是，地区法院宣布船长的责任并不取决于 Grasso 是否具有雇主的身份，而只能取决于政府能否通过事实建立船长与渔民的关系也应该是纳税的雇佣关系。正是由于地区法院归纳出在本案中第三方被告的责任不能取决于主诉讼的结果，故此该法院总结称美国政府对船长的起诉构成了一个独立分离的指控。最终，美国政府提出的第三方诉讼遭到了地区法院的驳回。

美国政府对地区法院这一决定的反击主要集中在对第14条中一个核心概念"指控"（claim）的定义上，政府称地区法院把指控定义的过于狭窄。在美国政府归纳出的定义中，指控这个概念的意义是指"有效事实累计出的、能在法院行使的诉权"，而且在本案中积累出了对 Grasso 指控的有效事实将建立起船长的雇主及自雇身份，因此他们同样需要对政府对 Grasso 提出的指控负责，特别是在缴纳税收这件事上。如果想要证明政府的这种说法属实，那我们必须首先假设渔民们要么是被 Grasso、要么是被船长雇佣的事实。

本法院同样认为第14条中包含的"指控"一词并不仅仅指的是狭义上的诉由概念，而是指由一组有效事实构成的能交由诉讼裁决的诉权。并且，当被告起诉第三方当事人的权利只是原告指控所依据的事实情况的一个衍生品时，那运用第三人诉讼机制便被认为是恰当的，因为，这使得法院可以在一次诉讼中同时解决两方面的问题。但是，我们还注意到了一条为美国政府所忽略了的规则，即一项完全独立且分离的指控是不能依据第14条向第三人提出的，即便该指控的确起源于和主诉讼相同的事实内核……

那么接下来的问题就是应如何判断一项指控究竟属于可适用第三人诉讼机制的适当场合，还是属于独立且分离的状况了，法院对此的解决办法通常是仅允许把第三人诉讼机制适用于第三方当事人的责任将是以某种方式根据主诉讼的结果推断出来的案件当中。在绝大多数这种案件里，第三方当事人都必须在被告需要对原告承担法律责任的事件里应对被告承担某些次要性的法律责任……这一同样的原则用不同的方式表达出来也可以被说成是，第三方当事人必须就被告对原告作出的部分或全部损害赔偿承担分摊义务，或被告必须试图把部分或全部的须对原告承担的损害赔偿责任转嫁给第三方当事人……但不论如何描述，显而易见的是第14条下的第三人诉讼机制要求第三方当事人的责任取决于主诉讼的结果。

当然，美国政府也坦白的告诉了我们本案呈现的不是普通第三人诉讼案件通常具有的形态，如第三当事人将次要性的承担主诉讼判决给被告带来的法律责任。美国政府着重强调的是：Grasso 与船长的责任是如此紧密联系在一起的，而且他们中肯定有一方是需要对缴纳雇佣税的事情负责的。之所以美国政府希望在本案当中提起第三人诉讼，主要是因为害怕分别起诉 Grasso 和船长们会给他们在各自的案件中互相推诿责任以逃避法律惩罚的机会。

我们认为美国政府要想能够在本次退税案件中成功的将船长们作为第三方当事人加入进来，那政府必须要证明 Grasso 和船长们在承担缴纳雇佣税义务这件事上是处于一种非此即彼的关系。这样的证明要求与第 14 条中第三人诉讼的设计理念是完全一致的。然而，尽管美国政府一再声称 Grasso 或船长们中总有一方是那些渔民的雇主，但政府却始终没有正面回应有否可能出现那些渔民不是任何人的雇员，而充其量只能算是些独立合同工的结论。事实上，早在 10 多年前的 *Gulf Coast Shrimpers & Oysterman's Assn. v. United States*, 236 F. 2d 658（5th Cir. 1956）一案中，本法院就曾经判决过捕虾渔民是通过自己的账户做生意的独立商人。另外，在更早的 *Local 36, International Fishermen & Allied Workers of America v. United States*, 177 F. 2d 320（9th Cir. 1949）一案中，其它法院也曾认定过船长和渔民们是属于合营关系的。类似的渔民即非船主的雇员也非船长的雇员的结论还能举出很多，我们在这就不一一把案例的名字罗列出来，但这些案例无疑表明了渔民是否能被看作雇员的问题应该通过每一案件的具体事实才能加以判断。

我们承认允许把船长作为第三方当事人加入到诉讼中来将会加速整个案件的审理步伐，但美国政府却仍然未能提出有力的证据来展示纳税义务必然会由船长或 Grasso 中的一个来承担。因此，政府针对船长提出的第三方起诉还只能被看作是一项独立分离的指控，所以必须被法院驳回……

本法院决定支持初审法院的判决意见。

Great Atlantic & Pacific Tea Co. v. Town of East Hampton

United States District Court, Eastern District of New York, 1998.

178 F. R. D. 39.

WEXLER, District Judge.

在此次质疑一项城市区划法规有效性的诉讼中，South Fork 集团公司（以下简称 Group）请求法院允许其以被告的身份介入到审理里面来，或者是根据《联邦民事诉讼规则》（下称《规则》）第 24 条的 A2 款，或者是选择性的根据《规则》第 24 条的 B2 款。出于以下的原因考虑，本法院决定在现阶段先驳回 Group 的这一动议，但保留允许其在未来时刻介入诉讼的权利。

在 1996 年，被告东 Hampton 市出台并报纽约州批准了一项新的城市区划法规，也即人们所熟知的 1996 年第 17 号地方法规——《超级商店法》……该法规通过修改《东 Hampton 市政法典》限制了在该市中心商业区域以外设立大型商品零售网点的自由，比如《超级商店法》规定：用作超市目的的商业建筑的使用面积不得超过 2.5 万平方尺，并且超市的停车场应主要设置在街道的两侧或建筑的后方。毫无疑问，这项法规阻碍了原告大西洋及太平洋茶叶公司（以下简称 A&P）打算在邻接东 Hampton 市中心商业区域的地块上开设一家使用面积有 33 878 平方尺的超市的计划。

A&P 于是对东 Hampton 市政府提起了诉讼，要求获得宣告判决以确认制定《超级商店法》超过了该市的立法权限，并且该法规由于拒绝给予 A&P 正当程序和平等保护还干扰了州际贸易因而同时违反了纽约州和联邦宪法。此外，A&P 还声称该法规违反了美国法典第 42 章的 1983 条，因而在纽约州法律下是一种限制自由贸易的违法行为。被告市政府方面则根据《规则》第 12 条的 B6

款提出动议，要求法院驳回原告的起诉。

通过其总裁 Robert DeLuca 先生，Group 把自己描绘成一家致力于保护包括东 Hampton 市在内的长岛南部地区的乡村风土人情、文化遗产及自然资源的环境保护组织。这个组织积极支持《超级商店法》，早在立法论证阶段就派遣其会员在公开听证会上提供了大量的证词以促成该法规的通过，而且还在与该法规相关的区域规划评述中提供了相对多的书面材料。更有甚者，有一些 Group 会员就生活居住在 A&P 准备开设超市的地方，他们向本法院递交了不少宣誓陈述书以试图证明 A&P 的商业计划会给本地区的生活与环境带来多么巨大的变化，而这种变化直接损害到了他们的财产权益。

Group 已经提交给了本法院一份拟议中的答辩状和有关支持其要求驳回 A&P 起诉动议的法律备忘录。事实上，我们在审阅完这份法律备忘录后发现 Group 的观点与原告市政府的看法相当的接近。不出意外，A&P 反对 Group 介入到本次诉讼中来。

I　作为法定权利的介入

按照第 2 巡回法院在 *United States v. Pitney Bowes,Inc.*，25 F. 3d 66，70（2d Cir. 1994）一案中的说法，为了根据《规则》第 24 条 A2 款的规定介入一起诉讼，试图介入方必须满足下列要求："①及时提出动议；②证明与作为诉讼主题的财产或交易具有利益联系；③揭示如不介入则将遭受利益损害；④表露自己的利益并不能得到现有诉讼参加方的充分代表。"如果这任何一项要求没能获得满足，那要求介入诉讼的动议就将遭到拒绝。

A · 提出的及时性

原告是在 1996 年的 11 月 20 日将起诉状递交给法院的，而 Group 要求介入诉讼的动议则提出于 1997 年 5 月 9 日。A&P 并没有抱怨这一动议提出的不够及时，因此本法院认为第一项及时性的要求在本案中得到了满足。

B 与作为诉讼主题的财产或交易具有利益联系

在 *New York News*, *Inc. v. Kheel*, 972 F. 2d 482（2d Cir. 1992）与 *H. L. Hayden Co. of New York*, *Inc. v. Siemens Med. Sys.*, *Inc.*, 797 F. 2d 85（2d Cir. 1986）两案中，第 2 巡回法院阐述了要求介入方的利益必须是直接的、重要的及受法律保护的，而不能是遥远的或不确定的。像 Group 这样一个环保组织具有充分密切的利益来加入目前的诉讼进程，因为本次诉讼所牵连的立法活动早在很久以前就得到了 Group 的深度参与和支持。在本案中更加重要的一点是，如果《超级商店法》在本次诉讼中被判决因违反宪法而无效，且 A&P 继续自己的计划在选定地块开建超市的话，那某些 Group 下属会员所生活居住的东 Hampton 市的乡村风貌与自然环境便会遇到极大的威胁。所以，本法院相信 Group 已经向我们证明了自己与本次诉讼的主题具有足够的利益联系，上述的第二项要求也得到了满足。

C 不介入诉讼的后果

如果试图介入诉讼方能揭示自己的利益会因无法介入诉讼而遭受实际的损害，那上述第三项要求也就得到了满足。在本案当中，Group 及其成员的利益无疑将遭受损害，假如《超级商店法》被认定无效或违宪的话。

D 代表的充分性

虽然 Group 要求介入诉讼的要求已经满足了前三项要求，但其最终却在第四项要求代表的充分性问题上止步不前了。试图介入诉讼方必须表露出自己的利益并不能得到现有诉讼参加方的充分代表，不过最高法院曾在 *Trbovich v. United Mine Workers of Am.*, 404 U. S. 528，538 n. 10（1972）一案中认为："这其实只能算是一个极其轻微的法律负担。"然而，要是试图介入方的终极目标与现有诉讼参加方一致，那我们是可以推定出试图介入方已经得到了充分代表的。为了驳倒这个默认的推定，试图介入方必须展示与自己具有同样诉讼目标的现有当事人存在着串谋、不作为、相反利益或不合格的情况。

在本案当中，充分代表是能够被推定出来的，因为 Group 和市政府对于这场诉讼有着相同的终极目标，即法院宣告《超级商店法》是合宪有效的。Group 并没有说服我们相信市政府方面在辩护过程中存在有串谋、不作为、相反利益或不合格的情况，而是试图让我们明白 Group 作为一家环保组织的关注焦点在于长岛南部的自然环境与乡村特色的保护上，而市政府看重的则是经济发展及增加税收，所以市政府不能在本次诉讼中充分的代表 Group 的利益。总之，Group 表示自己将从环境保护的角度比市政府更加积极的为《超级商店法》辩护。

即使我们接受 Group 总结的自己与市政府在辩护时的不同侧重点，但实际上 Group 的利益与市政府的利益在本次诉讼中基本上都是重合在一起的，即力图保证《超级商店法》的合宪有效性。如果想要推翻已经得到了充分代表的推定，Group 需要展示的是自己在维护《超级商店法》方面的合法利益不仅不同于市政府的利益，而且能够使得自己提出与市政府截然不同的抗辩理由。可惜 Group 未能展示给我们这些事实。故此，我们觉得 Group 与市政府的区别仅限于他们共同利益背后的动机不同，但这并不足以说明市政府不会尽心尽责的为《超级商店法》辩护。

至于 Group 所称的自己作为一家环保组织会比市政府更有说服力的从环境保护角度为《超级商店法》辩护，目前看来只是一种猜测性且无根据的说法，因为其递交的法律备忘录中反映的立场观点与市政府的做法并无太多的不同，本法院觉得两者提出的质疑和抗辩理由实在是差不多的。即便我们认同 Group 所说的自己在环境保护方面的抗辩比市政府要更专业更有力一些，那 Group 也可以作为法庭之友（*amicus curiae*）来向法院陈述自己对环境问题的看法。

Group 还声称自己不能得到充分代表的情形还可能发生在市政府以自己不可接受的条件与 A&P 媾和，或是市政府在获得败诉的判决后可能不会选择继续上诉等的时候。这些说法其实都是缺乏说服力的。第 5 巡回法院曾在 *Bush v. Viterna*，740 F. 2d 350，358（5th Cir. 1984）一案中对此解释到："仅仅存在当事人会在未来的某个时刻与对手和解的可能性是不能证明代表不充分的。如果结论是相反的话，那相关法律条文给试图介入诉讼方规定的种种条件要求都将变成空文，因为每一起诉讼种都总是存在着当事人和解的可能。"同样，第 2 巡回法院也曾在 *United States v. Yonkers Bd. of Educ.*，902 F. 2d 213，218（2d Cir. 1990）一案中表述过类似的想法："如果与现有当事人在诉讼策略方面存在争议，比如是否要对某项法院命令提出挑战或上诉，那这是不足以作为证明代表不够充分的依据的，否则法律对介入诉讼规定的各种限制便都将会流于形式了。"

因为 Group 未能揭示出市政府无法充分的代表自己的利益，所以本法院决定拒绝其根据《联邦民事诉讼规则》第 24 条 A2 款提出的要求介入诉讼的动议，但保留 Group 在未来阶段介入诉讼的机会，如果其能通过事实证明市政府果真没有认真勤勉的在本次诉讼中进行辩护的话。

II 任意性的介入

Group 还同时选择性的寻求根据《规则》第 24 条 B2 款介入到本次诉讼中来，该条款规定"当申请者的指控或抗辩与主诉讼有一个共同的事实或法律问题时，法院可批准任意性的介入。"这一门槛性的要求显然在本案里面已经得到了满足，因为 Group 和市政府都希望法院宣布《超级商店法》合宪有效。

任意性介入是一个可由法院进行自由裁量的问题，并且在决定是否批准任意性的介入时，法院最主要考虑的是这种介入会否不适当的延长诉讼的时间以及给原当事人的利益造成损害。除此之外，法院还需要考察一些其它的因素，包括试图介入方所具有利益的实质与范围；试图介入方的利益是否已被现有当事人充分代表；以及试图介入方是否会对案件法律或事实争议的解决作出重大的贡献等。

然而，同样清楚的另一条原则是任意性的介入不能被用作把连带性的争议加入到现有诉讼中来的手段，尤其是在这样做会拖延及复杂诉讼的时候。在审阅过 Group 为介入本次诉讼而递交的各种文书之后，本法院非常担心允许 Group 介入将不可避免的把各种连带争议一并带入到诉讼中来，特别是如果 A&P 的选址在《超级商店法》的许可范围之内会不会同样引起 Group 的反对之类的争议。

Group 的总裁 Robert DeLuca 在向我们递交的宣誓陈述书中所表示关心的已经超越了《超级商店法》有效性的问题，而是着重于强调任何类似于 A&P 提出的会影响环境的商业计划对该组织来说都是不可接受的，即便商店的选址是在《超级商店法》所划定的范围以内……

其他 Group 成员在宣誓陈述书中也都表达了类似的看法，即他们所拒绝的并不仅仅是在东 Hampton 市的郊区修建大型超市，而是想要反对任何的重大商业发展计划在附近的地区开展实施……

在浏览完这些文书之后，本法院深刻的感觉到 Group 其实并不很在乎《超级商店法》的有效性，而是想把本案当作一个检验在东 Hampton 市周边地区是否可以进行重大商业开发的练兵场。此外，据我们看来 Group 在宣誓陈述书中提到的观点立场不仅可以适用在 A&P 这种巨型超市身上，而且也可以同样适用于那些较小型的零售商店。

……故此，本法院决定拒绝 Group 根据《规则》第 24 条 B2 款提出的要求介入诉讼的动议，但保留 Group 在未来阶段介入诉讼的机会，如果其能通过事实证明市政府果真没有认真勤勉的在本次诉讼中进行辩护。

结 论

出于上述这些原因，本法院决定驳回 Group 要求介入本次诉讼的动议，但保留其在未来时刻介入诉讼的机会，如果其能通过事实证明市政府果真没有认真勤勉的在本次诉讼中进行辩护的话。

如是判决。

Indianapolis Colts v. Mayor and City Council of Baltimore

United States Court of Appeals，Seventh Circuit，1984.

741 F. 2d 954.

BAUER，Circuit Judge.

本次相互诉讼（interpleader action）最初是由原告印第安那波利斯雄驹队根据美国法典第 28 章 1335 条提起的，但被告巴尔的摩市市长及市议会（以下统称巴尔的摩）由于对初审法院发出的两道命令不满而向本法院提出了上诉。雄驹队是隶属于全国足球联盟（NFL）的一支参赛俱乐部队，它声称巴尔的摩与其主场的营运商印第安那州 Marion 郡发展管理委员（以下简称 CIB）会对自己存在着相互冲突的诉请，所以，法院应有基于相互诉讼的管辖权来审理此案。故此，位于印第安那州的联邦地区法院批准了雄驹队的请求，而且还发出命令要求巴尔的摩立即暂缓中止在马里兰州联邦法院对雄驹队提起诉讼。过了大约 2 个星期之后，该联邦地区法院又发出命令禁止巴尔的摩在马里兰州州法院对 NFL 提出起诉，巴尔的摩试图通过这场诉讼来阻止雄驹队搬迁到印第安那波利斯市。本法院认为该联邦地区法院对此案其实并不具有相互诉讼的管辖权，因此，我们决定撤销上述的两道命令并责成联邦地区法院在重审中驳回原告的起诉。

I

雄驹队整个 1983 赛季都在巴尔的摩市的纪念体育场打主场比赛。因此，在 1984 年 2 月份，雄驹队和该体育场的经理开始商谈下赛季的续约事宜。不过，雄驹队还同时联系了 CIB 以探询是否有可能将主场比赛搬迁到山地圆顶体育场。

在 1984 年的 3 月 27 日，雄驹队总裁 Robert Irsay 了解到马里兰州议会通过了一项授权巴尔的摩市通过强行征收手段来获得雄驹队的议案。情急之下，Irsay 当即决定要把队伍带到印第安那波利斯市，而且还打算迅速与 CIB 签订体育场租用合约。于是，雄驹队连夜就带着所有装备分乘 8 辆大客车仓皇撤离了巴尔的摩市，并在 2 天之后顺利抵达了印第安那波利斯市。

同年 3 月 29 日，马里兰州州长正式签署了这项授权征收雄驹队的议案使之成为法律。据此，巴尔的摩市于 3 月 30 日向马里兰州州法院提起了要求进行征收的诉讼，该法院很快就下令不允许雄驹队再将俱乐部的任何财产从巴尔的摩市转移走。

在通过电报获悉了有关征收诉讼的消息后，雄驹队积极采取了两个行动作为反击。首先，雄驹队于 4 月 2 日将这起征收诉讼从马里兰州的州法院转移到了联邦法院系统内。其次，雄驹队于 4 月 5 日在印第安那州南区联邦法院提起了本次诉讼，声称自己与 CIB 租约所引起的义务与巴尔的摩市企图强行征收该队的举动存在着相互冲突的利益关系。

II

本法院在此次上诉中所要解决的主要问题便是初审法院行使相互诉讼的管辖权是否恰当。作为一个纯粹的法律问题，我们应对其展开全面的审查。

本法院相信雄驹队并没有成功的满足美国法典第 18 章 1335 条中设置的所有诉讼条件。尽管雄驹队表示印第安那波利斯市由于其它城市的征收行为而丧失了一支球队是相当不公平的，但我们觉得 CIB 与巴尔的摩市的利益冲突其实不是存在于同一利害关系中的。此外，即使我们假设这两者所具有的诉请是针对相同层面问题的，雄驹队也不会面临着可能需要承担多重法律责任或应付繁杂诉讼的合理危险，因此提起相互诉讼的理由在本案中实在不够充分。

A

对于法条式的相互诉讼来说，一个最基本的管辖权要求便是应当有利益相互对立的当事人存在着同一利害关系中。然而，CIB 和巴尔的摩之间所针锋相对的却不是同一利害关系。巴尔的摩孜孜以求的是雄驹队的所有权，而 CIB 对于控制雄驹队则根本没有想法。相反，CIB 所希望的是能够执行与雄驹队订立的合约，该合约要求雄驹队在山地圆顶体育场进行主场比赛，并且还规定了一些其它对 CIB 来说相当重要的法律义务关系。

雄驹队宣称自己与 CIB 合约第 11 条中所蕴含的利益与巴尔的摩市试图征收自己的举动是背道而驰的。这第 11 条规定一旦 Irsay 决定出让其本人在雄驹队中的股份，CIB 将有第一优先的权利去寻找买主。事实上，这个条款的价值在于巩固 CIB 与雄驹队的合同关系，因为这样一来要么 Irsay 永远控制着雄驹队的决策权，要么 CIB 有权来选择谁能成为 Irsay 的继任者。然而，该条款并没有给予 CIB 任何能即刻兑现的权利去购买雄驹队，因此也就不会和要求征收雄驹队的巴尔的摩的利益发生直接的抵触。

……相互诉讼是一种旨在保护原告及利害关系持有人免因相对利害关系持有人的存在而遭受利益损害的诉讼机制。

能够采用相互诉讼的最典型案件包括工程转包商与材料供应商以超过担保责任的标的要担保方提起诉讼的案件；不同受益人要求分享一份人寿保险赔偿金的诉讼；以及车辆保险商对交通事故案件中的原告付出最高额赔偿金的法院处置安排。至于相互诉讼中被告之间的诉请是否存在冲突并不常常作为一项争议提起。可是，雄驹队所持的本案的底线在于究竟哪一个城市能够得到自己这支足球队的观点掩盖了相对性的争议，因为只有合理的法律诉请才可能构成原告利益的对立面及支持相互诉讼的适当建立。在本案当中，CIB对巴尔的摩希望得到的雄驹队的所有权不具备任何合理的法律诉请。当然对雄驹队来说，输掉这场官司即意味着将球队的所有权拱手让给了巴尔的摩并违反与 CIB 的合同，但这并不是一种可以形成相互诉讼的事实情形。

　　B

　　从本质上讲，相互诉讼是一种衡平性质的诉讼机制。因为利害关系持有人所能获得衡平救济的唯一基础仅在于可能要承担多重法律责任或应付繁杂诉讼的危险，所以，利害关系所有人必须对未来可能出现的要承担多重法律责任或应付繁杂诉讼的局面具有真实合理的恐惧。在本案当中，即便我们假设 CIB 与巴尔的摩果真在同一利害关系中存在利益冲突，雄驹队也不可能对要承担双重法律责任或应付繁杂诉讼的后果具有真实合理的恐惧。雄驹队和 CIB 预见到了将可能会有法律障碍阻止雄驹队离开巴尔的摩市，其中最有可能实现的便是球队遭到征收。于是，雄驹队和 CIB 在合同中设立了特殊的条款以使得雄驹队在遭到征收后有权主动选择终止合同的执行……这一免责条款的存在让雄驹队所坚称的如果自己被巴尔的摩成功征收便会就相同的事项遭到第二次起诉的说法显得根本站不住脚，也就是说雄驹队对 CIB 诉请的描述归纳缺乏基本的真实合理性。

　　在本案中，缺乏相对立诉请与缺乏对要承担双重法律责任或应付繁杂诉讼后果的恐惧之间的区别不是很明显。然而，有其它法院曾经遇到过即使具备相对立的诉请，对要承担双重法律责任或应付繁杂诉讼后果的恐惧也不存在的情况。例如在 *Bierman v. Marcus*, 246 F. 2d 200 (3d Cir. 1957) 一案中，原告之间寻求通过相互诉讼来解决某一笔钱款的归属问题。有位当事人提出了一个有效诉请，而对方当事人却实际上是一家由原告控制的公司。结果，第3巡回法院判决原告理应知道该公司不会就这笔钱的归属问题提出争议，因此没有衡平的考虑可以支持相互诉讼管辖权的建立……

因为雄驹队无法证明自己对要承担双重法律责任或应付繁杂诉讼的后果具有真实合理的恐惧，所以在此案中行使相互诉讼管辖权是不合适的。再加上更无任何其它的管辖权基础可以使得位于印第安那州的联邦地区法院有权听审此案，所以雄驹队的起诉必须被驳回……

补充知识：

● 在美国住得久了，你便会发现美国人有一个非常有意思的特点，那就是自己的什么事情都喜欢自己来做，这种亲历亲为的动手精神已经深深的融入到了普通美国人的血液中。在我们中国人看来，从超市里买回来的家具需要自己拼装早已不是新闻了；放着现成的点心不买却非要用蛋糕粉花个把钟头时间自己烘焙也不算什么了不起的大事；比较让人啧啧称奇的是我有个同学的姐夫，他在双休日里的最大爱好就是把自己汽车内部的零件轮流拆卸下来保养，然后居然还能一个零件不多的把汽车再攒起来。更加让人目瞪口呆的是，有些美国人已经把狂热的DIY习惯传播到了法律领域，一家名叫Nolo的出版公司坚持不懈地推出了一系列堪比"傻瓜系列"的法律丛书，号称读完这套书就可以让律师都回家卖红薯了。在写这本书期间，我特意找了一本Nolo的民事诉讼法来看，给我的印象竟然还相当好。凭借着书中的大量的图例、样本及模版，一个完全没有受过专业法学教育的普通人运气好点也许真可以独立应付完一场简单的民事诉讼。我之所以要向大家推荐这套书，完全是受到了赤脚医生这个做法的启发，既然绝大多数国内学生学习美国法律并不是想在这个领域内成名成家，为什么不能抛弃艰深晦涩的法学术语，而是直接从Nolo丛书这里学点拿来就能用的动手功夫呢？我觉得要在美国生活或了解美国法律，大家不妨一读的Nolo丛书有：

Stephen Elias, Albin Renauer & Robin Leonard, *How to file for bankruptcy*.

Anthony Mancuso, *Form your own limited liability company*.

Anthony Mancuso, *How to form a nonprofit corporation*.

Fred S. Steingold, *Legal guide for starting & running a small business*.

Stephen Elias & Marcia Stewart, *Simple contracts for personal use*.

Ralph Warner, *Everybody's guide to small claims court*.

Barbara Kate Repa, *Your rights in the workplace*.

Fred S. Steingold, *The employer's legal handbook*.

Paul Bergman & Sara J. Berman – Barrett, *The criminal law handbook*.

Violet Woodhouse and Victoria F. Collins, *Divorce and money*.

Hayden Curry, *A legal guide for lesbian and gay couples*.

Loida Nicolas Lewis & Len T. Madlansacay, *How to get a green card*.

Laurence A. Canter & Martha S. Siegel, *U. S. immigration made easy*.

第五章　审判程序

第一节　概　论

　　仿佛是在不知不觉间，我们马上就将进入到本书最后一个章节的学习研究之中了。作为全书的压轴大戏，这一章里准备和读者们共同探讨有关美国民事诉讼体系当中有关审判程序方面的制度规定。尽管在现实的司法审判实践活动中，绝大多数案件在步入正式庭审程序之前就已经通过包括主动和解在内的诸多手段消于弥形了，据统计，在联邦地区法院起诉的案件通常仅有不到4%的比例能够走上法庭接受审理，但这部分的诉讼活动却无疑是整个民事诉讼流程里最为华彩的一段乐章，想到此前所有的准备工作现在都将转化为当事人间直接面对面的对抗，而且最终只有一个胜利者可以笑着离开这场决斗，难道不让你人得热血澎湃吗？故此，这时不仅需要有料敌先机出奇制胜的灵感智慧，因为片刻的疏忽就有可能让对手提出的动议乘虚而入；更需要有狭路相逢勇者胜的大无畏气概，因为只有最坚强的神经才能经受得住法庭辩论时的跌宕起伏；同时还需要有羽扇纶巾谈笑自若的姿态风度，因为陪审员们的眼睛正密切注视着你的一举一动，难怪这魅力无穷的民事审判程序向来都吸引着法学院最优秀的毕业生义无反顾选择成为诉讼律师（trial lawyer）以求得投身于其中。

　　俗话说得好"牵牛要牵牛鼻子"，从开始的管辖权争议学到现在大家可曾领悟到以《联邦民事诉讼规则》（以下简称《规则》）

为代表的美国民事诉讼法的"牛鼻子"是什么？答案便是以激发当事人本身的积极性为宗旨的崇尚宽松自由的精神。简单的回顾一下过去讲授的知识即可发现，这种精神一直贯彻于美国民事诉讼法的始终：《规则》第 13、14、18、19、20、21、23 和 24 条规定了一方当事人在诉讼进行过程当中有权任意合并其他当事人及提出任意诉由的指控，只要是按照符合第 7、8、9、10 条规定的诉答形式向法院提出请求且没有违反第 11 条的限制条件。法院将根据第 8 条 F 款的规定对诉答文书进行宽泛的理解，也会根据第 15 条的规定允许当事人对诉答文书予以修改。总之，沁入骨髓的程序正义思想使得法院会一丝不苟的遵循《规则》的要求行事，但最终追求的实质正义理念让《规则》条文本身散发着宽松自由的气息。

　　《美国民事诉讼规则》对审判程序的规定继续秉承了这种精神。在本章里，读者们将主要了解以下六个方面的内容：①证据披露程序的有关事宜，包括《规则》所允许的证据披露的范围及策略，即具体有哪些证据是法律准许在法庭上披露的，而当事人又可以通过哪些手段来获取这些证据；②以即席判决或缺席判决方式来结束诉讼的方法，这可都是些能在审判过程中不战而屈人之兵的高招；③审前会议的召开与议题，由于现代民事诉讼日趋复杂冗长，所以现在有越来越多的法院格外重视审前会议的作用，这可以帮助法院在正式庭审开始之前尽可能的缩减争议事项；④由陪审团听审的权利，这是一项受宪法第 7 修正案保障的基本公民权，同时也是美国民事审判程序里一个极富特色的组成部分；⑤各种审后动议，你相不相信这个世界上真有起死回生的奇迹，如果不相信就请看这一节吧；⑥既判力原则与连带禁反言原则，正是因为它们的存在才使得一起民事诉讼能够真正做到有始有终。

　　虽然经常有人以维纳斯为例来说明缺失也是一种美，可是我相信缺少些什么总是一件让人觉得相当遗憾的事情。由于在国内出版著述不可能像美国法学教科书那样动辄千余页，所以，我在创作这本书的过程中往往会因为不得不放弃一些很有意思的话题而感到沮丧，例如集团诉讼（class actions）、上诉程序（appeal procedure）、替代性纠纷解决机制（ADR）、律师职业道德（PR）、专家证词（expert testimony）以及法庭辩护技巧（trial advocacy）等等，希望将来有机会以专题作品的形式与大家再作交流。

第二节　证据披露的范围

以《联邦民事诉讼规则》（以下简称《规则》）为代表的现代美国民事诉讼制度中对证据披露程序规定的应用，不仅与中国这种大陆法系国家以法院为主导的调查取证模式有巨大的差异，而且也与早期美国民诉法强调当事人应当主要依赖在诉答文书中呈现出来事实情况有了显著的不同。例如，《规则》允许当事人在初始诉答阶段只向法院说明以维持有效诉由为限的最基本案情，此后诉讼便进入到了具有广泛自由的证据披露阶段，当事人可以利用《规则》提供的各种策略方法尽可能多的收集证据以进一步巩固自己的诉由或抗辩，最终再回过头来通过修改诉答文书的程序将新鲜翔实的证据添加到原本只是个骨架的起诉状或答辩状里面。故此，在整个美国民事诉讼的流程当中，证据披露阶段对双方当事人来说都是决定案件胜负成败的最关键时刻，那些善于充分利用各种证据披露策略在法律许可的范围内尽量广泛的收集对己方有利证据并能同时挫败对方要求披露企图的当事人是笑到最后的胜者。鉴于证据披露程序的重要地位，这里采取两步走的办法把这部分知识介绍给大家，在这一节里我们先讲联邦法律下证据披露的范围，即有哪些证据是可以披露的；等到下一节我们再来看看证据披露的策略，即可以利用哪些手段工具来得到在披露范围以内的所有证据。

《规则》第 26 条规定了在联邦法院进行民事诉讼的时候，证据披露活动应当如何实施和开展的宏观主旨。为了保证当事人能在证据披露活动中享有最大程度的自由并以此来鼓励当事人广泛深入的积极发掘尽可能多的证据材料，第 26 条使用了正面定义与反面排除相结合的方法确定了联邦民事案件中证据披露的范围。

所谓正面定义指《规则》规定凡是与案件审理具有相关性（relevant）的证据均在允许披露的范围以内，用第 26 条 B1 款的原话说也就是："当事人可以获得对除受特权保护外的任何与诉讼主题相关事项的披露，无论它是关系到要求披露方的诉讼请求或抗辩，还是其他任何当事人的诉讼请求或抗辩，这包括任何书籍、文件或其它有形物品的存在、种类、性质、保管、状态和地点，以及知晓披露事项的人的身份与住所。被寻求披露的信息本身不需要是在庭审时能够采纳的，而只要求此信息能够合理的指引披露出可在庭审时能够采纳的证据就足够了。"另外，《联邦证据规则》的第 401 条则对相关性证据的概念作出了更明确、更具体的定义："相关证据指的是证据具有某种倾向性，它使得某个在诉讼中待决事实的存在比没有这项证据时更有可能或更无可能了。"接下来的第 402 条又表示："所有具有相关性的证据均可采纳……"

读过上面这些引文后，相信大家都会对这看似无所不能包、无所不能容的证据披露范围感到惊诧，这相关性的标准如果翻译成我们日常的生活语言不就是在说凡是和案情沾点边的证据都在可披露的范围之内吗？并且甚至都不要求具备多么密切的联系或是能够直接充当呈堂证供，而只需要能够间接的引出可在日后庭审时提交给法院的证据就足以符合条件了。举个例子，你在开车上班途中与被告驾驶的汽车相撞，如果你打算从被告的身体状况天生不适合驾车的角度证明责任不在自己，那你或许可以要求披露被告父母乃至祖父母的医疗保健资料，以便从中找到被告家族具有可导致某种疾病突然发作的遗传基因。简而言之，第 26 条 B1 款的语言描述出了一个如此广袤无垠的证据披露范围，以至于让人觉得几乎没有什么证据不在可以披露的范围以内。

不知道大家留心到了没有，在上述第26条B1款的规定里出现过"除受特权（privilege）保护外"几个字。别看字虽不多，但这却成了一方当事人抵制对方当事人提出的证据披露要求的尚方宝剑，换句话说也就是但凡属于受到了某种特权保护的证据都可以不被强制披露出来。在背后给这几个字撑腰的主要是《联邦证据规则》的第501条，其宣称："除联邦宪法、国会制定法和联邦最高法院根据授权确立的规则另有规定外，有关证人、个人、政府、州或相关政治组织的特权应受普通法原则的管辖，由联邦法院根据理性和经验加以解释。"这一条款实际上是指明了联邦法院承认的证据披露方面的特权主要来源于联邦普通法（federal common law），即联邦法官们在审判实践过程中因地制宜创设出来的法律原则。目前，在联邦法院内受到了广泛尊重的特权主要有5种，分别为律师－客户关系的特权、婚姻关系的特权、精神治疗医师－病人关系的特权、牧师－忏罪者关系的特权以及师生关系的特权及其变种，而新闻记者－线人关系能否也被赋予同等的特权是美国法律界至今仍炙手可热的一个话题。

另外一种对证据披露范围的主要限制是第26条B3款中的"工作成果"保护原则（work product rule），其说的是一方当事人及其律师为应付即将到来的诉讼而准备的材料不受强制性的披露。显而易见，《规则》第26条之所以要作出这种限制是出于以下几个原因的考虑。首先，如果允许对一方当事人的工作成果进行披露，那对方当事人势必能从中了解对手的应诉策略方案等等的信息，这无疑会造成很大的不公。其次，如果允许披露工作成果，那就可能让一方当事人有了以逸待劳的机会，反正对方花费大量时间和金钱调查出来的事实情况都要呈现在自己面前的。最后，这也许会侵犯到原本受特权保护的众多材料，或是当事人的其它宪法权利，并给律师的辩护带来障碍。本节收录的第一个案例花了大量的篇幅来讨论对于工作成果的保护，大家阅后肯定会受益良多。

联邦民事诉讼案件的证据披露范围是这样的宽广，这既可以理解为一种特色优势，也可以被当作是块极易滋生滥用压迫的土壤，比如大公司完全能够凭借自己在人力和财力上的优势以要求披露证据为名对弱小的个人实施无休止的骚扰。这时，法院便可以通过自由裁量权来保证证据披露程序在正确的轨道上进行。通常，法院考虑的因素有：①当事人提出的披露证据要求有否不合理的繁琐复杂；②被要求披露的证据或证据的替代是否有可能通过其它更合理的方式获得；③一方当事人的要求会否给对方当事人造成太多经济上或能力上的负担等等。当然，在上述这些情形出现或当事人有其它的考虑希望拒绝对方提出的证据披露要求时，他所能采取的最为直截了当的反击方式应该是根据《规则》第 26 条 C 款的规定以提出动议的形式向法院申请一道保护性命令（protective order）。

Upjohn Co. v. United States

Supreme Court of the United States，1981.

449 U. S. 383.

JUSTICE REHNQUIST delivered the opinion of the Court……

上诉人 Upjohn 公司是一家在海内外生产并销售各种药品的企业。在 1976 年 1 月，一家审计师事务所在对上诉人下属的一个海外分支机构进行独立审计时发现，此机构为了获得所在国政府部门的订单经常性地向该国政府官员行贿。于是，这家审计师事务所便把这个情况汇报给了 Upjohn 公司的副总裁兼法律总顾问 Gerard Thomas 先生，后者同时具有密歇根州与纽约州的律师执业资格且担任公司法律总顾问超过 20 年。获悉上述情况后，Thomas 先生立即与外部律师及公司董事会主席 R. T. Parfet, Jr. 先生取得了联系，大家在讨论之后决定应当就这些被审计出来的违规使用资金的事件迅速展开内部调查。作为这次调查措施的一项内容，律师们开列出了一张问题清单寄往海外的各分支机构由当地主要管理人员填写，公司的董事会主席在清单上签了字以表示认可。这份问题清单在开头部分坦陈近来有一些美国公司被发现存在向外国政府官员行贿的做法，为杜绝此种现象在本公司发生，所有被提问者都应尽可能如实在回答中披露自己了解到的所有这方面的事实情况。此外，这份问题清单还表示公司董事会主席已经要求法律总顾问 Thomas 在公司内部开展彻底全面的调查，以了解行贿现象在 Upjohn 公司存在的范围和深度及究竟有哪些分支机构对外国政府的哪些官员实施了贿赂。这份问题清单所包括的内容细致入微而且被明确标识为高度机密，因此，海外管理人员们被要求不得与可能涉及此事的 Upjohn 公司雇员以外的任何人讨论此事。海外管理人员的答复会被直接送到 Thomas 的手中。为了完成调查，Thomas 会同外部律师一起还亲自面见了部分海外经理和其他 33 位与此事有牵连的公司雇员。

在 1976 年 3 月 26 日，Upjohn 公司主动以 8－K 表格的形式向联邦证券交易委员会（SEC）递交了一份初步报告，透露了本公司存在可疑的费用支出。这份报告的副本还被呈送给了美国国税局（IRS），后者立即行动起来以判断可能受到影响的税务情况，而 Upjohn 公司通过将上述问题清单作答者及亲自面见者的名单交给特别调查人员与国税局进行了密切合作。随后在 1976 年 11 月 23 日，国税局根据美国法典第 26 章 7602 条在一份命令中向 Upjohn 公司提出了出示以下文件资料的要求：

"所有在 Gerard Thomas 监督下实施的旨在确定自 1971 年 1 月 1 日起由 Upjohn 公司及其附属机构向外国政府官员支付费用或从事政治捐款活动，以及旨在确定这一时间段内该公司账务有否受到这些问题开支不良影响的调查程序的相关文件资料。

这些文件资料应包括但不限于 Upjohn 公司向海外分支机构管理人员分发的问题清单，和 Upjohn 在美国国内及海外开展调查活动中作成的与本公司雇员的会谈笔录或备忘录……"

然而，Upjohn 公司拒绝向国税局出示其在第 2 自然段中特别指出的那几样文件资料，理由是这些文件资料都受到了律师－客户特殊关系的保护并且还构成了律师在为即将开始的诉讼所准备的工作成果。结果在 1977 年 8 月 31 日，美国政府根据美国法典第 26 章 7402 条 B 款与 7604 条 A 款向联邦密歇根西区法院提出了要求强制命令 Upjohn 公司出示指定文件资料的申请。法院在听取了治安官的意见之后决定国税局的命令应当被强制执行。上诉人因此向第 6 巡回法院提起了上诉，但得到的仍然是应执行国税局命令的判决……

《联邦证据规则》第 501 条规定"证人的特权……应受普通法原则的管辖，由联邦法院根据理性和经验加以解释。"律师－客户关系的特权是普通法中有关机密交流（confidential communications）原则方面最古老的一种特权……这种特权存在的根本目的在于鼓励律师能和他的客户进行坦诚充分的交流，从而在遵守法律及司法管理领域内促进更广泛意义上的公共利益。另外，这种特权的存在基础在于认可良好的法律意见或律师代理有助于提高社会的总体福利，但是这种意见或代理只有建立在律师全面了解客户情况的基础上才有望实现……

当客户为一家公司时，我们适用律师－客户关系的特权便会遇到一些公认的难题，因为公司不是真正的自然人而是在法律上拟制出来的人。但是在 *United States v. Louisville & Nashville R. Co.*，236 U. S. 318，336（1915）一案中，本法院早已宣布这种特权完全可以适用于客户为公司的情形下，并且政府方面也没有对此表示质疑……然而，联邦巡回法院觉得这种特权在客户为公司的场合中体现出了不一样的问题，这是由于公司本身其实是个没有生命的实体，只有对公司的正常运转加以操纵的高级管理部门才具有公司的总体身份特征……作为第一个采用了上述"控制团队标准"（control group test）的案例，*City of Philadelphia v. Westinghouse Electric Corp.*，210 F. Supp. 483，485（E. D. Pa. 1963）一案详细阐述了这种标准的理论基础："我们必须时刻考虑的一个问题是，当据称受到特权保护的交流发生时，到底是不是公司在寻求获得律师的专业意见？我认为此时最令人满意的解决方案是看具体和律师作出交流的雇员是否对公司在得到律师意见后将要采取何种应对措施的问题具备控制或作出主要决策的权力，无论该雇员在公司中的实际官阶是什么……如果答案为肯定的话，那当他对律师披露事实情况的时候，他实际上扮演的是公司的角色，律师－客户关系的特权也应当可以适用。"

在本法院看来，这种观点忽视了律师－客户关系的特权不仅保护将法律意见给予那些可以据此行事的人，而且保护将事实情况告诉律师以使得后者能够给出充分全面法律意见的人……

在客户为自然人的场合里，事实情况的披露者与后来根据法律意见行事者都是同一个人。而在客户为公司的情形下，经常是控制团队以外的雇员掌握有需要向公司律师披露的事实情况，因为中下层雇员在工作范围以内给公司惹来巨大法律麻烦的现象在现实生活中并不鲜见……

故此，某些下级法院将律师－客户关系特权的适用范围加以限制的做法，不单单使得公司律师很难在客户遇到法律困境时提供良好的意见，并且还将让公司律师难以说服客户去服从法律的规定。考虑到现代公司所面对的纷繁复杂的法律环境，公司会经常性地向律师咨询有关如何合法行事的问题，因为在公司法的领域内仅凭直觉是不可能厘清法与非法界限的，这是公司客户与自然人客户最大的不同所在……某些下级法院采用的"控制团队标准"根本无法在实践中适用，尽管到目前为止还没有其它既有理论深度又切实可行的判断标准涌现。但是从另一方面来讲，如果想要实现律师－客户关系的特权被制定出来的目的，律师与客户必须要能在某种程度上预测某次谈话是否将会受到特权的保护。一个不确定的特权，或是适用条件会因法院的不同而千变万化的特权，会比压根就没有特权的情形强不了多少。

本案中有争议的交流是由 Upjohn 公司的雇员在外部律师的具体指导下向公司法律总顾问作出的，目的在于收集情报以便于进一步获取律师的意见建议。正如治安官发现的那样，"Thomas 先生咨询了公司董事会主席和外部律师，随后便主持了一场大规模的事实调查以确定行贿事件的程度和范围，并准备就此事给公司提供应如何对付的法律意见……"在本案里面，这些需要用来作为提供在证券法、税法、外国法律、货币管理、股东权利及潜在诉讼等诸方面法律意见时参考的事实情况恰好无法从高级管理人员那里获得。本案中有争议的交流所涉及的都是与雇员本职工作相关的事宜，而且雇员本人也充分地意识到了公司是为了获得法律意见才对自己提出问题的……

联邦巡回法院拒绝将律师－客户关系的特权适用于不能通过"控制团队标准"场合的主要原因在于对这将加重证据披露的负担和扩大在有关公司事务中不可披露证据范围的担心。然而，在类似本案这样的情形下适用律师－客户关系的特权并不会将对方当事人置于比从未有过律师与客户间的交流更加不利的境地，因为这种特权只保护了对交流的披露，而没有保护对客户与律师交流的事实情况的披露。这用 *City of Philadelphia v. Westinghouse Electric Corp.*，205 F. Supp. 830，831（E. D. Pa. 1962）一案判决意见中的话来说也就是："这种特权的保护范围只及于交流本身而不包括交流的事实。事实是一件事情，而关于事实的交流则是与此完全不同的另外一件事情。客户不能被强迫回答'你告诉或写给了律师什么？'但是他却不能因为在和律师的交流过程中有所涉及，就拒绝披露在他掌握信息范围以内的相关事实。"因此在本案当中，政府方面可以自由地对曾经与 Thomas 及外部律师作过交流的雇员加以盘问质询。

本法院认为 Upjohn 公司员工与律师间的交流应该受到律师－客户关系特权的保护，保护的范围包括雇员对问题清单的答复以及在亲自面见过程中作成的任何记录。可是国税局希望获得的文件资料比这更多，而且 Thomas 曾经作证称自己在面见的记录与备忘录中记载的信息不仅仅是雇员对他提问的回答。对于那些不属于律师－客户关系特权保护范围以内的国税局想要获取的材料，我们赞同联邦巡回法院所说的工作成果原则不适用于根据美国法典第 26 章 7602 款发出的命令⋯⋯

在认为工作成果原则应该可以适用的同时，政府方面宣称自己已经充分展示了本案中存在克服对证据过度保护的需要。治安官对此明显深感赞同。作为自己的理论依据，政府方面引用了本法院在 *Hickman v. Taylor*, 329 U. S. 495，511（1971）一案中的相关论述："我们并不是想说对方律师着眼于诉讼而搜集准备的一切书面材料在所有案件中都是不可披露的。当与案情相关又不受特权保护的事实隐藏在律师文件里的时候，并且当获得这些事实对于进行诉讼具有关键作用的时候，披露是有可能会被要求的⋯⋯被要求出示文件的理由可能是证人不再可以找到或是找到证人非常的困难。"

为了显示理由成立，政府方面还强调说本案的证人分散在全球各地，而且 Upjohn 公司禁止其雇员回答公司认为与案情无关的问题。可目前的根本问题在于上述被引用的判决意见并不适用于证人的口头陈述，不管是否正被以律师印象或记录的方式呈现的⋯⋯强迫一个律师透露他在证人口头陈述过程中制作的记录或备忘录是格外让人反感的，因为这极易暴露律师的思维活动⋯⋯

《规则》第 26 条对可以揭示出律师想法策略的工作成果给予了特殊的保护。该条款规定：只有在对方当事人有强烈的需求且无法用比较容易的方式获得同样材料时，才可以披露构成了律师工作成果的文件及有形物品。本案中治安官适用的正是这样一条标准⋯⋯不过第 26 条又继续规定称"根据当事人的必要证明，即便法院下达了披露上述材料的命令，也应当防止泄露对方当事人或诉讼代表的内心估计、结论、意见或法律理论。"尽管这一条款没有明确提及依据证人的口头陈述而制作的备忘录，但本法院所希望极力避免的正是由于此种备忘录遭到泄露而使得律师的想法打算被对手获悉的结果。显而易见，这正是《规则》的起草者们意图给予特殊保护的东西。

因为支持上述的分析，有些法院认为没有任何情况可以支持披露以证人的口头陈述为依据的工作成果的正当性……虽然这些法院也并不准备将这种态度发展成为一条绝对的规则，但是它们却都坚定不移地认为此类材料应当受到非同一般的特殊保护。

我们在此次审理当中并不能彻底的解决争议。本案治安官显然适用了错误的标准，特别是当他认为政府方面已经展示出足够的必要性来克服工作成果原则对证据披露的保护的时候。具体说来，本案治安官考察的两个指标分别是《规则》第 26 条 B3 款的第一段里所包含的"有强烈需要"及"无过度负担"。然而，政府方面索要的记录与备忘录是根据证人口述制作出来的工作成果。如果它们泄露了雇员与律师间的交流，那它们就将是受到律师－客户关系特权保护的。如果它们不会泄露交流，那它们泄露的便是律师在分析交流时的内心活动。正如第 26 条和 *Hickman* 一案清楚昭示的那样，这类工作成果是不能仅凭对方展现了有强烈需要且无过度负担就可以适当披露的。

本法院并不打算说这类工作成果永远都能受到工作成果原则的保护，因为我们觉得比政府方面或治安官要求的更加透彻的展现出必须性与通过其它途径的不可得性也许会说服我们相信披露这类工作成果是适当的。由于联邦巡回法院认为工作成果保护原则从来不能适用于本案的情形中，以及治安官在适用该原则时又过于软弱仁慈，本法院感到我们目前所能作出的最佳选择便是推翻第 6 巡回法院的判决意见，并责令其依据本规则的宗旨精神对此案进行重审。

Jaffee v. Redmond

Supreme Court of the United States，1996.

518 U. S. 1.

JUSTICE STEVENS delivered the opinion of the Court.

在经历了一场开枪射杀一名男子的事故以后，一位警察被安排接受某职业社会工作者的心理咨询。因此，在本案中有待我们解决的问题便是这位警察在咨询过程中向治疗医师作出的陈述能否在随后由死者家属提出的民事案件里被强迫要求披露。或者换言之，本案的主要争议在于联邦法院是否应当承认《联邦证据规则》第 501 条下的"精神治疗医师特权"（psychotherapist privilege）。

本案的上诉人是 Ricky Allen 的遗产管理人，而被上诉人则为退役警察 Mary Lu Redmond 和事发时她所供职的警局伊利诺斯州 Hoffman Estates 乡村警署。上诉人是在 Allen 被 Redmond 在一次巡逻过程中击毙后向联邦法院提起了本次诉讼的。

在 1991 年 6 月 27 日，Redmond 是第一个接到有人正在打架的紧急报告的警察。于是她立即赶往事发现场，并看见 Allen 的两个妹妹向她的警车飞奔而来，一边挥手一边还叫嚷有人在公寓里被刺伤了。Redmond 后来在作证时表示她马上就将这个消息告诉给了负责调度的警方工作人员，要求派遣一辆救护车到现场实施急救。随后，Redmond 便下车向公寓方向走去。可还没等她走进公寓大楼，几个人就突然从楼里跑了出来，其中一人还挥舞着一根管状物。当这些人对她发出的趴在地上的命令置之不理以后，Redmond 掏出了自己的左轮连发手枪。不过还是有两个人大声叫喊着跑到了楼外，明显是 Ricky Allen 在主动追逐着另外一个人。按照 Redmond 的说法，当时 Allen 手里拿着把屠宰用的长刀气势汹汹，而且还对她一再发出的放下武器的命令置若罔闻。因为看到 Allen 很快就要追上在前面奔跑的那名男子了，所以 Redmond 果断地对 Allen 开了枪，这使得 Allen 当场身亡。在庭审过程中，Redmond 还作证称在其他警察赶来支援以前，有无数的居民从公寓楼里跑了出来并满怀敌意地将她团团围住。

上诉人在联邦地区法院提起了本次诉讼，声称 Redmond 在与 Allen 相遇时过度使用武力，这是侵犯 Allen 宪法权利的行为，因此 Redmond 应当依照美国法典第 42 章 1983 条及本州有关错误死亡法案的规定对受害者家属进行赔偿。在法院审理的时候，上诉人告诉法院，由 Allen 家庭成员对整个事件的描述与 Redmond 的说法在几个关键的地方都大相径庭。例如，他们指出 Redmond 是在掏出手枪后才走出警车的，以及 Allen 从公寓大楼跑出来时手里并未持有任何武器。

在审前证据披露过程当中，上诉人了解到 Redmond 在事发后曾经找 Karen Beyer 做过 50 多次心理咨询，后者是一位职业的精神治疗医师。于是，上诉人便试图获取心理咨询的记录，并打算在交叉质询时作为证据使用。被上诉人强烈反对披露这些治疗记录，理由在于这些记录了 Redmond 与 Beyer 之间谈话内容的文件资料是受到精神治疗医师特权保护的。尽管联邦地区法院的法官驳斥了这种说法，但 Redmond 和 Beyer 都没有服从他要求对上诉人披露治疗记录的命令。而且后来在录取口供或出庭作证时，她们也要么拒绝回答与此有关的问题，要么表示无法回忆出谈话的细节。

在审理末期对陪审团作出指示时，初审法官告诉陪审员拒绝交出 Beyer 的记录是没有法律依据的，因此陪审员可以假设记录的内容统统都对被上诉人不利。随后，陪审团裁定被上诉人需在联邦法律指控中赔偿给对方 4.5 万美元，以及在州法指控中赔偿 50 万美元。

（第 7 巡回法院在上诉中认为 Redmond 和 Beyer 的谈话是受特权保护的，因此不用向对方披露。地区法院的判决被推翻并发还重审。）

实际上，各联邦巡回法院并没有一致同意联邦法院应当承认《联邦证据规则》第501条规定的精神治疗医师特权。由于此问题在各巡回法院间存在分歧且又相当重要，所以我们决定对此案发出调卷令。经过缜密的考虑之后，本法院打算支持第7巡回法院的判决意见。

《联邦证据规则》第501条授权联邦法院在理性和经验的指引下通过解释普通法的原则来定义新的证据法上的特权。《联邦证据规则》的起草者其实是从本法院作出的 *Wolfe v. United States*, 291 U. S. 7, 12（1934）一案的判决意见中得到这个灵感的，本法院写到："普通法并非是一成不变的东西，相反它非常的灵活而且善于自我更新以适应环境的变迁。"伴随着《联邦证据规则》被制定出来的1975年参议院报告则宣称："第501条应该被理解为建立在保密关系之上的证据法特权需要通过逐案分析的方法来加以确认……"另外，本法院也曾在 *Trammel v. United States*, 445 U. S. 40, 47（1980）一案中指出，第501条并不是想就此冻结住在联邦法院审判中证人特权产生的途径，而是在指示联邦法院"继续渐进式的发展证据法上的特权"。

普通法上关于证据披露特权产生的规则可以被相当简单的表述出来，那便是本法院在 *United States v. Bryan*, 339 U. S. 323, 331（1950）一案中所说的："经过3个多世纪的锤炼，普通法总结出一条举世公认的证据法律原则，即公众有权接触到每一个人的证据。所以当我们检验各种要求获得豁免的请求时，我们首先应考虑到的是每个人都有在自己能力范围以内作证的普遍义务，而各种的豁免只有在相当罕见的情况下才有可能被给予，以免对主要原则构成太多的损害妨碍……"

在上述原则的指引下，我们今天要解决的问题可以转而被表述为保护精神治疗医师与病人之间机密谈话的特权能否有助于重要利益的全面提升，从而超过了获取证据的益处。无论是从理性还是经验的角度来分析，我们对此的回答都是肯定的。

　　就如同婚姻关系特权与律师－客户关系特权一样，精神治疗医师－病人关系特权同意产生于维持培养我们这个社会充满相互理解信任氛围的需要。医生对于外科疾病的治疗通常可以通过身体检查、病人的自述以及诊断的结果来成功实施，但有效的心理治疗则在很大程度上取决于医生与病人的互信关系，病人只有在这种关系中才能全面充分地向医生坦陈自己的故事、情绪、记忆与恐惧。正是因为精神疾病问题的敏感本质，所以要求披露在心理诊疗过程中的机密谈话无疑将会给病人和医生都带来尴尬与羞耻的感觉。故此，仅仅存在要求强制性披露的可能便会严重损害医患之间互信关系的发展，而这对于成功的精神治疗是必不可少的。在 1972 年的时候，司法会议建议委员会推荐国会采纳精神治疗医师特权作为正在制定的《联邦证据规则》中法定特权的一种，因为一位精神治疗医师帮助病人的能力"完全取决于病人是否愿意和医生自由放松地交谈。如果精神治疗医师无法向病人保证她们之间的谈话是机密并受特权保护的，那做到自由放松的交谈将是非常困难的一件事。尽管对这条原则也可能存在例外的情形，但大家都公认机密性是实施成功精神治疗所绝不可少的（ *sine qua non* ）。"

　　通过保护精神治疗医师与病人间的机密谈话免受强制性的披露，这种特权在维护私权方面具有非常重要的作用。

　　然而，我们以往决定的判例表明一项特权也必须要同时能够促进公共利益。因此，规定律师－客户关系特权的目的是为了"鼓励律师能和他的客户进行坦诚充分的交流，从而在遵守法律及司法管理领域内促进更广泛意义上的公共利益"。*Upjohn Co. v. United States*, 449 U. S. 383, 389（1981）. 而婚姻关系特权可以"通过保持婚姻和谐稳定来实现重大的公共利益"。*Trammel*, 445 U. S. , at 53. 至于精神治疗医师－病人关系特权中存在的公共利益则体现在可以帮助饱受精神疾病折磨的个人获得良好的医疗救助这一点上。

我们这个社会中公民的精神健康问题在重要性上丝毫不亚于他们的身体健康，都维系的是非常关键的公共利益。

与精神治疗医师－病人关系特权背后隐藏的重要公共及私人利益相比较而言，因为破坏和否认这种特权所能获得的证据法上的利益只能说是适度的。如果这种特权遭到了法院的拒绝，精神治疗医师与病人之间的机密交谈肯定会受到严重的影响，特别是在那些病人精神问题的起因将会成为日后诉讼主题的时候。如果没有这种特权，许多本案上诉人希望获得的那些种类的证据，如病人自我归罪的供认等，也根本就不可能存在了。这些未说出口的"证据"对于当事人的益处丝毫不见得会比这些证据受到特权保护的情形更大。

联邦法院应当根据《联邦证据规则》第 501 条承认精神治疗医师特权的有效性，这也部分是因为全美所有的 50 个州及哥伦比亚特区都已把某种形式的精神治疗医师特权写入了自己的法律中……故此，如果联邦法院仍旧拒绝承认精神治疗医师特权，那将会毫不留情地抹杀各州立法机构为了培育造就医患之间亲密无间的互信氛围所作出的一切努力与成就。

虽然绝大多数州都是通过立法机构制定成文法而非司法机构作出判决的方式来使得精神治疗医师特权成为一项合格法律原则的，但这并不是一个具有决定性的因素。普通法规则的确在历史上是联邦特权法律产生发展的主要来源，可是现在的情况已不再是如此这般了。在 *Funk v. United States*, 290 U. S. 371（1933）一案中，本法院就曾表示：我们可以把各州立法机构间高度一致的政策决断看作是对理性与经验的印证。精神治疗医师特权在所有的州里都受到了应有的尊重，并且体现出了一旦有州议会将某种特权写入到成文法当中，那就没有机会再以普通法的方式来创造出这种保护了……

一方面是所有州都一致行动将精神治疗医师特权纳入到了本州的法律体系中，另一方面是建议委员会在制定《联邦证据规则》

过程中旗帜鲜明地提议要把精神治疗医师特权列为联邦法律明文规定的九种特权之一，两方面的合力使我们觉得精神治疗医师特权在联邦法院中的地位也是不可动摇的了……最终，参议院司法委员会拒绝了建议委员会将每种特权都明确列举出来的草案，转而采用了更加具有包容性的现有第501条，但对此解释称："这不应当被理解为我们不赞成草案中列举的包括精神治疗医师－病人关系特权在内的任何一种特权。"S. Rep. No. 93－1277，at 13.

因为我们完全支持各州议会的立法行动及建议委员会的想法提议，并且充分意识到精神治疗医师特权所能提升的公共利益已经超越了寻常占据主导地位的应用尽一切手段来发掘事实真相的取证原则，所以本法院在此郑重宣布一名职业精神治疗医师与他的病人在实施精神疾病诊断治疗过程中的机密交谈可以依据《联邦证据规则》第501条的规定免受强制性的披露。

大家都同意精神治疗医师特权应当涵盖病人与持有执照的精神治疗医师或心理学专家之间的机密交流。在本案当中，我们也将毫无阻碍地将这种特权扩展适用到正在实施心理治疗的职业社会工作者的身上，因为我们完全可以用相同的理由来解释为什么精神治疗医师和心理学专家具有的特权可以被 Karen Beyer 这样的社会工作者所分享。在现今的时代里，有相当大的一部分精神健康方面的诊疗都是由社会工作者主导实施的，他们的病人往往包括了那些无力接收专业精神治疗医师或心理学专家救治的下层穷苦民众，因此，他们一丝不苟的诊疗程序同样在为实现崇高的公共利益作出贡献。正是由于认识到了这些社会工作者在社会中的重要作用，几乎每一个州都已明确表示精神治疗医师特权应当扩及职业社会工作者的身上。另外，也有联邦巡回法院表示过硬要在收费昂贵的专业精神治疗医师与平易近人的职业社会工作者之间划出一道界限实在是无助于实现任何公共目的的事情，对此我们深有同感。

虽然我们最后得出的结论与联邦巡回法院是一样的，但推论的过程却略有不同。我们不太赞成该法院在分析过程中的利益平衡部分，尽管有不少州法院也都会采用这样的方法。使得医生保守机密的承诺能否兑现将根本取决于法官事后对于病人的隐私利益与对方当事人的取证利益孰轻孰重的衡量毫无疑问终将损害到精神治疗医师特权的有效性。这正如我们在 *Upjohn* 一案中阐述的那样，如果想要实现设立特权的目的，那机密谈话的参与者"必须要能在某种程度上预测某次谈话是否将会受到特权的保护。一个不确定的特权，或是适用条件会因法院的不同而千变万化的特权，会压根就没有特权的情形强不了多少。"449 U. S. , at 393.

我们认为 Redmond 与 Karen Beyer 之间的谈话以及后者在诊疗过程中制作的各种记录文档都可根据《联邦证据规则》第501条免受强制性的披露。因此，本法院决定支持联邦巡回法院的判决意见。

如是判决。

补充知识：

● 在美国的法学院里，上什么课是学生可以自由选择的，但每门课使用什么样的教材则完全是由任课教授说了算，学校方面对此并不会进行干涉。基本上每个教授都有自己十几年用惯了的一套教材，因此，即使是一个学期里有4个教授同时开合同法课，他们给学生指定的教材也很可能是不同的。通常说来，为了应付一门课程的学习，学生们只买一本教科书也即 case book 是不够，还需要同时购置的有关这门课的法律汇编（law book）、对教科书而言的案例增补（supplement）、教授自己编制的阅读材料（reading materials）以及有些课程特别需要的习题集。当然，在期末复习迎考的时候，绝大多数的学生还会为自己买一本商业的考试辅导书（horn book），这样一来无怪乎有不少学生每天都是拖着旅行用的大拉杆箱来上学，把早上七八点钟时的法学院弄得像机场的候机楼似的。既然这么些个书是一本也不能不买的，再考虑到美国的书价即便按一比一的比率折合成人民币算也称得上是天价，一本书六七十块钱是很常见的，那么按一学期上5门课算下来，学生们用于购书的花销着实不小。

教科书都是等课一上完就没用了，所以有很多人会觉得这么大一笔钱花的委实冤枉，于是同学们便千方百计地想了些办法来能省则省。向本校上几届的学生买旧书当然是个最简单的解决途径，不仅二手旧书的价格会极便宜，通常只有新书价格的1/3不到，而且老生在天头地脚随手记的笔记说不定还是极有用的。不过也正是因为旧书的价格太过便宜，不少的老生就会觉得卖书实在太不值得，与其不值两钱的胡乱处理掉，倒不如以后放在办公室里撑门面，厚重庄严的法律教科书毕竟不是哪一家都能供得起那么多的。故此，每年能从老生那里买到旧书的其实只有一小部分人。不是从本校老生这里，而是从互联网上定购旧书也是一个办法。然而，这样做的一个突出问题便是耽搁的时间太长，一般都要等到开学好几个星期以后才能收到，更有甚者会长达月余。我要向大家推荐的办法是去图书馆借书，既完全不用花钱，又十分的方便快捷，何乐而不为呢。只是似乎已经有越来越多的法学院学生意识到了这点，大家必须早点打听清楚教授的用书习惯先下手为强。当然，喜欢在书上涂涂改改的人也不适用这种办法。

上次回国探亲的时候，我发现国内的很多出版社都在出美国原版法律教材的影印本，价格自然比在美国买同样的书要便宜许多，于是就有一些同学问到我可不可以把这样的书买了带到美国去。我的回答是当然可以，但如果你的教授不是指定的这套书的话，你用起来恐怕将非常的麻烦，因为美国教授的授课都会紧密地围绕课本进行，而且每天都会布置从第几页到第几页的预习任务。要是你用的书和大家的不一样，教室里只有你一个人根本不明白教授究竟讲到哪里了以及今天的作业是什么。

第三节　证据披露的策略

俗话说的好"工欲善其事，必先利其器"，上一节已经了解到了美国联邦民事诉讼过程中法律所允许的证据披露范围，在本节里我们要进一步学习当事人在进行证据披露活动时经常采用的方法策略有哪些。虽然在实际审判实践中当事人可以采用的证据披露策略是多种多样、灵活机动的，限于篇幅的关系，我们只介绍其中最主要的 5 种。

（1）书面质询（interrogatories）。书面质询可能是当今被使用最广的证据披露策略了。简单的说，它指的是一方当事人通过向对方当事人提出书面问题再从回答中获取希望得到的信息的证据披露策略方式，有关书面质询的具体操作办法被规定在《联邦民事诉讼规则》（下称《规则》）的第 33 条当中。

《规则》第 33 条 A 款规定，书面质询可以由案件中的一方当事人向任何其他当事人提出，而不需要经过法院的事先批准或是与其他当事人事先达成协议。这里值得提醒大家的一点是，所谓当事人通常指的都是在案件中具有利害关系且会受到判决约束的诉讼正式参加方，因此，不具有当事人身份的证人是有权不接受书面质询的。

作为一种常见的证据披露策略，书面质询方法的优点与缺点都同样明显。它的长处在于简便易行、费用低廉，只需找张纸写下自己想要了解答案的问题后给被告送去便可以静候回音了。但它同时恐怕也是最没用的证据披露策略了，因为你几乎不可能指望诉讼对手老老实实地在回答中将你希望得到的信息一一奉上，虽然由于法律的约束不可能完全不答，但避重就轻或是迷惑引导都是司空见惯的。另外，被质询的当事人也往往会向法院提出问题与案情无关以及超出了披露范围等的抗议。总之，你不应该对书面质询的结果抱有太高的期望值，通常都只是用来获得一些关于案件的基本背景资料，例如对方证人的姓名住址、账单上开列的花销以及各项活动开始的时间顺序等无法编造的客观信息。

从 1993 年开始，《规则》第 33 条限定只能在书面质询中针对每一个当事人提出 25 个问题，当然在有实际需要的情况下也可以向法院要求增加。问题的数量尽管称不上多，但被质询方却必须认真回答这些问题，否则就得找个理由向法院提出抗议。如果被质询方回答得不够充分和全面或是故意避而不谈，提出质询的当事人还有权提出动议要求法院强迫对方详细作答。

（2）录取证言（depositions）。《规则》第 30 条规定了录取证言的证据披露策略，顾名思义这说的是案件当事人的代理律师用口头提问的方式来从证人那里获取所需信息的手段。与书面质询不同，录取证言的对象可以是包括案件当事人在内的所有人，比如事故的目击者、对方的专家证人以及相关政府官员等等。如果一方当事人想对对方当事人录取证言，那他就应该根据第 30 条 B 款的规定首先给予本案所有当事人一个适当的告知，其中须说明录取证言的时间与地点。如果一方当事人想要录取证言的对象是不具有当事人身份的普通证人，那他还需要根据第 45 条的规定请求法院向该证人发出传票，接到传票的证人如无合法逃避理由则必须出席并接受提问。

录取证言的时间和地点均可由当事人（或证人）的代理律师自行确定，但通常会被安排在一家律师事务所里。届时，双方当事人连同他们的律师都将出席，同时还会有一位法院派出的速记员负责记录。在录取证言的过程中，一方当事人的律师会直接向对方当事人发问，发问的方式既可以是口头的也可以是书面的，对方当事人需立即针对问题作出回答，第 30 条 D 款授权回答问题方的律师可以在有限的情况下拒绝回答，不过提问方可以就对方律师的指问向法院提出质疑。一方律师询问完毕以后，对方律师有权实施交叉提问，这也会被速记员记录下来作为呈堂证供。

录取证言一般被认为能比书面质询获得更多有价值的信息。这除了因为在面对面问答的过程中被提问方较少有时间从容应对，且律师能够根据对方的回答设计后面的问题以外，还因为一旦被提问方在宣誓以后的回答被记录在案，再试图更改很容易就会被揭穿，所以，在审判实践中有不少律师都特别重视录取证言策略的采用。

（3）出示文件资料（production of documents）。《规则》第34条中在规定的出示文件资料的证据披露策略或许是最富有攻击性及侵略性的调查取证手段了，它授权一方当事人可以指名道姓地向对方当事人索取处在证据披露范围以内及对方控制之下的文件资料，如对方公司的账簿、对方电脑中的数据或是对方的书信照片等等。可以想见的是，一旦这些内部文件资料被对手掌握，将会形成多大的杀伤力。

在有关出示文件资料策略的案件中，有两个法律术语的解释问题是被经常提出的。第一是何谓文件资料，程序源代码算不算、实用物品算不算以及非固定信息又算不算？第34条的A款对此给出了一个非常自由的定义，而且法院也一般都倾向于宽泛地加以解释，所以，通过曲解文件资料的概念来躲避披露的企图往往是无法实现的。第二是何谓控制，如果能证明一份文件资料不在自己的控制之下，那自然是无法披露的。可惜法院在这个问题上迈的步子似乎还要更大一些，甚至当事人有能力从别处获取的文件资料都会归于该当事人的控制之下，本节收录的第一个案例即是讲这个问题的。

第34条B款提供给了被要求出示方一个以退为进的办法，因为该条款规定当事人既可以以正常的商业活动中保存的状态提供文件资料，也可以根据对方要求的类别整理并标记文件。有时，在对方当事人要求出示的文件资料的数量极为庞大的情况下，选择前一种做法以正常商业活动中的保存状态敞开了大门让对方自己找，相信也会让对方在面对一堆浩如烟海的纸片时觉得束手无策的，当然这与刻意给对方制造困难的情形还是存在区别的。

（4）身体及精神检查（physical & mental examinations）。《规则》第 35 条允许一方当事人提请法院命令对对方当事人进行强制性的身体或精神检查，如果对方当事人的身体或精神状况是本案的主要争议，且自己能提供给法院充分的理由为什么要进行检查。例如在一起因过失侵权行为而引发的诉讼中，原告自称受到了严重的身体伤害及由此造成的精神损害，所以被告应当赔付给他相当数额的金钱作为补偿。此时，被告就可以请求法院对原告进行身体及精神检查，以确定原告伤势的真实情况。由于这实际上触及到了案件的实质性争议，以及有可能会牵涉当事人的隐私权利，因此，应在取得了法院的批准命令后方可实施。本节收录的第 2 个案例将身体及精神检查问题讨论的尽善尽美，此处就无须再赘述了。

（5）要求自认（requests for admission）。《规则》第 36 条规定的要求自认实际上算不得一种真正意义上的证据披露策略，而只是用来帮助当事人缩小事实或法律争议的一个途径。这种自认的要求可以在案件的当事人之间任意提出，通常的做法是将某个事实或法律论断交给对方作出肯定或否定的表态，当然也可以向对方询问一些自己不了解的情况。在接到自认的要求以后，当事人一般有 3 种选择，既可以表示承认属实，也可以加以否认，还可以依据某种合法的理由向法院提出抗议。假如当事人故意颠倒黑白的话，则会在事实证明之后受到法院的惩罚，不过当事人能证明自己当时确实善意认为如此的或可受到法院的谅解。此外，当事人也可以向法院要求否认先前自认过的事实，理由通常为他自己也是方才知道真相的。

虽然经过 1993 年的修正之后，《规则》第 26 条中加入了大量的自行披露证据的要求，但美国民事诉讼活动中的证据披露程序主要还是由当事人及其律师主导进行的，所以这其中蕴含了大量实践

性、经验性的东西，而这些内容是通过书本无法教授领会的，因此
"以吏为师"也是大家在学习法律路途中很重要的一课。

Cooper Industries Inc. v. British Aerospace

United States District Court，Southern District of New York，1984.

102 F. R. D. 918.

EDELSTEIN，District Judge.

原告的前身从被告英国宇航公司那里购买了一架飞机，但后来
这架飞机在一次火灾事故中被焚毁，于是原告便以严格责任与设计
上的过失责任为由对被告提出了起诉。在证据披露程序的进行过程
中，原告要求被告出示一些后者自称不归其所有的资料文件。原告
声称这部分文件资料是掌握在被告的关联机构英国公共宇航有限公
司手中的，对此被告坚决予以否认。

在此前的审理过程中，被告曾根据《关于在民事或商事纠纷
中获取域外证据的海牙公约》向本法院提出要求获得一份保护性
命令（protective order），而原告则针锋相对地要求法院强迫被告出
示文件资料并给予其相应的惩罚。

目前，被告已经放弃了在《海牙公约》下的一切寻求保护的
权利，并且在被送达了披露证据的请求之后，被告也就不再做继续
要求获得任何保护性救济的努力了。但是，被告自始至终都没有对
有关其关联机构的事宜作出过正面回应，结果原告不得不要求专门
就此事举行一次会议。随后，在 1984 年 4 月 12 日召开的审前会议
上，本法院命令被告要么①出示文件资料，如果它们确实掌握在自
己或自己的关联机构手中；要么②向法院递交一份详细的宣誓陈述
书用来解释自己已采取了哪些步骤来查找这些文件资料，为什么最
终还是未能找到它们，已采取了哪些步骤来确定关于这些文件资料
发生了什么事情，以及调查结果显示关于这些文件资料到底发生了
什么，如果被告无法出示文件资料的话。被告在这次审前会议上没

有提出《海牙公约》的问题。

不过被告并未服从这一命令，而是采取了既不出示文件资料，也不递交宣誓陈述书，更不寻求保护性救济的不合作态度。于是在原告的请求下，又有一次审前会议于 1984 年 6 月 21 日召开了。本法院在会上表达了对被告不服从命令行为的强烈不满，而被告则首次提出对于这些文件资料的披露应根据《海牙公约》规定的程序来进行，因为英国公共宇航有限公司是一家外国公司且并不是本案的当事方。针对被告的这种说法，本法院表示被告此前已经主动放弃了根据《海牙公约》寻求保护的权利，而且《海牙公约》其实也没有禁止披露法院命令被告出示的这些证据材料。因此，本法院再次要求被告服从披露证据的命令。

然而，被告再次既没有出示文件资料，也没有递交宣誓陈述书，而是根据《海牙公约》向本法院申请了一份保护性命令。在当前证据披露程序已经进入尾声的时刻，出于维护提高审判效率的考虑，我们没有必要重新按照《海牙公约》的步调行动以避免陷入旷日持久的诉讼进程；其实被告应当早点提出这些问题。与此同时，本法院认为被告已经通过其行为作出了自愿放弃依据《海牙公约》提供的一切权利的意思表示。

除此以外，被告对法律的理解也是有偏差的。被告所引用的那些有关于《海牙公约》的案例根本不适用于本案的具体情形。根据《联邦民事诉讼规则》（下称《规则》）第 34 条的规定，原告提出的证据披露请求是完全恰当合理的，因为这些请求是针对身为本案当事方的被告作出的，目标则是获取一些处于被告占有或控制下的文件资料。

有众多法院曾经阐述过同一个法律原则，即文件资料并不一定要处在一方当事人的实际占有之下才是可披露的，它们只要是被该当事人所保管或控制的就足够了。

本案所涉及的文件资料正处在被告的保管之下。被告是家主要从事飞机销售及提供各种售后服务的公司，其销售和服务的飞机全都是由关联机构英国公共宇航有限公司制造的，而原告希望从被告那里获得的文件资料基本上都是关于这些飞机的服务手册与设计蓝图。在原告提起本次诉讼的时候，被告实际是英国公共宇航有限公司属下的一家全资子公司，主要负责在美国境内推销母公司生产的飞机并提供售后服务。

在本次诉讼的早期阶段，当原告试图从英国公共宇航有限公司那里获取文件资料时，被告的代理律师曾要求原告通过他来进行此类索取，因为他同时也能代表英国公共宇航有限公司。另外，在出事飞机的销售合同中，被告也把自己描述为英国公共宇航有限公司的关联企业。

原告希望得到的这些文件资料全都与被告每天打交道的飞机有关；我们实在难以想像被告竟然有可能会接触不到这些文件资料，或是没有能力通过正常的商业渠道获取它们。除了一些简单武断的结论之外，被告没有提供给我们任何有说服力的证据来表明这些文件资料不在自己的保管或控制之下。

文件资料位于外国的事实并不妨碍它们的可披露性。虽然这些案子都涉及大陪审团调查，但其中的法律原则却仍可适用于本案当中。法院在决定是否能在国际礼让原则的指导下以《规则》第34条规定的方式来进行这种证据披露活动的时候，案件刑事与民事的区分只是值得考虑的因素之一。

总而言之，《规则》第34条提供给了我们一种适当的证据披露机制。本案中的出示文件材料的请求并未侵犯到英国的主权，因为其针对的仅仅是一些书面材料，而没有要求有人出庭受审。被告决不可以通过把关键性的文件资料藏匿在其外国关联企业处的手段来逃脱原告提出的证据披露请求。我们同样决不允许的还有被告销毁了自己掌握的这些文件材料再等待事后从其外国关联企业处借阅的做法。如果被告能够轻易利用这些方法回避证据披露程序，那美国所有的公司也都将会在海外寻找或设立关联企业来存放敏感的材料文书。被告对本法院命令的抗拒是毫无道理的。

被告的另一个挡箭牌是在其动议中反复指出的原告在证据披露程序进行过程当中曾有过数个不正当的行为。可是，即便被告的这个说法属实的话，那也与我们目前讨论的被告拒不执行命令的问题没有任何联系。在我们看来，被告在本法院讨论其错误的时候硬要牵扯上原告的做法反倒应该被视为是在故意的企图扰乱本法院解决争议的思路。

如果被要求披露的文件资料处于被告或英国公共宇航有限公司的占有之下，那被告就必须出示这些文件资料。具体说来，被告必须出示的文件资料有：

针对1983年12月12日提出的披露请求，被告必须出示：①请求第9A项，产权证明文件……

针对1983年4月10日提出的披露请求，被告必须服从请求第4项及第5项。

针对1983年6月26日提出的披露请求，被告必须服从全部请求项目。

如果上述这些文件资料无法找到，被告则必须递交给法院一份至关详细的宣誓陈述书，用来解释自己已采取了哪些步骤来查找这些文件资料，为什么最终还是未能找到它们，已采取了哪些步骤来确定关于这些文件资料发生了什么事情，以及调查结果显示关于这些文件资料到底发生了什么。

如果被告及时提出的话，本法院或许可以基于《海牙公约》以外的理由缩减原告请求披露的范围。但是这起诉讼已经进行到了目前这个阶段，况且鉴于被告此前的所作所为，本法院不愿意给予被告任何的帮助，而只打算命令其全心全意地遵照命令行事。从此命令做成之日算起，本法院将给予被告3个星期的时间来做完命令中要求的事项，否则便将对被告课以每日500美元的罚款并限其当日交纳至本法院的银行账户，直到履行命令完毕为止。同时，我们也决定将根据被告服从命令的质量好坏来适当延长本案证据披露程序的持续期间。

本法院还宣布原告有权从被告那里获得因反对被告提出的动议及自己提出交叉动议所支出的费用，但对原告要求排除被告答辩状的动议则不予支持。

Schlagenhauf v. Holder

Supreme Court of the United States，1964.

379 U. S. 104.

MR. JUSTICE GOLDBERG delivered the opinion of the Court.

本案涉及当需要在一起过失侵权案件里对被告进行检查时，《联邦民事诉讼规则》第35条A款的有效性及如何解释的问题。第35条A款是这样规定的："对人的身体及精神实施检查——检查的命令。在一起当事人的精神或身体状况存在争议的诉讼当中，即将负责审理该诉讼的法院可以命令此当事人接受合格医师的精神或身体检查。这种命令只有根据有充分理由的动议以及包括被检查者在内的所有当事人都得到了适当告知的情况下才能作出，并且在命令中应明确指示检查的时间、地点、方式、环境、范围和实施检查的人。"

I

原告依据异籍管辖权原则在联邦地区法院提起了一场人身伤害诉讼，他声称自己作为长途汽车上的一名乘客在这辆汽车与一辆牵引式拖车尾部相撞的交通事故中受到了严重的身体伤害，因此，被告应当对他作出相应经济补偿。在此案件中受到指控的被告有长途汽车的车主灰狗公司、长途汽车的司机也即本案的上诉人 Robert

L. Schlagenhauf、牵引车车主 Contract Carriers 公司、牵引车司机 Jo-
seph L. McCorkhill 以及拖车车主 National Lead 公司。在各自向法院
递交的答辩状中，所有被告都否认了自己的行为构成了过失侵权。

随后，灰狗公司对 Contract Carriers 公司及 National Lead 公司
提出了交叉指控，要求它们赔偿自己的长途汽车在车祸事故中遭受
的损失，因为灰狗公司认为这场事故完全是由于牵引式拖车的司机
以不合理的低速驾驶、不在自己的车道上行驶及未安装合适的尾灯
等过失行为造成的。Contract Carriers 公司在对这一交叉指控的答复
中否认了自己的行为存在过失，并表示"这场事故是由长途汽车
司机 Schlagenhauf 的过失直接引起的……是他的行为导致了灰狗公
司遭受损失……"

根据一份审前命令的要求，Contract Carriers 公司给联邦地区法
院写了一封信称：Schlagenhauf 在事故发生时无论从身体还是精神
方面来看都不适合驾驶长途汽车。初审法院与本法院都把这封信看
作是答辩状的一部分。

紧接着，Contract Carriers 公司和 National Lead 公司联合请求地
区法院发出命令以强制 Schlagenhauf 接受精神及身体方面的双重检
查，实施检查的人必须是内科医学、眼科学、神经学及精神病学领
域内的专家。

为了提供给地区法院一定的选择余地，两家公司送交给法院一
份总共包括 9 名可充当检查者的医学专家的名单，而且还宣称在本
案中 Schlagenhauf 的精神与身体状况都是具有争议的，因为 Con-
tract Carriers 公司已在针对灰狗公司的交叉指控的答辩中提出了这
个问题。此种说法得到部分法律权威的支持，另外 Contract Carriers
公司的律师也在一份宣誓陈述书中披露了一系列的细节情况，比如
事发时 Schlagenhauf 已经看到牵引式拖车后的红灯有 10～15 秒之
久；有证人称自己当时在距离 1/2～3/4 英里远的地方就能够清楚
看见牵引式拖车后的红灯；以及 Schlagenhauf 曾在不久前卷入过另

一场事故等等。

据可靠的记录显示，上诉人的律师为了反对两家公司的请求也向法院递交了一份简要陈述书，认为"关于被告 Robert L. Schlagenhauf 的身体与精神状况并不存在《规则》第 35 条中所说的那种争议；提出要进行多项检查请求的当事人也没有展示出充分的理由……"

当法院即将对上述请求作出决定的时候，National Lead 公司针对灰狗公司的交叉指控向法院递交了答辩状，并因为拖车的损失也对灰狗公司与 Schlagenhauf 提出了交叉指控。这份答辩状泛泛地指称 Schlagenhauf 的过失是导致事故发生的直接原因，而交叉指控则更具体地说明了"灰狗公司与 Schlagenhauf 的过失体现在明知 Schlagenhauf 因眼球受伤而视力降低的情况下仍允许他驾驶长途汽车在高速公路上行驶。"

主要依据 Contract Carriers 公司提出的请求且没有举行任何的听证，联邦地区法院命令 Schlagenhauf 必须接受由上述两家公司推荐的全部 9 名医学专家实施的检查，尽管后者只要求有 4 名专家参与检查就足够了。

于是，上诉人便向联邦巡回法院申请命令状（a writ of mandamus）以试图推翻地区法院作出的要求他接受检查的命令。然而，巡回法院拒绝了上诉人的申请，尽管该法院有一名法官对此决定表达了不同意见。

本法院决定向此案发出调卷令，希望能借此机会解决在《规则》第 35 条的有效性及解释问题上存在的争议。

Ⅱ

由于联邦巡回法院对此案作出过的唯一决定就是拒绝了上诉人的命令状申请，所以，我们首先要面对的便是一个关于管辖权的门槛性问题。虽然本法院毫无争议的可以审查巡回法院作出的判决，但被上诉人却声称上诉法院拒绝发出命令状的决定应当被予以维持，因为命令状不是一种恰当的救济形式。

在本案当中，上诉人提出的一项基本抗辩理由就是地区法院没有权力命令一位被告接受身体和精神方面的检查。由于这道受到质疑的地区法院的命令算是联邦法院系统内根据《规则》第 35 条作出的第一个此类决定，并且其在州法院系统内也是不多见的，所以，这个争议从本质上来讲应该属于实体性的事实得到了突出性的强调。巡回法院认为自己对上诉人提出的要求获得命令状的诉请是具有适当管辖权的，因为地区法院是否有权发出命令强迫一位被告接受身体或精神方面的检查是一个基本且未决的问题。考虑到本案的特殊情况以及法律权威的支持，我们倾向于支持巡回法院确实具有这项权力。

III

从表面上看起来，《规则》第 35 条可适用于所有当事人，也就是说条文的语言从任何角度解读都应当包括被告方在内。然而，上诉人却表示将该条款适用于被告方将会是一种违宪性地侵犯当事人隐私的做法，或者说将会对当事人享有的存在于《规则》生效以前的实体性权利造成实际影响，因而违反了《授权法案》的规定。

上诉人的这种立场观点以往在 *Sibbach v. Wilson & Co.*，312 U. S. 1 一案中也曾出现过，当时是有一名原告宣称自己因为被告的过失行为受到了身体伤害而要求获得赔偿。本法院在内部存在激烈争执的情况下支持了第 35 条的适用，不过无论是多数派还是少数派法官都承认第 35 条不能因宪法层面的攻击而动摇。本法院法官之间的分歧主要在于第 35 条究竟应该被看作纯粹程序性的，还是对实体性权利的更改。持多数意见的法官相信该条款只是关于联邦司法程序的规定，因此处在《授权法案》允许的范围之内，可是少数派法官则坚持认为其是实体性的。在本案当中，上诉人并未试图挑战 *Sibbach* 一案的结论，而是称该案的结论应当不被扩展适用到被告的身上。我们看不出来在适用 *Sibbach* 一案的结论时有任何的必要来区分对象是原告或被告，因为证据披露程序并非是一种单向度的主张，所以以用在当事人中间造成厚此薄彼后果的方式来解决争议肯定是不可取的。

从已经报给本法院的判例来看，我们发现到目前为止这种证据披露手段在联邦法院系统中还只是被适用在原告身上过，而一些早期州法院判决意见对此的态度则是原告到法院来寻求获得救济即意味着主动放弃了某些关于人身不可侵犯的权利。

但显而易见，*Sibbach* 一案的结论并不是根据任何主动放弃权利的理论（wavier theory）作出的。这正如作为该案多数派一员的 Roberts 大法官所说的那样，公民所具有的基本权利之一便是"免于因他人的过失而受到伤害，并且在伤害发生后有向法院寻求救济的权利"。而在该案随附的反对意见中，Frankfurter 大法官则指出了："第 35 条当然是具有强制性的，如果当事人不服从这一条款接受身体检查，原本敞开的联邦法院的大门就将向他紧闭。"

上述这些言论均揭示出了主动放弃权利理论的不可靠性。引发了最终法院对实体争议作出决定的一系列事件起源于原告受到伤害的事实，一个不是由原告主动选择的事实，而向法院寻求救济也只是这一系列事件中的一个步骤而已。如果原告被阻挠或禁止向法院寻求救济，那他因此遭受到的损失丝毫不亚于被告在诉讼中被阻挠或禁止为自己辩护的损失。

除此以外，将放弃权利理论引入 *Sibbach* 一案的逻辑推理过程便意味着原告已然放弃了行使前往联邦法院寻求救济的权利，这样的结果将带来严重的宪法性问题。而且要是接纳放弃权利理论的话，我们又该如何解释原告最初在州法院提出了起诉，而被告申请将此案移送到了联邦法院的情况呢？

总之，我们认为：无论是被适用于一起案件中的原告还是被告，《规则》第 35 条都不存在任何宪法性的障碍，并且是处在

《授权法案》的准许范围以内的。本法院也因此同意联邦巡回法院在本案中所持的地区法院有权在适当情况下将第 35 条适用于被告身上的看法。

IV

本案中还剩下对于第 35 条的解释问题留待我们回答。对于这个问题，本法院所遵循的基本原则是"证据披露条款应当以广泛自由的方式加以解释，以使联邦法院在审理民事诉讼时不用在黑暗中前行。"*Hickman v. Taylor*, 329 U. S. at 507.

上诉人声称即使第 35 条可适用于被告，但在本案中也不应该适用到他的头上，因为在向地区法院提出要求进行强制性的检查时，Contract Carriers 公司和 National Lead 公司还没有与自己建立直接的具有当事人身份的法律联系。联邦巡回法院认同了上诉人的这一说法，表示被要求接受检查的人必须是提出检查要求人的对方当事人（*vis - à - vis* the movant）。尽管我们也同意被要求接受检查的人应当是案件中的一个当事方，但本法院觉得巡回法院的观点实际上是给第 35 条作出了一个不必要的限制性解释。根据原文的意思表述，第 35 条只规定待检查的人是案件的当事方，而没有进一步要求必须是提出要求人的对方当事人。毫无疑问，Schlagenhauf 是在本案原始起诉状中受到指控的当事人，因此第 35 条将应 Contract Carriers 公司和 National Lead 公司的请求对他进行强制性的检查，如果该条款的其它前提条件也都能得到满足的话。倘若非要坚持提出要求的当事人对被要求的当事人履行诉答程序不可，那只会增加一些不必要的诸如反诉或交叉起诉这样的麻烦，而这与《规则》所追求的自由开放与非技术性的目标是根本违背的。

联邦巡回法院认定了上诉人在 Contract Carriers 公司和 National Lead 公司首次请求地区法院下达命令的时候不是它们的对方当事人之后，又继续指出等到地区法院下达了第 2 道命令时上诉人便成为了 National Lead 公司的对方当事人，因而落入到了第 35 条的管辖范围之内……

上诉人接下来提出的一个抗辩理由是在本案中他的精神或身体状况不存在争议（in controversy），并且 Contract Carriers 公司和 National Lead 公司也没有向法院展示为什么一定要实施检查的充分理由（good cause），而这两点都是适用第35条时所必须具备的。

《规则》第5部分列举的证据披露方法包括有提取书面及口头的供词（第26－33条）、对当事人进行质询盘问（第33条）、要求出示文件资料（第34条）及精神和身体上的检查（第35条）。这每一种情况下的披露范围都受到了第26条B款"证人可以就任何未受特权保护但与诉讼主题相关的事项被要求进行披露"与第30条B款的限制，后者允许地区法院根据动议来限制、终止或控制对证据披露程序的不当使用，以避免有恶意取证的情况出现或是给他人造成过度的干扰、困难及压迫。

然而我们应该特别注意的一点是，《规则》里再没有其它任何的关于证据披露的条款提出了事项要存在争议的限制条件，也只有第34条重复了第35条提出的证据披露的提议方必须积极展示自己具有充分理由的要求。

Sobeloff 法官曾在 *Guilford National Bank v. Southern R. Co.*, 297 F. 2d 921，924（C. A. 4th Cir.）一案中具体分析了上述充分理由的额外要求："虽然受到第26条B款和第30条B款及D款的限制，但一方当事人不需要法院的事先核准就可以提取供词或是实施质询，即使法院对当事人的这些行为一无所知也没有关系。只有当证人因为觉得问题与案情无关而拒绝回答的时候，要求披露的这方当事人才可以根据《规则》第37条请求法院命令证人作出回答……尤其重要的是，这一自由行动的权利只存在于当事人从事提取供词或质询盘问活动的场合，而不扩及到那些依照第34条和第35条收集证据的当事人身上。恰恰相反，此时法院必须当作一个前提条件来逐案决定请求出示文件材料或请求进行身体精神检查的动议是否具备了充分良好的理由。如果仅仅比附第 26 条 B 款的规定要求展示希望获得的证据与本案案情存在相关性就可以了，那第 34 条和第 35 条中的充分理由的额外要求就变成毫无意义的一件事了。故此，通过在条款中加上充分理由的字样，当事人在适用第 34 条和第 35 条的时候必须比适用其它证据披露条款时向法院展示更关键更迫切的需要。"

　　联邦巡回法院在其它一些案件中也都曾表示过第 34 条提出的充分理由要求决不是个形式主义的产物，而是一个需要被严格遵守的限制条件。由此及彼的看起来，存在争议和充分理由这两个在第 35 条中被提出的要求也是千真万确切实存在着的，并且它们并不能被诉答文书中揭示与案件相关性的一些结论式的陈述所满足，而是要求有关当事人积极主动的展示给法院看被希望披露的证据确实存在争议，以及法院有充分的理由去允许披露这些证据。显然，在有些情况下被认为是充分的理由在另一些情况下可能就不再是充分的了。至于当事人有没有可能通过其它途径来获取这些证据同样值得法院考虑。

　　看来，第 35 条要求地区法院的法官在对其加以适用的时候应当加倍小心，他必须当作一个前提条件来逐案决定要求进行身体或精神检查的当事人是否已经适当展示了本案能够满足存在争议及理由充分这两个前提条件，而正如巡回法院曾经指出过的那样，这两个前提条件之间也是具有相辅相成关系的。当然，这也并不意味着要求进行身体精神检查的当事人必须从实体角度证明案件是符合条件的，也不是说在每一个此类案件中都需要举办一场证据听证会，不过这在有些案件中确实是必要的，而在其它案件中则只要利用宣誓陈述书或常规听证会就足以展示了。不过无论采用哪种形式，相关当事人都必须提供给法院充分的信息以说服法院相信在本案中可以适当地启动第 35 条的程序。

　　我们不否认在一些案件里仅靠诉答文书便可以满足第 35 条提

出的上述条件。比如在 *Sibbach v. Wilson & Co.* 一案中，过失侵权诉讼的原告凭借自己遭受的身体及精神伤害要求获得赔偿，这自然而然的就使得他在身体或精神方面的伤势成为了案件的主要争议，以及给了被告充足的理由要求检查原告受伤的程度与范围。这一结论不仅对原告来说是成立的，而且也同样适用于将自己的身体或精神伤害用作抗辩借口的被告，比如有些离婚案件中的被告会提出精神失常的抗辩。

但是在本案当中，Schlagenhauf 既没有依据自己的身体或精神状况提出指控，也没有拿这作为抗辩理由。有关于他的身体或精神状况的问题是同案的其它当事人提出来的。因此，根据上面讨论的这些原则政策，第 35 条要求提出请求的当事人积极主动的展示 Schlagenhauf 的身体或精神状况的确存在争议，并且它们有充分的理由要求对后者进行一次检查。然而，本案的资料记录表明它们未能做到这一点。

本案诉答文书中仅有的与这个问题相关的陈述出现在 Contract Carriers 公司为回应交叉指控而向法院递交的答辩状里，其空泛地表示"在事发时 Schlagenhauf 无论从身体还是精神上讲都不适合驾驶长途汽车。"此外，National Lead 公司也曾在交叉指控中顺带地提出过"Schlagenhauf 的眼睛有过损伤，因此他的视力是不达标的……"剩下的便是 Contract Carriers 公司的律师在一份宣誓陈述书中指出的"Schlagenhauf 在口供中承认事发前他已经看到牵引式拖车后的红灯有 10～15 秒之久却未能作出任何减速或变道的动作……此次事故的唯一目击证人称事发时他也正开车跟在牵引式拖车的后面，但是他在距离 1/2～3/4 英里远的地方就能够清楚看见牵引式拖车后的红灯……Schlagenhauf 承认曾在不久前卷入过另一场类似的追尾事故中……"

这些说法并不足以支持地区法院发出 Contract Carriers 公司与 National Lead 公司所希望的有 4 位分别在内科医学、眼科学、神经学及精神病学领域称得上是专家的人为 Schlagenhauf 进行强制检查的命令……

这些说法中唯一值得我们考虑的是有当事人声称 Schlagenhauf 的眼睛及视力受到过损伤。联系到有律师在宣誓陈述书中指出的那些情况，我们将很难作出取消对 Schlagenhauf 进行眼科检查的命令，如果地区法院当初只下达过这一道命令的话。然而，由于有一些其它命令的存在，本案必须被发还给联邦地区法院重审，所以我们就让地区法院的法官根据本判决意见的精神宗旨来决定是否有进行眼科检查的必要吧。

《联邦民事诉讼规则》应该被以宽松的方式加以解释，但也决不应该在解释的过程中无视条文语言直白的限制……

综上所述，本法院决定撤销联邦巡回法院的判决意见，并将此案发还给联邦地区法院予以重审。在重审中，地区法院应在本判决意见的指导之下重新考虑是否应当下达强制检查的命令。

补充知识：

● 在美国的法学院里，尽管能够出任法学院院长（Dean）的人都会拥有教授的头衔，尽管都必须要在法学教育的这个圈子里声誉卓著，尽管简历上都肯定能体现出一些让人称道的成就，但也决非是在一个学校里谁学问高、资格老、牌子响、来头大就一定顺理成章地能当院长，其实更重要的标准应该还是看谁的交际能力也即向社会筹款的本领更强一些，因为院长在美国法学院里所扮演的角色并非是个学术带头人，而似乎更类似于中国古代和尚庙里的住持，平时的首要任务便是向善男信女们化缘来筹集香火钱，让自己的大雄宝殿更宽敞一些，小沙弥们也更多一些。还记得在明大法学院的开学典礼上，院长 Johnson 曾经说过："你们当中的很多人在 3 年的学习生活当中只能见到我两次，一次就是现在，另一次则是在你们的毕业典礼上。"当初我还很不理解这句话的意思，心想你这个当院长的虽然不需要事必躬亲，但怎么可能 3 年只让我们见两次面呢？结果到目前为止，除了事务性的交往以外，我平时还真没在法学院里看到过院长，只是在院长办公室的墙外见过几张镶起来的院长在各种宴会上举杯畅饮的照片，想必他是整日天南海北地到处拉赞助去了。前不久，有上海的同学告诉我 Johnson 院长现身于上海，后来果然就传出了明大法学院要和中国某大学合办 LL. M. 项目的消息，看来他又为法学院做了一笔好买卖。

美国法学院筹款的手段是多种多样的，除了极力和本校的毕业生们保持良好的关系，每年都要办酒会邀请他们回来参观外，让捐款者在法学院内留名也是个比较常用的方法。一走进明大法学院主教学楼 Mondale Hall 的大厅，首先映入眼帘的就是一块铭刻着捐款者姓名的大牌子，当然能上牌子的都要捐的够多才行。那捐的不那么多不够格上牌子的人怎么办呢？其实你只要仔细地看看牌子对面的墙上，每一块砖上都刻有一个名字，只不过稍嫌不太醒目罢了。由此可见，财大气粗的美国法学院一年上千万美元的预算也不是天上掉下来的，至少在拉赞助的这个环节上，中国法学院的院长们可向美国借鉴的还很多。

第四节　未经审理的判决——即席判决与缺席判决

孙武在《孙子兵法——谋攻》中写道："……是故百战百胜，非善之善者也；不战而屈人之兵，善之善者也。"有时候打官司和打仗从本质上看真的很像，与对方从程序到实体天昏地暗大战三百回合后胜诉固然可喜，但如果能够有机会做到兵不血刃地迫使对手无奈签定城下之盟，那对当事人来说才算是高明中最高明的办法。在本节里，我就要向大家介绍两种不经审理便可稳操胜券的判决方式，它们分别为《联邦民事诉讼规则》（下称《规则》）第56条规定的即席判决和第55条规定的缺席判决。

根据《规则》第56条 C 款的规定，所谓即席判决指的是出于促进司法经济及加快诉讼进程的目的，在案件的关键事实部分不存在实质性争议（no genuine issue of material fact）且当事人有权获得一个作为法律事项的判决（judgment as a matter of law）时，法院可以自行决定或应当事人提出的动议越过后面的审理程序立即对案件的全部或部分争议作出具有终局意义的判决。作为民事诉讼程序当中存在的一种简易判决方式，尽管即席判决的起源可以追溯到19世纪中期的英国法院实践，而且1938年刚刚颁布的《规则》里也收录了有关即席判决的条款，但这种简易判决方式被美国法院所广泛接受还是经历了一个逐渐演变的过程。在早先的时候，法院往往并不热衷于使用即席判决的方式对案件作出裁决，因为法官们认为这与当事人享有的宪法第7修正案要求陪审团听审的权利是相悖的，所以，法院不应该将这种把案件的决定权擅自从陪审团手里抢夺过来的判决方式当作是民事诉讼的一种常态。然而有道是"形势比人强"，在上世纪80年代达到顶峰的"诉讼爆炸"迫使美国法院不得不把即席判决作为一件能够多快好省地解决简易民事纠纷的利器加以重新发现，一时间在联邦最高法院的推波助澜下，[1]即席判决在美国各地的法院内得到了极为广泛的采用。直到今天，即席判决仍然颇受联邦法官们的青睐，通常处于简单或困难两个极端上的民事案件具有最大的概率会以即席判决的方式告终。

　　透过上述《规则》第56条C款对即席判决申请门槛及程序的规定，我们可以发现美国联邦民事诉讼制度下的即席判决方式存在几个格外引人注目的特点：首先，从意义宗旨的角度来讲，即席判决方式的产生源自于法院对审判工作效率的高度重视。如果某个案件的事实争议已经清晰到足够使得当事人间的是非曲直一目了然地呈现在法官面前，那用即席判决的方式结束诉讼便可以省略掉随后各种繁琐冗余的审理过程，从而达到避免毫无价值的诉讼延迟以及

---

〔1〕　大家不妨参见 *Celotex Corp. v. Catrett*, 477 U. S. 317（1986）一案的判决意见。

给当事人节省时间花费的终极目标，所以说即席判决是一种具有殊途同归效果的民事审判程序上的捷径。其次，即席判决在联邦法院内的使用方式是相当灵活机动的，既可以在诉讼进行的任何时间里出现，也可以通过法院自发或是由当事人提出动议启动，还可以是针对全部或一部分争议作出。如果法院觉得用即席判决的方式来一次性地解决整个案件存在困难的话，那法院便可以选择对案件中的某些局部诉请或抗辩作出决定，以便于为以后进行的审理过程缩减有待裁决的争议，这在美国民诉法上一般被称为部分即席判决（partial summary judgment）。最后，即席判决一旦下达就将被看作是一个终局性约束力的正式判决，也就是说胜诉方可以凭借此判决要求立即执行，而败诉方也可以直接向联邦巡回法院提出上诉的申请。相反，假如当事人提出要求进行即席判决的动议遭到法院驳回，这对提出动议的当事方来讲并不会造成什么影响，案件随后的审理仍然如常进行。

同样记载于《规则》的第56条C款，法院在斟酌是否批准当事人提出的进行即席判决的动议时主要依据的是双方当事人此前递交给法院的"诉答文书、书面证词、对质问书的答复、记录在案的供认及宣誓陈述书"，当然这些证据都必须是在《联邦证据规则》许可法院采信的范围以内。通过这几种法律文书，法院主要想了解的问题有两个：其一，在本案的关键事实部分是否存在争议，如果当事人双方对于解决案件纠纷所必须先予澄清的某个重要事实环节各执一词，或是不存在争议的事实部分并非在案件里具有关键性的地位，法院就都不能强行作出即席判决，而应该让事实发现者（fact finder）来决定案件的真相；其二，在本案中的纠纷是否适合法院当作一个法律事项来加以裁决，因为让陪审团来决定案件的事实问题是宪法第7修正案授予每个公民的基本权利，所以即便是法官也不能随意侵犯。通常说来，诸如侵权案件当中一个理性人在当时环境下的行为标准是什么属于应由陪审团决定的事实问题，而合同纠纷当中对于某项合同条款的解释则属于法官决定的法律问题。

从司法程序的角度来看，法院在面对当事人提出的进行即席判决的动议时，可以依次通过 3 个步骤来考察动议的合理性。第一步是看提出动议方（moving party）有否充分可信的向法院证明案件中无可非议的关键性事实毋庸置疑地展示出了任何一个清醒理智的陪审团都会作出有利于自己的裁决。这个任务对被告来讲相对比较简单，因为他只需要证明原告的证据链是破绽百出的，或是原告事件描述的版本是不能自圆其说的就可以了。但对原告来说完成这个工作就困难多了，因为除了要证明现有的证据已能满足建立某种法律责任所需的全部要件以外，还得说服法官相信陪审团在这种情况下只有可能作出有利于自己的判决，即被告没有希望通过提交新证据来翻盘。第二步是看反对即席判决的当事方（opposing party）有否被给予适当的告知以及提出抗辩的机会。不难理解这是正当司法程序的根本要求，即席判决不应该被理解成一种突然袭击的判决方式，而是必须给予反对动议方足够的时间和余地来进一步搜集证据以利于对即席判决的动议进行反击，否则便是侵犯了反对动议方的宪法权利。第三步是看案件中有否存在可供陪审团裁决的事实性争议，而且一定是要以最有利于反对动议方的视角来观察。如果案件中依然存在着需要陪审团来作出决定的事实性争议，且陪审团的态度无法借助于现有的证据确切推测出来，那案件就还是不能被以即席判决的方式了结，或是只能即席判决部分争议。至于为什么一定要从最有利于反对动议方的角度来加以决断，这是个很容易就能猜出答案的问题，亲爱的读者朋友你们知道吗？

尽管只有一字之差，缺席判决与即席判决却是完全不同的两码事，指的是当已被适当送达了传唤状及起诉状的被告未在法律规定的时限内出庭应诉或作出答复时，原告可以要求法院径直在被告缺席的情况下作出对其不利的判决。除非日后受到法院的撤销，缺席判决与一项正式判决具有同等的法律效力，区别仅在于缺席判决是在法院从未对案件的实体性争议进行审理的条件下作出的。作为法院实施的一项制裁惩罚，被告的无端缺席行为使得法院愿意假设原告提出的所有事实观点皆为真实可靠的。

《规则》的第 55 条详细讲解了在联邦法院当中作出缺席判决的程序标准。首先是根据第 55 条 A 款，要是被告未能在《规则》第 12 条规定的相关期限内对原告的起诉状进行答复，原告便能请求法院的书记员登记被告的状态为缺席（entry of default）。而一旦被告被成功登记为缺席当事人，原告即可以根据第 55 条 B 款进一步请求法院作出对被告不利的缺席判决。第 55 条 B 款规定了两种缺席判决的方式，其中 B1 款涉及书记员直接作出的缺席判决，B2 款则涉及法官作出的缺席判决，大家在现实审判实践中完全可以依照各自的不同要求对号入座。

被告此时自然是不甘心束手就擒的，他可以从几个方面入手挫败原告想获得缺席判决的努力。首先，如果缺席身份已被书记员应原告的请求登记在册，被告可以根据第 55 条 C 款的规定向法院展示自己具有良好的不到庭应诉的理由，因此缺席登记应当予以撤销。其次，如果原告遵循的是第 55 条 B2 款的规定要求法官作出缺席判决，则被告可以向法院提出动议请求法官不要下达缺席判决的决定，要是能言之有理就可能有起死回生的效果，因为《规则》在此处给予了法官极大的自由裁量权。最后，如果缺席判决已经作出，被告也还可以根据《规则》第 60 条的相关规定请求法院予以撤销。这第 60 条体现了联邦法院的一种纠错机制，其允许法院在有"错误、疏忽、意外事件或可原谅的过失"存在的情况下对当事人获得的终局性判决提供救济，但要注意这里有为期一年的时效限制。

Adickes v. S. H. Kress & Co.
Supreme Court of the United States，1970.
398 U. S. 144.

JUSTICE HARLAN delivered the opinion of the Court.

本案的上诉人 Sandra Adickes 是一位来自纽约的白人教师，她以《美国法典》第 42 章 1983 条为由在联邦纽约南区法院对本案的被上诉人 S. H. Kress 公司（以下简称 Kress）提出了起诉，声称后者侵犯了她根据宪法第 14 修正案所享有的平等保护权。据悉，本次诉讼起因于 Kress 开设在密西西比州 Hattiesburg 市的餐馆于 1964 年 8 月 14 日拒绝为 Adickes 女士提供服务，并且 Hattiesburg 市警方在 Adickes 走出餐馆后以流浪罪的名目将她拘捕的事件。在被拒绝提供服务和拘捕的时候，Adickes 女士都是和 6 位黑人少年站在一起的，他们是 Adickes 女士在一所密西西比州"自由学校"执教的暑期班里的学生。不同于 Adickes 女士的是，这些黑人少年都被提供了午餐，后来也没有被拘捕。

上诉人在自己的起诉状中提及了两项指控，每一项都是以第 1983 条为基础指控 Kress 凭借种族因素对她实施歧视的做法剥夺了她依据宪法第 14 修正案所享有的平等保护权。具体说来，上诉人在第一项指控中提出之所以她会被 Kress 拒绝提供服务，完全是因为当时她正处于一群黑人的陪伴之下，而当地存在有在公共用餐场所实施种族隔离的社区习惯。然而，联邦地区法院在一份审前决定当中表示：如果 Adickes 女士想要在此项指控中获胜，那她则必须证明在自己被拒绝提供服务的时候，当地确实存在拒绝为由黑人相伴的白人提供服务的习惯，并且这种习惯是受到有关密西西比州反侵犯土地的刑事成文法规许可支持的。因为 Adickes 此后未能证明有其他被黑人陪伴着的白人在 Hattiesburg 市的餐馆被拒绝提供服务的事例，所以联邦地区法院随即作出了被上诉人胜诉的直接裁决。

在后来的上诉过程当中，第 2 联邦巡回法院维持了地区法院的这一决定，以及指出了第 1983 条要求证明在歧视行为发生地及其所在州存在着普遍意义上的歧视习惯或风俗，而上诉人在这方面准备的证据是不充分的。

另外，上诉人在第二项指控里提出被拒绝提供服务及随后的拘捕是 Hattiesburg 市警方与 Kress 共谋产物，不过这一指控也在审前被地区法院以即席判决的方式予以否定。地区法院分析称上诉人没有能够举出任何的事实来证明共谋行为的存在。这个决定在上诉中得到了联邦巡回法院主审法官的一致支持。

Adickes 女士于是便向本法院提出上诉，声称地区法院在种族歧视指控中运用了直接裁决及在共谋指控中运用了即席判决都是错误的。本法院对此案下达了调卷令，决定推翻地区法院在这两个问题上的判决意见，并将它们发还重审……

我们现在来考虑地区法院以即席判决的方式否定了上诉人的共谋指控是否存在不当之处。在准许被上诉人提出的要求进行即席判决的动议时，地区法院只是简单地表示了"一个具有合理思维的人无法从起诉状、宣誓陈述书及其它书面材料中找到足够的证据以推断出共谋的存在。"但是，我们通过上诉人起诉状的披露所了解到的本案事实经过，以及从宣誓陈述书及法庭证词里获取的各种信息，都说服我们相信在这种情况下运用即席判决是不恰当的，因为我们认为，被上诉人未能履行向法院展示本案缺乏任何真正的事实争议的法律义务。在对这个结论进行详细阐述之前，我们觉得很有必要简单介绍一下双方当事人围绕这即席判决问题发生的事实争辩，以及下级法院们对此给出的回应。

在提出要求进行即席判决的动议时，Kress 宣称本案中无可非议的事实证明了压根就没有共谋行为存在于 Kress 雇员与 Hattiesburg 市警方之间。为了支持自己的说法，Kress 特别提醒法院注意事发餐馆的经理 Powell 先生在证词里作出的两点表态：ⓐ当时他没有去和警方取得联系；ⓑ他之所以用事先预备好的暗号指示前台服务员不要给 Adickes 女士提供午餐是因为他担心餐馆里的其他顾客会由于看到黑人和白人混合在一起用餐的景象而抑制不住愤怒引发暴动。此外，Kress 还着重提到了 Hattiesburg 市警察局长及两位执行拘捕任务的警官提交给法院的宣誓陈述书，用来证实 Powell 先生的确没有主动联系并要求警方拘捕 Adickes 女士。最后，Kress 甚至引用了 Adickes 女士本人的证词，她在证词中承认自己不知道当时有没有 Kress 雇员和警方进行过联系，而仅仅是依赖周边环境证据感觉推测出自己的被捕是 Kress 与警方合作的结果。

上诉人反对法院进行即席判决的主要理由在于被上诉人未能在提出动议的文件中有效辩驳在她的起诉状、证词及一位 Kress 雇员的证词里均有提及的事发时正好有一名警察在餐馆内，而且就是这名警察后来拘捕了自己的事实。对此，上诉人表示尽管她没有掌握直接的证据来证实 Kress 与警方合力作出了某种安排，但是他们之间存在共谋的巨大可能性使得她有权提起本次诉讼，特别是考虑到共谋一罪的直接证据往往只能从对方证人那里获得的特点。另外，Adickes 女士还向法院提供了一份宣誓陈述书来反驳餐馆经理所说的当时餐馆里的气氛是剑拔弩张的，这就创造出了一个有关于餐馆经理拒绝为她提供服务的真实动机是什么的事实争议。

本法院相信以上的案件记录足以揭示出地区法院批准进行即席判决是不合适的了。作为提出动议的一方，被上诉人有义务向法院展示对于本案的关键事实不存在任何实质性的争议，并且如果是出于这个目的加以考察的话，法院必须以最有利于对方当事人的眼光来看待其举出的证据材料。然而，被上诉人在本案当中却未能尽到这个义务，因为它没有彻底杜绝事发当时站在自己店中的警察与某个店员达成了上诉人应当被拘捕的默契共识的可能性……

由于恰好有一位警察在场，我们觉得这提供了一个契机使得陪审团可以根据随后发生的事情自己从事发时的场景中推测这位警察是否与某个 Kress 雇员就当时的状况产生了合意，并进而认为被上诉人应当被拒绝在餐馆里面用餐及受到拘捕。由于本法院在 *United States v. Diebold, Inc.*，369 U. S. 654，655（1962）一案中曾经指示过："在考虑即席判决的动议时，从提出动议方举出的证据材料所包含的事实情况当中能够推测出来的信息必须被以最有利于反对此动议的当事方的眼光加以审视"，所以，现在我们对当前案件的看法是被上诉人没能确实证明事发时并未有警察在场的缺陷导致了进行即席判决的失当。

依赖于经 1963 年修改过后的《规则》第 56 条 E 款，被上诉人争辩称上诉人其实也有义务向法院递交一份适当的宣誓陈述书以证明当时警察的在场，如果她是借助这个事实来反对进行即席判决的。紧接着，被上诉人提出本案中并没有这样一份证据材料，故此上诉人同样未能尽到第 56 条 E 款规定的法律义务。

被上诉人的这个观点实在是经不起推敲的，因为无论是该条款所附的评论还是进行 1963 年修改的背景都确凿无疑的显示出第 56 条 E 款从未打算改变过提出动议方根据第 56 条 C 款应首先承担向法院展示对于案件的关键事实不存在实质性争议的义务。对此，《规则》的建议委员会除了多次在对该条款的修改过程中泛泛的表示"这次修改的目的不是为了改变原本适用于即席判决的通常标准"，而且还曾经专门指出"当支持即席判决的证据无法证明不存在真正的事实争议时，要求进行即席判决的动议则必须被予以回绝，即便没有任何反对即席判决的证据被提出。"由于被上诉人未能满足证明当时没有警察在场的初始责任，所以，上诉人并不被要求向法院递交适当的旨在表示反对的宣誓陈述书。

倘若被上诉人满足了《规则》第 56 条 C 款提出的初始要求，例如向法院递交了关于警方否认自己在事发时曾遭人到场的宣誓陈述书，这时第 56 条 E 款便会要求上诉人去做一些仅仅依赖于起诉状中提及的相反事实以外的事情——或者向法院递交有人在现场看到了警察的宣誓陈述书，或者根据 56 条 F 款的规定在宣誓陈述书中详细解释为什么这样做是不现实的。即便目前并不需要上诉人递交类似的证据材料来挫败被上诉人提出的动议，但法院还是非常欢迎上诉人的代理律师能够做到这一点的。这就像 J. Moore 在《Federal Practice》(2d ed. 1966) 一书里所说的那样："对于反对即席判决动议的当事人来说，既不提供任何反面的证据材料，也不递交一份第 56 条 F 款性质的宣誓陈述书总是十分危险的。这种危险即使在第 56 条 E 款得到修改以后仍然存在。不过提出即席判决动议的当事人有义务去展示他根据相关法律原则有权获得即席判决；并且当他未能尽到这一义务的时候，他是不能获得即席判决的。此时，反对方当事人不需要对提出动议方当事人的不充分展示作出辩护。"56. 22 [2]，pp. 2824 – 2825.

Rogers v. Hartford Life and Accident Insurance Company

United States Court of Appeals, Fifth Circuit, 1999.

167 F. 2d 933.

EMILIO M. GARZA, Circuit Judge.

上诉人 Hartford 人寿及事故保险公司（以下简称 Hartford）与 Entergy 公司企业利益及长期伤残保险计划（以下简称 Plan）就联邦地区法院拒绝取消对它们的缺席判决一事向本法院提起上诉……本法院决定支持地区法院的判决意见。

I

Rogers 是 Entergy 公司的一位前雇员，他向 Plan 要求获得长期伤残赔偿金。作为 Plan 中长期伤残险种的承保者，Hartford 拒绝了 Rogers 提出的这个要求。于是，Rogers 便根据 1974 年的《雇员退休收入保障法案》在密西西比州的一家联邦地区法院对 Hartford 和 Plan 提起了本次诉讼。

为了对 Plan 实施送达，Rogers 将法院的传唤状和起诉状的副本通过需要回执的挂号信邮寄给了位于路易斯安那州新奥尔良市的 Plan 的管理者。至于 Hartford 这方面，Rogers 则要求该公司在密西西比州的代理人 Elizabeth Coleman 同意放弃收到送达。Coleman 接受了 Rogers 的建议，并及时向地区法院递交了放弃送达的声明书。

然而，Hartford 和 Plan 都没有按时对 Rogers 的起诉状作出答复。因此，根据 Rogers 的请求，地区法院的书记员向法院递交了一份缺席登记。接着在经过一场听证会之后，地区法院针对 Hartford 和 Plan 作出了正式的缺席判决，命令两位缺席被告赔偿 Rogers 伤残赔偿、医疗开支、审前收益及律师费用等总计价值 144305 美元的经济损失。大约在判决下达一个月以后，Hartford 和 Plan 察觉到了上述缺席判决的存在，便立即行动起来要求地区法院收回成命。在向地区法院提交的动议当中，Hartford 和 Plan 请求法院或者整个的撤销缺席判决，或者替代性的撤销判决里面涉及医疗开支的部分。结果，地区法院拒绝了它们要求撤销整个缺席判决的动议，但通过修改缺席判决免除了它们向 Rogers 支付价值 4.9 万美元的医疗开支义务。再后来，Hartford 和 Plan 向本法院提起了上诉……

Ⅱ

本法院向来的政策都是倾向于支持对案件根据它们各自的实体争议加以妥善解决，而尽量不要动用缺席判决的方式。然而，这个政策有时候也会被出于对社会目标、公平正义以及司法便利的考虑所压倒，所以是否进行缺席判决基本上是个初审法官握有很大自由裁量权的权衡比较过程……故此，我们现在检验地区法院作出不撤销缺席判决的决定是否正确其实主要是在探究初审法官有无滥用自由裁量权的行为。

A

Hartford 声称地区法院应当整体性的撤销缺席判决，因为法院是在 Hartford 未得到适当通知的情况下作出该判决的。《联邦民事诉讼规则》（下称《规则》）第 55 条 B2 款规定："如果缺席判决针对方的当事人出庭应诉，该当事人或其代理人应当至少在开庭审理前 3 日内被送达申请判决的书面通知。"这句话的意思也就是说地区法院是否应当给予 Hartford 关于缺席判决的书面通知，取决于 Hartford 有否出庭应诉的行为。

　　本法院一直都对何种行为构成了第 55 条 B2 款所说的"出庭应诉"持有相当宽松谅解的态度。我们没有把出庭应诉解释为要求被告确实向法院递交了回应性质的诉答文书或是来到法院里当庭辩护。相反，只要被告的行为能够给予原告一个自己准备提出抗辩的清楚指示，并能够对原告的正式法庭行动给出响应，就算是合格的出庭应诉行为而且也能触动第 55 条 B2 款的通知要求了……

　　按照 Hartford 的说法，它实施过第 55 条 B2 款意义上的出庭应诉行为。首先，Hartford 表示由 Coleman 签署并递交给法院的放弃送达声明书构成了对 Rogers 正式法庭行动的响应。其次，Hartford 认为 Rogers 是知道自己准备提出抗辩的，因为 Hartford 拒绝了 Rogers 要求获得伤残赔偿金的要求，以及因为 Rogers 在起诉状里提出的都是些虚无缥缈的指控。故此，Hartford 声称自己递交的放弃送达声明书连同 Rogers 对自己准备提出抗辩的了解加在一起，使得自己有权得到至少 3 日前的 Rogers 申请缺席判决的书面通知……

　　我们注意到了仅仅接受正式的送达程序并不能构成第 55 条 B2 款意义上的出庭应诉。如果我们从这么广泛的角度来解释出庭应诉的行为，那么每个被告都将是有权得到通知的了，因为容许被告受到缺席判决的行为如接收传票也会被看作是一种出庭应诉的行为了。要是听信了 Hartford 的说法，一个被告即便自始至终不在法庭上露面也怎么都不会被当成缺席庭审了。然而，《规则》第 55 条的语言明确反映出给予通知只是在有限的一些情形下才是必要的。故此，本法院不愿意如此广泛的解释出庭应诉的含义，这种解释与

第 55 条 B2 款的精神是背道而驰的。

实际上，本案体现的是与接受正式送达程序能否构成出庭应诉不同的另一方面的问题。Hartford 没有接受送达程序，而是主动表示了愿意放弃送达……对送达程序的放弃在操作上就如同是正式送达程序的一种替代……就像是正式的送达程序一样，对送达程序的放弃标志着诉讼已经进行到了一个节点上，过后被告就必须对原告的起诉作出答复，否则便要冒缺席庭审的风险了。另外，对送达程序的放弃无论如何都不能代表被告准备提出抗辩。故此，放弃送达程序与接受正式送达程序同样构成不了第 55 条 B2 款所说的出庭应诉。

虽然放弃了送达程序，但 Hartford 并未因此而实施过什么第 55 条 B2 款意义上的出庭应诉行为。事实上，没有任何 Hartford 的行为是能够被看作一种出庭应诉行为的。在本案当中，Hartford 与 Rogers 之间的所有联络都发生在诉讼开始以前。而当 Rogers 正式向法院提出起诉之后，Hartford 就没做任何事情作为对 Rogers 起诉的回应，或是去显示自己有准备提出抗辩的意图。综上所述，我们认为 Hartford 未曾有过可以符合第 55 条 B2 款规定的出庭应诉行为。

B

Hartford 还宣称地区法院拒绝撤销缺席判决是在滥用自己的自由裁量权，因为 Hartford 未能对 Rogers 的起诉状作出答复其实是一种可被原谅的过失。尽管 Coleman 签署了放弃送达声明书，并将这份声明书和起诉状一起用 Airborne 快递邮寄去了 Hartford 的办公地点，但是 Hartford 从未收到过这封邮件。因此，Hartford 表示自己未能答复 Rogers 的起诉状只是由于一个不幸的原因造成的，即邮件投递的失败使得它压根就没有看到原告的起诉状，所以对起诉状的答复更是无从谈起了。换句话来说，Hartford 想要表达的是它并非是出于任何故意或应受谴责的动机才没有答复 Rogers 的起诉状的。此外，Hartford 还声称自己对 Rogers 提出的指控具有值得一听的抗辩理由，所以对此案的实体问题进行开庭审理不会对 Rogers 的利益造成损害，以及另有一些衡平性的因素也都支持撤销缺席判决的做法。

《规则》第 60 条 B1 款允许法院在缺席判决作出 1 年之内根据当事人提出的动议对判决中由于"错误、疏忽、意外事件或可原谅的过失"而存在的不当之处予以更正。法院通常都非常宽松的解释这一条款，从而使得在实体问题上有疑点的案件能够得到重新处理。我们曾经指示过地区法院应从三个方面来考察一项缺席判决是否应该根据第 60 条 B1 款予以撤销：①原告遭受损害的程度；②被告所称抗辩理由是否有充分依据；③被告行为的可归责性。当然，地区法院也可以将其它一些因素纳入考察范围以内，这完全是属于初审法官自由裁量权以内的事情……

在本案当中，Coleman 签署了放弃送达声明书、接受了原告的起诉状并通知了在佐治亚州亚特兰大市 Hartford 投诉处理中心办公的高级主管 Susan Page，她已收到了相关诉讼文书。Coleman 还告诉 Page 自己打算立即将手头上的这些文件通过快递公司邮寄给她。Hartford 后来未曾收到 Coleman 寄来的文件，但也没有试图利用其它途径获得一份起诉状的副本。因此，虽然 Airborne 快递公司未能成功的将起诉状送交给 Hartford，可是 Hartford 自己的过失如未能建立起一套最低限度保障的内部信息传达体系等至少也构成了没有答复起诉状的部分原因。一旦 Hartford 的代理人收到起诉状并通知了 Page，Hartford 就有责任确保相关诉讼文书能够到达指定的地方并随即采取相应行动。然而，Hartford 却是什么也没做。

根据上述这些事实，地区法院认为 Hartford 的行为不能被算作可被原谅的过失，而且还因此拒绝了其要求撤销缺席判决的动议……在作出这一决定的过程中，地区法院没有滥用自己的自由裁量权。

Ⅲ

Plan 声称法院应该撤销针对其的缺席判决，因为 Rogers 没有采用适当的送达程序，所以这造成了地区法院缺乏对自己的属人管辖权。正如 Plan 正确指出的那样，本案的送达程序必须严格按照《规则》第 4 条规定的方式进行。《规则》第 4 条 C1 款规定："送达程序应遵循地区法院所在州的法律。"Rogers 正是根据《密西西比州民事诉讼规则》的第 4 条 C5 款的规定用挂号信的方式将诉讼文书邮寄给位于路易斯安那州的 Plan 管理者的，该条款规定原告可以使用挂号信对处于外州的当事人实施送达……

在本案当中，Rogers 对在路易斯安那州办公的 Plan 的管理者实施了送达，而该管理者的办公地点处于密西西州以外的地方，所以 Rogers 的做法是合乎《密西西比州民事诉讼规则》第 4 条 C5 款规定的……

本案的初审法院对 Plan 具有适当的属人管辖权。故此，我们将不能根据《规则》第 60 条 B4 款的规定来撤销缺席判决。

Plan 还表示法院应该撤销缺席判决，因为 Rogers 是在一个不符合 ERISA 要求的审判地提出起诉的。就像地区法院毫不留情批驳的那样，这种说法根本就是无稽之谈。最高法院在 *Hoffman v. Blaski*, 363 U. S. 335，343（1960）一案中明确宣布过，如果一方当事人因为没有到庭受审或及时递交回复文书而缺席庭审的话，那他便丧失了提起适格审判地异议的权利……

最后，Plan 和 Hartford 一样宣称自己未能及时答复 Rogers 的起诉状可以被归结为一种可被原谅的过失。按照 Plan 的说法，只有故意不作答复的行为才会被剥夺要求行使《规则》第 60 条 B1 款的权利，而 Plan 对起诉状未作答复的行为尽管是可归责的，但绝对不是出于故意的。Plan 表示自己已建立起了一套完善的内部体系使得司法文书能够被准确送到负责领导的面前，可是这次之所以会出现未能及时答复起诉状的错误是由于有人误将其当作了一份内部申诉的文件所致……Plan 总结称自己在没有及时发现起诉状一事上确有疏漏之处，不过自己行为的错误还没有严重到故意或有罪的地步，从而使得法院作出针对自己的缺席判决。

我们首先注意到 Plan 对第 60 条 B1 款进行了曲解：本法院并不要求地区法院发现未作答复是故意的才可以拒绝一项第 60 条 B1 款动议。与 Plan 在此次上诉中的立场截然相反，地区法院正确的将注意力集中在 Plan 的行为是否有责任过错的问题上，而并不追究行为是否是有意为之。其次，正如地区法院指出以及案件事实显示的那样，Plan 未能答复 Rogers 的起诉状是因为其错误的把起诉状和传唤状都当作了一份内部申诉文件。也就是说 Plan 的确收到但粗枝大叶的忽略了这些诉讼文书。因此，我们认为地区法院在作出拒绝根据《规则》第 60 条 B 款给予 Plan 相应救济的决定的时候没有滥用自己的自由裁量权……

基于上面所说的种种原因，本法院决定支持联邦地区法院的判决意见。

补充知识：

● 众所周知，美国法学院的学生如果要想取得 J. D. 学位，只要在三年的时间内通过各科考试拿满规定的学分就可以了，除了自己主动选修一些偏重于研究写作的 Seminar 课程以外，并不像中国的法学院这样还需要写些论文才能毕业。但这却不意味着美国法学院轻视对学生写作能力和理论水平的培养，相反，要是能在一本院刊上发表文章或是担任编辑工作，那绝对是一件极其令人骄傲的事情。记得从前有一位联邦最高法院的大法官曾经说过"我的墓志铭上不需要列举任何的公职，只要写上我是《哈佛法学评论》的编辑就可以了"，这句话足以反映出美国法学院的学生对于成为院刊编辑的渴望。其实，一旦成为了自己法学院某刊的编辑，这个职位不仅能为你赢得周围同学羡慕的眼神，也很快就会带给你比较实际的好处，其中最突出的便是在工作的前途上要比别人大大领先了

一步，因为有相当多的大律所都明确把学习期间担任过编辑职务作
为一条雇佣的硬性标准。由此看来，要是读者中有什么人要来美国
念法学院并且想留下来工作的，当编辑的这个机会可是一定要争取
的。下面，我就和大家谈谈我所在的明尼苏达大学法学院是如何选
拔录用编辑的。

因为毕业生新陈代谢的自然原因，明大法学院的四本学术刊物
每年都会招收新人，时间通常放在暑假前的 5 月末至 6 月初，可能
是考虑到这时候大家刚刚结束了上个学期的考试，既一身轻松又尚
未懈劲的缘故吧。为了方便大家申请，所有的四本刊物会联合起来
组成法学期刊评审委员会（Law Journal Petition Committee），通过
统一的申请程序来进行招收工作，也就是说大家只需向这个委员会
递交一整套规定的申请材料就可以同时对这四本刊物提出申请了。
按照以往的惯例，除了必须填写制式的申请表格以外，申请材料还
包括有成绩单、个人陈述以及一篇指定题目的法律写作，个别情况
下还有道面试的程序。成绩单是死的，个人陈述也都大同小异，最
主要的评审依据还应该说是那篇法律写作，你的遣词造句能力、逻
辑思维水平以及分析争议技巧都能从中得到淋漓尽致的体现。

通常，这篇法律写作会围绕着一个指定的真实案例展开，大家
可以选择写成记述（notes）或评论（comments）的形式，然而你所
能参考的材料只限于给定的那些，任何进行额外法律检索或找人商
量的行为都是被严格禁止的。无论是写成记述也好评论也罢，除了
在正文内容上要体现出一定的真知灼见外，委员会在评审时更注重
的是对法律文书写作格式规范的遵守，比如引文、脚注、尾注、缩
写等处的细节务必要完全符合 Bluebook 的要求。另外，很多人时
常会忽视的一个环节便是文稿的装订和打印，记住双倍行距以及
8－1/2 * 11 规格的稿纸是法学院里永远不变的要求。

第五节　审前会议——法官在和解中扮演的角色

开会这件事情，不少人都以为是我党我国当仁不让独领风骚的专长，可看似天性散漫的美国人其实也是蛮喜欢经常开会的，而且有些时候还尤其重视用开会的方式来解决问题。本节接下来要介绍的《联邦民事诉讼规则》（下称《规则》）第16条，就是这样一条专门规定了在进行民事审判的过程中应当如何召开审前会议（pretrial conferences）的法律条款。

顾名思义，所谓审前会议指的是在一个案件的正式庭审开始之前由法官召集当事人或他们的代理律师参加的旨在为随后即将展开的当庭审理活动做些程序上或实体上准备工作的会议。尽管这种在案件审理前召开预备会议的做法可以在19世纪的英国法院内追根溯源，但它的真正制度化却是随着《规则》第16条的制定而逐渐成形的。当时联邦法院面临的一个很大问题即是现代民事诉讼越来越趋向于规模的扩大化与争议的复杂化，哪怕是单个案件也往往会涉及众多的利害关系人以及他们之间盘根错节的互相指控，所以，联邦法院迫切需要借助于一种制度来有效地控制诉讼的规模、减少争议的事项、节省审理的时间、缩小取证的范围以及节约各方的花费，于是审前会议便作为能够帮助法官提高对案件审理能力的方法日益受到了联邦法院的重视与青睐。在20世纪30年代《规则》刚刚被投入使用的时候，第16条对于审前会议的规定是相当粗放的，这虽然给了联邦法官们极大的自由发挥空间，却也造成了即便同一法院的法官都对审前会议具有不同要求以至于让当事人无所适从的局面。不过随着后来在上世纪70年代、80年代及90年代的3次大幅度修改，目前的《规则》第16条已经变得非常成熟稳健了。

《规则》第16条开宗明义地指出：法官对于审前会议的召开

具有广泛的自由裁量权，不仅可以决定是否有必要召开审前会议，而且也能根据案件的具体情况决定召开审前会议的次数究竟为一次还是多次。法官决定不召开审前会议的情况自然毋须讨论，如果法官决定召开审前会议的话，那他也可以在第 16 条的整体框架下自由裁夺审前会议的举办形式、参加会议的人选以及在会上应讨论的问题等所有事宜，只要这有助于实现被列举在第 16 条 A 款中的目的即可。不过在案件规模及复杂程度一般的情况下，联邦法官一般都会采取以下的模式：

（1）在诉讼揭开帷幕后不久即尽快召开一次以确定各项日程为主题的会议，并将在会上与原、被告双方协商讨论关于证据披露范围、有否需要合并当事人或诉请、以及是否有打算提出动议等等的问题。

（2）遵照第 16 条 B 款的要求，在被告到庭应诉后的 90 天及被告被送达起诉状后的 120 天之内发出日程安排命令（scheduling order），就修改诉答文书、合并当事人或诉请、提出各种动议以及完全证据披露程序等活动的期限提出具体的截止时间。

（3）在当事人行动了一段时间过后举行中期状况评估会议（intermediate status conferences），以检查案件审理的准备情况以及询问双方当事人是否有可能以非诉讼的方式解决他们之间的争端，比如接受和解（settlement）、调停或仲裁等等。

（4）在首次开庭审理的前几周甚至前几天举办最后一次审前会议，目的在于澄清、简化并确定有哪些法律或事实争议是需要在庭审中进行质辩的，而又有哪些法律或事实争议是双方当事人已达成共识因而不需要再专门提出的。另外，法官往往还会提醒原、被告双方进一步深入考虑有无达成和解以避免诉讼继续进行下去的可能。

一旦联邦法官决定根据《规则》第 16 条召开审前会议，那他点名要求参加会议的当事人或是他们的代理律师则必须在已就拟定议题进行了充分准备的前提下准时出席，并严格遵守法官在会议中传达的意见或下达的命令，否则便有可能被以藐视法庭的罪名受到法院的制裁，这是《规则》第16条F款授予法院惩罚那些不听指挥的当事人的一项特别权力。

在审前会议举行的过程中，最有可能引发争议甚至一场专门诉讼的便是法官在促成双方当事人达成和解时所应扮演的角色，这实际上是一个讲究"度"的把握的平衡问题。如果法官只是敷衍了事的提一下当事人有和解的选择，那与鼓励当事人应努力尽量通过非诉讼方式解决争议的现代民事诉讼法精神是不相符的；而反过来如果法官在撮合当事人和解时表现的太强硬、太武断、太积极甚至有越俎代庖的举动，那就又跨过了法官应当居中独立、公正裁决的职业道德红线，这确实让联邦法官们颇有一种不敢越雷池一步的感觉。至于这个"度"究竟在哪里颇难以言传，还是请读者自己从下面两份判决意见中悉心体会吧。

Heileman Brewing Co. , Inc. v. Joseph Oat Corp.

United States Court of Appeals，Seventh Circuit，1989.

871 F. 2d 648.

KANNE，Circuit Judge.

一个联邦地区法院是否可以命令当事人——包括那些已有律师代理的——必须亲自出席旨在讨论审理程序及和解可能的审前会议？在仔细查阅研究了《联邦民事诉讼规则》（下称《规则》）及联邦地区法院在管理控制诉讼方面所具有的内在权力之后，我们对这个问题的回答是肯定的，并且认为联邦地区法院有权对未能服从上述命令的当事人施以惩戒。

I 背景

联邦治安法官命令 Joseph Oat 公司（以下简称 Oat 公司）派遣

一位"有权作出和解决定的公司代表"来参加一次主要是为了讨论案件的事实、法律争议以及是否存在和解可能的审前会议。尽管Oat 公司的代理律师准时出席了会议，而且还同时有另一位被授权代表公司高层领导发言的律师作陪，但没有任何一位公司代表或领导亲自到场。于是，法院认定 Oat 公司拒绝派遣一位公司高层领导参加审前会议的做法违背了治安法官的命令，并因此根据《规则》第 16 条 F 款的规定对该公司课以了 5 860.01 美元的罚款。这一数额代表对方当事人参加审前会议所需付出的开销及律师费用。

Ⅱ 上诉

Oat 公司随即向本法院了提起了上诉，声称地区法院没有权力要求已经得到了律师良好代理的当事人亲自出席以和解为主题的审前会议。具体说来，Oat 公司提出《规则》第 16 条 A5 款的语言暗示性的禁止了地区法院强制要求已有律师代理的当事人亲自参加审前会议，因为第 16 条 A 款的引言部分包含有本条款应适用于"当事人的代理律师和任何未被代理的当事人"的意思表示，这说明了地区法院是不能够超越这一段文字的限制而擅自发明一种强制要求受到代理的当事人必须要在审前碰面的诉讼程序。结果，Oat 公司总结认为联邦地区法院无权命令该公司派出代表参加审前会议，即便地区法院果真具有这种权力，那在本案中也是以滥用自由裁量权的方式行使的。最后，Oat 公司还表示地区法院在对其课以罚款一事上也存在着滥用自由裁量权的情形。

A. 命令出席的权力

首先，我们必须解决 Oat 公司提出的联邦地区法院无权命令已得到律师代理的当事人亲自出席审前会议的问题。接下来的分析要求我们仔细地对《规则》及联邦地区法院在管理诉讼进程方面的内在权力加以考察。

《规则》第 16 条主要规定应如何通过审前会议来认定缩小案

件的争议，以及讨论是否有其它办法来避免进行费用高昂且成效不
彰的诉讼……

　　审前和解是一种受到了广泛推崇与鼓励的争端解决机制，它可
以有效地解决当前联邦法院里案件积压的问题，所以，法院多年来
开拓发展出了众多种类和形式的和解技术。从 1986 年起，《规则》
第 16 条就已经明确规定案件的和解是在审前会议时应当被着重讨
论的几个话题之一。

　　第 16 条的语言并没有在是否有权要求已有律师代理的当事人
亲自出席审前会议一事上给予地区法院任何的指引。相反，第 16
条仅仅是在明确审前会议的参加者既可以是已被记录在案的律师，
也可以是当事人本人。然而，《规则》从未试图过以穷尽的方式来
描述及限制联邦法院的权力……这种留给地区法院灵活权力的制度
构成了通过司法技术不断创新来持续提高法院运作效率的基石，而
且还维持了司法程序的完整独立，使得法院的工作量得到了有效控
制。因为《规则》在诸多方面规范制约了联邦法院的内在权力，
并同时以此种方式保护了需要自由裁量时法院内在权力的继续行
使，故此《规则》中某些特别授权或形容一种诉讼程序语言的缺
失不应当、不能够也实际上没有暗示这种诉讼程序是被禁止的……

　　显然，地区法院在设计如何控制当前案件审理进程的方法时，
不能以违反《规则》或其它法律的方式来行使自己的内在权力
……这用我们在 *Landau & Cleary*, *Ltd. v. Hribar Trucking*, *Inc.*，867
F. 2d 996，1002（7th Cir. 1989）一案判决意见中的话来说，也就是
"如果《规则》直截了当的通过排除其它程序的方式来强制制定了
某一种特定的程序时，法院的内在权力便是被禁止的。"

　　在本案当中，我们被要求审查的其实就是地区法院要求已有律
师代理的当事人亲自出席审前会议的命令是否与《规则》第 16 条
的规定相违背……

　　《规则》第 16 条本身的语言连同附带的评论使得当初对第 16

条进行修正的动机一目了然的呈现在我们面前，那便是鼓励法官更加广泛地使用他们的权力并且以更加积极的态度尽早对他们的工作负担施行控制。因此，我们把第 16 条解释为允许地区法院命令已被代理的当事人亲自参加审前会议的做法，只不过是对地区法院法官所具有的提高法院效率及更重要的维持司法程序独立性的内在权力的另一种适用引申。

简而言之，我们认为地区法院在本案中采取的行动是在适当的行使法院的内在权力，而且这种行动对于第 16 条宗旨与精神的实现是十分有益的。此外，我们还希望在此重申地区法院法官的内在权力远比《规则》明确涉及的范围要广阔许多，因为这来源于法官工作的内在本质。地区法院法官完全可以利用自己的内在权力来发明行使各种即兴解决具体问题的办法，这决不仅存在于那些未被《规则》或其它法律明文禁止或特别规定的场合中，更是为了在每一个案件里贯彻公正、及时且低廉地解决争议的司法精神。

B. 行使命令出席的权力

在确定了地区法院有权命令已被代理的当事人亲自出席旨在促成和解的审前会议以后，我们现在要来考察的便是地区法院在行使这一权力的过程中是否滥用了自己的自由裁量权。

在进行分析之初，我们首先必须明确的是地区法院不能强迫和解。在本案当中，法院命令的是"有权作出和解决定的公司代表"来参加审前会议，这一用语是相当容易引发各种猜想的。据本法院看来，"有权作出和解决定"在本案的这种情形里指的应该是出席审前会议的代表在本公司里具有的职位应使他能够确切无疑的下决心表态公司对于这次诉讼究竟持有何种立场。这也就是说本法院并不觉得"有权作出和解决定"的说法事实上是在强制要求公司代表必须在审前会议上同意对方提出的和解条件，而仅仅是要求公司代表在审前会议上考虑一下有否与对方达成和解的可能性……

如果本案的实际情况是 Oat 公司派出一位符合要求的代表，但是因为该代表在审前会议上拒绝屈从法院的压力与对方达成和解而遭受了法院的惩罚，那么本案也许会由此发展为另外一种情形，一种永远不会得到我们支持的情形。

《规则》的起草委员会在谈及第 16 条的时候曾说过："尽管第 16 条 B7 款的目的不在于把和解谈判强加给不情愿的当事人，但我们相信提供一个不偏不倚的环境氛围将有助于和解的实现。"这些评论清晰地在被要求参加一场和解会议的情形与被要求参加一次和解谈判的情形间划出了一条泾渭分明的界限。所以我们不难理解，在被要求出席以和解为主题的审前会议的情形下，公司代表仍然握有代表公司独自提出和解条件的自由——但是他也可能会被要求在审前会议上向法官或治安官提出这些条件。

作为一项选择性的立场，Oat 公司还声称正是因为该公司的业务是个受到了普遍关注的话题，所以地区法院才会滥用自由裁量权命令该公司派出代表亲自来参加审前的和解会议……

本次诉讼牵涉到大约价值 400 万美元的指控，并且这些指控包含着错综复杂的事实及法律争议。当事人曾表达过希望法院的审判在 1 至 3 个月内结束的想法，因为所有的诉讼参加方都在承受着高昂的律师费用及法庭开销。但这肯定是不可能的，因为可以预料审理本案将吞噬掉地区法院无数的时间精力，所以我们必须把这个因素考虑进来。由于成本是如此巨大，我们不相信要求公司派代表亲自出席审前会议所造成的负担会不成比例的超出这样做所能获得的益处，这种益处不仅是对当事人而言的，对主审法院来说也是如此。

除此以外，Oat 公司的确派出了一位律师 Fitzpatrick 先生从宾夕法尼亚州的费城专程赶到威斯康辛州的麦迪逊来代表公司高层领导"发言"。尽管很难估计，但显而易见的是派遣 Fitzpatrick 先生从费城赶到麦迪逊与委托一位公司代表从康登（Camden）前来麦迪逊相比，将不会在经济问题上给 Oat 公司造成什么太大的差异。所以，我们认为本案中地区法院命令 Oat 公司派代表来出席审前会议从花费开销和路途长短方面来讲不能被看作是不合理的要求。

更加值得关注的一个事实是，在审前会议开始之前并没有人对治安法官的命令表示反对。Oat 公司还曾就命令的具体要求和治安法官办公室进行过联系，并被告知具体要求还在争论中。不过，无论是在命令下达时，还是在要求获得澄清时，Oat 公司从未反对过命令的内容。因此，这便造成了 Oat 公司只能通过一种诉由对这道命令提出质疑：它必须首先全心全意的遵守服从命令的要求，随后再就其合理性进行争辩。

总之，我们认为地区法院没有滥用自由裁量权去命令 Oat 公司派出代表参加于 12 月 19 日举行的审前和解会议。

C. 罚款惩戒

最后，我们还需要决定地区法院因为 Oat 公司未能派遣代表亲自出席审前会议而对其课以罚款的做法是否是在滥用自由裁量权。Oat 公司表示地区法院作出的要求派代表出席审前会议的命令是模糊不清的，所以据此对自己实施惩戒是不公平的。

根据最高法院在 *National Hockey League v. Metropolitan Hockey Club, Inc.*, 427 U. S. 639, 96 S. Ct. 2778, 49 L. Ed. 2d 74 (1976) 一案中的指导，如果缺乏滥用自由裁量权的事实，我们并不能干扰地区法院因有人违反关于审前会议的命令而作出的惩戒决定。所以，我们审查的争议实际上并不是要是我们处在地区法院的位置会不会惩戒 Oat 公司，而是地区法院在作出这个决定的过程中有没有滥用自己的自由裁量权。

Oat 公司宣称 Fitzpatrick 先生的出席已经满足了要求公司代表亲自出席审前会议的命令，因为他被授权代表公司的高层领导讲话发言。Oat 公司还表示无论是 1984 年 11 月 19 号的命令还是 1984 年 12 月 14 号的命令都无法让一个理智的人总结出 Joseph Oat 公司需要有代表或领导亲自出席审前会议——这实际上是在说命令没有要求哪个特定的人出席会议，所以对其实施惩戒是不适当的。

本法院相信 Oat 公司是完全清楚地区法院期望看到的是什么。如果说 11 月份的命令可能有一些模糊的话，那这些模糊早就被 12 月 14 号的口头命令、12 月 18 号的书面命令以及律师从治安法官助理那里获取的指示给彻底消除了。

在 12 月 14 日的时候，当着包括 Oat 公司的代理律师在内的所有人的面，治安法官宣布了审前会议由于 Oat 公司没有服从 11 月份的命令中第 5 段 C 款提出的应派代表亲自出席的要求而遭到了破坏。此外，治安法官还直截了当的指明了这一命令的目的在于确保有双方当事人的代表亲自参加审前会议。自从那一刻起，Oat 公司就已经明白了自己是被命令派遣一位代表来参加接下去继续举行的审前会议。而且在 12 月 19 日的会议召开以前，Oat 公司的代理律师曾主动联系了治安法官助理，以确定治安法官希望看到有公司代表出现在威斯康辛州的麦迪逊市出席审前会议，紧接着律师被证实了这便是治安法官所希望的。

当审前会议于 12 月 19 日继续召开时，Possi 先生作为记录在案的 Oat 公司的代理律师出席了会议。Fitzpatrick 先生尽管没有被记录担任 Oat 公司的律师，但他自称被授权代表 Oat 公司的高层领导参加会议并发言。Fitzpatrick 先生还说他对 11 月份命令的理解是并未要求有公司领导亲自出席 12 月 14 日的会议，而只是要求有能决定和解事宜的保险公司代表参加。

我们认为代表公司的律师和公司代表之间的区别是巨大的。正如我们在本意见中定义的那样，公司代表指的是一个在公司中具有相当职位且能代替公司作出决定的人，治安法官明显也是这么想的。虽然 Fitzpatrick 先生代表了公司的高层领导而 Possi 先生代表了公司，可是没有符合治安法官要求的公司派代表参加了审前会议。因此，我们认为地区法院由于 Oat 公司未能派遣代表出席审前和解会议而根据《规则》第 16 条 F 款的规定对该公司实施惩戒的决定是恰当的。

Ⅲ 结 论

本法院宣布《规则》第 16 条并没有限制联邦地区法院要求已被律师代理的当事人亲自参加旨在促成和解的审前会议的内在权力，该条款的精神宗旨反而更被这种内在权力的使用方式所昭显。Oat 公司违反了地区法院要求其派遣代表亲自出席召开于 1984 年 12 月 19 日的审前和解会议的命令。在这种情形之下，地区法院因 Oat 公司未能服从有关于审前会议的命令而对其实施惩戒的做法不是在滥用自由裁量权。是故，本法院决定支持地区法院的决定。

EASTERBROOK，Circuit Judge，with whom POSNER，COFFEY and MANION，Circuit Judges，join，dissenting.

本案向我们提出了三个在逻辑上相互独立的问题。第一，地区法院是否能够要求已经备过案的当事人的代理律师以外的其他人出席审前会议。第二，地区法院是否有权坚持出席审前会议的人必须具有雇员的身份，而不能是任意挑选出来应付审前会议的代理人。第三，地区法院能否坚持代表必须"有权作出和解决定"，即有权表态愿意支付一定数量的金钱作为和解的条件。即使一个人像多数法官那样解决了第一个问题，那也并不意味着地区法院在第二及第三个问题上具有相应的权力，或者说地区法院行使权力的方式是正当合理的。

有关治安法官有权要求一个公司派遣自己的雇员而不是代表来参加审前会议的观点是令人费解的。事实上，公司的雇员难道不就是公司的代理人吗？公司为什么不可以选择自己的代理人并且决定给予他们什么样的权力，这完全应该是一个公司内部的事宜。Joseph Oat 公司不仅派遣自己的备案律师参加了审前会议，而且还特别委托了 John Fitzpatrick 先生专程赶到麦迪逊市代表公司高层领导在会议上发言。不错，Fitzpatrick 先生的确也是个律师，但这能有什么关系呢？因为这表明了他只是个兼职而非全职的公司代理人嘛！为什么公司自己不能决定一个代理人需要为公司工作多长时间呢？如果 Oat 公司的规模很小以至于没有一位专职法律雇员，比如其法律顾问同时又是一家律师事务所的合伙人的时候，Oat 公司会不会被地区法院认为是在藐视法庭？

在任何情况下，使用外部律师作为谈判代表都是相当常见的一种手段。很多时候公司都会派遣自己的劳工法律师去谈判桌上和工会讨价还价以延长或达成工资协定，无论是公司方面还是工会方面都有权选择自己的谈判代表。另外，很多时候公司也都会派遣公司法律师去和商业对手谈判合并收购事宜。在本案当中，Oat 公司只不过用了相同的手段去试探达成和解的可能性，而且律师在达成和解方面所具有的专业优势与熟练程度是独一无二的，丝毫不会比达成工资协定或合并协定要逊色。我们完全可以理解公司往往喜欢让律师这类专业谈判代表去谈判桌上努力，并以此给高层管理人员节省下来专注于业务的时间，所以，Oat 公司希望自己的管理团队不要受官司的影响而分心的想法是非常合情合理的。

至于上述的第三个问题——代表是否必须"有权作出和解决定"：治安法官命令公司代表出席审前会议的唯一原因便是试图借此来促成和解。根据我对治安法官 Groh 及法官 Grabb 各自意见的理解，他们所要求的是来人必须具有充分完全的和解权力。因为 Fitzpatrick 先生来之前曾被指示不许同意付钱，所以地区法院认为他是不够格的。在得知了 Fitzpatrick 先生没有权力代替 Oat 公司作出哪怕一分钱的决定后，治安法官毫不犹豫地将他驱逐出了审前会议，而不愿意再听 Oat 公司高层领导究竟委托他发言的内容是什么，或是了解 Fitzpatrick 有没有可能接受别人提出的建议。治安法官的这种态度反映出了即便是 Oat 公司的董事长或总裁带着董事会不许付一分钱的指示来亲自参加审前会议，准备听听对方的条件并再带回董事会供公司董事们考虑，地区法院将仍然会觉得 Oat 公司是在藐视法庭。

实际上，治安法官和主审法官所希望看到的并不是具有全职雇员身份的公司代表出席，而是具有充分完全和解权力的公司代表来参加审前会议。然而，绝大多数公司都把同意和解（与讨论和解相对）的权力保留给了公司的高级经理或董事会，这取决于涉及金额的多少。Heileman 酿造公司在本案中要求获得 400 万美元的赔偿，这即使对于一家比 Oat 公司规模更大的企业来说，也是个必须交由整个董事会而不是哪个经理才能决定的事情。于是，Oat 公司派遣 Fitzpatrick 先生肩负着讨论及建议的使命前来参加审前会议，他可以在不涉及赔偿金钱的情况下同意达成和解，因此他缺少的只是在支票上签字的权力。如此看来，治安法官的命令其实可以更确切的改成：①要么改变公司内部的权力分配体制；②要么把在董事会占多数的董事都派来。

治安法官 Groh 行使的权力即使在劳工法领域内也是罕见的，劳工法规定了善意交涉的法律义务。通常，劳、资双方都是通过具有讨论权而非决定权的谈判代表间的相互协商来达成一致意见的，而谈判代表则需向各自的委托人及时汇报并领受是否接受谈判条件的意旨。另外，《联邦民事诉讼规则》（以下简称《规则》下同）第 16 条的语言连同起草委员会对第 16 条 C 款的评论都清楚无疑的告诉我们《规则》并不强调和解诉讼的能力，也就是说法院不能强迫当事人带着善意来进行和解谈判。一个被告要是认为自己根本没有做错任何事的话，那他当然可以什么条件也不接受。《规则》第 68 条规定只有在和解协议的条件对当事人来说比实际审判结果更加优厚的时候，当事人才需要承担拒绝和解协议的后果，这一条款也印证了我们上述的结论。总而言之，如果当事人不被强迫要求参加谈判，那我们又怎么能进一步的要求必须是有权作出和解决定的人才有资格出席审前会议呢？多数法官支持的命令只会强迫那些不承认自己犯有过错，符合了《规则》第 11 条及第 68 条提出的所有要求，且希望就实体争议获得法院公正判决的当事人带着打开的支票簿来到法院束手就擒，否则便将被扣上藐视法庭的罪名。

多数法官并没有就上述这些问题展开讨论。然而，他们的结论却暗示了地区法院可以认为和解谈判代表会比劳资谈判代表握有更大的权力。为了迎合地区法院的这个错误看法，Oat 公司也许不得不改变公司的内部结构，以便于把州法特意保留给董事会决定的所有事项下放给一个代理人决定……

上述这些问题在本案中是切实存在着的。治安法官的命令实质上是在要求出席审前会议的公司代表有权作出对 Oat 公司有约束力的经济赔偿的决定。这样一种对代表权力的要求究竟有什么意义，如果不能要求在谈判中给出要约或接受反要约都是在善意的情况下作出的？Fitzpatrick 先生被授权向公司汇报审前会议上的各种建议方案，并且他也具有着当即和对方展开谈判的能力。他所唯一做不到的事情便是在治安法官在场的时候签出一张 Oat 公司肯定会买单的支票来，这也正是后者被判藐视法庭的唯一理由。治安法官不能接受的是 Fitzpatrick 先生可能会说诸如"我将把这些建议转告给公司董事会"之类的话，而董事会最终也许将拒绝这些建议。但即便是 Oat 公司的总裁亲自来参加审前会议，他所能做到的也就仅此而已了……

Kothe v. Smith

United States Court of Appeals，Second Circuit，1985.

771 F. 2d 667.

VAN GRAAFEILAND, Circuit Judge.

根据联邦纽约南区法院作出的一项判决，James Smith 医生向本法院提起了上诉，该判决命令他向被上诉人的律师支付 1 000 美元，向被上诉人的医学专家证人支付 1 000 美元，以及向法官助理支付 480 美元。基于下面陈述的原因，本法院决定撤销地区法院的这一判决意见。

在最初的时候，Patricia Kothe 以治疗上的玩忽职守为由将 4 名被告告上了法院并要求他们赔偿共计 200 万美元的损失，这些被告分别为 Smith 医生、Andrew Kerr 医生、Kerr 医生的公司以及医院。然而，Kothe 在审理开始前 4 个月的时候撤销了对医院的指控，而且还在审理的当天撤销了对 Kerr 医生和他的公司的指控。

大约在正式审理前的 3 个月，负责主审此案的 Sweet 法官召开了一次审前会议，并在会上要求当事人及早开始和解谈判。尽管在记录上反映的不是很清楚，但是 Sweet 法官似乎建议过此案的和解金额应当在 2 万美元至 3 万美元之间。Sweet 法官还警告说：如果在正式审判开始以后双方才能达成和解且金额仍在此范围以内，那他将对导致和解迟延的当事人给予惩罚。Smith 在这次诉讼中的辩护是通过他的保险公司进行的，虽然他在审理开始前一天向原告提议以 5 000 美元的金额和解，但这遭到了原告的拒绝。

Kothe 的代理律师曾经向 Sweet 法官私下透露过他的客户愿意接受价值 2 万美元的和解，不过他却要求法官不要把这个底线告诉 Smith。接下来，这位律师对 Smith 信誓旦旦地表示己方决不接受任何低于 5 万美元的审前和解方案。然而，这个案子最终在审理正式开始一天后还是以 2 万美元的金额达成了和解，但是法院却以无故拖延为由单独惩罚了 Smith。在解释这个决定的时候，初审法院表示这主要是为了给当事人一个教训，并且提醒他们要在法官提示他们如何进行和解时全神贯注的倾听。根据上述这些关于此案的具体情况，本法院认为初审法院滥用了《联邦民事诉讼规则》（下称《规则》）第 16 条 F 款给予其的对当事人施加惩罚的权力。

尽管法律赞赏在民事诉讼中进行主动和解的做法，但并不支持地区法院法官用强迫的方式来达到和解的目的。在 *Wolff v. Laverne, Inc.*, 17 A. D. 2d 213, 215, 233 N. Y. S. 2d 555（1962）一案中，法院表示说：“我们不赞成用任何直接或间接的胁迫手段来给当事人及他们的律师施加压力以促成和解。同时，当事人未能就一个主审法官觉得相当公平的和解协议达成一致不能构成对拒绝和解的当事人及其律师施加未经法律特别允许的惩罚的适当理由。"此外，还有法院在 *Brooks v. Great Atlantic & Pacific Tea Co.*，92 F. 2d 794，796（9th Cir. 1937）一案中宣称："法官不应该武断的使用自己的权力以迫使当事人达成和解，而且律师也不应该轻易的屈从于法官的建议，尽管建议有可能是被强行推销的。"

《规则》第16条被制定出来并不是为了给予法院一个强迫当事人非自愿的达成和解的工具。尽管在1983年修正时加入的第16条 C7 款明确鼓励当事人在审前会议时讨论和解的可能，可是它的用意并不在于将和解谈判强加在不情愿的当事人的头上。

我们发现本案里面强迫的痕迹是相当明显的，因为地区法院单单对 Smith 施加了惩罚。要知道和解的要约并非是在真空当中作出的，提出要约仅仅只是一系列复杂和解谈判过程中的一部分内容，这个过程会包含有正式会议、非正式讨论、要约、反要约、更多的讨论、讨价还价、以及在大多数案件里最终都将出现的妥协。换句话来说，和解的过程就像是一条双车道的马路，并且被告不应该被指望会作出主动损害自己利益的事来。在本案当中，Smith 从未收到过任何价值低于5万美元的和解建议。在根本无从知晓原告真实的心理价位其实是2万美元的情况下，Smith 不应该被指望主动提出价值2万美元的和解方案来，哪怕法院表示希望他这样做。

Smith 的律师也不应该因为在第一天的审理过程中听到 Kothe 的证词后改变了对本案和解金额的估计而受到谴责。正如每一位经验丰富的诉讼律师都知道的那样，当事人及其证人的人品个性对诉讼的进展有着很大的影响，因为持有有效的指控是一回事，而说服陪审团相信则是另外一回事，所以被告方在目睹了原告在证人席上的表现之后改变了对案件结果的期望是再正常也不过的一件事。总之，我们没有在本案中发现值得让地区法院单独对被告施加惩罚的事实情况。

虽然我们十分欣赏 Sweet 法官积极推动当事人开展和解谈判的努力，但是他的过度热情让本法院不得不作出勒令其在重审过程中撤销罚款命令的决定。

补充知识：

• 《美利坚合众国宪法》不仅是人类历史上具有划时代意义的法律文献之一，而且也是我们在学习美国法时所应当首先掌握的背景知识，因此，我觉得在书中见缝插针地为读者们介绍一些关于美国宪法的方方面面是很有价值的。众所周知，美国宪法诞生于1787年的费城，200多年来能够历经诸多翻天覆地的社会环境变迁而一字不易，附着于其后的27条修正案可谓是居功至伟。既然在前文中已经向大家介绍过了美国修宪的程序步骤，那现在我们不妨就来简单了解一下这每条修正案的内容目的。

（1）第1修正案　规定人们在社会生活中所能享有的四大自由，即信仰、言论、集会、出版自由。

（2）第2修正案　规定人们持有及携带武器的权利不容侵犯。

（3）第3修正案　禁止士兵在和平时期占用民房。

（4）第4修正案　提出了正当司法程序的要求，规定人民的人身、住宅、文件和财产不受无理搜查及扣押。

（5）第5修正案　规定了一事不二审及不得强迫自证其罪的权利。

（6）第6修正案　规定了刑事诉讼中被告的权利，如得到犯罪行为发生地的陪审团迅速公开审理的权利。

（7）第7修正案　要求标的超过20美元的普通法诉讼都有权获得陪审团的审理。

（8）第8修正案　要求刑罚适度。

（9）第9修正案　规定公民的权利不受宪法明文列举范围所限。

（10）第 10 修正案　限制了中央政府权利的范围。

（11）第 11 修正案　禁止公民在未获一州同意的情况下到联邦法院起诉该州。

（12）第 12 修正案　规定了总统和副总统的选举应当分开。

（13）第 13 修正案　旨在消除奴隶制。

（14）第 14 修正案　规定了州政府不得侵犯公民权。

（15）第 15 修正案　禁止因为种族因素剥夺公民的选举权。

（16）第 16 修正案　规定国会有权开征所得税。

（17）第 17 修正案　规定了参议员选举办法。

（18）第 18 修正案　为臭名昭著的禁酒法案。

（19）第 19 修正案　给予了妇女平等选举权。

（20）第 20 修正案　规定了总统的任期和继任办法。

（21）第 21 修正案　废止了第 18 修正案。

（22）第 22 修正案　禁止总统连任两届以上。

（23）第 23 修正案　赋予了哥伦比亚特区派人参加选举团的权利。

（24）第 24 修正案　禁止各州因为未缴纳人头税而剥夺公民的选举权。

（25）第 25 修正案　规定了副总统的产生及继任办法。

（26）第 26 修正案　将选民年龄降低为 18 岁。

（27）第 27 修正案　禁止国会议员在任期内给自己加薪。

第六节　要求陪审团听审的权利

家母来美国探亲的时候从国内带来了一张 2005 年 4 月 29 日出版的《大家文摘报》，里面有则新闻讲了这样一个小故事："北京某法院开庭审案的时间快到了，却仍有 3 个人凑不齐，这时法官看到一个正在扫地的老太太便上去问她今天有没有其它事要做，在得到了否定的答复后，该法官主动邀请她担任那天审判的陪审员，于是这位扫地大妈就成为了当天法庭上与法官平起平坐共同决断的陪审员了。"相信绝大多数读者都是从负面的角度理解这则新闻的，不过我倒是认为如果以发展的眼光来看待在社会主义初级阶段出现的一些事物现象，这则新闻也还是透露出了不少正面信息的。

首先，这反映了中国法官重视司法程序意识的增强，因为北京法院的这位法官并没有觉得少个陪审员是件无关紧要的事情，而是采取了积极补救的办法试图消除程序上的缺陷。其次，这表明了中国从来没有停止以美国这样具有先进司法制度的国家为榜样积极改革陪审员选择机制的步伐，并且正在从要求持证上岗的人民陪审员体系（people assessor system）逐渐向讲究随机挑选的大众陪审员体系（people jury system）过渡，这体现了法院乃至更高级的权力机关对我国人民群众平均素质的自信。最后，与美国的同行一样，中国的法官在选择陪审员的过程中具有相当大的自主权力，甚至有时可以越俎代庖地代替当事人来对陪审员进行指定，这种细节上的模仿体现了中国法院认真细致的学习态度以及法官专业水准的飞速提高。当然，臧否中国的陪审制度并不是本节的主要任务，为了提供给大家一个比较研究的视野，下面就让我们来看看美国联邦法院是如何保障实施宪法给予当事人的要求陪审团听审的权利的。

陪审制度在西方起源很早，虽然英国往往被学者们认为是现代陪审制度的发祥地，但实际上陪审制度在以英国为首的英联邦国家中早已式微了。反倒是五月花号上的移民们毕恭毕敬地继承了英国陪审制度的衣钵，并在漂洋过海后将陪审制度的种子深深移植入了美国这片新大陆的土壤里，并在立国后的两百多年时间内悉心修炼、勤习不辍，终于培育出了现今美国陪审制度这朵天下无双的奇葩。追根溯源，美国的陪审制度文化带有上达千年的浓厚古典主义气息，但这种制度出身血统却直接来自于 1791 年的《权利法案》，也即联邦宪法最早的 10 条修正案。其中的第 7 修正案宣称："在事关普通法的诉讼当中，如果争议标的超过 20 美元，则由陪审团听审的权利应当得到保留。凡经由陪审团审理的事实，除非依据普通法的规定，否则不得在合众国的任何法院再行审理。"

第 7 修正案是民事或刑事诉讼的当事人在案件审理过程当中要求主张由陪审团听审权利的最高法律渊源，并且这条修正案自制定通过以来从未再被修改过，所以，深入分析第 7 修正案所使用的语言文字有助于我们理解究竟在何种情况下要求陪审团听审的权利才能被看作是法院无法拒绝当事人行使的宪法公民权。根据最高法院多年以来的判案经验，第 7 修正案里有两个术语是厘定要求陪审团听审权利疆界的重要指示：其一是何谓"普通法的诉讼"，因为仔细研读条文便可发现第 7 修正案的适用范围并不能包含所有类型的案件，其只是规定了在事关普通法的诉讼当中法院必须应当事人的申请给予由陪审团来听审案件的机会；其二是什么叫"得到保留"，既然要求陪审团听审的权利是被保存留置而非重新创设出来的，那这项权利原先有否存在或是存在于哪里便是个非常紧要的问题了，因为倘若本来就无一物的话，得到保留又从何谈起呢？随着案例的日积月累，联邦最高法院从上述的两条指示中相对应的总结发展出了两个主要的检验标准，用以判断当事人能否以宪法第 7 修正案为根据提出由陪审团来听审案件的请求，我们不妨逐一分析之：

（1）"历史性标准"（historical test）是联邦法院在较早时候频繁使用的对于宪法第 7 修正案权利的检验标准，其主旨在于考察第 7 修正案被纳入宪法之时，某个案件中的当事人在英国或是 1791 年前的美国能否在此类案件中享有获得陪审团听审的权利。如果对这个问题的回答是肯定的，也就是说此类案件当时应该被放在普通法法院里受审，那当事人提出的由陪审团听审的要求便落入了宪法第 7 修正案的管辖范围之内；如果回答是否定的，也即此类案件在 1791 年时应该被放在衡平法院里受审，那当事人便不具有要求陪审团听审的宪法权利。当然在目前的美国，联邦法院和几乎所有州法院系统都废除了普通法院与衡平法院在行政意义上的划分，所以我们已经无法根据当事人打算在哪一种法院起诉的意图来进行判断了，而只有通过鉴定当事人诉请在 18 世纪时到底应被算作是法律性的还是衡平性的才能得出当事人当时能否要求陪审团听审的结论。

法律性质的诉请与衡平性质的诉请并不总是那么容易区别，通常我们都是借助于当事人所要求的救济来加以辨析的。普通法法院主要提供的是以经济补偿为主要形式的救济，不过也有一些其它形式的救济如返还财产和收回不动产等传统上也属于普通法法院的权利范围以内。与此相反，衡平法院则主要提供的是各种禁止令的救济，形式灵活多样但往往需要当事人自主执行。虽然理论上的区分可以做到一目了然，可实际运用起来衡平诉请与法律诉请之间的界限还是比较模糊的，这也正是历史性标准近年来逐渐失去了最高法院青睐的关键原因之一。

（2）类比标准是现在联邦法院衡量当事人是否具有第 7 修正案权利的主流标准，其要点在于将当前案件与以往案件类型的区分加以类比。如果当前案件类似接近于过去的普通法诉讼如人身伤害或违反合同等，那这个案件就是可由陪审团听审的；如果当前案件类似接近于过去的衡平法诉讼如要求实际履行或制止侵害行为等，那这个案件的当事人便不能援引第 7 修正案要求获得陪审团听审。

这种类比标准尽管听起来更容易实行一点，但也并非是全无困难的，因为早期英国法提供的诉请毕竟有限，而随后数百年间经济领域的发展与社会结构的改变又催生出了数不清的新法律规定，其中有很多都是无论在原先的英国普通法还是衡平法上都前所未见的，这无疑就使得我们失去了进行类比的对象。此时，联邦法院首先要做的是查找国会是否已在相关成文法中明确给予或否定了当事人可要求陪审团听审的权利，要是没有任何这方面发现的话，则需要进一步的将当前案件所包含的争议与救济的本质与 18 世纪时的诉讼作出比较，以了解当前案件更类似接近于当时的普通法还是衡平法诉讼多一些。本节收录的第一个案例就提供给了大家如何进行这种比较的完美范例。

判断某项诉请的本质是法律性还是衡平性的还不算最困扰法院的事情，真正的麻烦存在于一个案件里既包含有普通法性质的诉请，又出现了衡平性质的诉请时。也就是说，这个案件的部分争议可以由陪审团予以裁决，而当事人对于另外部分争议则无法主张宪法第 7 修正案的权利，这就引发了两部分的争议在审理过程中到底应该孰先孰后的问题，因为前一部分争议的审理结果势必会影响到后一部分争议的走向。州法院在遇到这种情形时经常会授权主审法官依具体案情加以定夺，而联邦法院采取的办法是先让陪审团来裁决所有属于普通法性质的诉请，并辅之以临时禁止令（TRO）来避免当事人遭受损失的继续扩大。其实，这里面的学问还大得很呢，但限于篇幅的关系我们就不再深入展开了。

即便各方面都符合了第 7 修正案的条件，要求陪审团听审的权利只有通过当事人的主动请求才有可能实现，《联邦民事诉讼规则》的第 38 条 B 款规定"任何一方当事人都可以在诉讼开始后，于对任何属于陪审团有权听审的争议的最后诉答文书被送达后的 10 日内，向对方当事人送达书面通知来主张要求陪审团听审的权利。"同时，该条的 D 款又规定"如果当事人没有按本案规定送达及提交书面通知，则视为该当事人放弃了要求陪审团听审的权利。"这种程序细节上的要求在现实生活中是律师应当替当事人考虑到的。

一方当事人之所以会提出由陪审团听审案件的要求，肯定是因为他觉得这样做对己方有利，但这种有利却不能以损害对方当事人的利益为前提，所以双方当事人都会把选择陪审员作为交锋的重点。由于选择陪审员时适用的都是本地规则，因此联邦法院与州法院选择陪审员的方法可能略有不同，这里我们就讲讲联邦地区法院通常的做法是怎么样的。首先，法院书记员会根据以选民登记名单为基础的适格陪审员名录随机抽取一些人作为某个案件的候选陪审员，并告知他们必须于指定时间到法院来履行担任陪审员的义务。除非这些人能够提出适当的豁免理由，否则无故缺席的行为将会给自己招致蔑视法庭的惩罚。其次，法官会对这些被随机挑选出来的候选陪审员进行初步的甄别，诸如有适当豁免理由的人、心智不够成熟的人、有严重犯罪记录的人、听说理解能力有障碍的人等等此时就可以被排除在外了。接下来，还将由双方当事人的律师来对剩下的候选陪审员进行筛选以组成最终的陪审团，《联邦民事诉讼规则》第 48 条规定民事诉讼的陪审团应由不少于 6 名但不多于 12 名的陪审员组成。通过向候选陪审员提出各种问题来试探他们对案件争议的倾向性，律师可以无次数限制地行使有因回避权（challenge for cause）及有次数限制的行使强制或叫无因回避权（peremptory challenge）来将可能会作出不利于己方决定的候选陪审员排除在外。有因回避指的是候选陪审员出于某种显而易见的原因不能作出公正的裁决，比如和当事人具有亲戚关系或是与案件存在利益纠葛等等；而强制回避则指的是律师可以在不说明原因的情况下要求将某位候选陪审员排除出去，这时律师的潜在理由可以无论是多么荒谬可笑的都没关系，但绝对不能是因为种族性别歧视方面的考虑，否则便是侵犯了候选陪审员宪法第 5 修正案的权利。根据《美国法典》第 28 章 1870 条的规定，在联邦法院中每一方当事人享有 3 次强制回避权。

　　一旦组成完毕，陪审团就会被安置在法庭内的专门席位上聆听双方律师阐述事实、提交证据以及争辩法律，但是陪审员们无权主动发问，也不能进行记录。而且在双方律师完成总结性陈词之后，法官还将对陪审团作出口头指示，通常包括有对本案争议应适用的法律、责任构成的基本条件以及当事人各自有义务证明的事项等等。随后，法官便会发给陪审团一份裁决书，让他们在经过秘密评议以后进行填写。比如陪审团一致决定支持原告的时候，他们就应该在裁决书中写有"原告获胜"的栏目旁边打上了叉，并写上他们认为合适的损害赔偿金额。根据案件的不同，当事人获胜所需的陪审员支持比例也不一样，有时法官会告诉陪审团只要有9：3的支持率就可以决定一方获胜了，但有时法官会要求陪审团的统一意见。陪审团的决定会立即在法庭上公开宣读，失败一方的当事人可以提出要求法官作出无视陪审团裁决的判决或是重新审理的动议，这些内容是我们在后面一节里要讲的重点。

Tull v. United States

Supreme Court of the United States，1987.

481 U. S. 412.

JUSTICE BRENNAN delivered the opinion of the Court.

本案里有待我们解决的问题是在一起由联邦政府根据《净水法案》（Clean Water Act）提起的寻求获得罚金及禁止令救济的民事诉讼中，宪法第7修正案是否能够保证上诉人在责任的有无与大小的事项上均具有要求陪审团听审的权利。

I

《净水法案》禁止在未得到事先允许的情况下将挖掘或回填物倾倒在供航行的水道里，这也包括了与水道相邻接的湿地。根据相关法律解释，所谓湿地指的是沼泽、泥沼、泥潭及其它类似的地域。在本案当中，联邦政府对一家房地产开发商也即本案的上诉人提出了起诉，指控后者在弗吉尼亚州 Chincoteague 岛的湿地里倾倒回填物。联邦政府先是在原始起诉状中提及了上诉人倾倒回填物的具体地点有3个，分别为：Ocean Breeze 的活动屋工地、More Pond 周边以及 Eel Creek 附近。后来在修改起诉状的过程中，联邦政府又指称上诉人还污染阻塞了一条名为 Fowling Gut Extended 的人工水道。

《净水法案》的第 1319 条列举了当事人可通过法院获得的救济形式，其 B 款授权法院发出暂时性或永久性的禁止令，而其 D 款则规定违反该法案可能会招致在违法期间不超过每日 1 万美元的罚款。于是，联邦政府在本案中就同时要求了禁止令及罚金的救济。然而，当联邦政府向法院递交起诉状的时候，上诉人已将上述地点的房产都卖给了第三方。因此，禁止令的救济就变得不再现实了，除了对于一小块土地以外。鉴于此种状况，联邦政府在修改后的起诉状中要求根据 D 款所能得到的最高额度的 2 289 万美元的赔偿金额。

上诉人及时的提出了要求由陪审团来听审此案，但这一请求遭到了联邦地区法院的断然拒绝。后来在一场为期 15 天的法官审理过程当中，上诉人既没有否认自己曾在上述地点倾倒过回填物，也没有否认自己的行为事先未得到允许，而是就上述地点到底是否属于湿地的问题展开了激烈的抗辩。联邦政府承认双方专家证人所持不同观点的交锋确实带来了事实上可供法院裁决的争议，这其中包括了回填物的构成与本质等等的事项。

地区法院认为上诉人的确在所有上述地点都非法的往湿地里倾倒了回填物，但同时又大幅度的降低了上诉人的赔偿金额。对于上诉人在 Ocean Breeze 的行为，地区法院课以了 3.5 万美元的罚款，因为上诉人在此以 5 000 美元的平均利润总共卖出了 7 套房屋。对于上诉人在 More Pond 及 Eel Creek 的行为，地区法院分别课以了 3.5 万美元与 5 000 美元的罚款，尽管上诉人并未能从这两个地方获利。此外，地区法院还要求上诉人将 Fowling Gut Extended 恢复到从前可以通航的状态，否则便须再交纳 2.5 万美元的罚款。虽然上诉人争辩称想要恢复该人工水道的唯一办法就是以超过 70 万美元的价格从第三方手里买下附近的土地，因此这实际上意味着自己只能选择再交纳一笔罚款，但地区法院拒绝收回或改变自己的判决。地区法院还下达了一系列的禁止令：命令上诉人将仍然掌握在自己手中的 More Pond 与 Eel Creek 这两个地方原为湿地的部分予以恢复；命令上诉人将 Ocean Breeze 地区内 5 个地方的回填物取出，除非其能够获得政府方面的事后批准。

尽管存在反对意见，本案上诉法院的多数法官支持了初审法院的决定，并在判决意见中驳斥了上诉人提出的自己根据宪法第 7 修正案有权要求陪审团听审此案的抗辩。在进行法律分析的过程中，本案的上诉法院明确表态拒绝遵循第 2 巡回法院在 *United States v. J. B. Williams Co.* , 498 F. 2d 414, 422（1974）一案里的立场，其相信"当美国政府根据某项法规来通过起诉收取罚金时，即使该法规在被告的陪审团权利方面保持了沉默，但被告仍然有权通过宪法第 7 修正案来要求进行陪审团审理。"本案的上诉法院还觉得 *Hepner v. United States*, 213 U. S. 103（1909）和 *United States v. Regan*, 232 U. S. 37（1914）两案中法官的附带意见是缺乏说服力的，其宣称宪法第 7 修正案的权利可以适用于所有寻求法院给予民事惩罚（civil penalty）的民事诉讼之中。这是因为本案的上诉法院认为上述两个案件里涉及的民事惩罚都属于已由成文法规定好了固定数目的罚金类型，而本案则要求地区法院行使成文法提供的衡平权力来自行确定适当的罚金数额。另外，本案的上诉法院还注意到地区法院在判决中规定了同时包含衡平与法律救济在内的一揽子惩罚措施，其中一项救济的变化肯定也会影响到其它种类的救济。

在 *Atlas Roofing Co. v. Occupational Safety and Health Review Comm'n*, 430 U. S. 442, 449, n. 6（1977）一案里，本法院清楚无疑的拒绝回答了 *Hepner* 与 *Regan* 两案中的法官附带意见是否"正确的阐示了宪法第 7 修正案的意图"这个问题。但为了解决目前的争议以及各巡回法院间相互冲突的看法，我们对此案发出了调卷令，并决定推翻此案上诉法院的判决意见。

II

第 7 修正案规定"在事关普通法的诉讼当中,如果争议标的超过 20 美元,则由陪审团听审的权利应当得到保留……"本法院曾经将这句话解释为要求在类似普通法的诉讼里由陪审团来决定案件的实体性问题。在第 7 修正案被采纳入宪法之前,由陪审团听审是那些在英国法法院里提起诉讼的案件进行审理裁决的通常程序。与此相对的是,那些类似于 18 世纪时应在衡平法院或海事法院提出起诉的案件并不要求由陪审团来听审。这用本法院在 *Curtis v. Loether*,415 U. S. 189,193(1974)一案判决意见中的话来说,也就是"这种分析不只是适用于普通法形式的诉讼,而且还适用于国会通过制定成文法创造出来的诉讼形式。"

为了判断一起成文法诉讼究竟更类似于应在普通法法院里受审的案件,还是应在衡平法院或海事法院里受审的案件,法院必须同时考察诉讼的本质以及诉讼所寻求的救济。首先,我们应当将成文法诉讼和普通法法院与衡平法院合并以前时代的在英国法院提出起诉的 18 世纪案件进行比对。其次,我们需要检验诉讼寻求的救济以及决定救济在实质上是法律性的还是衡平性的。

A

本案的上诉人将此次联邦政府根据《净水法案》第 1319 条 D 款提起的诉讼类比作了一起英国普通法法院具有管辖权的债务纠纷案件。在宪法第 7 修正案被制定出来以前,英国的法院已经宣布过以民事惩罚为主要内容的诉讼是一种特殊形式的债务纠纷案件,其管辖权属于普通法法院。

在第 7 修正案被写入宪法以后,联邦法院遵循的便是这种英国普通法的办法来将寻求民事惩罚的诉讼看作是一种特殊形式的债务纠纷案件,需要陪审团听审。因此,从历史的角度来看,由联邦政府根据某些成文法条款提起的寻求民事惩罚的诉讼一直以来都被视为是一种应由陪审团做出裁决的债权案件。

　　作为对这种历史传统的反动，本法院在 *Hepner v. United States*，213 U. S. 103，115（1909）一案中考虑了一位联邦地区法院法官直接作出了对政府方面有利判决的适当性。这起案件是政府方面依据《1903 年移民法案》的第 8 条提起的，案件中有无可辩驳的证据证明了被告确实违反了这项法律并应受到为数 1 000 美元的罚款。本法院认为地区法院法官的做法是允许的，而且也没有损害到被告在宪法第 7 修正案下的要求陪审团听审的权利。为此，本法院写到："代表被告提出的一项针对问题的积极答辩可能会被用来摧毁宪法性的要求陪审团听审权利的反对意见是缺乏事实依据的，所以并没有必要加以讨论。诚然，被告被授予了在本案中可要求陪审团听审的权利，但这一权利的行使会受到各种基本条件的制约，例如，要是各项证据并无争议且诉讼只涉及了法律问题，法官便可以将案件从陪审团手里取回并直接做出判决。"

　　另外在 *United States v. Regan*，232 U. S. 37，47（1914）一案中，本法院假定了寻求民事惩罚的案件要求由陪审团来听审。这是一起联邦政府根据《1907 年移民法案》提起的民事诉讼，本法院支持了初审法官做出的陪审团指示。在批驳要求法官指示陪审团接受超出一般合理性的证据为非分之举时，本法院表示："虽然被告有权要求自己的官司由陪审团裁决，但这一权利并不是来源于宪法第 3 条或是第 6 修正案，因为对这两条规定的适用都只限于刑事案件的场合，而是由于本案作为一起债权纠纷属于第 7 修正案所说的陪审团听审的权利应当在争议标的超过 20 美元的案件里得到保留。"

　　在本案当中，联邦政府因为《净水法案》遭到违反而要求获得高达 2 200 万美元的赔偿，并且最终也实际获得了价值 32.5 万美元的判决。这起诉讼明显更类似于 18 世纪的债务纠纷案件，而联邦法院认为这类诉讼是处于第 7 修正案管辖下要求陪审团予以听审的。

然而，联邦政府声称与债务纠纷案件相比，本案应当更类似于从前那种旨在制止公共滋扰行为的诉讼。根据 18 世纪的英国法律，公共滋扰行为是一种给公众行使普遍共同权利造成妨碍、损害或不便的举动或疏忽。联邦政府觉得从两个方面来看本案都更类似于公共滋扰诉讼。首先，阻止侵占公产的行为或下令修复疏通被阻塞占用的公共河道都属于原来英国衡平法院的管辖范围之内。其次，制止污染环境的厌恶性营业及生产也是应当由衡平法院来管辖的事项。

千真万确，《净水法案》诉讼通常的主题如须制止某人将回填物倾倒在可供航行的水道内等，非常类似于上述的两种公共滋扰行为。而且政府方面也坦率的提到了，至于公共滋扰诉讼与债务纠纷诉讼相比较而言谁更近似于本案一些，是个值得在本案当中充分展开探讨的问题。但是，本法院不打算在此给出一个明确的回答。这是由于早在 *Pernell v. Southall Realty*, 416 U. S., at 375 一案当中，本法院就已经指出过：现代成文法诉讼的主题与 18 世纪某种英式诉讼的内容间的相似性"对宪法第 7 修正案的目的来说是无关紧要的"，因为"第 7 修正案要求在某些于普通法时代闻所未闻的诉讼中也应当存在由陪审团听审的权利。"故此，我们完全可以说公共滋扰诉讼与债务纠纷诉讼均非常类似于本次成文法诉讼。

旨在制止公共滋扰行为的诉讼实际上是为了提供一种民事机制来纠正解决一系列轻微细小却又种类多样的刑事犯罪活动，它是建立在这类活动干涉到了社区团体的利益以及能为社会公众带来方便的基础之上的。与此相类似的是，债务纠纷诉讼的主旨在于根据各种成文法或普通法挽回收复欠款。这两种活跃于 18 世纪的诉讼形式均可由政府方面在多种多样的情形下提起，以寻求获得对公众造成伤害的救济。

我们并不需要依赖所谓"深奥历史性标准"（abstruse historical）来检索最相近的 18 世纪对比物才能得出今天的结论。本法院希望借此机会重申在决定第 7 修正案是否在某个案件中保留了要求陪审团听审的权利时，归纳总结当事人在案件中所寻求救济的特征性质远比高度精确的找到一种可比的普通法诉由更为重要。

B

所谓民事惩罚指的是一种普通法下的救济类型，因此其只有在普通法法院内才能行使。这种救济类型的主要意图在于对负有责任的个人施加惩戒，而不仅仅是为了获得赔偿或恢复原状，后者基本属于衡平法院的管辖范围。根据《净水法案》第 1319 条 D 款提起的诉讼便是典型的寻求民事惩罚的诉讼，因为该条款没有指示要把对民事惩罚力度的考量完全建立在衡平因素的基础之上，比如由于违法行为衍生获得的利润等，而是直截了当的规定了在违法期间不超过每日 1 万美元的罚款。同时，《净水法案》的立法历史也揭示出国会希望联邦地区法院在做出施加民事惩罚的决定时，不仅从损害赔偿的角度考虑问题，还应当考虑到对责任人施以惩戒及震慑的需要。如果一个法院打算对责任人进行报复性的惩戒，那法官可以纳入考察范围的因素主要有违法行为的严重程度、此次违法是否为初犯、有否尽量努力做到符合法律要求的善意心理等。倘若一个法院希望能对责任人产生威慑的效果，法官最好能利用影响经济利益的办法给责任人以深刻的教训。第 1319 条 D 款授权法院对当事人进行惩戒与震慑的相关规定清楚无疑的证明了这一条款决不仅仅试图提供衡平性质的救济。例如在本案当中，地区法院在明知上诉人未从 More Pond 及 Eel Creek 这两个地方获取利润的情况下，却仍然毫不手软地对上诉人课以了高额罚款。因此，我们完全可以把地区法院的这个举措理解为不光是想要罚没违法所得，而是想要狠狠地惩罚上诉人一顿。鉴于第 1319 条 D 款规定的救济方式的本质传统上只能在普通法法院内获得，上诉人在本案中理应具有要求陪审团来听审的宪法权利。

如果和一起公共滋扰案件加以比较，本案中当事人所寻求救济的惩罚性本质更是表现的一览无遗。公共滋扰案件是一种比较典型的着重依赖于衡平法院发出的禁止令救济的诉讼形式，而禁止令救济通常都是需要展示被告行为对公众的健康或安全构成了实际威胁损害后方能依衡平原则做出。这一点连联邦政府也是已经承认了的，其在一份递交给法院的备忘录中表示公共滋扰案件寻求的主要都是禁止令的救济，而非是金钱上的惩罚。事实上，衡平法院往往会拒绝做出这种强调惩罚性的判决。

然而，联邦政府又声称根据《净水法案》提起的寻求民事惩罚的诉讼类似于那种旨在剥夺不当得利的诉讼，后者通常被当作是一种衡平性质的救济。作为支持这种说法的一个依据，联邦政府特意提请我们注意地区法院在决定赔偿金额的时候采用的是将上诉人卖出的房屋数目乘以平均利润的方法。可是联邦政府没有想到，将本案与旨在剥夺不当得利的诉讼进行比较其实并不恰当。在后者中所能获得救济仅仅是足额退还，这是一种比罚款更加内敛有限的救济措施，因为足额退还只要求被告把全部的不当得利交出来便罢休了事，而第1319条D款所规定的却不只限于让责任人恢复原状。

联邦政府接下来还宣称即便第1319条D款项下的救济是普通法本质的，但此时陪审团听审仍然称不上是必须的权利。况且衡平法院也有权利提供与禁止令等值或密切联系的金钱方面的救济。据此，联邦政府认为自己依照第1319条B款提出的指控为本方获得衡平性质的金钱救济提供了管辖权依据，因为该条款授权法院对责任人发出禁止令。联邦政府的这种看法至少存在3点漏洞。首先，虽然衡平法院是有权给予金钱救济以此作为禁止令救济的补充替代的，但是衡平法院无权实施民事惩罚。其次，联邦政府在起诉时就已经意识到了本案的救济形式将主要限于民事惩罚，因为上诉人早把有争议的土地卖了出去。结果，一项价值高达2 200万美元的惩罚措施无论如何也不能被说成是附带于本案中相对比较温和的禁止令而出现的。

最后，联邦政府可以自由选择是否在法律救济之外再去寻求额外的或独立的衡平救济。第1319条并没有把民事惩罚措施与衡平救济混为一谈，而是清楚明晰地分别规定在了不同的款项当中。B款规定的是禁止令的救济，而D款则单独规定了民事惩罚的内容。根据本法院在 *Curtis v. Loether*, 415 U. S. 189, 196（1974）一案中的论断，这时"如果一项法律诉请与一项衡平诉请是结合在一起的，建立在法律诉请之上的要求陪审团听审的权利仍是完整无缺的，这包括了对两项诉请来说所有共同的争议在内。并且这种宪法权利不能通过被解释成法律诉请是附带于衡平诉请出现的而有所减损。"故此，上诉人有权要求陪审团来裁决本案当中的法律诉请。

Ⅲ

本案中需要我们解决的另一个问题即是上诉人是否有权根据宪法第7修正案要求由陪审团来决定民事惩罚的轻重程度。在本案进行审理时，第1319条D款并未明说应该由陪审团还是初审法官来决定民事惩罚的力度范围。然而，我们发现，在1977年对《净水法案》进行修正的过程当中，国会曾透露过希望一旦法律责任被确定下来以后，就由法官来运用高度的自由裁量权对惩罚的数目金额加以计算。所以，接下来本法院要检验的便是国会对法官的这种授权与宪法第7修正案是否存在抵触。

第7修正案本身对陪审团在决定有无法律责任的同时是否必须也决定救济方式的问题保持了沉默，因此，这个问题的答案就取决于陪审团是否必须承担起这种责任以维护保证由陪审团听审案件的普通法权利的实际意义。那陪审团必须做这件事吗？我们不这么觉得……

总而言之，国会将决定民事惩罚力度范围的权利转交给法官没有侵犯到由陪审团来听审案件的宪法性权利。因为国会自己可以决定民事惩罚的数目金额，所以国会也有权出于自愿的授权法官来代为行使这项权利。在本案当中，我们还必须注意到决定违反《净水法案》带来的民事惩罚需要考虑计算各种复杂多样的事实因素，而这种计算考虑是法官经常性的工作。因此，本法院认为决定民事惩罚的数目金额不是陪审团的必要功能，第 7 修正案也没有要求陪审团在听审时做出此类裁决。

IV

本法院宣布上诉人根据第 7 修正案提出的由陪审团来决定自己的法律责任的请求必须获得批准，但是应由初审法院而不是陪审团来决定民事惩罚的数目金额。此外，本法院决定推翻联邦巡回法院的判决意见，并将此案发还重审。

Edmonson v. Leesville Concrete Co.

Supreme Court of the United States，1991.

500 U. S. 614.

JUSTICE KENNEDY delivered the opinion of the Court.

本案的争议在于一起民事诉讼中的私人参加方能否出于种族因素的考虑而使用强制回避权（peremptory challenge）将某个陪审员排除在外。由于在法庭里发生的任何形式的种族歧视行为都是无法容忍的，所以，本法院宣布基于种族因素的排除侵犯了被要求回避的陪审员的平等保护权（equal protection rights）。此案最初起源于一家联邦地区法院，是故我们将对此案适用宪法第 5 修正案正当程序条款中的平等保护部分内容。

原告 Thaddeus Donald Edmonson 是一位建筑工人，他在路易斯安娜州的 Polk 要塞这块联邦政府所属的工地上进行施工时受了工伤，因此，他便以过失为由把 Leesville Concrete 公司（以下简称 Leesville）告上了联邦路易斯安娜州西区法院，指控称该公司的一名雇员错误的指挥卡车后退结果把他撞翻在了其它的建筑设备上。

Edmonson 在诉讼中提出了自己的第 7 修正案权利，要求由陪审团来听审此案。

在对陪审员进行挑选的过程中，Leesville 使用了法律规定的 3 次强制回避权中的 2 次，不过这 2 次均是把黑人从未来的陪审团中排除了出去。鉴于此种情况，本身即是黑人的 Edmonson 援引了本法院判决的 *Batson v. Kentucky*, 476 U. S. 79（1986）一案，要求地区法院命令 Leesville 证明自己不是出于种族主义的因素考虑才排除了 2 名黑人陪审员的。然而，地区法院拒绝了 Edmonson 提出的这个要求，理由在于 Batson 一案并不适用于民事诉讼当中。本案最终组成的陪审团包括了 11 位白人和 1 位黑人陪审员。后来，这个陪审团作出了支持原告 Edmonson 的裁决，并估计他遭受的经济损失总共达到了 9 万美元。可与此同时，该陪审团认为 Edmonson 本身的过失占了整个事件过错的 80%，所以 Edmonson 实际上只获得了 1. 8 万美元的赔偿。

于是，Edmonson 及时向第 5 巡回法院提起了上诉……由于各巡回法院对此问题的看法具有较大分歧，本法院决定对此案发出调卷令并推翻第 5 巡回法院的判决意见。

在 *Powers v. Ohio*, 499 U. S. 400（1991）一案里，本法院曾宣布一位刑事案件中的被告无论自己属于哪个种族都可以对检察官基于种族因素考虑而实施的陪审员排除行为表示反对。我们的这个结论是建立在两个步骤的分析方法之上的。首先，根据 *Batson* 和 *Carter v. Jury Commission of Greene County*, 396 U. S. 320（1970）两案的判决意见，我们明确了检察官基于种族因素行使强制回避权违反了被从陪审团排除出去人的平等保护权。其次，我们根据传统的第三方诉权原则肯定了被告可以提起陪审员的平等保护权受到侵犯的诉讼。

Powers 一案的判决意见是建立在法院为了消除在挑选陪审员过程中存在的种族偏见行为而持续做出的长达一百多年努力的基础

上的。虽然我们以往的决定绝大多数是针对检察官或其他政府官员在刑事案件中的所作所为做出的，但我们从未说过种族歧视行为在民事诉讼当中是允许的。事实上，在民事诉讼中基于种族因素的排除行为给排除在外的陪审员造成的伤害一点都不比在刑事诉讼中的同类行为要小。不管是何种案件，以种族因素为唯一考虑的做法都严重损害到了公民们通过参与司法程序所能获得的荣誉与利益。

然而，一个由政府官员实施的违反宪法的行为并不能回答同等的行为如果是被私人当事人或他的律师实施的将会不会也一样被视为是侵犯了他人宪法权利的问题，因为宪法的个人自由及平等保护权通常只适用于政府行为损害个人利益的场合中。这也就是说种族歧视行为尽管任何时候都是极端可恶的，但只有当这种行为是由政府做出的时候才能被称得上是违反了宪法。故此，本案中的陪审员排除行为是否合法就将取决于一场民事诉讼中的当事人在多大程度上受到宪法的约束……

在联邦民事诉讼体制当中，初审法官对于陪审员的选择程序具有相当大的控制力。法官有权决定潜在陪审员个人信息的透露范围，这对有因回避与强制回避来说都是至关重要的。在有些案件里，法官甚至能够自己来完成挑选陪审员的整个过程，这在联邦地区法院审理本案这样简单诉讼时并不鲜见。而在另外一些案件里，法官会着重监督以有因回避方式对陪审员的排除，因为这决定了哪些陪审员还有机会被要求强制回避。至于在涉及了多个当事人的案件里面，法官则可以决定如何在这些当事人之间分配强制回避权。一旦有律师行使了强制回避权，法官便告知被排除出去的陪审员被豁免了听审的义务……

既然用全民选举以外的方法选拔国家官吏会被看作是一种政府行为（state action），那我们也完全可以用同样的逻辑推断出用强制回避的方法排除陪审员也是一种政府行为。虽然使用强制回避权的动机可能会是出于对某种私权利的保护，但选择陪审员的最终目标却在于组成一个陪审团作为政府的代表。如果本案没有出现强制回避权引起的争议，那我们可以确定无疑地说选择谁来参加陪审团的整个过程就是一种政府行为，而政府将一部分的这种权利让渡给了私人当事人的事实也不能改变行使这种权利的政府属性……在本案当中，就如同绝大多数的其它民事诉讼一样，起诉与否的初期决定、对代理律师的选择、证据披露程序中各种技巧花招的运用及庭审过程都不带有任何的政府属性，因而称不上是政府行为。但强制回避却和它们都有着根本的不同，当私人当事人挑选陪审员的时候，它们在行使的其实是一种原本应归政府所有的权利，并且得到了政府的极大帮忙协助。因此，如果基于种族因素的强制性回避可以得到容许的话，公众便会处于被传唤令强行召来接受公开露骨的歧视的危险之中了。并且，被排除的陪审员所遭受的损害也将被视为是政府委托参与行为的直接后果。

最后，如果政府竟然允许这样的事情在法庭里面发生，我们注意到歧视带来的伤害将会是非常严重的。几乎没有什么其它场所能比法庭更加能够体现宪法的真实威严，这里是法律的产生实行之地。简略地说，政府在法庭里面通过使用自己的法律来决定当事人的权利和命运。但从全景的角度来看，其实是当事人提出争议、证人给出证词、陪审团做出裁决、以及法官全程看护加在一起才确保了公平正义的实现。

法庭里的种族歧视给法院进行司法审判的公正性蒙上了一层阴影，因为它毁坏了司法系统的尊严并阻止了民主政府的梦想成为现实。此前，我们已经很多次的解决了存在于法院系统内部的种族歧视问题，但是本法院还尚未面对过本案这种在选择陪审员过程中出现的伤害到个人荣誉及法院廉正的种族歧视行为。在我们看来，允许这种歧视行为在法庭里继续存在下去简直就无异于根据当事人皮肤的颜色来决定他们权利的做法……

本法院相信唯一使得我们还需要把这个案件继续审理下去的理

由在于一位民事诉讼的当事人能否展示出足够的利益来挑战基于种族因素的陪审员排除行为。在 *Powers* 一案当中，我们曾写到：“检察官歧视性的使用强制回避权会给刑事案件的被告造成可辨识的伤害，所以，被告有坚实的权利基础来反对这种行为。这不是因为被检察官排除在外的陪审员可能会预先做出对被告有利的决定，如果真是如此的话，那该陪审员就应该被以有因回避的方式加以排除了。而是因为选择陪审员过程中的种族歧视做法不由得不让人对司法体系的正直尊严产生怀疑，并给了某些质疑刑事审判公正性的人以借口。”

我们在 *Powers* 一案判决意见中所说的伤害并不仅限于刑事层面，民事诉讼也常常会牵涉到当事人的重大权益。民事案件中的陪审员也与刑事案件中的同行们一样，必须服从法律的规定及扮演好一个不偏不倚的事实发现者的角色。而且正如我们已经观察到的那样，他们的决定也会最终变成具有约束力的法院判决，这与刑事案件中的做法是一模一样的。故此，我们宣布种族歧视任何时候在法庭里都是没有容身之地的，无论其出现的场合是民事还是刑事诉讼，而宪法提出的要求无论如何不会比这更低……

也许我们可以说，当事人具有决定陪审团组成的权力是陪审团制度盛行并且其决定能够得到广泛认可的原因之一。但如果我们必须付出允许种族歧视的代价才能换得陪审团制度的存在，那这个代价也高到了宪法所不能容的地步。而且当事人完全可以凭借陪审员肤色以外的其它一些标准来检验陪审员的公正性。要是我们的社会想继续向成为一个种族多元化的民主社会的目标前行，那这个社会就必须意识到种族歧视的行径妨碍了这个目标的实现，并给社会中的人民带来了连绵不绝的伤害与苦难……

基于上述这些原因，本法院决定推翻第 5 巡回法院的判决意见。

补充知识：

● 平心而论，尽管美国法学院的课程应该说都很不容易，但各自却有着不同的难法，像《税法》难就难在各种抵扣的计算上；《版权法》难在科技术语含义的不确切上；《公司法》难在众多法律条文的浩繁上；《证券法》难在其法条对于具体情况的适用上；《宪法》难在那些由最高法院法官书写的案例的艰深晦涩上；《侵权法》难在各种案发事由的多样性上；《国际贸易法》难在案例的隔膜感上。然而，在所有这些困难的课程中，最让我感到头痛的却还要算是证据法这门课了，因为一个学期以来对于这门课的学习既让我感受到了严密论证的快乐，又品尝到了抽象逻辑的痛苦，一方面极大的冲击了在我头脑里根深蒂固的大陆法思维习惯，让我无法在记忆中顺利的找寻到一个对应点，另一方面却使我隐约觉得我在试图掌握着一柄思想的利器，突破正在我的心中酝酿，一时间我竟有了种无所适从的感觉。下面我就以美国《联邦证据规则》中从第801条开始的传言证据（hearsay）规则为例来带领大家稍稍感受一下美国证据法之魅。

众所周知，美国是一个在司法审判中实行对抗制的国家，也就是说所有的证人都必须亲自出席庭审提供证词，并接受双方律师的盘问质询，只有经过了如此这般考验的证据材料才能成为陪审团作出决定的依据，所以摒弃传言证据是庭审过程中非常重要的一个环节，我们在一些英美法庭片上经常看到的双方律师此起彼伏的站起来喊"反对"（objection），在很多时候就是针对证人提供了传言证据而发出的。那么何为传言证据呢，这指的是发生在法庭外的行为或语言（书面文件）被作为证据提供到法庭上以证明行为或语言内容的真实性。举个简单的例子来说吧，W听到隔壁邻居家里在吵架，丈夫对妻子大吼"我要杀了你"，一个星期以后，妻子果然遭到谋杀身亡。此时，如果W在法庭上披露他所听到的这句话以证明丈夫正是杀害妻子的凶手的话，这就属于典型的传言证据，对方律师可以要求法官拒绝将其纳入证据。然而,我们现在把情况改变一下,被勒索的人告诉妻子"如果不付钱,被告就会杀了我",后来被勒索人遭到谋杀身亡。妻子作证时这句话就不是传言,因为其要证明的不是被告会不会因为不付钱而杀了受害人。要是大家觉得自己都弄明白了,我可是要出个题来考考大家。P 和 D 两个人的车在公路上相撞了,双方都想证明是对方的责任才导致了车祸的,P 找到了 D 的邻居 W 在法庭上作证,W 声称他听到 D 在把车倒出车库的时候咕哝了一句"怎么刹车还没被修好",请问这句话是否为传言证据,或者说在什么情况下是,什么情况下不是?

在法庭上,律师会连珠炮般地向证人发问,而在高度压力下的证人可能会语无伦次地把一件完整的事情说的支离破碎。此时,律师就要在一两秒的时间之内从证人的回答中发现传言证据并及时的表示反对,这的确很考验一个律师的基本功怎么样,因为《联邦证据规则》除了通过定义严格限定了传言证据的边界外(verbal acts、effects on listener、intent inferred 和 non-assertive conduct 不属于传言证据),还规定了多如牛毛的传言证据规则的例外,在法庭上可是没有时间让律师来一一查找的。

第七节　各种审后动议
——作为法律事项判决的动议与重新审理的动议

前几天偶然看了一集《康熙来了》,却不曾想到节目嘉宾黄磊的一句话竟会让我感慨万千,他说:"你必须相信奇迹才能指望奇迹发生。"的确,就拿在美国参加一场普通的民事诉讼来说吧,如果连你自己都没有战斗到最后一分钟的必胜信念与坚强定力,那又怎么能指望在情势极端不利于你的时候出现狂澜挽于既倒、大厦扶之将倾的奇迹呢?所以,本节里介绍的各种审后动议都是专门为那些在危急关头不放弃不认输的勇敢者准备的,供他们在其败局基本已定的情况下拼尽全力发出最后的反戈一击。

我们要向大家介绍的第一种动议是规定于《联邦民事诉讼规则》（下称《规则》）第 50 条的要求作为法律事项判决的动议（judgment as a matter of law），这指的是法官在案件所有的证据都以绝对压倒性的优势向某一方当事人倾斜以至于不存在什么有价值的事实争议可供陪审团裁决的情况下，有权应当事人的请求对陪审团视而不见擅自作出作为法律事项的判决。该条款在经过 1991 年的修改以后，这一动议实际上成为了以向法院提出的时间界限不同来加以划分的两种不同动议的总称，它们分别是现在由第 50 条 A 款规定的要求法院进行指示裁决的动议（direct verdict）以及由第 50 条 B 款规定的要求法院作出不理会陪审团裁决的判决（judgment notwithstanding the verdict，常简称 j. n. o. v. ），当时由于担心这两个名字会给一般公众带来不正确的联想，所以，在 1991 年的时候改为了现在的称呼。不过，尽管这两种动议的本质确实无甚区别，因而可以被统称为作为法律事项的判决，但是它们在各自的提出方法及时机上还是有一定差异的，因此，接下来我们还是分开介绍好了。

根据在《规则》当中的次序，我们不妨先来看看第 50 条 A 款对于前一种作为法律事项判决的动议，也即原先俗称为要求法院进行指示裁决的动议，具体都作出了哪些规定。第 50 条 A1 款声称："如果在一起由陪审团听审的案件当中，当事人已经就某个争议得到了充分听审且没有充分的法律证据能够使得一个理性的陪审团在这个争议上作出对该当事人有利的认定，法院则可以作出对该当事人不利的决定，以及在相关支配性的法律规定不能在此争议上获得有利认定即无法维持或挫败某项指控或抗辩的情况下批准对该当事人不利的、作为法律事项判决的动议。"要想全面透彻的理解这一条款的含义，我们必须至少从三个方面着手：

（1）首先是理清原、被告双方当事人在一起民事案件当中各自所应承担的举证责任问题，因为第 50 条 A1 款明确指出：只有当一方当事人在某个争议事项上明显不能满足法律所赋予他的举证责任时，法院才可以考虑是否批准不利于他的作为法律事项判决的动议。比如从原告的角度来讲，因为民事诉讼通常贯彻的都是谁主张谁举证的原则，所以他有义务在案件的开始阶段就通过提出占有优势地位的证据来说服陪审团相信他已适当证明了建立某项指控所须满足的各个要件均已存在于本案当中，方才能够保证案件审理的继续进行。但要是原告无法做到这一点的话，也就是说：一个态度客观理智且立场不偏不倚的陪审团不可能依据原告目前提交给法院的这些证据认定他已经证明了被告是需要承担某种法律责任的，法官即可以代替陪审团以将本案争议作为一个法律事项的方式作出对原告不利的判决，从而避免了司法资源与社会财富的无谓耗费。同理，对被告来讲，如果原告已利用优势证据证明了他应该为自己的行为承担起相应的法律责任，而他却根本就提不出有力的证据加以反驳，以至于任何一个足够理性的陪审团都必然会裁决他败诉，法官也是可以批准原告提出的要求进行指示裁决的动议的。当然，一方当事人在某个民事案件里究竟需要承担什么样的举证责任是个应当被逐案审查的问题，不仅不同诉由会造成不同的举证责任分配，而且相同诉由在不同事实环境下也可能引起举证责任的改变，所以大家必须视具体情况而定。

（2）其次是法院应该采用什么样的规则来审视双方当事人提供的证据以确定优势到底属于何方的问题，这实际上也正是一位法官在判断能否批准要求作为法律事项判决动议时所依据的关键性标准。虽然不同法院的习惯可能千差万别，但有两条标准肯定是各联邦法院间共通的：其一是法官不应当主动去衡量相互冲突矛盾的证据的可信度与说服力，更不能径自从原、被告提供的两种版本的故事情节中挑拣出一个自己觉得更可靠的作为证据采纳，因为决定事实问题一向都是宪法赋予陪审团来完成的使命，而在决定是否批准作为法律事项判决动议的过程中法院所做的究其实质只不过是在陪审团不可能作出其它裁决的时候为节省时间及金钱起见代为宣布一下决定结果罢了。因此，倘若法官觉得自己无从猜测一个理性的陪审团会从眼前的这些证据里面推测出什么样的结论，那他就不能给予作为法律事项的判决。其二是法官应当尽量从有利于反对动议方的视角来看待所有的证据及其推断，这是因为：法院故意忽略陪审团的存在而越俎代庖的作出作为法律事项的判决毕竟不能被当作一种民事审判的常态，法院只有在确定无疑地揣摩清楚陪审团将会作出的决定后才能代其宣布，所以，哪怕是出现了原、被告双方具有同等机会（equal possibility）的情况，法院也务必把争议交还给陪审团处理。总之，这两条铁律是在考察作为法律事项判决的动议能否得到批准时万万不可违反的。

（3）最后是当事人提出动议的时机与程序的问题。虽然第50条A2款规定：原、被告双方当事人均可在案件被提交给陪审团之前的任何时间里提出要求作为法律事项判决的动议，但在司法审判实践当中通常都是等到原告举证完毕以后才会由被告律师提出一个第50条A款的动议，因为这样一来可以允许被告方在不同的时间段里提出多种动议来考验原告诉讼准备的充分性，二来也可以让被告有更大的把握得到法院的支持。同样，原告在被告举证完毕以后也可以向法院指出被告没有尽到自己的举证义务，因而原告方有权获得一个作为法律事项的判决。此外，要是提出动议方担负着在这个争议上的举证责任，则只有在证据对提出动议方极其有利以至于一个理性的陪审团没有可能作出支持对方的裁决时法院才应批准动议。反之，要是提出动议方在这个争议上不负有任何举证责任，则法院只有在对方未能做到利用优势证据说服陪审团作出对其有利决定的时候方可给出作为法律事项的判决。

规定在《规则》第50条B款当中的不理会陪审团裁决的判决是当事人在陪审团已经对他作出了不利裁决的情况下重新要求法院

将案件争议作为法律事项判决的动议。具体说来，其是指："如果出于任何原因，法院没有批准当事人在所有举证程序结束时提出的要求作为法律事项判决的动议……提出动议方可在判决作出后 10 日内通过重提动议来更新他已提出过的要求作为法律事项判决的动议……"鉴于法院在考虑适用第 50 条 A 款动议与第 50 条 B 款动议的时候采用的是大致相同的检验标准，而且我们刚刚已经详细地介绍过了在提出要求进行指示裁决的动议时应该注意的事项，所以，在这里我们就只从比较的角度来讲一讲要求法院作出不理会陪审团裁决的判决有什么格外值得大家留心的地方，这主要可以归结为两点：

（1）根据第 50 条 B 款的规定，为了能够在陪审团作出裁决以后提起一个要求法院作出不理会陪审团裁决的判决，败诉方当事人必须在审理结束之前先行提出一个要求法院进行指示裁决的动议，这也就是说先予提出第 50 条 A 款动议是取得随后提出第 50 条 B 款动议资格的前提条件，如果当事人没有在先前的某个时刻提出过进行指示裁决的动议，则后来提出的不理会陪审团裁决进行判决的动议必将会由于程序缺陷的原因遭到法院的驳回，因此提出动议的顺序是相当关键的。之所以要作出这种安排的原因，我想一是在于法院希望尽可能避免干预陪审团的工作，只有等到陪审团的决定的确与实现正义的目标存在偏差时才出手挽救，另外也可能有排除宪法第 7 修正案限制的考虑在里面。

（2）根据第 50 条 B 款的规定，审后的要求作为法律事项判决的动议可以选择性的与要求重新审理的动议一并提出，即当事人可以在陪审团作出裁决后请求法院要么对此裁决置之不理自行作出作为法律事项的判决，要么对此裁决弃之不顾下令重新组织陪审团再次从头开始审理案件。如果法院批准了前一项作为法律事项判决的动议，则还需要进一步对是否批准后一项重新审理案件的动议给予考虑，这是被规定在第 50 条 C 款里的内容了。

　　既然已经提及了要求重新审理的动议（motion for new trial），那我们紧接着就来谈谈这种规定在《规则》第 59 条中作为败诉方当事人在前往巡回法院上诉前所能诉诸的最后手段吧。第 59 条 A 款规定到：“在有陪审团听审的案件当中，法院可以凭借美国法院从前依据普通法原则准许重新审理的任何理由来对案件的全部或部分当事人及全部或部分争议予以重审……”更加具体一点说，法院批准重新审理的动议可以基于两大类情况：一是审理程序方面的错误，例如陪审团或对方当事人实施了某种存有偏见的行为、法院准入了某项不符合法律规定的证据、有重大意义的新证据被发现以及法官对陪审团给出了错误的指示等等；二是审理程序适当但裁决结果明显存在错误，比如裁决与现行法律原则相违背或是裁决与证据表现出的优势地位相反等等。但需要提醒大家的是，尽管有时当事人的确可以从审理程序中挑出这样那样的错误，但法院只要觉得这些错误是无伤大雅的便不一定会批准重新审理的动议。法院在审查要求重新审理的动议时所采用的标准往往较作为法律事项判决的动议要宽松一些，因为法官此时并没有直接推翻陪审团的裁决转而下达自己作出的判决，只是命令另行组建陪审团重新对案件进行审理。

　　除此以外，《规则》还在第 59 条 E 款当中规定了提出变更或修改判决请求的动议，以及在第 60 条当中规定了对判决或命令要求救济的动议，这部分内容都相对比较简单，有兴趣的读者自己读读法条就应该可以理解了。

Tesser v. Board of Education

United States District Court，Eastern District of New York，2002.

190 F. Supp. 2d 430.

GARAUFIS，District Judge.

　　目前摆在本法院面前的问题在于是否应当批准原告提出的一项

审后动议，她在动议中请求本法院要么根据《联邦民事诉讼规则》（下称《规则》）第 50 条将此案争议作为法律事项判决，要么根据《规则》第 59 条对此案进行重新审理。基于以下阐述的原因，本法院决定驳回原告提出的这个动议。

I 事实背景

原告 Gilda Tesser 于 1997 年 11 月 17 日对她的前雇主（以下简称被告）提起了本次民事诉讼。原告的起诉状里包含了多项指控内容，其中主要有被告的行为构成了《1964 年民权法案》及《纽约市人权法案》相关条款下的宗教信仰歧视，以及她在供职期间因为多次举报被告的歧视做法而遭受了各种报复措施的侵害。在经过历时数年之久的调查取证活动及各种审前动议的拉锯战之后，此案于 2001 年 7 月 9 日被交到了陪审团面前审理。此案的审理活动持续了大约两个多星期，最后陪审团在 2001 年 7 月 25 日的作出了原告的各项指控均不成立的裁决。于是，原告紧接着便向本法院提出了获准根据《规则》第 50 条将此案争议作为法律事项判决，或者选择性的根据《规则》第 59 条对此案进行重新审理的动议……

在据称受到歧视期间，原告担任了当地第 21 学区 177 小学的校长助理。这一职务是由被告学区总监 Weber 亲自任命的，而且他还表示过如果将来出现空缺的话，他一定会支持提拔原告到校长的位置上。

到了 1991 年时，原告正式提出了希望能够担任 177 小学校长的申请。依据相关内部文件规定的考核流程，学区管理董事会将遵循三阶段程序来选拔校长。在第一阶段（Level I）的时候，会有一个包括 6 至 10 位家长、2 位老师、学区总监以及董事会成员在内的资格审查委员会被组建起来，该委员会将决定具体的选拔标准和面试 10 位左右的候选人，但是，只有该委员会中的家长与老师才有权投票甄选出 5 位候选人推荐给学区总监做进一步的考核。在第二阶段（Level II）的进行过程当中，学区总监会仔细研究获得推荐的 5 位候选人，并举荐其中的 2 位至学区管理董事会面前。而在接下来的第三阶段（Level III）里，董事会可以或者直接任命被学区总监举荐来的两位候选人之一担任校长，或者要求学区总监及资格审查委员会再从原先的那些候选人中间重新推荐几个。

原告声称：在她提出申请的那段时间内，她了解到有些 177 小学学生的家长因为她是犹太人的关系而反对她担任校长。于是，她便告诉了 Weber 有股反犹情绪正在家长当中流传，为了此事 Weber 后来还专门找她谈了几次话。Weber 作证称通过这几次谈话他逐渐开始感觉到原告的想法简直可以用愚蠢来形容，她所描述的反犹情绪根本就是无稽之谈，因此她能否胜任学校管理人员的工作成了一个值得怀疑的问题。在解释为什么会觉得原告行为乖张的原因时，Weber 表示：当时 Tesser 女士总是歇斯底里的冲他大喊大叫，而且还毫无根据的把家长们对她的厌恶归结为了莫名其妙的反犹情绪，甚至她还说要去直接与那些参加了资格审查委员会的家长对质。

尽管原告自称她本人受到了严重的宗教信仰歧视，但事实上资格审查委员会里的家长们并未表现出对她的偏见，而是推荐她顺利的进入了第二阶段的考核流程。此外，一位原告自己叫来的同时也是资格审查委员会成员的证人在作证时声称没有任何家长仅仅出于原告是犹太人的关系就打算否定对她的提名，相反倒是有些家长觉得原告因为是犹太人的关系受到了 Weber 的特殊优待。这位证人还告诉我们：当时绝大多数的家长都更看好另一位候选人 Ianniello 先生，只不过大家觉得不能单纯由于厌恶 Tesser 女士的为人处事方式而喜欢 Ianniello 先生的亲和友善就把前者排挤出去，毕竟资历水平也是个相当重要的考虑因素。

在通过了第一阶段考核之后，原告雇佣了一位律师来给她提供专业意见，因为她担心潜在的宗教信仰歧视会给她的申请带来不利影响。在 1992 年 1 月 16 日，原告用录音机记录了自己与 Weber 及学区管理董事会主席 Plotnick 间的一段谈话，她在谈话中披露了自己想要雇佣一位律师的念头，Weber 则当即对这个主意表达了明确的反对意见。不过在一份后来收到的信函里，Weber 的这些言谈受到了本地教育部门主管的严厉斥责。在 1992 年 6 月 24 日，Weber 将他举荐的可以担任 177 小学校长的两位候选人告知了学区管理董事会，可是原告却并没有位列其中。这也就是说在考核程序的第二阶段进行完毕以后，原告就已经丧失了担任校长候选人的资格了。Weber 作证称：虽然他不赞同原告聘请律师，但这与他作出是否举荐的决定没有任何关系。Weber 还声称他举荐的两位候选人当中有一位叫 Kathleen Lavin 的不是犹太人，而另一位 Arlynn Brody 却是个地地道道的犹太人。总之，Weber 表示：他决定不举荐原告完全不是出于对她宗教信仰的考虑或是对她聘请律师行为的报复，而是他真切地觉得原告的能力和性情都不适合担任 177 小学校长的职务。

在一封日期标注为 1992 年 6 月 30 日的信中，Weber 通知原告自今年 8 月起她将被从 177 小学调动到 128 小学工作，这是原告在同一学区里先前工作过的地方。结果在 1992 年 7 月 7 日，原告向纽约市教育委员会（BOE）递交了一份投诉申请，指控被告在选拔校长过程中出于宗教信仰原因将她排除在外是一种歧视性的做法。因此，当原告开始在 128 小学的新工作时，BOE 对她所指控的事项以及 Lavin 的最终当选展开了内部调查。然而，不久之后公布的调查结果显示：BOE 的公平机会办公室认为原告的落选不是由于宗教信仰歧视的原因造成的，而且 Lavin 的当选完全合乎程序规定。

在 1992 年余下的时间里，原告的工作环境发生了一系列的改变，比如她的办公室面积变小了、工作职责更改了、以及 128 小学的校长 Miller 禁止她查阅修改教师为下一个学年准备的课堂笔记等等，原告把这些改变统统归结为歧视性的对待。原告还声称在她回到 128 小学工作的前几个星期里，Miller 告诉原告她不会在这里干长的，并且如果她不识相点主动离开，总有一天她会被扔出教学楼。原告表示自己由于这些威胁虐待而遭受了极端的精神痛苦，结果不得不依赖于心理医生的治疗。她在随后提起的一份工作伤害的指控中称 Miller 的所作所为直接导致了她需要求助于药物，以及无法正常工作长达 25 天之久。

在 1993 年的 6 月份，原告以宗教信仰歧视和打击报复为由向纽约市人权委员会递交了一份指控，并要求在 1993 年 8 月份以前将自己调往其它学区工作，该委员会下属的特别调查专员（SCOI）很快就给予了原告以内部揭发者（whistle - blower）的身份。尽管 BOE 没有批准原告要求调离第 21 学区的申请，但原告自己在 Plainview 学区找到了一份工作，于是 BOE 给了她为期一年的停薪留职时间及照顾子女假期以便前往 Plainview 学区就职。由于后来原告被发现在照顾子女假期内又跑去干了别的工作，而这是违反 BOE 的请假政策的，所以原告被命令立刻返回第 21 学区工作，否则便会被认定为是想自动离职。原告对 BOE 的命令采取了置若罔闻的态度，结果被当作主动辞职处理。这是一种比自动离职要略为宽松的处罚措施，因为原告日后还可以选择放弃主动辞职。

在本案的审理过程当中，当事人双方通过向法院递交了无数的文件、书信、录音磁带、专家意见、证人证言以及各委员会的调查记录将上述的事实以及随后又发生的一些事情勾勒的淋漓尽致，并且原告、被告 Weber 和被告 Miller 也都亲自出庭作证。和其它许多以歧视为主题的案件一样，本案的最终解决在相当大程度上取决于原、被告双方各自人品以及他们对各种行为事件解释的可信程度。在本案里面，陪审团明显不怎么相信原告对事实的描述，所以很自然就作出了对被告有利的裁决。陪审团一致认定原告未能合理证明 BOE、第 21 学区、Donald Weber 及 Michael Miller 出于宗教信仰的原因对她进行了歧视，或是出于她不断申诉指控宗教信仰歧视及聘请律师的做法对她实施了报复。

Ⅱ 案情讨论

A. 《规则》第50条作为法律事项判决的动议

在本巡回法域之内，寻求撤销陪审团决定并请求法院作出作为法律事项判决的当事人需要承担很重的说服义务，因为作为法律事项的判决只有在满足了一些前提条件后才可被适当给予，主要有：① 完全没有任何证据来支持陪审团的裁决，其发现只可能是纯粹猜测或臆想的产物；②有占据绝对压倒性优势的证据支持提出动议方当事人，使得任何一个具有理性公平想法的人都不会作出对其不利的决定。当考虑一项第50条动议并考察是否有足够充分的证据基础来支持陪审团裁决时，法院并不应该去评估相互冲突证据的可靠性或是以自己的判断来代替陪审团的判断，而是必须以最有利于反对动议方的视角来作出所有关于证据可靠性的决定及对于证据的引申推测。

首先，原告提出的本案适合法院给出作为法律事项的判决的理由在于有占据压倒性优势的周边环境证据来支持她受到了雇主宗教信仰方面歧视的指控，而被告所称的自己是出于正当合理的业务理由才未能得到提升的说法则缺乏有力的证据支持。在给出这条理由的时候，原告未曾说出口的潜台词是通过建立一个表面可信的案件（prima facie case），她已经向陪审团成功假定了歧视的存在，这就把接下来举证否认歧视存在的责任转移给了被告一方。然而，原告对于这种假定的依赖是毫无根据的，她错误理解了自己在诉讼中作为原告所须承担起的举证责任，所以，这条理由不足以给出作为法律事项判决的基础。

在 *Fisher v. Vassar College*, 114 F. 3d 1332, 1336 – 1337（2d Cir. 1997）一案当中，第2巡回法院已经明确表态：雇佣歧视案件与其它民事案件一样，最终说服义务一直都应由原告承担。而且由举证责任转移机制创造出来的假定，尽管对于帮助原告抵御被告提出的要求进行即席判决或驳回起诉动议有巨大的作用，但并不能保证原告最后赢得诉讼，哪怕建立一个表面可信案件所需的要件没有在案件审理过程中受到被告的质疑。此外，能够满足建立一个表面可信案件所用到的证据并不能说明歧视是否在雇佣决定当中起到了重要作用，被原告认为建立起了一个表面可信案件的事实也不足以在审理结束之时被看作是原告已拥有充分证据来获得对自己有利判决的指示。［另见 *Gordon v. New York City Bd. of Educ.*，232 F.3d 111，116（2d Cir. 2000）一案的判决意见："通常说来，应该由法官而非陪审团来决定原告是否已满足了建立一个表面可信案件的最低要求。当一个案件被呈送到陪审团面前的时候，陪审团的任务仅在于决定原告是否已经完成了证明被告的确是出于为法律所禁止的报复动机行事的举证责任这一终极问题。"］

在本案当中，原告告诉我们的事实足以建立起一个表面可信的案件并通过即席判决动议的考验进入到正式审理程序当中了。然而作为一个法律问题，这些相同的事实却不能够帮助原告赢得陪审团作出对她有利的裁决。故此，在面对原告提出要求法院作出对陪审团裁决置之不理的判决时，我们就没有必要再考虑举证责任转移机制的问题了，因为本法院在此案中所须考量的唯一问题便是一个合理的陪审团是否可以总结出原告未能做到用优势证据来证明她所遭受的一系列对待处置都是由于被告的非法歧视或报复行为所造成的。

声称自己已经作为一个法律问题证明了被告的歧视性动机，原告实际上只不过是把在审理过程中已经得到披露的事实情况再拿出来重新说了一遍，而且她认为根据这些事实情况只有可能推导出一个结论，即 Weber 屈服于那些具有反犹情绪的家长所施加的压力从而未让她通过第二阶段的考核。原告还表示 Weber 嘴巴上说的没有举荐她的原因不能让人信服，所以，对此唯一合理的解释便是他在试图掩盖自己的歧视性动机。此外，原告特别指出了即便是在

Weber 觉得她想法愚蠢因而不能胜任校长工作的那段期间里，Weber 仍在一直关心称赞她的工作表现。

作为一个法律问题，原告所持的通过展示事情发生的前因后果便能证明歧视在本案中存在的立场是不正确的。虽然有关前因后果的证据连同周边环境证据一起也许能够证明歧视动机的存在，但这并不能必然得出确有歧视行为存在的结论。换句话来说，陪审员可能并不相信 Weber 公开说出的冠冕堂皇的为什么他不举荐原告的原因，但也未必就一定会相信原告所说的 Weber 的行为是受到了宗教信仰歧视观念的影响。

作为一个事实问题，被告已向法院提交了充分证据使得陪审团能从中发现他们所供认的原因为真实的，或至少可以归纳出歧视不是他们作出决定的真实动机所在。在解释为什么没有举荐原告的时候，Weber 坦诚尽管当时他还觉得 Tesser 女士是能够干好目前这份工作的，但是，他已不相信 Tesser 女士具有作为一个学校校长所必须具备的能力，特别是在与家长和学区领导的沟通方面。正是根据这一感觉，他遂决定不举荐 Tesser 女士继续参加第三阶段的考核了。被告在本案审理过程中提交给法院的部分证据印证了这种解释的合理性。

在面对一项要求法院给出作为法律事项判决的时候，法官不应当因为对 Weber 言辞的可信程度及相互之间存在冲突的证据有所怀疑就轻率地对他的解释不加理睬。也许原告提交给法院的证据可以使得一个理性的陪审团对 Weber 的证词产生质疑，可是原告所拥有的证据远未达到占据绝对压倒性优势支持她自己的地步，从而使得任何一个具有理性公平想法的人都不会作出对她不利的决定。此外，考虑到此案各项证据之间的矛盾冲突是极其严重的，本法院不认为陪审团的决定是纯粹猜测或臆想的产物。因此，本法院相信任何一个理性的陪审团都会和此案的陪审团一样发现原告未能利用优势证据来证明被告的所作所为是出于歧视性的动机。

原告还声称她已作为一个法律问题证明了被告对她实施的报复措施。特别是针对被告 Miller，原告表示他在作证时所说的"他不知道原告参加了一个受保护的活动"作为一个法律问题来看是不可信的，并且法院是完全可以推测出他其实是了解这方面信息的，因为 SCOI 曾经裁定 Miller 有报复原告的行为。

至于另一个被告 BOE，原告宣称由于 SCOI 所作出的 Miller 有报复原告行为的裁定是最后结论性的，所以，当 BOE 表示接受这一裁定的时候，它就等于已经主动承认了 Miller 确实对她进行过报复。同理，原告还论证了 BOE 也主动承认了 Weber 的报复行为，因为 BOE 曾经认定过 Weber 打电话给 Plainview 学区的做法违反了 BOE 下达过的 Weber 不应该与原告的潜在雇主联系的命令。

州行政机关的裁定发现，SCOI 的调查结论或是纽约市人权委员会的处理意见等，对于在联邦法院进行的宗教信仰歧视之诉毫无影响干涉作用。因此，陪审团完全不必理会 SCOI 的裁定结果，更不用在意原告所说的 BOE 对这一裁定结果的采纳可以看作是主动承认了报复行为的存在。另外，本案的陪审团被相当正确的指示了发现报复行为存在所需的各种满足的要件，以及在被告为个人与企业的场合这些要件又会有哪些变化。具体说来，本案的陪审团曾被指示道："要想让被告为自己的报复行为负责，你们必须发现有占据优势地位的证据显示被告由于厌恶原告合理且善意的对针对她的宗教信仰歧视表示了反抗而故意采取行动将她置于恶劣的工作环境氛围当中。"本法官还特别提醒陪审员们注意即便 Miller 否认自己知道原告曾经向有关方面提出过自己受到了宗教信仰歧视的指控，他们仍然可以发现 BOE、第 21 学区和 Weber 对原告实施过报复措施，以及推定解雇作为一种报复形式的具体含义。

虽然 SCOI 的裁定对本案的陪审团丝毫没有约束力，可是原告有权将其作为一种具有说服力的证据。不过，本法院却必须以最有利于被告的视角来看待理解所有的证据以及源自于这些证据的推论。考虑到 SCOI 的裁定仅仅是本案众多证据当中的一件，本法院相信一个理性的陪审团完全可以合理的总结出被告采取的一系列措施不能被算作报复行为。

首先，Miller 作证称：当原告回到 128 小学工作的时候，他本人并不知道原告已向教育部门领导和 BOE 申诉过自己受到了歧视。本法院不愿意在此质疑陪审团对这一证词可信度的评价。其次，被告提供了充分的证据可供一个理性的陪审团认定被告采取的有些措施行动根本就称不上是负面的，不管被告当时是否知晓原告的申诉。比如说，虽然原告回到 128 小学后被分配到的办公室不如她先前使用过的宽敞，但 Miller 解释说这是因为已有另外一位校长助理 Sealey 先生占用了她从前的办公室。根据这种解释，一个理性的陪审团足以总结出办公室面积的变化不能被当作是被告故意对原告申诉行为实行的报复措施。同理，一个理性的陪审团也可以总结出原告被安排主要负责校车和食堂的管理职责不是一种报复性的处置，因为同样担任校长助理的 Sealey 先生在原告回 128 小学工作以前正是主要负责安排校车接送学生及食堂供应午餐的。最后，假设被告 Miller 果真说过要让原告早点离开学校的话，那他也只是在命令原告去学区办公室参加一个咨询活动，因为原告总是在上班时喋喋不休的抱怨学区总监、董事会以及学生家长。一个理性的陪审团理所当然可以认为 Miller 在当时那种情形下的举动是恰当合理的，并总结出这不是出于对原告申诉指控行为的报复。

尽管上述的这些例子无法概括原告提出的用来支持作为法律事项判决动议的每一点事实情况，但是这些例子已经充分展示出了本案在被告的真实动机问题上拥有的证据是多么的相互矛盾与冲突。故此，本法院觉得一个理性的陪审团是可以总结出原告未能凭借优势证据证明被告由于原告的申诉指控行为而对她实施了报复措施的。

B. 《规则》第59条要求重新审理的动议

1. 法律标准。一项根据《规则》第59条提出的要求重新审理的动议只有当地区法院相信陪审团作出了一个极端错误的决定或陪审团的裁决将会颠覆正义的时候才能被批准。与衡量是否能够批准作为法律事项判决的动议不同，初审法官在考虑重新审理问题时可以自行评估证据，而且也不需要以最有利于反对动议方的视角来看待各种证据及其推论。虽然这一标准是明显宽松的，但第2巡回法院屡次告诫下属地区法院要把推翻妨碍陪审团对于证人可信度的鉴定当作非常罕见的情况加以处理。因此，在解决争议需要取决于对证人的可信度作出估计的场合里，法院应当尽量避免否定陪审团的裁决并重新审理案件。

2. 案情分析。首先，原告声称：被告 Miller 与 Weber 完全缺乏可信度连同有占据优势地位的证据支持她的指控的事实保证了法院可以正确的作出重新审理此案的决定。此外，原告还专门指出了其它四点理由来说明为什么在本案中批准重新审理的动议是合适的：陪审团的考虑不够全面充分、原告提出反驳观点的能力受到限制、有与案情无关或存在偏见的证据获得了准入、被告律师在作庭审结束前的总结陈词时发表了不适当的言论。即便我们对要求重新审理的动议采用更加宽松的审查标准，原告所列举的这四点理由无论是分开来看还是综合在一起也都不足以使我们下决心批准原告在本案中提出要求重新审理的动议。

（1）证据是否充足的问题。正如刚刚已经在前面针对《规则》第50条动议讨论的一样，此案中有数目庞大的证据可以支持陪审团作出的有利于被告的裁决，当然要是在这些证据都可信以为真的情况下。本法官没有觉得被告 Miller 和 Weber 作为证人是如此的缺乏可信度，以至于陪审团不应该相信他们给出的全部或部分证词。因此，本法院拒绝以证人可信度堪忧为由推翻陪审团的裁决，特别是当本案争议的解决在很大程度上依赖于陪审员们对这些重要证人的证词进行估定的时候。

（2）陪审团的考虑是否全面充分。其次，原告指责本案陪审团的考虑不够全面充分是没有任何依据的。在 *Wilburn v. Eastman Kodak Co.*, 180 F. 3d 475（2d Cir. 1999）一案中，第 2 巡回法院认为初审法官回绝原告提出的要求重新审理的动议并无错误，尽管陪审团只花了 20 分钟时间就作出了原告败诉的裁决。对此，第 2 巡回法院解释到："陪审团没有被强制性的规定一定要在思考多长时间后才可以作出决定。简短的考虑本身并不能显示陪审团没有全面、细致或公正的对证据加以权衡裁量。"在目前这个案子当中，陪审团在法律问题上被给予了周到详细的指示，而且又考虑了将近 2 个小时以后才作出了裁决。虽然本案涉及的证据很多，可实际上有待陪审团解决的争议却并不比一起寻常的歧视案件更为复杂。此外，我们完全没有理由相信陪审团在考虑此案争议的过程当中表现出过轻蔑或草率的视自己的职责于不顾的样子。是故，本法院不愿意根据考虑问题的时间长短来推翻陪审团作出的决定。

（3）审理错误。原告指出的剩下的三点理由都是与证据准入或审理程序错误有关的。本法院将用《规则》第 61 条无害错误标准来衡量原告的说法是否真能站得住脚，该条款规定："证据的准入或排除过程中的错误，裁决或命令中的错误或缺陷，以及法院或任何一方当事人的作为或不作为事项中的错误或缺陷，都不应当构成允许重新审理的基础、撤销陪审团裁决的依据或是撤销、更改以及中止判决或命令效力的理由，除非法院认为拒绝采取这些行动将会严重违背实质正义的原则。法院在诉讼进行的任何阶段都必须无视对当事人的实体权利不会造成影响的程序上的错误或缺陷。"

原告要求重新审理此案的第 3 点理由是由于她反驳被告 Weber 和 Miller 证词的能力受到了限制，所以使得她在参加诉讼过程中的实体权利遭受了损害。在本案的审理进行当中，Weber 和 Miller 均被作为原告的证人传召出庭作证，但都没有被要求站在证人席上为辩护方提供证词。原告的如意算盘是先让他们俩人出庭接受律师的询问，然后自己再根据他们的具体回答陈述反驳的依据，这些证词将作为证明事实真相的主要证据材料。但事与愿违的是，Weber 和 Miller 都违背了法院的命令没有在庭审的第一天出庭应诉，结果造成了原告只好首先站在了证人席上。有鉴于此，原告认为这种局面严重限制了她对 Weber 和 Miller 的证词进行反驳的能力，所以重新审理此案是很有必要的。

根据《联邦证据规则》第 611 条的规定，初审法院有权"对询问证人及出示证据的方式和顺序加以适当控制，以利于：①使询问及出示证据能够有效的帮助确定事实真相；②避免不必要的浪费时间……"因此，法院有充分的自由裁量权来决定一等到陪审团组成完毕便立即开始庭审工作，而不是为了促成原告能在 Weber 和 Miller 后面作证拖延上个二三天再行开庭。另外，原告其实有权在法庭辩护结束以前的任何时间里请求再次站到证人席上批驳 We-ber 和 Miller 的言论，可是她压根就没有选择提出这样的请求。总之，本法官觉得此次审判当中证据出示和询问证人的顺序都是严格遵照第 611 条的规定加以安排的，并且原告有充足的机会在庭审进行过程当中主动去弥补她认为由于证人顺序的原因将给她带来的损害。

原告要求重新审理此案的第 4 点原因在于本法院批准了对两件证物进行展示的问题上。这两件证物分别为一些原告尚未填写完毕的退税表格、以及一封寄自 Plainview 学区代理总监的信函，他在信中详细解释了本学区为什么不愿意给予原告终身教师席位的原因所在。原告认为这些证据均与此案的主题无关，甚至还对她的利益造成了损害，因此法院应当通过重新审理来补救这个错误。

谈到退税表格问题时，原告声称这些表格对于澄清本案争议毫无意义，唯一所能起到的作用只是诱导陪审员们由于自己的财富而无端地对她产生偏见。事实上，在当初决定允许将这些退税表格采纳为证物的时候，本法官就考虑过证据相关性及会否给原告造成不良影响的因素。本来我并不打算准入这些表格，但是看到原告一步步引诱她的专家证人 McAteer 先生渲染原告在退税方面将会遭受的巨大经济损失以后，我改变了原先的主意。McAteer 先生作证称他仔细查阅了原告的 W-2 表格，并发现一次性的给予经济补偿将会使得原告的税基增加从而造成了原告需要多缴相当数额的税款，因此他建议法院判决被告分期分批的对原告作出赔偿。正是由于上述的证词，我遂决定采纳这些退税表格作为证据，并为此专门指示陪审团说："通过联合退税表格反映出来的原告配偶的收入及其家庭其它方面的收入与资产只有在你们认为与 McAteer 所说的原告所遭受的经济损失的计算方式有关的时候才可被作为证据考虑。此外，这些数据在本案中别无它用，我指示你们注意不要把这些数据用在对其它问题的考虑方面。"由于有这一限制性指示的存在，以及陪审团向来都是被推定已服从了法官指示的，所以本法院相信这些表格所会产生的负面影响早就获得了预防，采纳这些表格作为证据也就并无不妥之处了。

至于本法院批准了对 NN-2 号证物也即 Plainview 学区代理总监的一封信函加以展示的问题，原告后来撤回了她的反对意见……

最后，原告认为被告律师在庭审结束之前发表的总结陈词可能会错误的诱导陪审团展开不被允许的联想猜测。具体说来，原告声称被告律师在总结陈词当中不负责任的表示原告藏匿或销毁了某些无法证明自己指控或是对被告有利的证据及书面证言，这无疑对原告的形象造成了难以弥补损害……

在一起如同本案这样的民事诉讼里面，被告律师的推断尽管有可能不正确，但无论如何也不会造成举证责任的转移，这一点与刑事案件当中检察官对被告的有罪与否发表了某些没有根据的评论有着根本性的区别。在本案里，被告可以随意的争辩原告没有尽到举证责任，或是原告举出的证据不够全面。虽然被告律师没有提供什么坚实的证据来证明原告藏匿甚至销毁了一些录音带，但要是综合当时的环境氛围考虑，律师想表达的意思其实重点在于原告提供的录音带不能反映她与被告谈话内容的全貌。用同样的理论来检验原告指出的其它不当言论后，本法官发觉被告律师并没有说过什么会严重误导陪审团的话。此外，我也已经特别就此情况给予了陪审团具有针对性的指示："……律师的提问、辩论、评价以及陈词都不是证据……"

至此，我们已经检验了所有在庭审时被当作呈堂证供的证据以及原告为获得动议批准而提出的所有理由，但本法院仍不认为本案陪审团所作出的原告未完成自己的证明义务的裁决存在严重错误且会造成颠覆正义的后果。故此，原告提出的要求重新审理此案的动议无法得到本法院的支持。

Ⅲ 结 论

综上所述，本法院决定驳回原告提出的要么将此案争议作为法律事项判决，要么对此案予以重新审理的动议。

补充知识：

● 作为美国法学院的学生，毕业典礼当然是大家最为憧憬向往的时刻，想想三年来的辛勤努力与巨大投入终于有了回报，难怪每位学生都会为之兴奋激动。明尼苏达大学法学院的毕业典礼历年都在 5 月下旬举行，我一直对此安排感到颇为奇怪，难道最后一学期的考试刚结束连卷子还来不及改就可以让大家都毕业了？后来才知道毕业典礼其实只是一个庆祝完成学业的仪式而已，大家也就是在毕业典礼上和院长握手走走过场，真正标志着你已取得 J. D. 学位的证书大约要在 11 月份才能直接寄往你的家中。不过大家对此也不用过于担心，至少我在美国法学院的 3 年里只见过觉得无趣主动退学的，还没遇到成绩太差而无法顺利毕业的人呢。

美国大学对毕业典礼的策划运作非常纯熟规范，尽管有很多商业因素掺杂在其中，但却让你自始至终都只感受到一种自豪骄傲的氛围。早在毕业前的一两个月里，就会有专门礼服公司来学校为每个毕业生丈量头款身高，以确定你参加典礼时所需穿戴的帽子与袍子的尺寸。礼服公司工作人员的专业水平与敬业态度不由得不让人赞叹钦佩，只是所有的服务项目都是要收费的，就连最基本的礼服租借也要收 35 美元左右。如果想要更加奢侈一把，你还可以预先向礼服公司订制邀请亲朋好友参加毕业典礼的信函、日后供盛放毕业证书之用的镜框以及各种印有大学标志的纪念品等等，总之垄断带来的后果就是价格都不便宜啦。订好的礼服其实在毕业典礼开始前几周就可以收到，方方正正的帽子、黑色嵌蓝的袍子以及一条金黄衬里的披肩，和国内的毕业礼服没什么大的区别。

美国社会对毕业典礼的重视程度可真是出人意料。学校会租用很大的礼堂来召开毕业典礼，而每位学生都会邀请全体家庭成员前来观礼，真可谓是一人毕业、举家欢腾。除了毕业生均身着礼服以外，其他的来宾也都盛装出席，一时间礼堂里男士们西装革履，女士们争奇斗艳，不知情的人还以为是走进了联合国代表们聚餐的地方。最有意思的是有些年长的毕业生把自己的孩子也领到了现场，看到正在咿咿学语的小孩子们躺在爷爷奶奶的怀里参加父母的盛典，真是一幅非常温馨的场景。

毕业典礼的过程并没有什么特别值得一叙的。同学们先是拍完数百人的集体合影，然后便列队鱼贯进入礼堂就座，接着就是院长、学生代表、教师代表和嘉宾代表依次发表感言，无非是些祝贺加展望的老生常谈罢了。比较有意思的事情是主办方会安排每个毕业生都上台与院长握手并拍照，看到自己的子女在被高声唱名之后走到台上，台下的亲友们又是鼓掌跺脚，又是欢呼喝彩，把原本庄严肃穆的典礼变成了一个热烈奔放的大 party。

毕业典礼结束之后走出礼堂，相信每位毕业生心中都会感到一丝莫名的失落，作为一个法律人的道路这才刚刚开始呢。

第八节　终局性判决的约束力
——既判力原则与连带禁反言原则

　　年轻的时候对党的思想政治教育工作存在逆反心理，现在想起来颇感到有些后悔莫及，因为来到美国法学院读书以后才发现，随便找个刚从学校毕业的中国人都能把我党建设社会主义法制国家"有法可依、有法必依、执法必严、违法必究"的十六字总方针倒背如流，而如果找个本地同学来问问美国依法治国的总路线是什么，多半他只能脸红脖子粗地向你比划一下三权分立的重要意义。但是，我在这里想对党的十六字总方针提一点小小的建议，看是不是还能在末尾加上"判了必算"这句话，这样一来可以凑齐 20 个字显得更加工整，二来也能让老百姓对前面说的原则目标觉得心里更加踏实。那怎么样才能做到"判了必算"呢？我认为这既需要从执法方面着手加强判决执行工作的力度，也必须预先做好制度建设方面的功课以使法院的终局性判决真正具有放之四海皆准的效力。作为全书的压轴一节，接下来就让我们看看美国是如何保障联邦法院判决的约束力的。

　　在民事审判实践当中，一起诉讼的结束与开始同样是值得我们悉心研究的重要课题，因为民事诉讼的当事人虽不会有性命之虞，但也需要承受败诉判决这柄达摩克利斯之剑阴影下的巨大时间、金钱及心理压力，所以无休止的诉讼对于任何人来说都是绝对难以容忍的一种折磨，对此我们完全可以套用《孙子兵法——始计第一》篇中的一句警训来说也就是"兵者，国之大事，死生之地，存亡之道，不可不察也。"为了保证每一起民事诉讼都有一个明确的终点，或者说法院的判决就这起民事诉讼而言是真正具有终局性的，美国民事诉讼法中同时存在着两种相辅相成关系的排除原则，用以限制当事人在已经获得一项终局性判决之后就相同问题再动干戈的能力，它们分别是旨在起到指控排除效果（claim preclusion）的既判力原则与旨在起到争议排除效果（issue preclusion）的连带禁反言原则。

既判力原则与连带禁反言原则之间既具有密切的联系，又存在显著的区别。笼统地讲，前者主要是禁止当事人在以后的诉讼当中再次向法院提出前次诉讼里面已决的指控或诉由，而后者则主要针对禁止当事人再次提出已决争议的问题。或者我们换一种通俗的方式加以解释，既判力原则大致相当于我们平常所说的"一事不再理"的概念，即已在前次诉讼当中获得了法院终局性判决的双方当事人里的任何一方都不能随后依据同样的事实情况再次向对方当事人提出已经或应该在前次诉讼当中提出的指控及诉由，而连带禁反言原则给人的第一感觉往往是排除范围要相对稍小一些，因为其说的是如果法院在前一次诉讼当中已就某些具体的争议作出了终局性的判决，那当事人在随后的诉讼里面便不再允许就这些争议提出质疑。还是举两个例子来看吧：假设房客 A 因与房东 B 发出争执而被后者强行驱赶了出来，于是房客 A 就以违反租房合同为由对房东 B 提出了起诉并获得了胜诉的判决。后来在与一个律师朋友聊天的过程中，房客 A 了解到其实这种情况下他有很大的机会赢得一笔数目不菲的精神损害赔偿，因此房客 A 又跑到法院去指控房东 B 的驱赶行为给他造成了严重的精神伤害。这时房东 B 便可请求法院适用既判力原则以排除房客 A 基于同一事项提出的已决指控，因为既判力原则要求房客 A 在前次违反合同诉讼过程中就一并提出所有起因于房东 B 的无理驱赶行为的指控，而不允许将这些指控拆分为一个个单独的诉由分别提出起诉。我们还是接着用上面这个例子，只不过把事实改成房客 A 没有遇见自己的律师朋友，反倒是因为强行闯入原住处取回自己的物品而被房东 B 以侵犯土地为由告上了法院。在这次侵犯土地的诉讼里，连带禁反言原则便会禁止房客 A 向法院提出 B 不是这座房子的主人因而没有资格起诉的抗辩，如果在前次违反合同诉讼里法院已经肯定性地判决过 B 拥有这座房子产权的争议了。由此可见，既判力原则好比是一把能横扫六合的大刀，无论你提出指控背后的法理如何变换，凡是起因于同一件事情的指控诉由只要已获判决便一律不许再行提出，即便是出于情有可原的疏忽遗漏也概不能免。与此相对的是，连带禁反言原则宛如是一柄无孔不入的长枪，它虽不阻止你再次提出相同的指控，但只要是在前次诉讼中已被判决的争议便不容许你在后来的诉讼当中随便质疑了，也就是说：无论你日后如何扭转乾坤这项已被法院判决板上钉钉的争议却是永世都不能翻身的了。

　　俗话说"知其然应知其所以然"，我们有必要来关注一下为什么美国民事诉讼法当中会有既判力原则与连带禁反言原则的生存空间，或者换从当事人的角度而言，这样的排除原则会不会对某些无辜的当事人来说过于残酷严厉了呢？因为应诉策略上的一点小小过失便可能会带来毫无弥补机会的剥夺诉权的惩罚。我认为至少大家可以从三个方面来考虑这个问题：首先，从实现公平正义理念的角度讲，对一方当事人诉权的剥夺反过来可以看作是对另一方当事人提供的救济，一种免于在相同事项上受到纠缠不清诉讼打扰的救济。由于现代民事诉讼具有复杂、昂贵及漫长等的特性，我们深深地意识到诉讼对于每一个身处其中的参加者来说都可以被形容为是莫大的困扰，所以，我们尽量激励当事人用简洁迅速的方式来解决自己提出的法律纠纷，比如争取在一次诉讼进程当中提起所有起因于相同事项的指控诉由，让人挥之不去的"苍蝇战术"是有违通过法律手段达到促进宁静和谐社会的根本目标的。其次，从维护司法尊严与效率的角度看，让一起纠纷在法院内久拖不决实际上使得法院的判决丧失了终局性的效力，长期以往不仅会严重危及一个国家司法机器在普通公众心目中的威慑力与严肃性，而且还将不可避免地拖累司法审判机关的工作效率，把大量通过纳税人的钱财堆积出来的司法资源无谓的耗费在重复的法律纠纷上。更加令人不堪设想的是，相同纠纷往来反复所造成的审判结果失去可预测性的局面必将会动摇公众对司法制度的信心，《水浒》的经验告诉我们这种对于法院公正性的信任危机往往是社会面临动荡的前兆。最后，从审判实践的角度说，被既判力原则或连带禁反言原则剥夺了诉权的当事人经常可以通过其它途径得到补偿，比如这种局面果真是由于律师对法律的错误理解或未能勤勉完成代理工作造成的，那当事人完全可以对律师提起玩忽职守之诉，而律师也可以借助于保险机制来把损失转嫁给社会。所以，当事人在排除原则威胁之下的风险其实并没有初看起来那么大，他的利益仍有望通过社会机体的良性循环加以实现。

既判力原则与连带禁反言原则在《联邦民事诉讼法》当中并没有明确的条文规定，而几乎全都来自于普通法的积累以及一些半官方法学著述的解析，所以，各个法院在适用它们时所采用的标准也相当的不统一，下面我们就来分别介绍联邦法院是如何适用既判力原则与连带禁反言原则的。

通常，联邦法院认为既判力原则能否在一个案件里适用的问题取决于对四个因素的考察，依次为：

（1）必须首先有一项终局性判决（final judgment）存在。显而易见，对这项因素的异议只会出现在什么叫"终局性"判决的问题上，简单一点说这指的是法院在第一次诉讼的常规审理程序结束之后对当事人提出的诉请作出的肯定或否定的决定，即便这个决定还存在着被在将来的上诉中推翻的可能，也不会影响它的执行力与终局性。当然，有当事人合并或诉请合并存在的场合会使问题变得复杂一些，法院在审理进行过程当中对某位当事人或某项诉请作出的决定有时也会被认为是具有终局性的。例如，法院以即席判决的方式驳回了一位原告的起诉，那这个判决对此原告来说便是终局性的，尽管其他原告的起诉仍在审理过程当中。

（2）终局性的判决必须是针对第一次诉讼当中的实体问题（on

the merits）作出的。我们并不难理解这条规定的用意所在，即当事人的实体权利不应该由于某些纯粹程序性的缺陷而遭到永久性的剥夺。比如说，当事人由于在不适格的审判地起诉而被法院拒绝受理，此时该当事人仍有机会前往适当的法院重新提出相同的指控，因为前一个法院并未就案件的实体问题作出过任何决定。然而，我们在考察既判力原则的适用条件时对法律问题进行实体性或程序性的区分所遵循的标准，与我们平时口头上划分实体程序问题的方法并不完全一样。此时我们的着眼点主要在于当事人在第一次诉讼当中有没有被给予充分的机会来提出并置辩自己的指控，如果答案为肯定的话则判决就是针对实体问题作出的。

（3）当事人在两次诉讼当中提出的指控必须是一致的（same claim）。这个因素一般都被认为是当事人在说服法院适用既判力原则的过程中将要遇到的最大障碍，因为对方当事人很可能会改头换面的以不同名义重新向法院提出貌似新颖的指控，所以想要揭穿这些指控的画皮暴露出与前次指控同样的本质并非是件易事。以往，法院普遍倾向于从两次诉讼是否需要用到大量相同的证据着手来判决指控的一致性，但现在越来越多的法院都服从了《判决重述（第二版）》［Restatement（Second）of Judgments］中倡导的"事件性"分析方法，即当事人要么一次性的提出所有源自于同一起事件交易的指控，要么就永远丧失了下次再提起这些指控的机会。本节收录的第一个案例就相当成功的运用了这种方法，因此在这里就不必啰嗦了。

（4）两次诉讼的当事人必须是相同的或是具有相同关系的（same parties）。法律并不鼓励大家都去当不劳而获的受益者，所以只有前一次诉讼的参加者或是与他们具有代理关系的人才可以享受到法院对于这次诉讼判决的约束效力，因此，一个没有参加过前一次诉讼的当事人是不可以在后一次诉讼中请求法院适用既判力原则的，这同时也是为了符合宪法正当程序条款的要求。

连带禁反言原则的适用标准要相对稍简单一些，而且与上述这些因素具有很强的可比性，一般也被分为了四点：①两次诉讼中的争议必须是一致的（same issue）；②此争议必须在第一次诉讼当中得到了实际置辩（actually litigated）；③此争议必须在第一次诉讼当中获得了实际裁决（actually decided）；④此争议必须是第一次诉讼当中法院为作出最终判决有必要先予解决的（necessary to the court's judgment）。虽然由于篇幅的关系，我们在本节中就不逐一对这些因素详加阐示了，但连带禁反言原则还涉及了一个"共同性"（mutuality）的问题值得引起大家的关注。"共同性"原先是传统连带禁反言原则的适用标准之一，指的是只有当两次诉讼的当事人是相同的或具有相同关系的时候，他们之间才可以相互使用连带禁反言原则。不过自从上个世纪中期以来，绝大多数法院都已放宽了相同当事人的限制，认为即便不是前次诉讼参加者的当事人也可以在后来的诉讼当中针对前次诉讼的原告或被告要求使用连带禁反言原则，只不过这种使用必须是辩护防御性的而不能被以攻击性的方式使用。[1]

Porn v. National Grange Mutual Insurance Company
United States Court of Appeals, First Circuit, 1996.
93 F. 3d 31.

STAHL, Circuit Judge.

本案原告 Daryl E. Porn 在以违反合同为由将拒绝按照保险合同条款向他支付因发生于 1990 年 7 月的车祸而招致的保险赔偿金的承保人 National Grange 相互保险公司告上法院并获得胜诉判决的 6 个月后，又在缅因州的联邦地区法院再次针对 National Grange 提起

---

[1] 对此有兴趣的读者不妨参看 *Parklane Hosiery Company*, *Inc. v. Shore*, 439 U. S. 322 (1979) 一案。

了本次异籍诉讼，要求凭借后者在处置自己的索赔申请时多有不当的事实情节获得额外的经济补偿。联邦地区法院分别根据旨在排除争议的连带禁反言原则（issue preclusion）与排除指控的既判力原则（claim preclusion）以即席判决的方式支持了 National Grange，认为在 Porn 提出的指控当中所潜在蕴含的一项争议已在前次审判里获得了裁决，以及 Porn 提出的所有的指控都早就可以在前次审判里一并提交给法院裁决。于是，Porn 就地区法院作出的即席判决向本法院提起了上诉。因为没有发现地区法院在作出上述决定过程中存在任何错误，所以我们决定支持地区法院的判决意见。

在1990年7月17日，作为康涅迭格州居民的 Porn 在缅因州的波特兰市卷入了一场车祸当中，当时一位名叫 Lori Willoughby 的机动车驾驶者无视路边的停车标记，结果与 Porn 驾驶的汽车发生了碰撞。由于 Porn 遭受的损失超过了 Willoughby 具有的 2 万美元保险责任上限，Porn 只得转而向自己的车辆责任险承保人 National Grange 要求获得赔偿。出于某种未在审理记录中得到体现的原因，National Grange 拒绝了 Porn 的索赔要求。

Porn 当然对此决定感到极端不满，因此他写信给 National Grange 称其在处理自己的索赔申请时存在恶意，并威胁要采取法律手段解决问题。为了扩大此事的影响，Porn 还将这封信复印了很多份分别寄给了康涅迭格州和马萨诸塞州负责管理保险行业的政府专员。可是 National Grange 全然不为所动，继续坚持拒绝向 Porn 理赔的立场，这使得 Porn 只好于 1993 年的 11 月以违反保险合同为由将 National Grange 告上了缅因州的联邦地区法院（第一次诉讼）……

在第一次诉讼获胜 6 个月之后，Porn 又在缅因州的联邦地区法院针对 National Grange 提出了起诉（第二次诉讼）。这次，Porn 声称 National Grange 在处置自己索赔申请时的态度行为破坏了善意约定、故意造成了精神伤害、过失引起了精神伤害以及违反了《康涅迭格州反不正当保险营业法》和《康涅迭格州反不正当商业交易法》。National Grange 则针锋相对地提出了要求法院进行即席判决的动议，指出第一次诉讼的判决已经排除了 Porn 继续提起第二次诉讼的机会。地区法院认可了 National Grange 的这种说法，于是便以对其有利的方式批准了进行即席判决的动议。对此，地区法院主要依据的两点理由是：①Porn 提出的被告存在恶意指控中的一部分内容应被连带禁反言原则所排除；②Porn 提出的所有指控都应被既判力原则所排除……

在得出 Porn 提出的全部 5 项指控都为既判力原则所禁止这一结论的过程中，地区法院分析称：一旦 Porn 选择了以违反合同为由针对 National Grange 提起第一次诉讼，他就被要求一次性的利用这个场合提出所有源自于被告违反合同的相关指控，否则他便丧失了随后再行提出这些指控的机会了。这是因为 Porn 在本次诉讼中提出的 5 项侵权或违反成文法的指控与前次的违反合同指控一样都是起因于当事人双方对于 National Grange 在相关保险政策下的责任义务存在歧见，于是地区法院相信这 5 项指控都须在前次诉讼中被提出，要不然就会被既判力原则禁止 Porn 在第二次诉讼中提出来。

起诉遭到回绝的 Porn 接下来就地区法院所作出的有利于 National Grange 的即席判决向本法院提起了上诉，表示第一次诉讼当中法院对违反合同问题下达的判决并不阻止他随后再次针对 National Grange 提出恶意对待、精神伤害以及不正当交易的指控（统称为恶意指控）。具体说来，Porn 的主张可以被归纳为 4 个方面：①有关恶意指控的事实与违反合同指控牵涉到的事实是相互独立的；②有关恶意指控的事实并不方便与违反合同牵涉到的事实一起审理；③将两种指控的事实混合在一起审理不符合双方当事人的期望；④在此案中适用既判力原则会造成不公平的后果，因为 National Grange 在前一次诉讼中的表现构成了恶意指控的一部分事实基础。在详述了对于下级法院判决的审查标准以及既判力原则的相关法律之后，我们不妨来依次考虑 Porn 提出的每一方面主张……

由于第一次诉讼里的判决是由一家联邦法院作出的，所以本次异籍诉讼中的由此判决造成的排除效果应受到联邦既判力原则的管辖。根据联邦既判力原则的有关内容，一个实体性的终局判决可以排除当事人再次提出已在或原本可在前次诉讼中提出的指控。如果想要排除一项指控，下列因素必须得到满足：①在前次诉讼中得出了一个实体性的判决；②前次诉讼与本次诉讼中当事人所称的诉由具有充分的共同性；③两次诉讼中的当事人具有共同性。因为这第一个及第三个因素在本案中已然得到了满足是毫无异议的事情，所以我们现在就把注意的焦点集中在了第二个因素上面：两次诉讼中的诉由是否可以说是基本相同的。

在为了既判力原则的目的而对诉由加以考察的时候，本巡回法院采用的是《重述》所推荐的"事件性"办法（transactional approach）。根据这种办法，在前次诉讼中产生的一个有效的终局性判决将能有效排除和前次诉讼起因于相同的全部或部分事件交易以及具有延续性的系列交易的继起指控。Restatement（Second）of Judgments §24. 在决定何种事实情况的组合排列能构成实际意义上同一起事件交易时，我们着重关注的是这些事实情况是否在时间、空间、起源或动机上相互联系，这些事实情况是否形成了一个便利审理的单位（trial unit），以及将这些事实情况当作一个单位来处理是否符合当事人的预计期望。然而，这些检验标准还都只是建议性的，把它们加在一起既不能穷尽，而单独任何一个又皆非决定性的。最后，我们充分注意到了有时一起单个的交易事件会引发各种重复多样的指控，因此当事人依据不同法律理论起诉的事实并不代表他们所依据的交易事件也一定就是不同的。

有了上述这些理论支持，我们接下来就将进入到对本案里面前后两次诉讼的诉由是否基本相同的分析过程当中。

事实情况在时间、空间、起源或动机上相互联系

我们首先要来探究的是违反合同指控与恶意指控所依据的事实情况是否在时间、空间、起源或动机上具有足够密切的相互联系，比如说它们是否源自于同一交易事件、是否有针对本质上相同的错误行为寻求救济、或者是否是建立在完全一致或基本类似的背景基础之上的。在本案当中，对这些问题的回答使我们总结出违反合同指控与恶意指控所依据的事实情况是密切联系在一起的。

第一，我们发现违反合同指控与恶意指控所依据的事实情况都源自于同一交易事件，即 National Grange 拒绝向 Porn 支付因发生于 1990 年 7 月的车祸而招致的保险赔偿金。第二，违反合同指控与恶意指控体现出了不同的法律理论，表面看起来一个是合同法律诉由而另一个是侵权法律诉由，但它们都是在针对本质上相同的错误行为寻求救济的。例如，Porn 提出的违反合同指控是在追求因 National Grange 拒绝向自己理赔而获得赔偿，与此同时他的恶意指控则是在追求因为 National Grange 拒绝向自己理赔决定的不合理性而获得赔偿。第三，如果对 Porn 提交给法院的两份起诉状加以比较便可察觉违反合同指控与恶意指控是建立在基本类似的背景基础之上的，因为在各自的事实陈述部分，两份起诉状都着力于刻画车祸发生的场景、所涉及保险政策的特殊性质以及 National Grange 在处置索赔申请时的不当行为。总之，违反合同指控与恶意指控所依据的事实情况是否在时间、空间、起源或动机上的相互联系是十分紧密的。

在本次上诉当中，Porn 一直都在极力表白本次诉讼与前次诉讼是起因于截然分开的两起事件交易的，也就是说，Porn 觉得他此次提出的恶意指控实际上根植于 National Grange 在处置自己索赔申请时的态度表现，而前次提出的违反合同指控则起源于和那场车祸相关的一些事实情况。然而，这种说法的不当之处主要在于 Porn 人为的过于狭隘的定义了引发指控的两次交易事件。比如违

反合同指控就不单单是起因于那场车祸本身的，而是与 National Grange 根据保险合同条款拒绝支付赔偿金有莫大的关联。事实上，要是没有拒付情节的话，也就没有违反合同指控存在的可能了。与此相似的是，Porn 提出的恶意指控也不光是起因于 National Grange 处置其索赔申请时的态度表现。在本案里面，车祸相关事实情况同时也为 National Grange 后来拒绝对 Porn 进行理赔决定的合理性提供了注脚。打个比方来说，如果事实果真如同 Porn 所说的那样车祸完全是由于 Willoughby 的违规行为所导致的而他自己没有犯下任何过失，National Grange 便没有什么理由去回绝 Porn 的索赔申请了，因此其作出的拒付决定也就相应的丧失了合理性。

不过，我们承认违反合同指控与恶意指控各自偏向侧重的事实情况还是有差异的。比如说，车祸相关事实情况将更有助于证明违反合同的指控，而 National Grange 在处置 Porn 提出的索赔申请时的态度表现就对证明恶意指控更加有利一些。然而，《重述》对此种情况明确规定称我们不能仅仅因为两项指控依据的是相同事实的不同层面或强调的是相同事实的不同部分，就鱼目混珠的相信这两项指控是起因于两起交易事件的。由于过分的强调对每一项指控特别重要的那一部分事实，Porn 错误的忽略了这些事实间紧密的相互联系。故此，本法院不能接受 Porn 提出的违反合同指控与恶意指控是起因于各自独立的事件交易的说法。

审理方便

我们其次要考察的是违反合同指控与恶意指控所依据的事实情况是否形成了一个便利审理的单位。这个标准显然是为了达到节省司法资源的目的而设立的，其规定如果在第二次诉讼中所需动用的证人证据与第一次诉讼存在很大的重合，那第二次诉讼便是应当被排除取消的。我们认为在审理 Porn 的恶意指控的过程中需要动用大量与前次对违反合同指控的审理基本相同的证据材料，所以从效率和便利的角度来看，联邦地区法院最好能在一次审理进程当中同时审理这两项指控。

有关于车祸发生场景的证词及物证与违反合同指控和恶意指控均存在联系。为了建立起 National Grange 拒付赔偿金是违反保险合同的，Porn 必须证明车祸的发生完全是 Willoughby 一个人的责任而他没有任何过错。因此，Porn 在第一次诉讼当中提交各种证据详细描述了车祸发生场景的细节状况。但是这部分证据很可能还需要在第二次有关恶意指控的诉讼当中再次用到，因为 Porn 有必要通过证明 Willoughby 的过失责任来展示 National Grange 是在缺乏可信理由的情况下拒绝自己的索赔申请的。

在审理违反合同指控与恶意指控的两起诉讼当中还有可能大规模重合的证据主要集中在 Porn 所拥有的保险合同条款的解释问题上，以及 National Grange 的决定是否与合同条款相悖。要想证明违反合同指控的成立，Porn 必须要证明虽然 National Grange 拒绝了自己的索赔申请，但其实合同内容的规定是恰恰相反的。同样，National Grange 拒付决定的合理性，即其作出这个决定是否带有恶意，也取决于 合同条款究竟是如何规定的。

没有质疑两次诉讼所需证据的重合程度，Porn 是从另外两个角度来否认同时提起所有指控会给地区法院的审理带来方便的。首先，与恶意指控相关的一些证据，如有多少可用的保险额度方面的证据及双方和解判决细节方面的证据等，将可能给保险公司在违反合同诉讼中的辩护造成负面影响，因此这两项指控并未形成一个便利审理的单位。然而，我们完全赞同地区法院所指出的任何潜在的负面影响都可以用把案件分开审理的办法来解决。只要使用了分开审理的方式，大量对于两项指控来说共同的证据就都可以一次性的展示出来了，而用不着等上数月甚至数年才能在两次诉讼当中看到完整的证据。

Porn 接下来声称他只有在先行获得了一个 National Grange 违反保险合同的判决之后才能够确信恶意指控是良好有效的，所以违反合同指控与恶意指控决不能被合并在一次诉讼中得到处理。Porn 的这个观点是建立在一个靠不住的假设上的，即尽管康涅迭格州的法院已然决定过这个问题，但其将会遵从佛罗里达之类州法院的见解，要求把一个违反合同的判决作为提出恶意指控的先决条件。可是，地区法院正确指出了康涅迭格州最高法院早已在 *Duhaime v. American Reserve Life Ins. Co.*, 200 Conn. 360（1986）一案中猛烈驳斥了这种假设，该案的判决意见表明：在适用既判力原则的情况下，Duhaime 前次提出的违反保险合同的诉讼禁止和排除了其后来再次提出的以恶意行事为诉由的起诉。另外，康州最高法院还在该案的判决意见中暗示恶意指控完全可以在未先得到一个违反合同的判决前单独提出。虽然 *Duhaime* 一案牵涉到的是伤残保险而本案涉及的是机动车事故责任险，但我们看不出有任何理由因险种的不同而妨碍了将 *Duhaime* 一案的判决意见适用于本案这里。

当事人的预计期望

有待我们研究的最后一项检验标准是将本案的事实情况当作一个单位来处理是否符合当事人的预计期望。出于以下的考虑，我们认为这么做是符合的。

当 Porn 在 1993 年 11 月提起违反合同诉讼的时候，他已经了解掌握了这些对于提出恶意指控来说也是必需的事实情况。他知道 National Grange 已经作出了拒付的决定；知道 National Grange 作出这个决定的原因所在；知道费用拖欠的程度与拒付决定有直接的因果关系。故此，正是由于违反合同指控与恶意指控起因于相似的事实及相同的时间，所以一个理性的人肯定会合理地料想到这两项指控将会被一同提出。其实，在 1993 年的 2 月也即提起第一次诉讼大约 9 个月以前，Porn 曾给 National Grange 写过一封信提出了索取赔偿金的要求，并威胁准备以恶意的理由对后者提出控诉。通过这封信的内容，National Grange 不难合理的预料到 Porn 后来提出的起诉中会包含有违反合同及恶意的指控……

总之，将《重述》推荐的"事件性"办法适用于本案后，本法院发现 Porn 提起的前后两次诉讼涉及的都是基本相同的诉讼理由。因为相同的诉由不应该被拆分为两个案件受审，是故 Porn 后来提出的恶意指控就必须被既判力原则排除在外了。

衡平性的例外

作为一个终极的抗辩理由，Porn 表示即便我们有权力在此案中适用既判力原则，出于衡平的考虑也应该避免这样做……Porn 声称强制要求他将恶意指控在根本就不成熟的时机与违反合同指控一并提出是非常不公平的。

在 *Federated Dep't Stores, Inc. v. Moitie*, 452 U. S. 394, 401 (1981) 一案中，联邦最高法院教导我们应以传统方式来运用既判力原则，而不要在任何一个特定的案件里面有意作出衡平的判决。但是后来在 *Kale v. Combined Ins. Co. of Am.*, 924 F. 2d 1161, 1168 (1st Cir. 1991) 一案中，本法院曾建议是否应当在有"不同寻常的苦楚"（unusual hardship）出现的场合里保留一点对于既判力原则的极其偶然的例外规定。假设 *Moitie* 一案的判决意见并未杜绝所有既判力原则中存在衡平例外的可能性，在本案这种情况下我们认为要求 Porn 在第一次诉讼里就提出恶意指控根本就没有给他带来什么不同寻常的苦楚，因此本法院并不想在此作出例外性的判决专门对 Porn 网开一面……

结　论

基于上述这些原因，我们决定支持联邦地区法院所作出的对 National Grange 有利的即席判决。

Allen v. McCurry

Supreme Court of the United States，1980.

449 U. S. 90.

JUSTICE STEWART delivered the opinion of the Court······.

本案的故事发生于 1977 年的 4 月，几位便衣警员在接到线人传来的 McCurry 正在贩卖海洛因的消息后，便乔装打扮成毒贩的样子前往 McCurry 位于密苏里州圣路易斯市的家中进行交易。在行动过程中，其中的两位警员也即本案的上诉人 Allen 和 Jacobsmeyer 叩响了 McCurry 家的前门，而剩下的一些人则埋伏在附近的地方。当 McCurry 开门以后，本案的上诉人向他提出要购买毒品。听到这个要求以后，McCurry 先是走进到了房间里，但很快就拿着一把手枪折回并向站在门口的两位警员连续开火，结果使得两人都严重受伤。鉴于上诉人的伪装已被识破，其他警员纷纷拔出枪来与 McCurry 对射，迫使他退入房中并举手投降。于是，几位警员立即冲入 McCurry 的家里搜索他的同伙，不过当时他们并未持有适当的搜捕令。在 McCurry 的家中，有一位警员先是发现有不少毒品及其它违禁物品就被放在在非常显眼的地方，后来他又在梳妆台抽屉及汽车轮胎里发现了更多的违禁物品。

随后，McCurry 被以藏毒和意在谋杀袭警的两项罪名在密苏里州法院起诉。在一次摈除证据的审前会议上，初审法官将警员从抽屉及轮胎里搜出的证据排除在了许可范围以外，但拒绝了摈除警员在自己的视线之内发现的证据。最终，McCurry 在两项罪名上都被判决是有罪的。

然而，McCurry 紧接着便以《民权法案》里的第 1983 条（42 U. S. C. § 1983）为由将上诉人 Allen 和 Jacobsmeyer、其他参与行动的不知名警员、圣路易斯市政府及警察局告上了联邦地区法院，要求他们共同赔偿给自己 100 万美元。McCurry 在起诉状中声称这些被告存在故意侵犯自己宪法第 4 修正案权利的共谋，因为他们在自己家里的搜查取证活动以及在自己被戴上手铐实施的殴打行为都是违宪性质的。对此，上诉人提出了请求法院进行即席判决的动议。联邦地区法院显然清楚地意识到了本案起诉状的核心要点在于违宪的搜查取证并由此准许了上诉人请求即席判决的动议，理由是连带禁反言原则（collateral estoppel）阻止了 McCurry 了再次就搜查取证问题提出起诉，因为州法院早已在前次诉讼中就这个问题作出了对 McCurry 不利的判决。

在后来进行的上诉审理中，联邦巡回法院推翻了地区法院的判决，并且还将此案发还给了地区法院重审……

本法院此前还从未直接对既判力原则与连带禁反言原则是否能够普遍适用于以第 1983 条为诉由的案件的问题作出过决定。但是在 *Preiser v. Rodriguez*, 411 U. S. 475, 497（1973）一案当中，本法院曾经含蓄地支持过某些联邦法院所持的既判力原则可以被充分全面的适用在根据成文法提起的民事诉讼里的态度立场……而且自 *Preiser* 一案的判决意见作出以后，各联邦巡回法院的观点逐渐都一致趋向于承认第 1983 条并没有给既判力原则与连带禁反言原则的适用造成任何的障碍。虽然众联邦巡回法院都没有对为何能够推断出第 1983 条与排除原则（rules of preclusion）具有兼容协调性给出详细的解释，但该法案条文本身及立法历史却确切无疑地证实了这个结论的正确性。

因为对于连带禁反言原则的共同性要求在本世纪仍然存在于联邦法院之中，所以我们认为：1871 年《民权法案》的起草者们并不会比现代的国会议员们有更多理由去担心排除原则会给该法案造成的影响。要知道在 1871 年的时候，既判力原则与连带禁反言原则就已经能够适用于那些已在州法院打过官司的相同当事人或他们的代理人再次提出的联邦诉讼了，并且第 1983 条的语言也没有透露出任何国会打算根本否定普通法中的排除原则或干脆废除美国法典第 28 章 1738 条的前身明确提出的类似成文法要求的意图……总之，第 1983 条创设出了一种新颖的联邦法律诉由，它压根就没有谈及对州法院判决的排除效果。

更加值得我们注意的是，第 1983 条的立法历史也没有表明国会准备废除或限制传统的排除原则……第 42 届国会倒是的确试图改变联邦法院与州法院在联邦法律问题上的权力分配，但其采取的方法却与排除原则保持了高度的一致……在本案当中，联邦巡回法院作出上述判决所主要依据的法律原则似乎是每个持有适当联邦法律诉请的人都应当被无条件地给予一个在联邦地区法院提起该诉请的机会，而不用去顾及这个联邦法律诉请究竟是在哪个诉讼程序阶段出现的。这条法律原则的效力渊源非常值得怀疑。它既不是出自于宪法，因为宪法没有给出这样的许诺而是把联邦法院的管辖权交给了国会作出具体规定，当然更不可能是出自于第 1983 条本身。故此，我们通过前面的讨论深信：无论是第 1983 条的语言表述还是立法历史都无法反映出国会想要否认州法院判决或决定的约束力，尤其是当具有合适管辖权的州法院已经给予了当事人一个全面公正的机会提出联邦法律诉请，并表现出了本法院愿意且有能力来保护联邦法律利益的时候。另外，第 1983 条的立法历史中也没有任何地方可以体现出我们有必要给予州法院对于刑事案件与民事案件的判决以不同程度等级的尊重。简而言之，我们丝毫不觉得国会希望的是提供给每个持有适当联邦法律诉请的人一个不加限制就该诉请在联邦法院提起诉讼的权利，如果这个联邦法律诉请已在州法院内获得过判决的话，因为仅仅凭借判决是由州法院作出的事实是不足以作为可以在联邦法院进行重复诉讼的充分理由的。

通过第 1983 条，第 42 届国会打算使得某些类型伤害的承受者有机会在联邦法院内获得法律或衡平的救济。但我们确实很难想像法案的起草者们考虑过用它来充当联邦人身保护令状（writ of habeas corpus）的替代物，因为后者的目的并不是为了救济民事伤害，而是为了把受到非法人身监禁的令状申请者从关押的状态中解放出来……

如果非要说还有什么理论基础可以支持当事人无论如何总有权在联邦地区法院提出联邦法律诉请的结论，那也许只剩下少数人具有的对州法院在宪法问题上作出正确判决能力的无端怀疑了……

综上所述，本法院决定推翻联邦巡回法院的判决意见，并责令其根据本意见的精神对此案进行重审。

如是判决。

JUSTICE BLACKMUN, with whom JUSTICE BRENNAN and JUSTICE MARSHALL join, dissenting……

长久以来，本法院都认为第 1983 条中都包含有一种强烈的立法政策倾向，即应该由联邦法院来充当宪法问题的最主要也是最终的裁决者。例如在 *Monroe v. Pape*, 365 U. S. 167, 180 (1961) 一案中，本法院就曾指出过国会订立该法案的真实目的在于用联邦法院来代替虽然可行但缺乏效率的州法院裁决宪法问题，为此我们在判决意见中写道"显而易见，这项法案被通过的一个主要原因是为了给联邦法院提供一种联邦司法权利，由于偏见、狂热、忽略、狭隘等其它各种因素的存在，州法往往会陷入到无法正常实施的境地中，而公民要求行使受宪法第 14 修正案保障的权利、特权及豁免的诉请也将因此被州法院拒绝。"

……总之，本法院在此案中得出的结论是这种司法权利无论处在何种的州法氛围里都是可得的，因为"我们并不满意有执行完毕后可提供救济的州法存在的答案。联邦法律的救济是对州法救济的一种追加补充，但前者不需要在后者已被寻求并拒绝的情况下才能提出请求。因此，伊利诺斯州的宪法及其它法律已将不合理的搜查取证活动定性为非法的事实不应成为当事人前往联邦法院要求获得救济的障碍。" *Id.*, at 183.

除此之外，大家也应当注意到在 *England v. Medical*

Examiners，375 U. S. 411，415（1964）一案当中，本法院确认了联邦法院在保护第 1983 条所涉及的宪法权利方面扮演的特殊角色，我们认为一个被弃权原则（abstention doctrine）要求首先在州法院内提出自己宪法诉请的原告不能被完全排除让已先行受理原告起诉的联邦法院来裁决宪法诉请的权利。在得出这个判决结果的过程中，本法院主要依据的是"该法条无所保留的语言反映出了国会在宪法的授权之下提供给了联邦法院特定种类的管辖权利"，以及"该法条根本性的反对任何关于一个已按照适当管辖权原则提请联邦地区法院考虑联邦宪法诉请的当事人，在未经他同意且他也未犯什么错误的情况下，会被强迫要求接受一个州法院对其联邦宪法诉请的裁决"这两个推断……我们还特别考虑了该案结论在当事人的第 1983 条起诉有可能会受到前次诉讼排除时的适用，并表示"如果当事人自愿且无保留的将自己的联邦法律诉请交给了州法院作出裁决并获得了一个结果，那无论他日后是否要到本法院寻求对这个州法院判决结果的复核审查，这一举动都意味着他已选择放弃了重新回到联邦地区法院起诉的权利。"*Id.*，at 419.

　　让我感到大惑不解的是，为什么在本案中持多数意见的法官今天突然放弃了上述的做法……

　　在目前的案件当中，警员们寻求的是阻止一起刑事案件里的被告重新就他们搜查自己房子行动的合宪性提出诉讼，而且是当州法院已经决定他们的行为部分侵犯到了被告的宪法第 4 修正案权利，但部分可在事发的环境中被认为是合理的。我怀疑这两位警员也即第 1983 条诉讼中的被告能否被看作与前次州法院诉讼中的检察官具有代表身份（privity）的法律关系。因此，本案中只有"争议排除"问题值得我们深入探讨。

　　下列的事实因素说服了我相信本案的被上诉人不应当被排除在联邦法院里提出诉请的权利。首先，在第 1983 条被通过之时，一个非当事人要求适用连带禁反言原则的能力从实践的角度看是不存在的。一个人不能排除他的对手以新的诉由重新提起某项争议，尽管该争议已在前次审判程序中获得了结论性的决定，除非此人能证明共同性的存在。此外，这里"诉由"与"争议"的定义都应该被以狭义的方式加以解释。所以作为一个显而易见的结果，在可能会影响后续民事诉讼进程的刑事诉讼进程当中不应该产生出排除的效果。是故，我觉得第42届国会不能也不会预见并支持一个已在州法院里被审判并定罪的刑事被告将被排除对拘捕他的警察提出宪法性指控的权利。

同样，在州法院的刑事诉讼进程当中决定如何取舍证据的标准与第1983条诉讼也不尽相同，至于通过两者所能获得的救济更是有天壤之别。在提起民事诉讼之际，刑事被告并不可以连带性的挑战将他定罪判决的公正性，充其量他只能得到一些经济补偿罢了。与此相反，法院拒绝采纳某些证据也许会使刑事被告的定罪无法成立。一个初审法院在面对是否应该拒绝采纳具有相关性的证据的时候，经常会承受来自于社会公正的巨大压力，从而造成其不得不改变对宪法第4修正案的理解运用方式，以至于引发了随后寻求经济补偿的民事诉讼。另外，是否应当采纳某项证据的问题对于一起刑事审判举行的根本目的来说是补充和次要性的。我们举行刑事审判的目的在于决定被告究竟是无辜还是有罪的，而初审法院则必须至少是下意识地去权衡拒绝采纳某项相关证据将给整个事实发现程序带来的潜在损害。

一位州法院的刑事案件被告不应该被认为是自愿选择了在州法院提起自己的宪法第4修正案诉请的，因为可能被定罪的危险迫使他一定要提出所有能牵强附会上的抗辩理由……认为一位在州法院提起了自己宪法第4修正案诉请的刑事被告是"自愿且无保留的将自己的联邦法律诉请交给了州法院作出裁决"的无疑是一种压根就无视现实的看法。事实上，刑事被告在州法院的诉讼中从来都是非自愿的参加者，而且他所面对的是来自于控方的强大势力，这使得他不得不从放弃一项可信的抗辩理由与放弃在联邦法院提起宪法性的民事诉讼这两害中选择较轻的一种，我深信这是非常不公平的制度安排。

基于上述原因，我将会支持联邦巡回法院的判决意见。

补充知识：

●吾师 Paulsen 多才多艺，尝以既判力原则为题依韵填词一首并引亢歌之，现照录如下：

With apologies to Elton John and Time Rice

Oh, Res Judicata!
What a wonderful name!
It means "no worries," I've extinguished your claim!
You had a full, fair opportunity,
To litigate your claims against me,
We apply the test transactionally, [majority approach]
To everyone in privity···

It's Res Judicata!

Collateral Estoppel!
It's not as hard as it sounds,
It bars re-litigating issues,
actually decided on their grounds, [on the merits, that is]
Where it was necessary to decide the case,
We'll throw the adverse judgment back in your face,
You'll be precluded on the "issue" there embraced,
Against the whole litigious human race,

With abandonment of mutuality,
Who gives a hoot about "privity"?

It's Collateral Estoppel!

Intersystem Preclusion!
It's just more of the same game,
If you file somewhere else next time,
We'll treat your lawsuit just the same,
If the first court had jurisdiction over you,
And would find a second suit precluded, too,
The Full Faith and Credit Clause,
Or the statute or the common law(s),
Should require the second court to do,
What the first court would have done to you,

So you should still be precluded!

参考书目

Most Frequently Cited Sources

A. Leo Levin, Philip Shuchman, Charles M. Yablon, *Civil Procedure:Cases and Materials*, 2nd Edition (2000), The Foundation Press, Inc..

Allan Ides, Christopher N. May, *Civil Procedure:Cases and Problems* (2003), Aspen law & business.

Joseph W. Glannon, *Civil Procedure:Examples and Explanations*, 3rd Edition (1997), Aspen law & business.

Linda J. Silberman, Allan R. Stein, *Civil Procedure:Theory and Practice* (2001), Aspen law & business.

Barbara Allen Babcock, Toni M. Massaro, *Civil Procedure:Cases and Problems*, 2nd Edition (2001), Aspen law & business.

Robert G. Bone, *Civil Procedure:The Economics of Civil Procedure* (2003), The Foundation Press, Inc..

Charles Alan Wright, John B. Oakley, *Federal Courts:Cases and Materials*, 10th Edition (1999), The Foundation Press, Inc..

Richard L. Marcus, Martin H. Redish, Edward F. Sherman, *Civil Procedure:A Modern Approach*, 2nd Edition (1995), West Publishing Co..

Joel Wm. Friedman, Jonathan M. Landers, Michael G. Collins, *The Law of Civil Procedure:Cases and Materials* (2002), West

Group.

Mary Kay Kane, *Civil Procedure*, 4th Edition (1996), West Publishing Co. .

Kevin M. Clermont, *Civil Procedure*, 3rd Edition (1993), West Publishing Co. .

Steven L. Emanuel, *Civil Procedure* (2000), Aspen law & business.

Richard L. Marcus, Thomas D. Rowe, Jr. , *Civil Procedure*, 15th Edition (1994), Hartcourt Brace Legal and Professional Publications, Inc. .

J. Alexander Tanford, *The Trial Process: Law, Tactics and Ethics*, 2nd Edition (1993), The Michie Company.

Robert C. Casad, Howard P. Fink, Peter N. Simon, *Civil Procedure: Cases and Materials*, 2nd Edition (1989), The Michie Company.

Geoffrey C. Hazard, Jr. , Colin C. Tait, William A. Fletcher, *Pleading and Procedure: State and Federal Cases and Materials*, 8th Edition (1999), The Foundation Press, Inc. .

Owen M. Fiss, Judith Resnik, *Adjudication and Its Alternatives: An Introduction to Procedure* (2003), The Foundation Press, Inc. .

Richard A. Givens, *Manual of Federal Practice*, 5th Edition (2005), LexisNexis.

William P. Frank, John Gardiner, *Current Developments in Federal Civil Practice* (2001), Practising Law Institute.

Kevin M. Clermont, *The Judicial Code and Rules of Procedure in the Federal Courts*, 2002 Revision, The Foundation Press, Inc. .

Kristine Hale Bell, *O'Connor's Federal Civil Forms*, 2003 Edition, Jones McClure Publishing, Inc. .

Paul Bergman, *Trial Advocacy*, 2nd Edition (1989), West Publishing Co. .

Kenney F. Hegland, *Trial and Practice Skills*, 2nd Edition (1994), West Publishing Co. .

Federal Rules of Civil Procedure (2002), The Foundation Press, Inc. .

Mary Miles Prince, *The Bluebook*:*A Uniform System of Citation* (2001), The Harvard Law Review Association.

Bryan A. Garner, *A Dictionary of Modern Legal Usage* (1995), Oxford University Press.

Bryan A. Garner, *Black's Law Dictionary*, 2nd pocket edition (2001), West Publishing Co. .

Stephen N, Subrin, Margaret Y. K. Woo 著, 蔡彦敏 徐卉 译:《美国民事诉讼的真谛:从历史、文化、实务的视角》, 法律出版社出版。

李响 陆文婷 著:《美国集团诉讼制度与文化》, 武汉大学出版社出版。

白绿铉 卞建林 译:《美国联邦民事诉讼规则/证据规则》, 中国法制出版社出版。

汤维建 徐卉 胡浩成 译:《美国联邦地区法院民事诉讼流程》, 法律出版社出版。

汤维建 著:《美国民事司法制度与民事诉讼程序》, 中国法制出版社出版。

后　记

　　我和李响是在美国 University of Minnesota 法学院作同学时结识的，我们也共同经历了留学生活和学习的困难、艰辛和乐趣，我更是亲眼目睹了李响在创作这本书时的努力与执著。在我看来，目前中国赴美法学院学习的学生不在少数，但能有这样的慧心之笔，并且愿意在保证美国法学院正常学习之余，在大约一年时间内平均每天紧张工作六七个小时的，实在是屈指可数。这也正是这本书的难能可贵之处：它是一个中国人在美国社会中生活，在美国法学院中学习，同美国同学交流，同时融合他在中国所学的社会和法律知识以后沉淀的结晶。

　　这本书是李响美国法系列的第三本书。完成此书后，我们都完成了各自在美国的学业，回到国内开始新的工作和生活。今天是 5 月 15 日，一年前的今天我们从美国法学院毕业；今天，在我老生常谈光阴荏苒的同时，不禁也深深的怀念那一段异乡的时光：在"千湖之州"明州我曾见过的数个澄静美丽的小小湖泊，大雪纷飞的明州冬季，令人热血沸腾的 NBA 赛场，法学院午休时的简单午餐，那些让人头疼的生涩案例和教授那口音含糊又迅速的英文，那颗让我在异国他乡独自痛的辗转反侧难以入睡的智齿，夏日凉爽的傍晚在街边的一大杯冰啤酒，当然，还有那些好朋友们以及我们共同分享过的欢乐和忧伤：王昶，娄耀辉，张满，靳继刚，周璐，杨叔叔，Ti，Noi，Tetsuro，Meredith，Marissa………

　　相信李响会有和我一样的感受：我们应当感谢在美国度过的岁

月，它不单充实了我们的学识，为我们的生命打开了一扇全新的窗口，更让我们在独自生活的岁月中拥有了坚强、乐观的个性。在美国的时候看到一句话觉得说的特别好："Dream as if you will live forever, live as if you will die today." 也许这样的人生才不枉在世上匆匆走一遭吧。人生苦短，只有拼命的活，使劲的做梦，尝遍世上的酸甜苦辣，体会到人生的欢喜伤悲才值得。梦想是一件特别美好的事情，它为俗世中的人们许下了美丽的诺言。不是所有的梦想都能够实现，可是梦想本身的价值就大于把它实现的刹那。芸芸众生，形形色色的梦想。你呢？在这个连梦想都拥挤的世界你有什么样的梦想？是现实，天真，虚幻，凄美，善良，悲伤，贪婪的梦想，亦或是丑恶，无私，潇洒，幼稚，势利的？我的梦想是环游世界。这是个简单的、奢侈的、幼稚的梦想，可是从不曾改变。也许彷徨的夜晚应该对着星空许下心愿：有梦想的人总是睡得特别塌实。与李响共勉，也祝愿所有有自己梦想的人都得以心想事成。

程 茜

2006 年 5 月

图书在版编目(CIP)数据

美国民事诉讼法的制度、案例与材料 / 李响著. ——北京:中国
政法大学出版社, 2006.1
ISBN 7－5620－2859－1

Ⅰ.美... Ⅱ.李... Ⅲ.民事诉讼法－案例－美国
Ⅳ.D971.251

中国版本图书馆 CIP 数据核字(2006)第 006699 号

....

书　　名	美国民事诉讼法的制度、案例与材料	
经　　销	全国各地新华书店	
出版发行	中国政法大学出版社	
承　　印	固安华明印刷厂	
开　　本	880×1230　1/32	
印　　张	17	
字　　数	420千字	
版　　本	2006年6月第1版　2006年6月第1次印刷	
书　　号	ISBN 7－5620－2859－1/D·2819	
定　　价	36.00元	
社　　址	北京100088 信箱 8034 分箱　邮政编码100088	
电　　话	(010)58908325(发行部)　58908335(储运部)	
	58908285(总编室)　58908334(邮购部)	
电子信箱	zf5620@263.net	
网　　址	http://www.cuplpress.com(网络实名:中国政法大学出版社)